# L'atelier+

## Méthode de Français

### B2

Marie-Noëlle COCTON
Coordination pédagogique

Julien KOHLMANN

Émilie MAROLLEAU

Delphine RIPAUD

Magali RISUENO

**Couverture :** Primo & Primo
**Principe de maquette :** DVN communication
**Déclinaison maquette :** Ariane Aubert
**Mise en page :** Ariane Aubert
**Coordination éditoriale :** Fabienne Boulogne
**Édition :** Clothilde Mabille
**Recherches iconographiques et droits :** Aurélia Galicher, Julia Chiron, Isabelle Dumonteil
**Illustration de couverture :** Emmanuel Romeuf
**Documents iconographiques :** Ariane Aubert
**Photogravure :** RVB
**Enregistrements audio, montage et mixage :** Studio Quali'sons, Jean-Paul Palmyre
**Montage vidéo :** INIT Productions

« Le photocopillage, c'est l'usage abusif et collectif de la photocopie sans autorisation des auteurs et des éditeurs. Largement répandu dans les établissements d'enseignement, le photocopillage menace l'avenir du livre, car il met en danger son équilibre économique.
Il prive les auteurs d'une juste rémunération. En dehors de l'usage privé du copiste, toute reproduction totale ou partielle de cet ouvrage est interdite. »
« La loi du 11 mars 1957 n'autorisant, aux termes des alinéas 2 et 3 de l'article 41, d'une part, que les copies ou reproductions stricte-ment réservées à l'usage privé du copiste et non destinées à une utilisation collective » et, d'autre part, que les analyses et courtes cita-tions dans un but d'exemple et d'illustrations, « toute représentation ou reproduction intégrale, ou partielle, faite sans le consentement de l'auteur ou de ses ayants droit ou ayants cause, est illicite. » (alinéa 1er de l'article 40) – « Cette représentation ou reproduction par quelque procédé que ce soit, constituerait donc une contrefaçon sanctionnée par les articles 425 et suivants du Code pénal. »

PAPIER À BASE DE FIBRES CERTIFIÉES

éditions didier s'engagent pour l'environnement en réduisant l'empreinte carbone de leurs livres. Celle de cet exemplaire est de :
**1,2 kg éq. CO$_2$**
Rendez-vous sur www.editionsdidier-durable.fr

© Les Éditions Didier, une marque des éditions Hatier, 2022
ISBN 978-2-278-10830-5 / 978-2-278-10831-2
Dépôt légal : 10830/02

Achevé d'imprimer en Italie
en octobre 2024 par L.E.G.O. (Lavis).

## L'atelier+ a vocation à fabriquer.

La méthode s'appuie sur les principes pédagogiques décrits dans le CECRL, sur les notions de **coopération** et de **médiation** présentées dans le volume complémentaire (février 2018) et sur une équipe d'auteurs qui a des convictions pédagogiques :

### AGIR, COOPÉRER, APPRENDRE
ensemble et avec plaisir !

Comme dans un atelier de fabrication, le groupe commence par un remue-méninges à partir d'un **adjectif**, fil conducteur de l'unité.

Bienveillant-e I Inattendu-e I Ambitieux-se I Astucieux-se I Passionnant-e I Physique I
Accessible I Engagé-e I Flexible I Appétissant-e I Rassurant-e I Éclairant-e

### AGIR
Le remue-méninges s'enrichira au fur et à mesure des **Situations** 1, 2, 3 et 4 pour permettre un agir individuel et collectif, à l'oral ou à l'écrit. Toutes les deux unités, *L'atelier* invite à échanger **Au quotidien** ou à exprimer **L'opinion**, à l'oral et à l'écrit, sur des sujets liés aux thématiques de l'unité. Les appuis argumentatifs et les stratégies d'articulation du discours viennent enrichir le travail de l'apprenant qui, via des activités dans le **Cahier d'activités**, renforce sa capacité à devenir autonome et surtout, à développer des compétences stratégiques et méthodologiques.

### COOPÉRER
Comme dans un atelier de fabrication, chacun participe à la dynamique collective : tour à tour organisateur, modérateur, médiateur, rapporteur et traducteur, l'apprenant s'appropie de nouveaux rôles et s'implique dans un travail de groupe. Il participe au partage d'émotions et de ressentis, notamment via **L'extrait** littéraire, et au partage d'idées pour être créatif lors de **#LaMinuteCulturelle** ou pour résoudre les **Missions** à la fin de chaque unité. L'objectif de cette coopération est simple :

créer et vivre une relation d'apprentissage et d'entraide positive.

### APPRENDRE
Comme dans un atelier de fabrication, les outils occupent une place de choix. **La Fabrique** de la **grammaire**, des **mots**, des **verbes** et des **sons** veille à des moments privilégiés de réflexion collective et d'application linguistique. L'objectif de cette fabrique est méthodologique : connaître la fonction de chaque outil pour construire un mot, une phrase ou un discours. Le **Mémo** et les **Outils de la classe** proposent des focus précis, visuels et concis qui aident l'apprenant à mémoriser les éléments linguistiques. Pour aider l'apprenant à se concentrer et à être disponible mentalement, *L'atelier* invite à des moments de **Pause** et des instants culturels et ludiques, notamment via la page **Au plaisir**.

Notre conviction : ensemble, on va plus loin !
Sans oublier l'essentiel : vivre des moments de plaisir et de convivialité.

```
Un enseignant heureux + une méthode positive
       = des apprenants motivés !
```

# Enseigner avec L'atelier + B2

## L'organisation du manuel

- 1 unité 0
- 12 unités de 14 pages
- 1 épreuve complète du DELF B2 (nouvelles spécifications) p. 183
- Les Outils de la classe p. 189

## Le cahier d'activités

- 1 unité 0 : Travailler en autonomie
- 12 bilans linguistiques
- 12 préparations au DELF B2
- 12 focus méthodologiques **Le grand oral** et **L'opinion** (écrite)
- 12 productions : lettre formelle, argumentaire, résumé, commentaire de données, exposé, compte-rendu

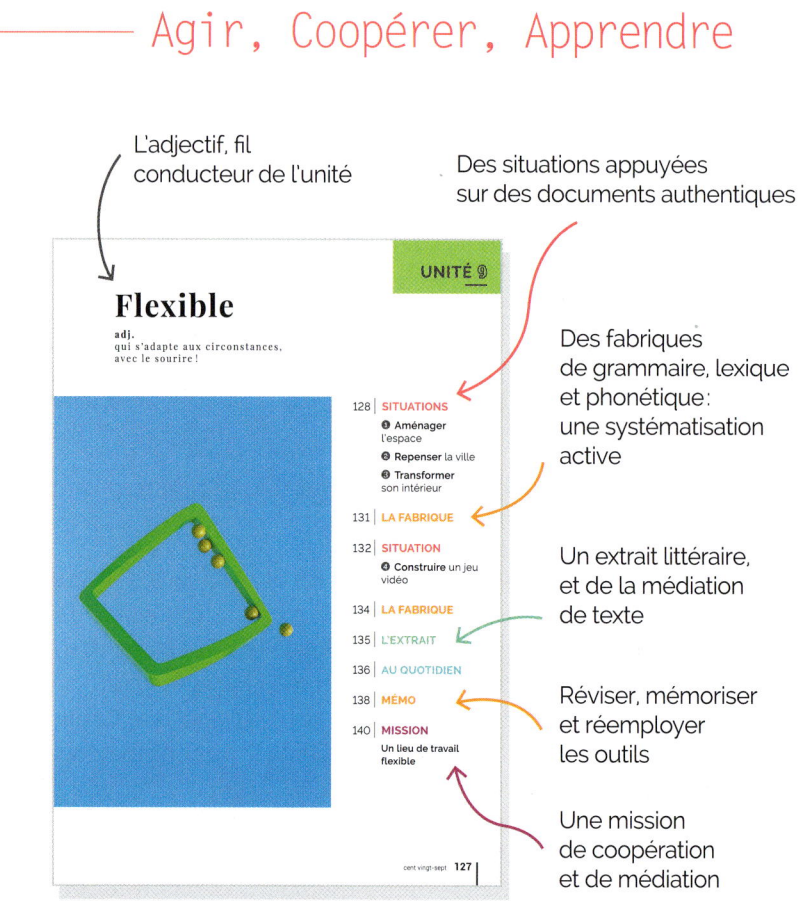

Agir, Coopérer, Apprendre

L'adjectif, fil conducteur de l'unité

Des situations appuyées sur des documents authentiques

Des fabriques de grammaire, lexique et phonétique : une systématisation active

Un extrait littéraire, et de la médiation de texte

Réviser, mémoriser et réemployer les outils

Une mission de coopération et de médiation

---

**Notre différence :** • **coopération** • **intelligence collective** • **bienveillance**

### > Le PLAISIR d'apprendre

- Assurer une progression **pas à pas**
- Inviter à des moments de détente
- Découvrir des documents qui font **sourire**

### > Le SAVOIR apprendre

- Favoriser l'apprentissage en **spirale**
- Proposer des **astuces** pour mieux travailler
- Encourager la **réflexion** linguistique

### > L'apprentissage COOPÉRATIF

- Créer des temps de travail en **groupes**
- Apprendre à **s'encourager**
- Inviter au partage des **stratégies**
- Ensemble, résoudre des **missions**

---

**APPLICATION PRATIQUE !**

1. Dans votre navigateur, saisissez **didierfle.app**

2. **Flashez la page** avec l'application et accédez aux ressources audio, aux vidéos et aux exercices complémentaires.

## ▶ L'action et la médiation au cœur de l'unité ◀

### ● Faciliter la prise de position

À chaque page, une invitation à AGIR et INTERAGIR, à l'oral et à l'écrit.

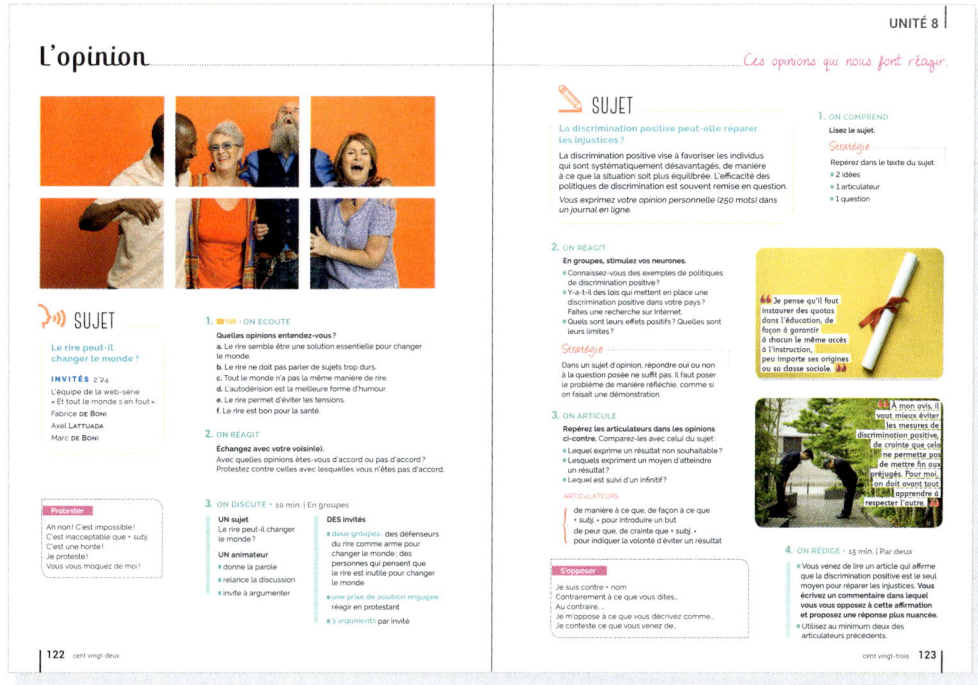

### ● Développer des réflexes

> Lire le sujet
> Réfléchir à des idées
> Articuler ses idées

### ● Simplifier la vie de l'apprenant

#### Un code couleur :

Grammaire  Lexique  Phonétique  Verbe

Une démarche RÉFLEXIVE : repérer | réfléchir | appliquer

#### Les aides :

Stratégie          ARTICULATEURS

ANTISÈCHE 1      PAUSE

### Vivre la médiation

Trouver des solutions ensemble et assumer tour à tour différents RÔLES :
modérateur | présentateur | rapporteur | traducteur

**2.** Par deux, listez les points importants du texte pour expliquer, dans votre langue, l'objectif de cette initiative et ses avantages.

**6.** On coopère !

En groupes, discutez des différentes raisons qui font que l'école peut parfois être inaccessible à des enfants qui ont soif d'apprendre. Trouvez des solutions ! Un animateur veille à ce que chacun d'entre vous apporte sa contribution, exprime et partage ses idées, donne des explications détaillées et fasse des suggestions pour des actions à venir.

### Mission

#### Objectifs

> Faciliter la communication dans des désaccords.

### L'EXTRAIT

**a.** En groupes, discutez : avez-vous déjà vécu ou entendu parler des faits évoqués dans certaines parties de cet extrait ? Racontez !

cinq **5**

# TABLEAU DES CONTENUS

## Agir   Coopérer   Apprendre

**ON AGIT**
**ON COOPÈRE**
**ON APPREND**
p. 12-14

---

### UNITÉ 1 — Bienveillant(e) — p. 15-28

**SITUATIONS**
1. Décrire son village natal
2. Respecter l'intimité
3. Protéger l'humain
4. Veiller sur la Terre

**AU QUOTIDIEN**
Exprimer un doute

**MISSION**
Complot ou bienveillance ?

**S'EXERCER** p. 19, 22, 26
Rédiger une lettre ouverte p. 21
→ Cahier, p. 15

**ARTICULATEURS**
pour reformuler p. 24

---

### UNITÉ 2 — Inattendu(e) — p. 29-42

**SITUATIONS**
1. Voyager sans culpabiliser
2. Partir en terres inconnues
3. Explorer autrement
4. Admirer des lieux

**L'OPINION**
Exprimer son approbation et sa désapprobation
Cahier, p. 30

**MISSION**
Des vacances inattendues

**S'EXERCER** p. 33, 36, 40
Rédiger un argumentaire p. 31
→ Cahier, p. 29

**ARTICULATEURS**
pour opposer p. 39

---

### UNITÉ 3 — Ambitieux(euse) — p. 43-56

**SITUATIONS**
1. Se reconvertir dans l'artisanat
2. Travailler dur
3. Transformer l'Homme
4. Être bien dans sa vie

**AU QUOTIDIEN**
Exprimer son enthousiasme

**MISSION**
Une ambition de paresse

**S'EXERCER** p. 47, 50, 54
Rédiger un résumé p. 46
→ Cahier, p. 43

**ARTICULATEURS**
pour préciser sa pensée p. 52

---

### UNITÉ 4 — Astucieux(euse) — p. 57-70

**SITUATIONS**
1. Se mettre au vert
2. Écouter le vivant
3. Faire le vide
4. Réparer le corps humain

**L'OPINION**
Illustrer avec un exemple
Cahier, p. 58

**MISSION**
Astucieusement calme !

**S'EXERCER** p. 61, 64, 68
Faire un exposé p. 59
→ Cahier, p. 57

**ARTICULATEURS**
pour ajouter une idée p. 67

# TABLEAU DES CONTENUS

| Grammaire | Lexique / Phonétique | Médiation | Culture / *livres* |
|---|---|---|---|
| • Révision des temps | **LEXIQUE**<br>• La coopération<br>• Les mots synonymes d'opinion<br><br>**PHONÉTIQUE**<br>• Les virelangues | • Transmettre des informations spécifiques à l'oral *p. 13* | • Extrait de : *Ça m'agace !* de Jean-Louis Fournier. |
| • Le subjonctif présent et passé<br>• La reprise nominale et pronominale | **LEXIQUE**<br>• Le portrait<br>• La géographie<br><br>**PHONÉTIQUE**<br>• Les homonymes<br>• L'accent québécois<br>• L'intonation du doute | • Traiter un texte à l'oral *p. 17*<br>• Exprimer une réaction personnelle à l'égard des textes littéraires *p. 23*<br>• Gérer des interactions *p. 24*<br>• Transmettre des informations spécifiques à l'oral *p. 28* | • Extrait de : *Les os des filles* de Line Papin.<br>➜ Écrire le portrait d'un animal |
| • Le participe présent, le gérondif et l'adjectif verbal<br>• La mise en relief | **LEXIQUE**<br>• Le voyage<br>• L'art urbain<br><br>**PHONÉTIQUE**<br>• L'accent du sud de la France<br>• L'accent québécois | • Traiter un texte à l'oral *p. 30*<br>• Transmette des informations spécifiques à l'écrit *p. 35*<br>• Exprimer une réaction personnelle à l'égard des textes littéraires *p. 37*<br>• Susciter un discours conceptuel *p. 42* | • Extrait de : *Touriste* de Julien Blanc-Gras.<br>➜ Écrire une expérience de voyage |
| • Les temps du passé et les accords du participe passé<br>• Les pronoms *en*, *y* et *le* | **LEXIQUE**<br>• Le travail<br>• La justice<br><br>**PHONÉTIQUE**<br>• La prononciation de « je » et l'assimilation<br>• Les patronymes<br>• L'intonation de l'enthousiasme | • Traduire à l'écrit un texte écrit *p. 49*<br>• Exprimer une réaction personnelle à l'égard des textes littéraires *p. 51*<br>• Coopérer pour construire du sens *p. 52*<br>• Traiter un texte à l'oral et gérer des interactions *p. 56* | • Extrait de : *La tresse* de Laetitia Colombani.<br>➜ Raconter l'histoire d'une entreprise familiale |
| • Les temps du futur<br>• La cause et la conséquence | **LEXIQUE**<br>• L'écologie<br>• La santé<br><br>**PHONÉTIQUE**<br>• Le style familier<br>• L'ellipse dans les groupes consonantiques | • Traiter un texte à l'écrit *p. 63*<br>• Exprimer une réaction personnelle à l'égard des textes littéraires *p. 65*<br>• Gérer des interactions *p. 70* | • Extrait de : *Journal d'un vampire en pyjama* de Mathias Malzieu.<br>➜ Écrire un extrait de journal d'un(e) soignant(e) |

# TABLEAU DES CONTENUS

## Agir   Coopérer   Apprendre

### UNITÉ 5 — Passionnant(e) — p. 71-84

**SITUATIONS**
1. Susciter l'intérêt
2. Provoquer une émotion
3. Plaire au plus grand nombre
4. Donner du sien

**AU QUOTIDIEN**
Donner et demander des précisions

**MISSION**
Passionné(e)s de patrimoine

**S'EXERCER** *p. 75, 78, 82*

Faire commentaire de données *p. 77*

→ *Cahier, p. 71*

**ARTICULATEURS**
pour donner un exemple *p. 80*

---

### UNITÉ 6 — Physique — p. 85-98

**SITUATIONS**
1. Repousser ses limites
2. Renforcer l'esprit d'équipe
3. Établir un fait scientifique
4. Renouer avec les maths

**L'OPINION**
Développer un argument en comparant
*Cahier, p. 86*

**MISSION**
C'est physique !

**S'EXERCER** *p. 89, 92, 96*

Faire un compte-rendu *p. 88*

→ *Cahier, p. 85*

**ARTICULATEURS**
pour exprimer une conséquence *p. 95*

---

### UNITÉ 7 — Accessible — p. 99-112

**SITUATIONS**
1. Rêver de l'école de demain
2. Regretter l'inaccessible
3. Réussir autrement
4. Plonger dans l'Histoire

**AU QUOTIDIEN**
Reprocher qqch à qqn

**MISSION**
Des cours accessibles

**S'EXERCER** *p. 103, 106, 110*

Rédiger une lettre de reproche *p. 101*

→ *Cahier, p. 99*

**ARTICULATEURS**
pour citer une source *p. 108*

---

### UNITÉ 8 — Engagé(e) — p. 113-126

**SITUATIONS**
1. Fabriquer des solidarités
2. Mettre tout le monde à égalité
3. Soutenir une cause
4. Réparer des injustices

**L'OPINION**
Protester et s'opposer
*Cahier, p. 114*

**MISSION**
S'engager à rire

**S'EXERCER** *p. 117, 120, 124*

Rédiger un argumentaire *p. 116*

→ *Cahier, p. 113*

**ARTICULATEURS**
pour exprimer un but *p. 123*

---

## SIGNALÉTIQUE

 Activité collective    Production orale    Production écrite

# TABLEAU DES CONTENUS

| Grammaire | Lexique / Phonétique | Médiation | Culture / *livres* |
|---|---|---|---|
| • Les verbes d'opinion<br>• Les différentes formes de l'interrogation | **LEXIQUE**<br>• L'art<br>• La politique<br><br>**PHONÉTIQUE**<br>• L'intonation dans l'énumération<br>• La prononciation de « fait »<br>• L'intonation de la mise en relief | • Traiter un texte à l'oral *p. 72*<br>• Expliquer des données à l'écrit *p. 77*<br>• Exprimer une réaction personnelle à l'égard des textes littéraires *p. 79*<br>• Coopérer pour construire du sens *p. 80*<br>• Expliquer des données à l'oral *p. 84* | • Extrait de : *Musée haut musée bas* de Jean-Michel Ribes.<br>➡ Écrire un extrait de théâtre |
| • La négation et la restriction<br>• La comparaison et le superlatif | **LEXIQUE**<br>• Le sport<br>• Les sciences<br><br>**PHONÉTIQUE**<br>• L'ellipse de la négation<br>• L'accent belge | • Traiter à l'oral un texte écrit *p. 91*<br>• Exprimer une réaction personnelle à l'égard des textes littéraires *p. 93*<br>• Faciliter la communication dans des situations délicates et des désaccords *p. 98* | • Extrait de : *Autorisation de pratiquer la course à pied en compétition* de Franck Courtès.<br>➡ Écrire un extrait de nouvelle |
| • Le conditionnel présent et passé<br>• La voix passive | **LEXIQUE**<br>• L'éducation<br>• L'Histoire<br><br>**PHONÉTIQUE**<br>• L'accent ivoirien<br>• Le style soutenu et les liaisons facultatives<br>• L'intonation du reproche | • Susciter un discours conceptuel *p. 101*<br>• Traiter un texte à l'écrit *p. 105*<br>• Exprimer une réaction personnelle à l'égard de textes créatifs *p. 107*<br>• Prendre des notes *p. 112* | • Extrait de : *Le ventre de l'Atlantique* de Fatou Diome.<br>➡ Raconter un souvenir d'école |
| • L'opposition et la concession<br>• La condition | **LEXIQUE**<br>• L'humour<br>• Les discriminations<br><br>**PHONÉTIQUE**<br>• L'ellipse de « il »<br>• L'hésitation | • Traiter un texte à l'écrit *p. 115*<br>• Exprimer une réaction personnelle à l'égard des textes littéraires *p. 121*<br>• Susciter un discours conceptuel *p. 126* | • Extrait de : *Le bal des folles* de Victoria Mas.<br>➡ Raconter une scène vécue |

 Piste audio  Piste video  Activité de médiation

# TABLEAU DES CONTENUS

## Agir  Coopérer  Apprendre

### UNITÉ 9 — Flexible — p. 127-140

**SITUATIONS**
1. Aménager l'espace
2. Repenser la ville
3. Transformer son intérieur
4. Construire un jeu vidéo

**AU QUOTIDIEN**
Exprimer son étonnement

**MISSION**
Un lieu de travail flexible

**S'EXERCER** *p. 131, 134, 138*
Rédiger un résumé *p. 133*
→ *Cahier, p. 127*

**ARTICULATEURS**
pour résumer *p. 136*

### UNITÉ 10 — Appétissant(e) — p. 141-154

**SITUATIONS**
1. Se nourrir en 2049
2. Dévorer des yeux
3. Goûter au luxe
4. Attirer un public

**L'OPINION**
Reformuler ses propos
*Cahier, p. 142*

**MISSION**
Une cantine appétissante

**S'EXERCER** *p. 145, 148, 152*
Faire un exposé *p. 147*
→ *Cahier, p. 141*

**ARTICULATEURS**
pour ajouter une idée *p. 151*

### UNITÉ 11 — Rassurant(e) — p. 155-168

**SITUATIONS**
1. Se régénérer
2. Vivre dans un écosystème
3. Rencontrer le vivant
4. Cohabiter

**AU QUOTIDIEN**
Exprimer son inquiétude

**MISSION**
Rassure ta ville !

**S'EXERCER** *p. 159, 162, 166*
Faire un commentaire de données *p. 157*
→ *Cahier, p. 155*

**ARTICULATEURS**
pour nuancer *p. 164*

### UNITÉ 12 — Éclairant(e) — p. 169-182

**SITUATIONS**
1. Apprendre du bout des doigts
2. Causer philo avec les séries
3. Comprendre le monde avec les séries
4. Déconnecter

**L'OPINION**
Convaincre et insister
*Cahier, p. 170*

**MISSION**
Déconnecté(e), éclairé(e) !

**S'EXERCER** *p. 173, 176, 180*
Faire un compte-rendu *p. 172*
→ *Cahier, p. 169*

**ARTICULATEURS**
pour conclure *p. 179*

## ÉVALUATION

- 12 bilans linguistiques, *Cahier d'activités*
- 12 préparations au DELF, *Cahier d'activités*
- 12 tests, *Guide pratique de classe*

**Épreuve DELF B2 complète** *p. 183*

- **Flashez les pages**
- Les audios + les vidéos
- **78 activités interactives** de lexique et de grammaire

# TABLEAU DES CONTENUS

| Grammaire | Lexique / Phonétique | Médiation | Culture / livres |
|---|---|---|---|
| • Les propositions relatives au subjonctif<br>• Les expressions de temps | **LEXIQUE**<br>• L'architecture<br>• Les jeux vidéo<br>**PHONÉTIQUE**<br>• La prononciation de « plus »<br>• L'accent du sud de la France<br>• L'intonation de l'étonnement | • Expliquer des données à l'écrit *p. 133*<br>• Traiter un texte à l'écrit *p. 133*<br>• Exprimer une réaction personnelle à l'égard de textes créatifs *p. 135*<br>• Faciliter la coopération dans les interactions avec les pairs *p. 136*<br>• Coopérer pour construire du sens *p. 140* | • Extrait de : *Synthèses* de Ester Granek<br>→ Écrire un poème |
| • La probabilité<br>• L'ajout d'informations | **LEXIQUE**<br>• La gastronomie<br>• Le luxe<br>**PHONÉTIQUE**<br>• Les pauses<br>• Les interjections | • Transmettre des informations spécifiques à l'oral *p. 142*<br>• Traiter un texte à l'écrit *p. 147*<br>• Exprimer une réaction personnelle à l'égard des textes littéraires *p. 149*<br>• Prendre des notes *p. 154* | • Extrait de : *Un chemin de tables* de Maylis de Kerangal.<br>→ Écrire une liste d'ingrédients, le portrait d'un chef et des critiques |
| • Le doute et la certitude<br>• Les doubles pronoms | **LEXIQUE**<br>• Le vivant<br>• La ville<br>**PHONÉTIQUE**<br>• L'ellipse dans certains mots<br>• L'assimilation des consonnes<br>• L'intonation de la peur | • Expliquer des données à l'oral *p. 157*<br>• Analyser et critiquer des textes créatifs *p. 163*<br>• Traiter un texte à l'oral *p. 164*<br>• Gérer des interactions *p. 168* | • Extrait de : *L'entraide : l'autre loi de la jungle* de Pablo Servigne et Gauthier Chapelle.<br>→ Défendre une thèse |
| • Le but<br>• Le discours indirect au passé | **LEXIQUE**<br>• Les séries<br>• Le numérique<br>**PHONÉTIQUE**<br>• L'accent du sud de la France<br>• L'accent québécois | • Transmettre des informations *p. 170*<br>• Traiter un texte à l'écrit *p. 175*<br>• Analyser et critiquer des textes créatifs *p. 177*<br>• Faciliter la communication dans des situations délicates et des désaccords *p. 182* | • Extrait de : *Une Toile large comme le monde* de Aude Seigne.<br>→ Écrire le début d'un roman |

## OUTILS DE LA CLASSE

**La grammaire, p. 189**
> La fabrique de la phrase, p. 189
> La fabrique du discours, p. 191
> La fabrique des formes verbales, p. 194

**Les transcriptions, p. 203**

**Les fiches pratiques, p. 197**
> La lettre, p. 197
> L'argumentaire, p. 198
> Le résumé, p. 199
> L'exposé, p. 200
> Le commentaire de données, p. 201
> Le compte-rendu, p. 202

# ON AGIT

**Agir,** c'est d'abord faire un premier pas les uns vers les autres.
C'est aussi prendre le temps de se parler pour mieux se connaître.

**1. Mettez-vous debout !** Prenez le temps de vous regarder et de vous sourire.

**2. ▶2 | Écoutez.** Si vous vous sentez concerné(e) par la phrase, allez au milieu de la classe. Faites une photo, puis, retournez à votre place.

**3. 👍 Échangez en petits groupes :** quels sont vos points communs et vos différences ?

**4. Lisez ce parcours.** En quoi est-il différent d'un parcours classique ?

*Stratégie*
Ne cherchez pas à tout comprendre !

**5. C'est à vous !** Présentez-vous à votre voisin(e) grâce à un parcours en cinq dates avec des anecdotes originales.

**Lison Daniel** est comédienne et fait partie de cette génération d'humoristes qui, sur Instagram (@les.caracteres), livre ses comédies en format « brèves de vidéo ».

## Ton parcours en 5 dates

- **1995 :** J'ai 3 ans. On me fait goûter la poutargue*. La vie n'aura plus jamais le même goût.
- **2004 :** Je suis en 5ᵉ et je révise comme rarement mon contrôle de bio sur les vaisseaux sanguins. J'ai 19. Je fais une corrélation très claire entre le travail et le résultat. Mais bon, la flemme.
- **2004 encore :** Je me rends compte que je peux bouger indépendamment mon sourcil droit. Le gauche également. Une fierté qui m'aide encore en cas de coup dur.
- **2018 :** Route de campagne. Je change une roue toute seule. Ça y est, je suis une femme.
- **XXXX :** La date de mon mariage, mais je vous la donne pas, sinon, vous allez vous ramener, et on est ric-rac** en chaises.

*L'ADN*, Revue n°22 (mars-mai 2020).

\* œufs de poissons séchés
\*\* ne pas avoir assez de…

# ON COOPÈRE

**Coopérer,** c'est chercher à s'entraider pour trouver des solutions. C'est aussi s'organiser pour travailler ensemble.

**1.** **6 chaises | 6 volontaires.**
▶ 3 | Asseyez-vous devant la classe et écoutez ! Allez chercher l'objet demandé. Retournez vous asseoir. À chaque fois, votre professeur(e) enlèvera une chaise : vous devrez réussir à tous vous asseoir. Soyez coopératifs et imaginatifs !

**2.** **Quelle est votre couleur préférée ?** Constituez des groupes de couleur préférée.

**3.** **En groupes, lisez le DOCUMENT 1 et échangez :** en général, quel rôle jouez-vous dans un groupe ? Quel rôle n'aimez-vous pas jouer ? Pourquoi ?

### DOCUMENT 1

## La coopération

C'est l'ensemble des situations où des personnes agissent, produisent et apprennent à plusieurs, dans une relation positive d'entraide.

Le groupe fonctionne par répartition de rôles avec un projet de travail partagé.

#### Stratégie
L'essentiel, c'est que ce ne soit pas toujours la même personne qui joue le même rôle.

**Voici quelques exemples :**

- **Le responsable d'équipe** ➡ Il s'assure que le groupe fait le travail et que tout le monde s'exprime.
- **Le présentateur** ➡ Il donne la parole lors d'une discussion et donne, à l'oral, des informations.
- **Le modérateur** ➡ Il aide à gérer les conflits ou les désaccords dans le groupe.
- **Le rapporteur** ➡ Il prend des notes et les transmet à la classe.
- **Le gardien du temps** ➡ Il gère le temps.
- **Le traducteur** ➡ Il interprète ou traduit d'une langue à l'autre si nécessaire.

**4.** **En groupes | 15 min.**
Vous présentez, à la classe, trois idées reçues sur la langue française ou les Français, de façon originale et détaillée.
- Échangez.
- L'un de vous prend des notes.
- Sélectionnez les idées les plus pertinentes.
- Décidez d'un format de présentation.
- Choisissez un présentateur.

**5.** **C'est à vous !** En classe, présentez vos idées. Indiquez celles qui vous semblent les plus pertinentes.

treize **13**

# ON APPREND

**Apprendre,** c'est avoir plaisir à découvrir des nouveautés. C'est aussi accepter de ne pas tout savoir.

**1.** **Mettez-vous debout !** Formez un cercle. Massez votre visage et faites des grimaces avec votre mâchoire.

**2.** ▶4 | **Écoutez.** Amusez-vous à répéter ces virelangues les uns après les autres, de plus en plus vite.

**3.** 👍 **Créez une phrase** avec un son difficile à prononcer pour vous.

**4.** ▶5 | **Écoutez et écrivez la dictée.** *dictée*

*Stratégie*
La ponctuation est essentielle dans un texte. Elle donne du rythme et du sens.

Comparez votre dictée avec celle de votre voisin(e). Corrigez et aidez-vous à comprendre vos erreurs.

**5.** ▶6 | Écoutez la fin du texte et relevez :
- un verbe au **présent**, à l'**imparfait**, au **conditionnel présent** et au **futur simple**.
- un verbe familier synonyme de **se moquer**.
- un mot synonyme d'**opinion**. Nommez d'autres mots singuliers qui portent un « s ».

# Bienveillant(e)

**adj.**
se dit des hommes et des femmes qui prennent soin les uns des autres et de la Terre.

| | |
|---|---|
| 16 | **SITUATIONS** |
| | ❶ **Décrire** son village natal |
| | ❷ **Respecter** l'intimité |
| | ❸ **Protéger** l'humain |
| 19 | **LA FABRIQUE** |
| 20 | **SITUATION** |
| | ❹ **Veiller** sur la Terre |
| 22 | **LA FABRIQUE** |
| 23 | **L'EXTRAIT** |
| 24 | **AU QUOTIDIEN** |
| 26 | **MÉMO** |
| 28 | **MISSION** |
| | Complot ou bienveillance ? |

quinze **15**

SITUATION 1

# Décrire son village natal

DOCUMENT 1

## LE MONDE DE...
### LILIAN THURAM

À 48 ans, l'ancien joueur de football Lilian Thuram, champion du monde 1998 avec l'équipe de France, dirige aujourd'hui la Fondation Éducation contre le racisme, pour l'égalité [...]

**GEO :** Pourquoi avoir choisi de parler d'Anse-Bertrand, le village où vous avez grandi ?

**Lilian Thuram :** Parce que cet endroit m'a construit. Je l'associe à un endroit de bienveillance et de protection. Tout le village connaissait chaque enfant. Moi, par exemple, j'étais Lilian, le fils de Mariana. J'avais 8 ans quand ma mère a dû partir travailler à Paris, et nous sommes restés à la maison en Guadeloupe, avec mes quatre frères et sœurs... sans adulte pour veiller sur nous. Mais le village était là pour nous éduquer. Anse-Bertrand, ce sont aussi des souvenirs de bonheur et de liberté [...]

**À quoi ce village ressemble-t-il ? Décrivez-le nous.**
Il se trouve au bord de la mer, tout au bout de l'île, dans l'extrême nord de la Guadeloupe. Pour cette raison, ce n'est pas un endroit où l'on passe mais où l'on va [...] Anse-Bertrand est d'une beauté rare. On y trouve la pointe de la Grande Vigie, un endroit extraordinaire, où le littoral se découpe dans la mer. Sur la côte ouest, le long du sentier de l'anse Colas, bien connue des habitants d'Anse-Bertrand, quand la mer est houleuse, l'eau s'infiltre sous les roches et ressort en geyser. C'est magique ! Et sur la côte est, à environ deux kilomètres de Trou a Man Coco (ou « Trou de Madame Coco ») se trouve la plage de la Porte d'Enfer, ma préférée. C'est une petite crique, bordée d'arbres, dans laquelle la mer s'enfonce.
Parti à mon tour en métropole à 9 ans, je ne suis revenu à Anse-Bertrand qu'à 22 ans [...] Le matin, nous allons à la boulangerie, acheter des sandwiches au maquereau que l'on déguste en guise de petit déjeuner avec une bière brune sans alcool, sur un rocher devant la mer. En début de soirée, on assiste à un spectacle de toute beauté : une envolée d'oiseaux, des pique-bœufs, qui partent vers Ravine Sable, où ils poseront pour la nuit sur les arbres près d'une mare. Pour moi, Anse-Bertrand, c'est aussi un bruit particulier, celui de mon voisin, un paysan, qui, tôt le matin, alors que je dors encore, frappe sur ses piquets pour attacher ses bœufs ! Quand j'entends ce son, je sais que je suis chez moi et nulle part ailleurs.

Audrey Nait Challal, *GEO Magazine* n°492, février 2020.

**1. Lisez le titre et le chapeau. Puis, lisez le DOCUMENT 1 pour répondre avec précision.**
a. Qui est Lilian Thuram ? Pourquoi est-il interviewé pour ce magazine ?
b. Où se situe son village ?
c. En quoi le village est-il un lieu de « bienveillance » ?
d. Quelles sont les différences entre la côte ouest et la côte est ?
e. Quelles sont les activités et moments préférés de Lilian Thuram à Anse-Bertrand ?

**2. En groupes, relisez le texte et relevez les éléments pour décrire le village natal de Lilian Thuram.**
a. Individuellement, cherchez des informations complémentaires sur ce village. Partagez-les avec le reste du groupe.
b. Un membre du groupe indique celles qui seraient les plus pertinentes à ajouter à l'article.

**3. Repérez :**
a. les mots liés à la **mer** et à la **terre**.
b. un nom qui ne se prononce pas de la même façon au singulier et au pluriel.
c. le **verbe** qui se trouve dans le texte et dans le mot « bienveillance ».

**4. 👍 Échangez.** Quels sont les mots que vous utiliseriez pour décrire votre ville ou village d'enfance ?

SITUATION 2

UNITÉ 1

# Respecter l'intimité

**1. Observez le DOCUMENT 1.**

**a** Par deux, répondez : de quoi et de qui s'agit-il ?

**b** En groupes, préparez : le pitch vidéo d'un film dans lequel a joué Romain Duris. En une phrase, chacun indique le nom du personnage principal, l'événement majeur et le dénouement.

**c** En classe, partagez votre vidéo. Commentez celles des autres de façon bienveillante.

**2. PAUSE**

Fermez les yeux. Vous êtes en haut de la Tour Eiffel et vous avez une vue magnifique sur Paris. Décrivez-la.

DOCUMENT 1

Romain Duris et Emma Mackey dans le film *Eiffel*.

**DOCUMENT 2**

**Le portrait inattendu de… Romain Duris** — Europe 1

**3. a** Observez le DOCUMENT 2. À votre avis, qu'est-ce qu'un portrait « inattendu » ?

**b** ▶7 | Écoutez. Vrai ou faux ? Justifiez votre choix.

a. L'invité a des amis et des proches bienveillants.
b. Cette émission est hebdomadaire.
c. L'invité est de nature inquiète.
d. L'invité habite à Paris.
e. Hélène Mannarino nomme dix activités que l'invité aime faire.

**4. Repérez, dans le document 2 :**

a. des **qualités morales** qui illustrent le portrait de l'invité.
b. le **subjonctif présent** dans ces phrases. Justifiez son emploi.
▶ *Il a fallu attendre que je descende mes poubelles pour que cet appel arrive.*
▶ *Il était hors de question que je ne fasse pas ce 58ᵉ portrait.*
c. ▶8 | deux **homonymes** qui font rire les invités.

**5. ✏️ | J'agis !**

Vous avez 25 minutes pour écrire une interview d'une personnalité de votre choix pour le magazine *GEO* avec le titre suivant : « Le monde de… ». Pensez à un chapeau. Organisez vos paragraphes à l'aide de trois questions. Utilisez le but et le subjonctif.

**6. 🔊 | On coopère !**

À trois, faites un portrait original à la radio (avec des bruits, des sons, des animations…). L'un(e) de vous est une personne célèbre de votre pays qui parle dans sa langue ; le second est traducteur ; le troisième est journaliste. La célébrité et le journaliste peuvent poser des questions pour clarifier si besoin.

## Culture +

**Romain Duris**, né en 1974 à Paris, a notamment joué dans *L'Auberge espagnole*, *Exils*, *Arsène Lupin*, *Paris*, *L'Arnacœur*, *Populaire*, *L'écume des jours*, *Dans la brume* et *Vernon Subutex*. A-t-il déjà obtenu le César du meilleur acteur ?

SITUATION 3

# Protéger l'humain

**DOCUMENT 1**

## Exposition Claudia Andujar
Réserver un billet

© Luc Boegly

La Fondation Cartier pour l'art contemporain présente la plus vaste exposition jamais consacrée à l'œuvre de la grande photographe brésilienne, née à Neuchâtel en Suisse, Claudia Andujar qui, depuis les années 1970, dédie sa vie à la photographie et à la défense des Yanomami, peuple amérindien parmi les plus importants de l'Amazonie brésilienne.

« Claudia Andujar est venue au Brésil, elle est passée par São Paulo, puis par Brasília et Boa Vista avant de parvenir jusqu'à la terre Yanomami. Elle est alors arrivée à la mission Catrimani. Elle a pensé à son projet, à ce qu'elle ferait, à ce qu'elle planterait. Comme on plante des bananiers, comme on plante des anacardiers*. Elle portait les vêtements des Indiens, pour se lier d'amitié. Elle n'est pas Yanomami, mais c'est une véritable amie. Elle a pris des photographies des accouchements, des femmes, des enfants. Puis elle m'a appris à lutter, à défendre mon peuple, ma terre, ma langue, les coutumes, les fêtes, les danses, les chants et le chamanisme. Elle a été comme une mère pour moi, elle m'a expliqué les choses. Je ne savais pas lutter contre les politiciens, contre les non-amérindiens. C'est bien qu'elle m'ait donné un arc et une flèche non pas pour tuer des Blancs, mais l'arc et la flèche de la parole, de ma bouche et de ma voix pour défendre mon peuple Yanomami. Il est très important que vous regardiez son travail. Il y a beaucoup de photographies, beaucoup d'images de Yanomami qui sont morts, mais ces photographies sont importantes afin que vous connaissiez et respectiez mon peuple. Celui qui ne le connaît pas connaîtra ces images. Mon peuple est là, vous ne lui avez jamais rendu visite, mais l'image des Yanomami est ici. C'est important pour vous et pour moi, pour vos fils et vos filles, pour les jeunes, les enfants, pour apprendre à regarder et à respecter mon peuple Yanomami brésilien qui habite sur cette terre depuis si longtemps. »

* arbres qui donnent des noix de cajou

Davi Kopenawa Yanomami
fondationcartier.com

## 1. SEUL

**a** Lisez le texte.

**b** Relevez les informations du texte et classez-les :
1. L'exposition 2. Le portrait de l'artiste 3. La valorisation humaine.

**c** Relevez les phrases au **subjonctif**. Laquelle exprime : un but ? une valorisation ? une nécessité ?

## 2. EN GROUPES

**a** Partagez votre travail.

**b** Ensemble :
a. Mettez-vous d'accord sur un peuple (terre, langue, coutumes, danses, fêtes…) à protéger et à valoriser.

b. Préparez cinq arguments pour valoriser un peuple. Chaque argument commence par « Il est important que… » et est illustré par une photo. Créez une page Instagram.

## 3. EN CLASSE

**a.** Enrichissez par d'autres structures les phrases relevées en 1**c**.

**b.** Présentez votre page Instagram à la classe.

**c.** Faites une battle sur le thème du respect et du peuple pour garder les cinq arguments les plus importants.

# UNITÉ 1

## DE LA GRAMMAIRE | Le subjonctif présent (révisions) et passé

### 👁 Observez.
a. Il est important que vous **regardiez** son travail afin que vous **respectiez** mon peuple.
b. C'est bien qu'elle m'**ait donné** un arc et des flèches.

### ⚙ Réfléchissez.
a. Quelle expression indique : un but ? une appréciation ? une nécessité ?
b. Quels verbes sont au subjonctif présent ? Au subjonctif passé ?
c. Expliquez la formation du subjonctif présent et passé.

### ✏ Appliquez.
1. ▶9 | Écoutez et repérez les phrases au subjonctif présent et celles au subjonctif passé.

2. Conjuguez les verbes entre parenthèses au subjonctif présent ou passé.
a. Il est grand temps que nous … (apprendre) à veiller les uns sur les autres.
b. Il est important que vous … (être) solidaires avec l'équipe de France en 1998 !
c. C'est dommage que les peuples … (ne pas toujours s'entendre) autrefois.
d. C'est curieux que la plage … (s'appeler) *Trou de Madame Coco*.
e. C'est bien qu'en 2014 Lilian Thuram … (écrire) un livre intitulé *Pour l'égalité*.

3. Enregistrez un texte d'accueil-radio d'un(e) invité(e) de votre choix qui commence par : *Je suis content(e) que X ait accepté de venir en studio car…* Utilisez trois formes au subjonctif.

## DES MOTS

### C'est connu !

« C'est un **roc** ! … c'est un **pic** ! … c'est un **cap** ! Que dis-je, c'est un cap ? … C'est une **péninsule** ! » (Edmond Rostand)

**a** Connaissez-vous l'auteur de cette tirade ?
**b** Quels mots se rapportent à la mer ? À la terre ?
**c** Trouvez un synonyme pour chaque mot.

### C'est proche !

Je ne suis **revenu** à Anse-Bertrand qu'à 22 ans. Elle est **venue** au Brésil avant de **parvenir** à la Terre Yanomami.

**a** Quel verbe signifie « aller » ? « atteindre » ? « retourner » ?
**b** Complétez avec les verbes suivants.
devenir | parvenir | intervenir | convenir | provenir
a. Je suis libre demain matin à 10 h, ça te … ?
b. Elle est … lors d'une conférence sur le Brésil.
c. Ces fruits … du Brésil !
d. Tu ne m'écoutes jamais : ça … insupportable !
e. Une erreur est … lors de votre commande.

## DES VERBES

**Veiller** est un verbe qui signifie prendre soin, s'occuper de quelqu'un (qqn) ou de quelque chose (qqch) ou faire attention à qqn ou à qqch.
*Exemple : J'ai **veillé** mon père toute la nuit. J'ai **veillé à ce qu'**il ait de l'eau.*

**a** Regardez bien la différence de construction des verbes dans l'exemple et la place du subjonctif.
**b** Par deux, faites une liste de dix mots de la famille de « veille ».

## DES SONS

### Les homonymes

**a** ▶10 | Écoutez à nouveau cet extrait. Lequel signifie « **supposé** » ? « **plein de bon sens** » ?
**b** Complétez.
a. Comment est-ce que j'étais … le savoir ?
b. Il sont … respecter ce peuple.
c. Classez vos arguments de manière … !
d. Lilian Thuram est un homme … .

SITUATION ❹

# Veiller sur la Terre

DOCUMENT 1

**Le Monde** — CULTURE • TELEVISION & RADIO

## Les satellites, surveillants vigilants de la Terre

Coproduction internationale, le documentaire « La Terre vue de l'espace » dévoile des images à couper le souffle.

Une image satellite des îles Bijagos sur l'archipel de Guinée-Bisau. ESA/NASA

**MARDI 10 MARS À 21 H 05**
**DOCUMENTAIRE**

Lorsque la BBC, avec son expertise en matière de documentaires, se lance dans ce genre de projet, il faut s'attendre à un spectacle
5 de premier ordre. Et lorsque les Américains de PBS, les Chinois de Tencent et France Télévisions se joignent au projet, le résultat final est, logiquement, à la hauteur des
10 espérances. Grâce à la précision des images, des centaines de satellites équipés de capteurs surpuissants et de caméras tournant en orbite autour de notre planète, ce documentaire
15 ne se contente pas d'offrir des images à couper le souffle.

**Spectacle total**

Car la Terre vue de l'espace est effectivement un spectacle
20 étonnant, avec ses traînées de lumières vives, ses fissures\*, ses richesses et ses dévastations. Sous nos yeux, la disparition des forêts, la fonte des glaces, la vie dans
25 le désert ou le développement anarchique des villes deviennent soudain réalité. Grâce à des caméras placées non seulement dans l'espace lointain, mais aussi
30 dans les airs et sur Terre, chaque image révèle une histoire. En passant ainsi de l'infiniment grand à l'infiniment petit, le spectacle est total. Et même si le
35 déroulement du documentaire peut surprendre, passant brusquement du destin d'animaux en danger à la banquise en train de fondre, on se laisse emporter.

40 Parmi les images les plus exceptionnelles, on sélectionnera la faille\* de San Andreas en Californie, immense cicatrice qui s'étend sur 1 300 kilomètres.
45 Mais aussi les volutes\*\* turquoise, dues à l'explosion d'algues bleues, au large de l'Alaska. Ou l'interminable labyrinthe aquatique du delta de
50 l'Okawango au Botswana, ainsi que les rangées de piments rouges dans le désert de Gobi. Sans oublier le panache orange de la poussière de sable du Sahara
55 traversant l'Atlantique d'est en ouest pour terminer sa course en Amazonie.

Grâce à ces images satellites, nous pouvons prendre le pouls
60 de notre planète. Nous savons dans quelles régions la vie se développe, et les endroits où l'activité humaine perturbe son équilibre. Prises sur plusieurs
65 années puis montées bout à bout, des images satellites montrent par exemple l'évolution tentaculaire de grandes villes comme Los Angeles, Tokyo ou Shenzhen.
70 D'autres montrent des centaines de carcasses d'avions parquées dans le désert d'Arizona. Des dizaines de bateaux rouillés bordant les côtes au Bangladesh.
75 Ou encore des milliers de pneus usagés qui forment des petites taches noires en plein désert du Koweït.

*La Terre vue de l'espace*, réalisé par Emily Taylor (RU, 2020, 90 min).

Alain Constant, lemonde.fr, 10/03/2020.

\* une fissure = une faille = une ouverture dans un mur, dans la terre
\*\* des courbes

# UNITÉ 1

**1.** Lisez le DOCUMENT 1. Justifiez chaque affirmation par une précision donnée dans le texte.
  a. Ce documentaire est une coproduction internationale.
  b. Les prises de vue sont multiples.
  c. Les couleurs sont riches.
  d. Les lieux sont variés.
  e. Les images montrent la nature et des objets.
  f. Le documentaire est positif et négatif.

**2.**  **Échangez.** Parmi les images de « La Terre vue de l'espace » citées dans le document 1, quelle est celle qui vous semble la plus exceptionnelle ? Quelles autres images de la Terre vue du ciel connaissez-vous ?

DOCUMENT 2

**3. PAUSE**
Ouvrez la fenêtre de la salle de classe. Prenez l'air. Décrivez ce que vous voyez à l'horizon. La Terre vous semble-t-elle ronde ou plate ?

DOCUMENT 3

Radio-canada.ca

**Décrypteurs : les platistes gagnent du terrain**

**4.** ▶11 | Écoutez le DOCUMENT 3 et répondez aux questions.
  a. Qui sont les platistes dans le monde ?
  b. Qui est Ératosthène ? Qu'a-t-il fait ?
  c. Comment, à l'aide d'un bateau, peut-on prouver que la Terre est ronde ?
  d. Quel est le lien entre le DOCUMENT 2 et la démonstration ?
  e. À quoi est comparée la Terre ?

**5.** Repérez dans les documents :
  a. (doc. 1) les **différents mots** devant le mot « image(s) ».
  b. (doc. 3) les **noms ou pronoms** qui remplacent le mot « Terre ».
  c. des mots pour parler de **phénomènes terrestres** et des adjectifs pour les caractériser.
  d. des verbes synonymes de **prouver**.
  e. ▶12 | l'**accent québécois** : comment se prononce le « a » ? il est grave et se rapproche de « o » ? il est aigu et se rapproche de « é » ?

**6.**  | **J'agis !**

**Écrivez une lettre** (200 mots) à Emily Taylor. Félicitez-la pour le documentaire « La Terre vue de l'espace ». Décrivez un lieu terrestre étonnant et un lieu terrestre en danger. Utilisez des noms ou pronoms pour ne pas répéter le mot « lieu ». Veillez à la forme de la lettre. ➡ Fiche La lettre, p. 197

**7.** 🔊 | **On coopère !**

**Réalisez un mini-documentaire vidéo intitulé « La Terre est ronde : la preuve en images ».**
En groupes, présentez vos idées (même farfelues) pour démontrer que la Terre est ronde. Posez des questions pour susciter des réactions.
Filmez-vous. Veillez à bien démontrer vos idées.

**Galilée**, **Kepler** et **Copernic** ont aussi prouvé que la Terre est ronde. Tous les trois sont astronomes.
Lequel est italien ? Polonais ? Allemand ?

# LA FABRIQUE

## DE LA GRAMMAIRE | La reprise nominale et pronominale

### Observez.
a. Parmi **les images** les plus exceptionnelles, on voit **des images** de pneus usagés et **d'autres**, de bateaux rouillés. **Ces images** ont été prises grâce à des caméras.
b. **La Terre**, à quoi est-ce qu'elle ressemble ? À une bille qui flotte dans le vide ou à une boule plate ?

### Réfléchissez.
a. Quelle(s) différence(s) entre « les », « des » et « ces » ?
b. Dans la phrase **b**, par quels mots le groupe « la Terre » est-il remplacé ?

### Appliquez.
**1.** Mettez le déterminant qui convient devant les noms : *les* | *des* | *ces* | *ses*.
a. … platistes se retrouvent lors de congrès alors que d'autres échangent sur les réseaux.
b. J'ai vu … images magnifiques : … images les plus exceptionnelles sont celles des algues bleues en Alaska et de la faille en Californie.
c. Il y a eu beaucoup de phénomènes étranges ; … phénomènes ont fait la une !
d. Il y a beaucoup de platistes à ce congrès, … platistes que j'ai rencontrés sont américains.
e. J'ai vu Marc hier qui m'a parlé de … collègues qui ont vu le documentaire.

**2.** Remplacez ce qui est souligné par des groupes nominaux.
a. C'est <u>une boule</u> ronde.
b. <u>Ce chien</u> est extraordinaire.
c. <u>Ces images</u> sont magnifiques.
d. Je vais aller <u>au bord de la mer</u>.
e. Ces images viennent de <u>son téléphone</u>.

**3.** Écrivez un texte de 100 mots pour décrire la Terre, sans utiliser ce mot plus d'une fois !

## DES MOTS

### C'est proche !

On passe brusquement du destin d'animaux en danger à la banquise en train de fondre.

**a** Parmi ces adverbes, lequel est le plus proche de « brusquement » ? Justifiez.
immédiatement | soudainement | doucement | lentement | progressivement

**b** Parmi eux, lesquels sont des contraires ?

**c** Trouvez deux adverbes proches de « brusquement » qui ne se terminent pas par *–ment*.

### C'est mathématique !

Ératosthène a mesuré le diamètre de la Terre.

**a** Quel est-il, à votre avis ?
**b** Quelles unités de mesure connaissez-vous ?
**c** Répondez à la question. Utilisez cette formule : $A = \pi \times r^2$.
Un pâtissier fait un petit gâteau au chocolat d'un diamètre de 16 millimètres. Quelle est son aire (A) ?

## DES VERBES

**Prouver :** c'est établir la vérité au moyen de faits, témoignages, etc.

**a** Pour chacun des verbes suivants, rédigez une définition similaire.
montrer | démontrer | expliquer | constater | établir

**b** Pour chaque verbe, proposez un exemple à votre voisin(e).

## DES SONS

### L'accent québécois et le son « a »

**a** ▶13 | Écoutez à nouveau cet extrait. Quel « a » se rapproche de « o » ?

**b** ▶14 | Écoutez. Dans quel extrait y a-t-il un « a » prononcé avec l'accent québécois ?

# L'EXTRAIT ▶15

De la même manière approximative, elle avait fait une carte d'identité pour sa mère. Cette carte, je l'ai retrouvée en fouillant dans une vieille armoire. Elle a été délivrée le 11 septembre 1978 à Vu Thi Gao, apparemment née le 10 janvier 1920. Au dos de la carte, je trouve ses empreintes digitales et un descriptif vague : « *Not ruoi noi cach 1 cm duoi truoc dau long may phai* », c'est-à-dire : « Un grain de beauté s'apprête à pousser à environ un centimètre en dessous du sourcil gauche. »

En retournant la carte, il est possible de vérifier cette description méticuleuse : une photo d'identité est collée. Je découvre le visage de Vu Thi Gao sous une toque villageoise, avec ses deux oreilles qui dépassent, ses sourcils tellement froncés qu'ils soulèvent, au milieu, la peau en rides déterminées. Sa bouche tombe vers le bas, l'air dédaigneux, l'air de dire, oui, je l'ai fait, et alors, t'as un problème ? Mais ses yeux bridés, dont on ne voit pas le blanc tant elle les plisse face à l'objectif, ont une douceur qui fait sourire l'ensemble de ce visage si combatif. Son menton est bien dessiné, levé, en avant sur son cou maigre. Elle est fine, fière, les épaules petites, mais sa toque, ses oreilles, sa bouche et ses sourcils intimident.

Du grain de beauté naissant un centimètre sous le sourcil gauche, je ne vois aucune trace, mais je l'imagine, ou plutôt j'imagine l'employé de bureau, qui a reçu mon arrière-grand-mère pour lui faire une carte et a hésité un instant devant la case « signe distinctif ». Je l'imagine se pencher vers elle, scruter son visage et, haussant les épaules, barbouiller : « grain de beauté naissant à un centimètre... ». Puis appliquer le tampon rouge en-dessous, pour valider cette carte, et crier : « Suivant ! » La femme part, laissant place au suivant. Elle part sa carte en poche et elle s'appelle Vu Thi – son prénom est Gao. Cela me fait sourire car Gao signifie grain de riz en vietnamien. À une époque de famine, porter « Grain de riz » pour prénom était sans doute comme s'appeler Bonheur, Chance ou Soleil.

Line Papin (écrivaine française), *Les os des filles*, Éditions Stock, 2019.

## 1. DÉCOUVERTE

**a.** De qui parle la narratrice ? Quel est son nom ?

**b.** Quel est le signe distinctif de cette personne ?

**c.** Quels sont les éléments du texte qui font sourire ?

## 2. EXPLORATION

**a.** Dans le 1ᵉʳ paragraphe, on pose le contexte. Ensemble, nommez l'action principale, le personnage et l'élément perturbateur.

**b.** Dans le 2ᵉ paragraphe, on fait un portrait précis du personnage. Classez les éléments dans deux colonnes : partie du corps ; adjectif de caractérisation. *Exemple : les yeux - bridés*

**c.** Dans le 3ᵉ paragraphe, la narratrice ajoute des éléments de son imagination. Lesquels ?

## 3. EXPRESSION

**a.** En groupes, discutez : que pensez-vous de ce portrait ? est-ce que ce portrait est précis ? est-ce qu'il est juste ? Comparez vos points de vue.

**b.** En suivant la structure de ce portrait, **écrivez le portrait** d'un animal de votre choix (250 mots).

# Au quotidien

*Cette conversation que vous entendrez forcément.*

## 1. ▶16 | ON ÉCOUTE

**Repérez :**

a. les personnages principaux.

b. l'information, la rumeur et l'opinion principales.

c. les phrases utilisées pour exprimer un doute.

d. l'expression qui indique que la concierge aime répandre des rumeurs.

e. l'articulateur « en fait ». Qu'est-ce que cela change concernant l'opinion ?

f. ▶17 | deux interjections : une qui montre le doute, et l'autre la surprise.

## 2. ON ÉCHANGE

### a Avec votre voisin(e)

Faites un portrait très précis de Maurice à votre voisin(e).

Votre voisin(e) prend en note dix informations que vous lui donnez.

Vérifiez, ensemble, à l'aide de la transcription p. 204.

### b En groupes

Avez-vous bien compris la différence entre *rumeur*, *opinion* et *information* ? L'un(e) de vous l'explique au groupe en utilisant des exemples variés.

### Stratégie

Pour expliquer des mots, des idées ou des rôles, pensez à utiliser des exemples précis.

### c En classe

Est-ce que cette conversation est bienveillante ? Justifiez votre réponse.

### ARTICULATEURS

{ au fait = à propos, d'ailleurs
  en fait = contrairement aux apparences

### Exprimer un doute

J'ai comme un doute.
J'en doute (fort).
Je ne te crois pas.
Je n'y crois pas trop.
Ça m'étonnerait !
C'est surprenant !

### PHONÉTIQUE

**L'intonation de doute**

▶18 | Écoutez et répétez en mettant la bonne intonation.

## 3. | ON COOPÈRE

**Êtes-vous des langues de vipère ?**

- Faites des groupes. L'un(e) d'entre vous explique les différents rôles des participants pour ce travail collectif.

- Un membre du groupe sort. Les autres se placent en cercle.

- L'un(e) commence avec une rumeur. *Exemple : Tu sais quoi ? Il paraît que le maire a acheté une girafe. À mon avis, c'est le cadeau d'anniversaire pour sa femme.*

- L'autre continue en reprenant l'information précédente. *Exemple : Tu sais quoi ? Il paraît que la femme du maire a eu une girafe. À mon avis, elle va lui faire manger l'herbe du terrain de foot.* etc.

- La dernière personne transmet toutes les informations à celle qui est sortie. Pensez à l'intonation.

# UNITÉ 1

# Au plaisir
*Ces instants culturels qui vous feront du bien.*

### GÉOGRAPHIE

**Parmi ces îles, laquelle n'est pas une île des Caraïbes ? Laquelle n'est pas francophone ? Justifiez vos choix.**

▶ Guadeloupe  ▶ Antigua  ▶ Maurice  ▶ Marie-Galante

### LANGUE

Pendant longtemps, le créole de la Guadeloupe a été une langue minorée mais depuis une vingtaine d'années, il est devenu plus important : il est étudié à l'école, parlé à la radio, et la population y trouve de plus en plus l'expression de son identité.

**Traduisez ce dialogue d'initiation.**
**A.** Byen bonjou ! Ou sé moun isit ? Ki non a-w ?
**B.** Bonjou ! Wi, an sé moun isit, non an-mwen sé Kristin. É zòt ?

### CINÉMA

**Devinez le film de Romain Duris qui se cache derrière chaque paire de dessin.**

a.

b.

c.

### LITTÉRATURE

Dans le titre de son poème ***La Terre est bleue comme une orange***, écrit en 1929, Paul Eluard fait une **comparaison** à l'aide du mot « comme ». Il aurait aussi pu utiliser : « *telle* une orange » ; « la Terre *ressemble* à une orange » ; « la Terre *est semblable* à une orange », etc. De plus, sa comparaison est étrange puisqu'une orange n'est pas bleue !
**Écrivez trois comparaisons pour parler de la Terre.**

### ASTRONOMIE

**Associez chaque centre de lancement spatial à son pays.**

1. Cape Canaveral • • a. Brésil
2. Kourou • • b. Russie
3. Satish-Dhawan • • c. Chine
4. Jiuquan • • d. France
5. Alcântara • • e. États-Unis
6. Baïkonour • • f. Inde

# mémo

→ Outils de la classe p. 189   → Cahier d'activités p. 8-21

## Stratégie

Pour mémoriser un mot plus facilement, visualisez des images dans votre tête. *Exemple : une peau ridée ou une crique.*

## Le portrait

**Faire un portrait**
- avoir l'image de qqn / qqch
- être d'une beauté rare
- être comme … pour qqn
- posséder des qualités
- ressembler à qqn / qqch

**Des qualités morales**
- être combatif(ive)
- être discret(ète) > la discrétion
- être méticuleux(euse)
- être passionné(e)
- être pudique > la pudeur

**L'apparence physique**
- des épaules petites
- un menton fin
- la peau ridée
- des sourcils froncés
- des yeux bridés

## La géographie

**La Terre**
- l'atmosphère
- le diamètre
- le globe terrestre
- l'horizon
- l'univers

**La mer**
- l'anse
- la côte
- la crique
- le littoral
- la péninsule

**Observer un phénomène**
- constater la fonte des glaces
- démontrer que la Terre est plate
- établir un fait
- prouver la disparition de…
- scruter l'horizon / le visage

## Bienveillant(e)

**C'est être…**
- …compréhensif(ive)
- …indulgent(e)
- …tolérant(e)
- …touchant(e)
- …vigilant(e)

**Veiller à…**
- prendre soin de qqn / qqch
- protéger qqn / qqch
- respecter qqn / qqch
- s'occuper de qqn / qqch
- surveiller qqn / qqch

**Valoriser l'humain**
- consacrer sa vie à qqn / qqch
- dédier sa vie à qqn / qqch
- défendre qqn / qqch
- lutter contre qqn / qqch
- porter un regard sur qqn / qqch

**1.** Faites le portrait d'une femme ou d'un homme qui a dédié sa vie à la terre. **Écrivez quelques lignes.**

**2.** Terre, mer, désert, forêt, banquise, plage : de quel élément naturel faut-il s'occuper en premier ? **Discutez-en en groupes.**

### LE GRAND ORAL

En groupes, vous avez cinq minutes pour répondre à la question : Comment être bienveillant(e) avec les autres ?

**Les contraintes :**
1. Les membres du groupe peuvent vous faire douter de vos idées.
2. Placez « en fait » et « au fait ».

**ANTISÈCHE 1**
au fait = à propos, d'ailleurs
en fait = contrairement aux apparences

**ANTISÈCHE 2**
Il faudrait que + *subjonctif*
Je vous conseille / recommande de + *infinitif*
Il serait bon que + *subjonctif*

# UNITÉ 1

## Le subjonctif présent et passé • La reprise nominale et pronominale

Saviez-vous que la Tour Eiffel, cette tour de 324 mètres que certains qualifiaient de « grande girafe toute percée », est le monument le plus haut de France ? Construite pour l'Exposition universelle de 1889, elle a d'abord été peinte en rouge, puis en jaune, puis en bleu… C'est finalement une bonne idée qu'on l'ait peinte en marron pour qu'elle se fasse plus discrète !

**1. Lisez cette anecdote et retrouvez :**
   – les verbes au subjonctif.
   – les mots pour remplacer « la Tour Eiffel ».

**2. Dans les phrases suivantes, conjuguez le verbe au subjonctif présent ou passé.**

   **a.** Cela m'étonnerait que Josette … (partir) avec Maurice en vacances l'année dernière.

   **b.** Il est important que vous … (finir) vos exercices avant que je revienne.

   **c.** C'est bien que les humains … (pouvoir) voir la Terre vue de l'espace.

   **d.** Je doute qu'elle … (apprendre) le vietnamien quand elle était petite.

   **e.** Les humains doivent être bienveillants pour que nos enfants … (vivre) sur une belle Terre.

**3. Lisez ce portrait et reformulez-le pour éviter les répétitions.**

   Romain Duris est né le 28 mai 1974 à Paris. Romain Duris est un acteur français. Romain Duris n'aime pas les interviews. Romain Duris mesure 1,73 m. Romain Duris a tourné sept fois avec Cédric Klapisch. Romain Duris a fait l'école des arts appliqués. Romain Duris n'a jamais fait d'études de théâtre. Romain Duris n'aime ni les photos ni les selfies. Romain Duris porte la barbe. Romain Duris aime danser et jouer de la batterie. Romain Duris a deux enfants mais il ne parle jamais de sa vie privée.

**4. Par deux, exprimez votre appréciation sur les sujets de l'unité :** 1) Lilian Thuram et son village natal 2) Romain Duris 3) L'exposition de Claudia Andujar 4) La Terre vue de l'espace. **Utilisez les deux points de grammaire ci-dessous.**

---

### Le subjonctif présent (rappel) et passé

➡ se forme :

– **subjonctif présent** : *que* + radical de la 3ᵉ pers. du plur. au présent + **-e, -es, -e, -ions, -iez, -ent**

– **subjonctif passé** : *que* + *avoir* ou *être* au subj. présent + participe passé

➡ peut exprimer un **but** : *afin que, pour que*
*Elle fait des photos afin que vous **connaissiez** le peuple Yanomami.*

➡ peut exprimer une **nécessité** : *il est important que…, il est nécessaire que…, il est essentiel que…, il est indispensable que…*
*Il est important que vous les **regardiez**.*

➡ peut exprimer une **opinion** : *c'est* + adjectif + *que…*, *je trouve* + adjectif + *que…*
*C'est bien qu'elle lui **ait donné** la parole.*
*Je trouve ça normal qu'elle **soit venue**.*

➡ peut exprimer un **doute** : *cela m'étonne que…, je doute que…*
*Je doute qu'elle **soit partie** avec Maurice.*

### La reprise nominale et pronominale

Pour éviter les répétitions, on peut utiliser :

**la reprise nominale**

➡ avec un synonyme ou un mot proche.
*la Terre = une boule, une bille, une planète…*

➡ avec un autre déterminant : un indéfini (*un, une, des*), un possessif (*son, sa, ses…*), un démonstratif (*ce, cet, ces…*).
*La Terre est une planète.* ***Cette*** *bille est recouverte d'eau.*

**la reprise pronominale**

➡ avec un pronom sujet.
*La Terre,* ***elle*** *est belle !*

➡ avec un pronom relatif.
*La Terre* ***qui*** *est belle me paraît ronde.*

➡ avec un pronom complément.
*La Terre, je ne* ***la*** *vois pas dans le ciel.*

➡ avec un pronom indéfini.
*Ses habitants ? Ils sont* ***tous*** *sur Terre.*

# #LaMinuteCulturelle

## La ville de Saint-Louis  quiz vidéo 1

▶ **Vous avez 2 minutes ?**

▶1 | Regardez la vidéo. En fonction des réponses données, retrouvez les questions qui ont été posées.

▶ **Vous avez 5 minutes ?**

Si vous deviez faire un film similaire, quelles questions aimeriez-vous poser ? Listez-en cinq.

▶ **Vous avez 15 minutes ?**

Filmez un(e) habitant(e) de votre ville et traduisez ses paroles sous forme de sous-titrages pour la classe.

# Mission

## Complot ou bienveillance ?

❝ *Selon moi, l'aluminium qui est généralement utilisé en cuisine ne sert à rien. Il ne respecte pas la Terre et serait plutôt une antenne de communication avec les extraterrestres. Personne ne veut me croire.* ❞

**En groupes, aidez ce jeune explorateur à révéler la vérité au président de la République.**

 **Quatre groupes :** deux groupes pour démontrer que l'aluminium est un moyen de communication ; deux pour identifier les personnes cachées derrière ce complot et leurs motivations. Dans chaque groupe, désignez un présentateur.

 **En classe.** Choisissez un modérateur qui donnera la parole à chaque présentateur et un rapporteur qui prendra des notes au tableau.

 **Individuellement.** À partir des notes, **écrivez une lettre** au président de la République pour dénoncer ce phénomène étrange et indiquer la nécessité de protéger les citoyens.
Astuce : Utilisez le subjonctif, notamment pour exprimer la nécessité.

### Objectifs

- Être capable de participer à l'organisation de la discussion.
- Transmettre à l'oral les points importants d'une conversation.
- Prendre des notes exactes.
- Rédiger une lettre formelle.
- Utiliser le subjonctif présent et passé.

# Inattendu(e)

**adj.**
peut l'être un paysage exotique,
artistique ou intérieur.

**UNITÉ 2**

30 | **SITUATIONS**
- ❶ **Voyager** sans culpabiliser
- ❷ **Partir** en terres inconnues
- ❸ **Explorer** autrement

33 | **LA FABRIQUE**

34 | **SITUATION**
- ❹ **Admirer** des lieux

36 | **LA FABRIQUE**

37 | **L'EXTRAIT**

38 | **L'OPINION**

40 | **MÉMO**

42 | **MISSION**
Des vacances inattendues

SITUATION 1

# Voyager sans culpabiliser

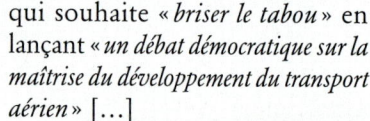

## Le Monde

### L'avion, plaisir coupable de l'écolo voyageur

**ENQUÊTE** • Pour le citoyen «responsable», l'avion fait partie de ces petits arrangements avec la conscience écologique.

Ils ont renoncé aux Coton-Tige, au Nutella et même à l'harmonie scandinave de la cuisine depuis l'adoption du lombricomposteur* et des 5 moucherons qui vont avec. Alors pas question d'annuler le Paris-New York de cet été… Ils embarqueront avec les enfants, trop de bagages et ce léger sentiment de culpabilité qui gagne, 10 depuis peu, ceux qui ont l'heur** de voyager et de songer à leur bilan carbone. Malaise et premières tensions entre copains, devant la pizza quatre légumes. Peut-on se dire écolo 15 tout en s'envolant pour le week-end à Porto? […]

Ne me dites pas… Qu'un aller-retour Paris-New York envoie plus d'une tonne de gaz carbonique dans l'atmosphère par passager, 20 soit autant qu'une année de chauffage et le cinquième des émissions annuelles d'un Français. Que tout trajet national ou européen en avion pollue quarante fois plus que le TGV, sept fois plus que le bus, deux fois plus qu'une voiture avec trois passagers. Que le secteur 25 aéronautique est responsable de 2% des émissions mondiales de CO2. Soit deux fois plus qu'un pays comme la France. 2% seulement? Et vous me priveriez pour si peu de la petite semaine andalouse prévue à Pâques?

Un chiffre trompeur, selon l'Agence de l'envi- 30 ronnement et de la maîtrise de l'énergie (Ademe) qui souhaite «*briser le tabou*» en lançant «*un débat démocratique sur la maîtrise du développement du transport aérien*» […]

35 «*Au voyage en avion est lié un imaginaire de déconnexion de ce monde hyper rapide, hyper techno*», observe Amélie Anciaux, qui prépare une thèse à l'Université catholique de Louvain 40 (Belgique) sur la consommation verte. *En vacances, j'oublie tout, même mon empreinte carbone. C'est l'exception écologique.*»

Dans la génération Erasmus 45 et Ryanair, pourtant, l'idée d'un «flexitarisme» aérien commence à faire son chemin. «Moi, je suis flexitaérien», se vantera-t-on bientôt? Comme pour la viande, pas question de s'interdire, 50 mais de réduire allègrement […]

Sentant poindre cette sobriété stratosphérique, Air France permet depuis septembre 2018 à ses clients de compenser les émissions carbone de leur voyage en finançant la plantation d'arbres dans le pays de leur 55 choix pour quelques dizaines d'euros. •

\* Dispositif pour transformer les déchets en compost par des vers
\*\* avoir le plaisir de

Pascale Krémer, lemonde.fr, 26 février 2019.

---

**1. a** Observez et lisez le titre du DOCUMENT 1. D'après vous, qu'est-ce qu'un «écolo voyageur»?
**b** Lisez l'article.
a. Quels sont les chiffres et nombres associés à l'aéronautique?
b. Qu'est-ce que «l'exception écologique»?
c. Pourquoi compare-t-on l'avion à la viande?
d. Que peut-on faire pour se sentir moins coupable?

**2.** Résumez, par deux, les points importants du texte pour les transmettre, dans votre langue, à des amis voyageurs.

**3.** Repérez:
a. les verbes finissant en *-ant*. Quel est ce temps?
b. les mots positifs et négatifs pour parler de voyage.
c. deux homophones qui se prononcent comme «l'heure».
d. un verbe qui contient un moyen de transport.

**4.** Échangez. Peut-on se dire écolo voyageur tout en prenant régulièrement l'avion?

SITUATION 2

UNITÉ 2

# Partir en terres inconnues

**1. Observez et lisez le DOCUMENT 1.**

**a Par deux, répondez :** où ? qui ? quoi ? comment ? pourquoi ?

**b En groupes, échangez :** à votre avis, quelle est la problématique soulevée par ce document ?

**c En classe, partagez vos problématiques :** laquelle vous semble la plus pertinente et pourquoi ?

**2. PAUSE**

Imaginez que vous êtes un moteur de recherche (type Google) et proposez des « coins tranquilles » à votre voisin(e).

DOCUMENT 1

Xavier Gorce

DOCUMENT 2

LA CHRONIQUE tourisme — france inter

S'offrir son voyage en terre inconnue… sans les caméras

**3.** ▶19 | **Écoutez le DOCUMENT 2 et répondez aux questions.**

a. Quel est le concept de voyage dont on parle ? D'où vient-il ?
b. Quels sont les objectifs ?
c. Comment est-ce que cela fonctionne ?
d. Quels exemples sont proposés ?
e. À quoi correspondent les différents chiffres énoncés ?

**4. Repérez dans les documents :**

a. (doc. 1) le **gérondif**. Qu'exprime-t-il ?
b. (doc. 2) des synonymes de **population**.
c. ▶20 | l'**accent du sud de la France** : entendez-vous une consonne à la fin des voyelles nasales ?

**5.** | J'agis !

**Écrivez un article** (180 mots) pour le journal *Le Monde* avec le titre suivant : « Nous sommes tous les mêmes touristes ». Pensez à un chapeau, organisez vos paragraphes et utilisez le gérondif.

**6.** | On coopère !

**Décidez d'une terre inconnue de votre pays à proposer à Evaneos. Préparez un argumentaire. L'un de vous organise le travail de groupe.** Pensez à un lieu, un peuple, une activité. Justifiez votre choix.
➞ Fiche L'argumentaire, p. 198

## Culture +

Madagascar présente une population malgache constituée de 18 communautés ethniques parmi lesquelles les **Sakalava**. Où habite cette communauté ?

SITUATION ❸

# Explorer autrement

**DOCUMENT 1**

## L'exploration entre dans une nouvelle ère

Notre ambition est de cultiver la transformation en encourageant un voyage intérieur […] Pour proposer un voyage transformationnel, peut-être devons-nous réinventer complètement le processus, de la manière dont nous vendons le voyage et communiquons notre message, jusqu'à la façon dont nous concevons et orchestrons le voyage, en passant par notre relation avec les voyageurs. L'objectif est d'augmenter les peak experiences, d'inviter les voyageurs à s'aventurer au-delà de l'itinéraire soigneusement établi, et de réintroduire de la spontanéité pour favoriser l'épanouissement personnel […]

**COMMENT FAIRE ?**

**1. Arrivées efficaces, fins mémorables, peak expériences gratifiantes :** nous pensons que les randonnées, treks, défis, escalades, expériences avec les autochtones, etc. sont celles qui inspirent le plus à la transformation, et qui incitent à pratiquer le cycle d'apprentissage expérientiel, en réfléchissant chaque jour et donnant une large place au sens.

**2. Pratiquer l'art du slow travel**, par exemple en partant marcher en pleine conscience à votre arrivée, permettant ainsi à votre esprit de s'éveiller au moment présent. Au lieu de visiter une destination à toute vitesse, nous prenons notre temps, et nous nous imprégnons de notre environnement. En tant que professionnels du voyage, nous devons les aider à RA-LEN-TIR, pas l'inverse.

**3.** Entre les activités, laissez des intervalles **d'exploration spontanée**, conçus pour attiser l'envie d'évasion du client […] Allez à la rencontre des autochtones ; chaque rencontre peut devenir le nouveau chapitre d'une inoubliable histoire de voyage.

**4. Des lieux** offrant une belle énergie aux explorateurs – endroits lointains et silencieux, ciels étoilés, sites sacrés… Des lieux qui attirent le voyageur, qui l'émerveillent […] En espaçant davantage les activités et en laissant de la place à la spontanéité, nous ramenons le voyage à ses origines et à son essence. Le voyage doit se défaire des Miles, des bucket lists, des visas, du nombre d'étoiles d'un hôtel, et des photos qui crient « regardez-moi » sur Facebook.

Cahier tendance 2019 #4, www.welcomecitylab.parisandco.paris

## 1. SEUL

**a.** Lisez le DOCUMENT 1 et repérez :
– 3 idées-clés.
– 3 mots-clés.
– 3 exemples-clés.

**b.** Relevez les mots du texte qui finissent par -ant.

## 2. EN GROUPES

**a.** Partagez votre travail.

**b.** Ensemble :
a. mettez-vous d'accord sur trois idées-clés.
b. préparez un mini-exposé pour présenter « le slow travel ». Utilisez les mots-clés du texte et ceux de votre groupe.

c. Proposez une traduction française des mots anglais du texte.

## 3. EN CLASSE

**a.** Vérifiez les mots relevés en 1b. Lesquels sont des gérondifs ? Des participes présents ? Des adjectifs ?

**b.** Présentez votre mini-exposé.

**c.** À l'aide des mini-exposés, rédigez un abécédaire du **voyageur intérieur**.

# LA FABRIQUE

UNITÉ 2

### DE LA GRAMMAIRE | Le participe présent, le gérondif et l'adjectif verbal

**Observez.**
Des lieux **offrant** une belle énergie **en permettant** à votre esprit de vivre une expérience **gratifiante**.

**Réfléchissez.**
a. Quel verbe est accompagné de « en » ? Qu'est-ce que ce verbe exprime ?
b. Quel verbe est suivi d'un complément direct et ne s'accorde pas ? Par quoi peut-on le remplacer ?
c. Quel adjectif est un adjectif verbal (= formé à partir d'un verbe) ?

**Appliquez.**
1. ▶21 | Écoutez. Dans chaque phrase, repérez les trois formes verbales (adjectif, participe présent, gérondif) et nommez-les.

2. Transformez les verbes entre parenthèses.
a. … (regarder) cette série, tu verras que la saison … (suivre) est moins … (passionner).
b. … (aller) au marché, arrêtez-vous devant les maisons … (avoir) vue sur la rivière !
c. Je ne peux pas travailler … (entendre) mon père … (parler) au téléphone.
d. Cette activité … (amuser) aussi bien les grands que les petits est très … (divertir).
e. On vit plus sagement … (être) conscient de la beauté nous … (entourer).

3. Écrivez le chapeau d'un article dont le titre est : *Moins de croissants à l'hôtel décroissant.* Utilisez les trois formes.

## DES MOTS

### C'est un piège !

J'ai fait un voyage **fatigant**.
J'ai fait une activité **fatiguant** mes jambes.

**a** Lequel est adjectif ? Lequel est participe présent ?

**b** Trouvez l'adjectif des participes présents suivants.
excellant | différant | précédant | provoquant

### C'est proche !

La **population** est de 3 millions d'**habitants**.
Autrefois aussi le **peuple** était mécontent.
Sur cette île, on peut découvrir différentes **ethnies**.

**a** Quel mot est plus sociologique ? Historique ? Démographique ?

**b** Complétez avec les mots précédents :
*Dans mon pays, …*

## DES VERBES

**Embarquer** contient le moyen de transport : la barque. On peut aussi **débarquer**.

**a** Quel verbe indique que l'on monte ? Que l'on descend ?

**b** Citez deux autres verbes avec les préfixes *em–* et *dé–*.

## DES SONS

### L'accent du sud de la France et les voyelles nasales

**a** ▶22 | Écoutez à nouveau cet extrait. Sur quel(s) mot(s) entendez-vous « n » à la fin des voyelles nasales ?

**b** ▶23 | Écoutez. Dans quel extrait y a-t-il une voyelle nasale prononcée avec l'accent du sud ?

SITUATION ❹

# Admirer des lieux

DOCUMENT 1

  VOYAGE  AVENTURE  ENVIRONNEMENT

Se connecter

Émeline Férard, Geo.fr, 20/09/2019.

**L'urbex, explorer les lieux abandonnés pour faire perdurer leur mémoire**

L'urbex, abréviation de l'anglais *urban exploration*, séduit de plus en plus d'adeptes à travers le monde.
5 GEO a rencontré l'un d'eux, Timothy Hannem, passionné des lieux abandonnés depuis l'enfance et auteur de l'ouvrage *Urbex Europe*.

10 Sa casquette vissée sur la tête, l'explorateur progresse prudemment à travers les couloirs. Les murs sont délabrés*, les fenêtres ont disparu, la végétation
15 a commencé à pénétrer à travers les ouvertures. Dans une salle voisine, des objets, des meubles sont encore en place. Comme si le temps s'était soudainement arrêté,
20 depuis trente ans.
L'homme poursuit son chemin. Il scrute chaque recoin, s'imprègne de l'ambiance des lieux, empoigne son appareil photo
25 pour immortaliser un escalier en ruines. Car Timothy Hannem n'est pas un visiteur comme les autres. Sa passion, ce sont les lieux abandonnés. Ce Français de 40 ans
30 est ce qu'on appelle un *urbexer*, comprenez un adepte de l'*urbex*. Abréviation de l'anglais *urban exploration* (en français « exploration urbaine »), cette
35 pratique consiste à visiter des constructions délaissées par l'homme. Usine désaffectée, manoir abandonné, parc d'attractions oublié ou encore
40 prison désertée, les lieux sont multiples et se cachent le plus souvent dans des zones reculées et peu touristiques […]
Pour un urbex respectueux,
45 il convient de respecter deux règles d'or. D'une part, ne pas dévoiler où se trouvent les lieux abandonnés […] Et d'autre part, laisser les lieux dans l'état où ils
50 sont, autrement dit ne rien casser, ne rien toucher, ne rien emporter. *« L'idée, c'est vraiment de venir et simplement de ramener des souvenirs pour montrer l'endroit.
55 C'est, en tout cas, ce à quoi je m'attache »*, explique le passionné. Dans ses livres comme sur son site internet Glauque-Land démarré au début des années 2000, il ne se
60 contente toutefois pas de relater ses visites.
*« Ce qui me plaît dans l'urbex, c'est de partir à l'inconnu, ne pas trop savoir ce qu'on va trouver
65 en poussant une porte ou en parcourant trois kilomètres dans la forêt pour aller visiter un endroit qui n'est peut-être pas là ou qui est en ruine* »*, confie Timothy
70 Hannem. C'est aussi d'arpenter des lieux parfois impossibles à visiter en temps normal ou qui cachent une histoire oubliée de tous, ou presque […]
75 Ces lieux oubliés, Timothy Hannem tient à les faire revivre à travers ces récits et ces photos qu'il réalise de façon sobre et ne retouche que très peu. *« Je veux
80 montrer les lieux tels qu'ils sont, même s'ils sont moches, tagués ou cassés tant pis. Je veux toujours poser un regard respectueux, sobre. Ce qui m'intéresse, c'est
85 que les gens se disent "oh c'est fou qu'un endroit comme ça existe" »*.

*construction en mauvais état, partiellement ou complètement détruite

L'un des lieux préférés de Timothy Hannem surnommé le Domaine des trois colonnes. © Timothy Hannem

# UNITÉ 2

**1.** **Observez la photo et lisez le titre du** DOCUMENT 1.
Traduisez le terme « urbex » dans votre langue. Comparez avec votre voisin(e).

**2.** **Lisez l'article.** Dites si les affirmations suivantes sont vraies ou fausses. Justifiez votre choix en reformulant les idées du texte.
  a. Timothy Hannem a commencé à explorer des lieux abandonnés il y a quelques années.
  b. L'urbex est une pratique qui se développe.
  c. L'objectif est d'être le premier à faire connaître ces lieux.
  d. Timothy Hannem est un explorateur.
  e. Timothy Hannem est attaché à l'esthétisme du lieu avant tout.

**3.** **Échangez.** Vous souvenez-vous, pendant votre enfance, d'être allé(e) dans un lieu étrange ? Racontez en utilisant la mise en relief.

### DOCUMENT 2

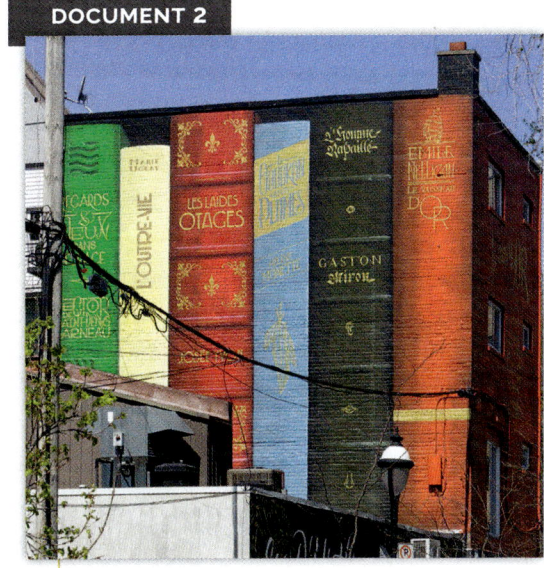

**4. PAUSE**
Observez le DOCUMENT 2. Savez-vous où se trouve cette bibliothèque murale ? Cherchez sur Internet. Si vous pouviez mettre six livres sur un mur, lesquels choisiriez-vous ? Partagez !

### DOCUMENT 3

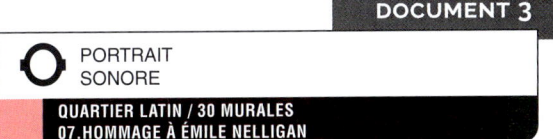

PORTRAIT SONORE
QUARTIER LATIN / 30 MURALES
07. HOMMAGE À ÉMILE NELLIGAN

**5.** 24 | **Écoutez le** DOCUMENT 3 **et répondez aux questions.**
  a. Qui a réalisé cette murale ? Quel nom porte-t-elle ?
  b. Qu'apprenez-vous sur le quartier latin ?
  c. Qui est interviewé ? Pourquoi est-ce qu'il aime cette murale ?
  d. Comment est-ce qu'il décrit Miron ?
  e. Que symbolisent les couleurs ?

**6.** **Repérez dans les documents :**
  a. la manière de **mettre en relief** un élément, comme dans l'exemple suivant : *Ce qui me plaît dans l'urbex, c'est de partir…*
  b. (doc. 1) des noms de **lieux** et des adjectifs pour les caractériser.
  c. des verbes synonymes d'**admirer** et de **marcher**.
  d. 25 | l'**accent québécois** : comment se prononce le « t » ? Entendez-vous « t » ou « ts » ?

**7.** | **J'agis !**
Rédigez un mail pour transmettre en français ou dans votre langue, les points importants de cet article à un(e) ami(e) passionné(e) d'urbex.

**8.** | **On coopère !**
Participez à un *World Café* pour discuter du sujet suivant : « Tout lieu peut-il être artistique ? ».
En groupes, discutez de ce sujet. Vous pouvez utiliser votre téléphone pour montrer des photos et illustrer votre discours. Puis, sélectionnez les trois arguments les plus pertinents à partager sur le réseau social de la classe. Chacun pourra s'amuser à laisser des commentaires.

Né à Port-au-Prince en 1953, **Dany Laferrière** est un écrivain canado-haïtien. Avec quel poète a-t-il arpenté la ville ?

# LA FABRIQUE

### DE LA GRAMMAIRE | La mise en relief

**👁 Observez.**
a. Sa passion, **ce sont** les lieux abandonnés.
b. **Ce qui** me plaît dans l'urbex, **c'est** de partir à l'inconnu.
c. **Ce que** j'aime dans cette murale, **ce sont** les couleurs.
d. **C'est**, en tout cas, **ce à quoi** je m'attache.

**⚙ Réfléchissez.**
a. Quel élément sépare les deux parties de la phrase ?
b. Pour chaque phrase, justifiez le choix de « c'est » et « ce sont ».
c. Indiquez pour les trois dernières phrases, la nature des pronoms relatifs (sujet, COD, COI) et justifiez leur emploi.

**✏ Appliquez.**
1. Complétez ces phrases avec *ce que, ce qui, ce dont* **ou** *ce à quoi*.
a. ... est amusant dans la poésie, c'est que l'on ne comprend pas toujours tout !
b. Mon petit frère connaît Dany Laferrière, ... je ne m'attendais pas du tout.
c. ... cette murale exprime, c'est la grandeur des poètes québécois.
d. Il dit que les gens qui font de l'urbex respectent toujours les lieux, ... je doute réellement.
e. ... je ne comprends pas, c'est pourquoi on visite des lieux abandonnés.

2. Reliez les informations suivantes en mettant en valeur un des éléments, comme dans l'exemple. Plusieurs solutions sont possibles. Comparez votre travail avec votre voisin(e).
*Exemple : rimes | poésie | difficile* ➜ *Ce qui est difficile dans la poésie, c'est de faire des rimes.*
a. détester | littérature | description
b. poète | devenir | rêver
c. liberté | ressembler à | voyage
d. inattendu | rencontre | s'intéresser à

3. Présentez une murale que vous adorez à votre voisin(e). Mettez-la en valeur !

### DES MOTS

**C'est proche !**

Une **murale**, c'est une peinture sur un mur.
On peut aussi parler de **graffiti**, de **fresque** ou de **tag**.

**ⓐ** Quel mot correspond à une peinture dans une église ? À de l'art urbain ? À du vandalisme ?

**ⓑ** Trouvez des exemples sur Internet.

**C'est synonyme !**

T. Hannem **s'attache à** montrer le lieu tel qu'il est.
T. Hannem **tient à** faire revivre le lieu.

**ⓐ** Dans ces deux exemples, la personne souhaite vraiment faire quelque chose. Doit-on remplacer ces verbes par : *chercher* ou *chercher à* ? *appliquer* ou *s'appliquer à* ?

**ⓑ** Écrivez des exemples avec ces verbes.

### DES VERBES

**Marcher** peut se faire de différentes façons. On peut marcher en prenant son temps, marcher d'un pas large et décidé, marcher en suivant une direction.

**ⓐ** Pour chaque verbe, indiquez le type de marche (lente, rapide, etc.).
avancer | traîner | parcourir | flâner | arpenter | se promener | traverser

**ⓑ** Mettez-vous debout et essayez !

### DES SONS

**L'accent québécois**

**ⓐ** ▶26 | Écoutez à nouveau cet extrait. Devant quelles voyelles « t » se prononce « ts » ?

**ⓑ** ▶27 | Écoutez. Dans quel extrait « t » se prononce « ts » ?

# L'EXTRAIL ▶28

**UNITÉ 2**

C'est une erreur de ne pas prendre le train en Inde.

On peut y rencontrer l'Indien moyen, qui demandera invariablement si on est marié, et traverser la moitié du pays pour le prix d'un croque-monsieur à Paris [...]

À Pushkar, il est interdit de consommer de l'alcool, de la viande et même des œufs. Ville sacrée. Plastiquement, ça ressemble à l'idée qu'on peut se faire de la perfection. Les maisons blanches sont bâties autour du charmant petit lac où les pèlerins, sur les ghats*, font leurs ablutions. Un calme mystique à peine atténué par les meutes de touristes et les rabatteurs dont on ne peut se débarrasser qu'en s'immolant par le feu.

Un temple domine le sommet d'une colline – toujours prendre de la hauteur. Je grimpe du pas paisible du promeneur pimpant, le regard perdu sur les reliefs du Rajasthan. Arrivé en haut, je m'assieds sur les marches de l'édifice pour profiter du paysage quand : JE ME FAIS SAUVAGEMENT ATTAQUER PAR UNE HORDE DE SINGES EN FURIE. L'erreur : j'ouvre le sac plastique contenant mon goûter. Les petits salopards** connaissent le bruit par cœur. Plastique = manger. En moins de trois secondes, quatre singes s'approchent de moi, agiles et féroces, suivant une tactique d'encerclement éprouvée par des millions d'années d'évolution au contact des touristes. Pas des ouistitis. Des gros singes. Un bon mètre, tout en attitude d'intimidation.

Je me lève pour les impressionner de ma stature, je suis plus grand qu'eux.

Ils ne sont pas impressionnés.

J'agite les bras pour les impressionner de mon envergure d'*Homo sapiens*.

Ils ne sont pas du tout impressionnés.

En outre, je n'ai pas eu la présence d'esprit de me souvenir que je tiens, au bout d'un de ces bras, l'objet de leur convoitise. Le plus hardi, d'un coup de patte fulgurant, subtilise mes biscuits et s'enfuit à la vitesse du singe.

Je suis Stupéfaction.

Je suis Colère et Frustration.

Je suis Vengeance et Humiliation.

[...] Je suis très vexé d'être moins malin qu'un singe.

Julien Blanc-Gras (écrivain français), *Touriste*, Éditions Au Diable Vauvert, 2011.

*marches pour descendre dans l'eau
**mot familier qui désigne une personne sans valeur morale

## 1. DÉCOUVERTE

**a.** Qui ? Quoi ? Où ? Quand ? Comment ?

**b.** Quelle erreur ce touriste a-t-il commise ?

**c.** Quels sont ses sentiments ?

## 2. EXPLORATION

**a.** Dans le 1er paragraphe, le rythme est assez lent. On donne au lecteur la possibilité de suivre le paysage et les actions. Relevez ces deux éléments de couleurs différentes.

**b.** L'événement principal est mis en valeur. Quel est-il ? Comment le voyez-vous ?

**c.** Dans le 2e paragraphe, le rythme s'accélère. Relevez les phrases sans verbe.

**d.** Dans le 3e paragraphe, l'auteur répète les mêmes mots ou les mêmes structures de phrases. À votre avis, pourquoi ?

## 3. EXPRESSION

**a.** En groupes, partagez votre ressenti à la lecture de ce texte. Expliquez ce que vous avez aimé et justifiez votre réponse.

**b.** En suivant la structure de ce témoignage, **écrivez une expérience similaire** qui vous est arrivée au cours d'un voyage (250 mots).

# L'opinion

##  SUJET

### À quoi bon voyager ?

**INVITÉS** 3'20

Alexandra ALÉVÊQUE, écrivaine

Julien BLANC-GRAS, journaliste et écrivain

Cédric GRAS, écrivain

Ismaël KHELIFA, écrivain

### 1. ▶29 | ON ÉCOUTE

**Qui dit quoi ?**

Voyager :
a. permet de se construire.
b. de façon virtuelle est incroyable.
c. permet de nous construire notre propre image de l'ailleurs.
d. permet de comprendre le monde.
e. est une addiction.
f. ouvre nos sens et nos connaissances.

### 2. ON RÉAGIT

**Échangez avec votre voisin(e).**
Avec quelles opinions êtes-vous d'accord ?
Rédigez quatre affirmations complémentaires.

### 3. ON DISCUTE • 10 min. | En groupes

**UN sujet**
À quoi bon voyager ?

**UN animateur**
- donne les consignes
- cadre la discussion
- veille à l'utilisation de l'approbation

**DES invités**
- **un rôle :** touriste type écolo, Club Med, zen, hôtesse de l'air, population locale, etc.
- **un qualificatif :** désabusé(e), dégoûté(e), sans-gêne, enthousiaste, accueillant(e), etc.
- **3 arguments** par invité

---

**Exprimer son approbation (à l'oral)**

J'approuve entièrement ce que vous dites.
Vous avez totalement / tout à fait raison.
Je suis d'accord avec ce qui a été dit précédemment.
Absolument ! Exactement !
Oui, c'est exact, tout à fait exact.

# UNITÉ 2

## Ces opinions qui nous font réagir.

## ✏️ SUJET

### L'art urbain est-il élitiste ?

L'art urbain, autrefois connu sous la forme de graffitis, était considéré comme une pratique illégale. Pourtant, aujourd'hui, le street art trouve largement sa place dans les musées. Alors, peut-on dire que l'art urbain est devenu un peu élitiste ?

*Vous exprimez votre opinion personnelle (250 mots) dans un magazine en ligne.*

### 1. ON COMPREND

**Lisez le sujet.**

#### Stratégie

Repérez dans le texte du sujet :
- 2 mots-clés
- 1 articulateur
- LA question

### 2. ON RÉAGIT

**En groupes, stimulez vos neurones.**
- Qu'est-ce que l'art urbain ?
- Comment est-il né ? Cherchez sur Internet.
- Quels exemples d'art urbain connaissez-vous ? Dans la rue ? Dans les musées ?
- Listez des idées.

#### Stratégie

Quand la question paraît éloignée de ses propres connaissances, il ne faut pas hésiter à chercher des informations.

> « Aller dans des musées ? Non merci ! Je préfère au contraire marcher dans les villes pour dénicher le beau. »

### 3. ON ARTICULE

**Repérez les articulateurs dans les opinions ci-contre.** Comparez-les avec celui du sujet :
- Lequel sert à comparer deux éléments ?
- Lequel renforce une négation ?
- Lequel renforce un paradoxe ?

#### ARTICULATEURS

{ pourtant = mais (*d'opposition*)
  alors que = tandis que
  au contraire = contrairement à qqch / qqn }

> « Quel intérêt peut-on trouver à peindre des murs alors qu'il existe des tableaux dans des musées ? »

### Exprimer son approbation ≠ sa désapprobation

De nos jours, effectivement, … ≠ Pourtant, de nos jours…
En effet, … ≠ Toutefois, …
Il ne fait aucun doute que… ≠ On peut émettre des doutes sur…
Il semble évident que… ≠ Il n'est pas certain que…
Affirmer que … (n')est (pas) tout à fait…

### 4. ON RÉDIGE • 15 min. | Par deux

- **Relisez le sujet.**
- **Rédigez quelques phrases pour exprimer votre approbation.** Justifiez votre choix.
- **Pour chaque phrase, ajoutez un des articulateurs précédents et une idée ou une opinion.**

trente-neuf **39**

→ Outils de la classe p. 189  → Cahier d'activités p. 22-35

## Stratégie

Avant de lire le mémo, fermez la page et faites appel à vos connaissances. Écrivez sur une feuille le lexique que vous avez retenu de cette unité.

### Le voyage

**Quitter un lieu**
abandonner qqch / qqn
renoncer à qqch / qqn
s'envoler vers une destination
se défaire de qqch / qqn
se priver de qqch

**Faire du tourisme**
contacter une agence de voyages
emporter un bagage
faire appel à un tour-opérateur
séjourner en demi-pension
visiter un site / lieu touristique

**Rencontrer une population**
aller à la rencontre d'un peuple
découvrir la population locale
faire partie d'un groupe de…
pousser la porte de…
se connecter à qqn

### L'art urbain

**Marcher dans la ville**
arpenter une ville
flâner = traîner
parcourir des kilomètres
se promener = se balader
traverser

**Admirer une œuvre**
contempler une murale
mettre en lumière = en relief
scruter qqch / qqn
s'émerveiller devant qqch
s'imprégner d'une ambiance

**Décrire un lieu abandonné**
délaissé(e)
désaffecté(e)
déserté(e)
en ruine
oublié(e)

### Inattendu(e)

**C'est être…**
…bizarre
…étrange
…imprévu(e)
…inconnu(e)
…surprenant(e)

**Tomber sur un lieu atypique**
un endroit silencieux ≠ bruyant
un manoir
une prison
une usine
une zone reculée = éloignée

**Vivre une expérience**
extraordinaire
impressionnant(e)
inoubliable
marquant(e)
mémorable

---

**1.** Quel genre de touriste êtes-vous ? **Faites votre portrait à votre voisin(e) en utilisant cinq mots de cette liste.**

**2.** *En marchant dans la ville, vous avez découvert une prison abandonnée…* **Écrivez quelques lignes pour compléter la phrase.**

### LE GRAND ORAL

En groupes, vous avez cinq minutes pour parler de votre passion pour l'inattendu en utilisant un maximum de mots.

**Les contraintes :**
1. Votre oral commence par « J'ai découvert un lieu extraordinaire… ».
2. Placer « bien que » et « pourtant ».

**ANTISÈCHE 1**
pourtant = mais (*d'opposition*)
alors que = tandis que
au contraire = contrairement à qqch / qqn

**ANTISÈCHE 2**
Ce qui me passionne, c'est…
Ce qui me fascine, c'est…
Ce que je trouve extraordinaire, c'est…

# UNITÉ 2

## Le participe présent, le gérondif et l'adjectif verbal • La mise en relief

> C'est en passant par la Lorraine avec mes sabots que j'ai rencontré trois singes dans une rue très passante. Ce qui m'a surprise, c'est qu'ils n'avaient pas l'air féroce. Voyant qu'ils me scrutaient, je me suis arrêtée pour faire un selfie. Ce que j'ignorais, c'est qu'ils avaient flairé l'odeur de mon déjeuner. Ils m'ont souri (super selfie) tout en s'échappant avec mon sandwich !

**1.** Lisez cette anecdote. Retrouvez et nommez les éléments suivants :
– le gérondif, l'adjectif verbal, le participe présent.
– les mises en relief.

**2.** Dans les phrases, indiquez s'il s'agit d'un adjectif verbal ou d'un participe présent. Accordez si nécessaire.
   **a.** *En passant par la Lorraine* est une chanson française charmant… touchant… plus particulièrement les enfants.
   **b.** Le climat de la Lorraine différant… beaucoup de celui du Sud, je vous conseille de prévoir des vêtements différent… .
   **c.** Je ne suis pas libre la semaine précédant… ton anniversaire mais je serai libre la semaine suivant… .
   **d.** Te passionnant… pour les vieilles chansons, je te recommande vivement d'écouter cette artiste passionnant… .

**3.** Pour chacun des mots suivants, rédigez une définition / description avec une mise en relief et un participe présent, comme dans l'exemple.
   *Exemple : La Lorraine, n. propre : c'est une région historique se situant dans le nord-est de la France. Au niveau gastronomique, ce qui la caractérise, c'est la quiche !*
   **a.** singe, n. masc. : c'est…
   **b.** sabot, n. masc. : c'est…
   **c.** féroce, adj. : c'est…
   **d.** selfie, n. masc. : c'est…
   **e.** sandwich, n. masc. : c'est…

**4.** Par deux, créez une anecdote comprenant tous les points grammaticaux de l'unité.

---

### Le participe présent
→ radical de l'imparfait + **-ant**.
→ s'utilise à l'écrit (à l'oral : **qui** + verbe au présent).
→ peut exprimer la cause.
*C'est une ville **ayant** (= qui a) beaucoup de musées.*

### Le gérondif
→ **en** + participe présent.
→ est invariable.
→ en lien avec le sujet de la phrase.
→ peut exprimer la cause, la manière, la condition et la simultanéité avec *tout*.
*Il travaille **(tout) en écoutant** de la musique.*

### L'adjectif verbal
→ radical de l'imparfait + **-ant**.
→ s'accorde en genre et en nombre.
→ n'a pas de complément.
→ caractérise un nom.
*Elle voyage avec des gens **charmants**.*

→ exceptions dans les Outils de la classe, page 195.

### La mise en relief
Pour mettre en relief :
→ un sujet : **qui**
***C'est** elle **qui** chante.*
***Ce qui** est beau, **c'est** l'art.*
→ un complément direct : **que**
***Ce que** j'aime, **c'est** l'exploration urbaine / **ce sont** les couleurs.*
→ un complément indirect avec « de » : **dont**
***Ce dont** je rêve, **c'est** de partir en vacances.*
→ un complément indirect avec « à » : **à quoi**
***Ce à quoi** je pense, **c'est** secret !*

**Attention !** On utilise *c'est* quand le sujet qui suit est singulier et *ce sont* quand ce qui suit est pluriel.

# #LaMinuteCulturelle

## Les choses à ne pas faire en vacances

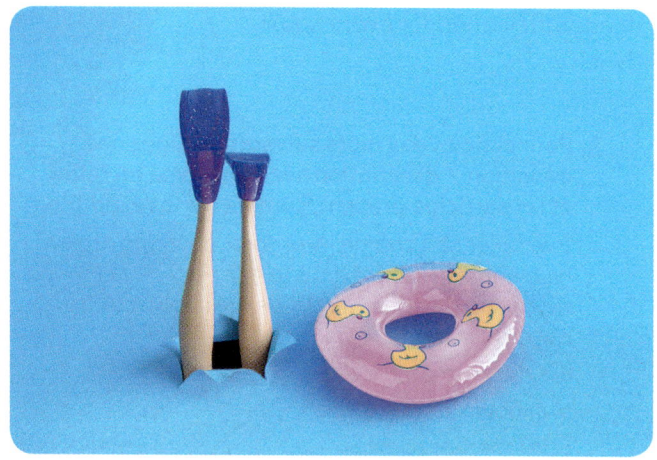

▶ **Vous avez 2 minutes ?**

▶ 30 | Écoutez le podcast et listez les choses inutiles que vous faites pendant les vacances.

▶ **Vous avez 5 minutes ?**

Expliquez pourquoi vous ne devriez pas les faire.

▶ **Vous avez 15 minutes ?**

Proposez un concept de vacances « utiles » sous forme de podcast.

# Mission

## Des vacances inattendues

❝ *Cette année, j'ai envie de faire du* staycation, *c'est-à-dire de profiter de mes vacances pour explorer le paysage environnant autrement. Vous me proposez quoi ?* ❞

**En groupes, proposez un concept de** *staycation* **(= voyager dans sa ville).**

 **Individuellement.** Faites appel à votre expérience personnelle ou cherchez des idées sur Internet.

 **En groupes.** Définissez les objectifs de votre travail. Choisissez un modérateur qui incite les membres de l'équipe à décrire et développer leurs idées. Discutez de vos idées, combinez-les, ajoutez des éléments.

 **En groupes, rédigez un argumentaire.** Un présentateur le propose à la classe, à l'oral. Astuce : Mettez les éléments-clés en relief !

### Objectifs

- Définir les objectifs d'un travail en équipe.
- Inciter à décrire et développer des idées.
- Rédiger un argumentaire avec le lexique de l'unité.
- Utiliser la mise en relief.
- Présenter un argumentaire à l'oral.

# Ambitieux(euse)

**adj.**
animé(e) par un idéal personnel.

## UNITÉ 3

44 | **SITUATIONS**
❶ **Se reconvertir** dans l'artisanat
❷ **Travailler** dur
❸ **Transformer** l'Homme

47 | **LA FABRIQUE**

48 | **SITUATION**
❹ **Être bien** dans sa vie

50 | **LA FABRIQUE**

51 | **L'EXTRAIT**

52 | **AU QUOTIDIEN**

54 | **MÉMO**

56 | **MISSION**
Une ambition de paresse

## SITUATION 1

# Se reconvertir dans l'artisanat

**DOCUMENT 1**

**DOSSIER**

## Des charpentes au droit : la philosophie d'Arthur Lochmann

**Il y a 10 ans, vous avez interrompu vos études de philosophie et de droit pour passer un CAP charpentier à Biarritz. Pourquoi un tel changement ?**

Je me suis retrouvé à la fac après deux ans de prépa littéraire. C'était une période troublante car j'avais un peu de mal à digérer l'échec des concours que j'avais passés. Je me demandais ce que je faisais à la fac, qui était finalement ma solution de repli. Je n'avais en fait plus vraiment l'envie de faire des études [...]

**Ce n'est donc pas un attrait pour le travail manuel qui vous a poussé à vous inscrire ?**

Pas du tout [...] Ce CAP d'un an était ce que j'avais trouvé de plus efficace pour entrer dans le monde du travail. Par la suite, cela s'est révélé être un bon calcul, puisqu'il y a de nombreux postes à pourvoir dans les métiers du bâtiment. Très vite, j'ai pu, comme prévu, voyager en travaillant. Pendant cette période, je me suis inspiré de la devise des compagnons allemands qui est « voyager en travaillant et travailler en voyageant » [...]

**Vos débuts en tant que charpentier ont été compliqués, vous n'aviez jamais manié ces outils avant. Qu'est-ce qui vous a fait tenir malgré la douleur et les saignements ?**

Les premières semaines, je m'abîmais en effet beaucoup les mains, j'avais des pansements partout. À cela s'ajoutaient les moqueries car j'étais gaucher. Je suis en plus assez longiligne et j'ai des lunettes, donc les apparences ne jouent pas pour moi dans un atelier de charpente. Ce qui m'a fait tenir, c'est la découverte de la matière [...] Travailler dehors, au soleil, à 9 heures du matin sur un toit, dans un nuage de parfum, ce fut quelque chose d'assez fantastique et rare ! Ce sont des sensations que je n'avais jamais connues avant et qui enrichissent la vie [...]

**Comment ce métier a-t-il changé votre rapport au monde ?**

J'ai acquis une véritable conscience de mon corps que je n'avais pas avant. Je me suis rendu compte à quel point je le négligeais pendant mes études. Imaginez-vous, à plusieurs mètres de haut, sur une poutre, à quel point il faut prendre conscience de son propre corps, du moindre geste, et des autres [...]

**Dans votre livre\*, vous dites préférer l'expression « travail artisanal » à « travail manuel », pouvez-vous nous expliquer pourquoi ?**

On parle de travail manuel comme s'il n'y avait pas d'intellect mobilisé dans ces métiers. Pourtant, sur un chantier, les artisans mobilisent l'ensemble du corps ainsi qu'une vision dans l'espace, une compréhension et intuition de la matière [...] Le travail artisanal est tout autant une maîtrise de ses mains que de son corps. Et tout cela implique une forme d'intelligence, mais qui n'est pas bien valorisée aujourd'hui. Le fait de parler de travail « manuel » semble contribuer à la dévalorisation de ces métiers qui mobilisent pourtant tout autant l'intelligence que les métiers de bureau.

\* *La vie solide*, Hors collection Payot, janvier 2019.

Philippine Sanders pour le magazine en ligne *Welcome to the Jungle* (www.welcometothejungle.com), 24 octobre 2019.

---

**1. a** Lisez le titre du **DOCUMENT 1**. Par deux, faites des hypothèses sur la vie professionnelle d'Arthur Lochmann.
**b** Lisez l'article.
a. Retracez brièvement le parcours d'Arthur.
b. Pourquoi a-t-il décidé de faire une formation de charpentier ?
c. Quels obstacles a-t-il rencontrés ? Comment les a-t-il franchis ?
d. Quelle différence y a-t-il entre travail manuel et travail artisanal ?

**2.** Beaucoup de gens se posent la question : « Mon métier, il sert à quoi ? ». Qu'en pensez-vous ?

**3. Repérez :**
a. les **temps du passé**. Expliquez la forme du participe passé : *L'échec des concours que j'avais passés*.
b. les mots qui se réfèrent au monde des **études** et du **travail**.

**4. 👉 Échangez.** Pensez-vous que faire un travail avec une part d'activité manuelle soit indispensable pour s'épanouir professionnellement ?

SITUATION ❷

UNITÉ 3

# Travailler dur

1. **Observez le** DOCUMENT 1.

   **ⓐ Par deux**: Où se trouve cet homme? Quelles questions se pose-t-il?

   **ⓑ En groupes**: Peut-on être heureux au travail? Listez les trois conditions indispensables pour être heureux au travail selon vous.

   **ⓒ En classe**: Comparez vos listes et classez vos critères dans différentes catégories.

**DOCUMENT 2**

LE PODCAST          LE GRATIN

# 80 Alexandra Recchia – Championne du monde de Karaté et avocate – « Dur ce n'est pas assez »

3. ▶31 | **Écoutez le** DOCUMENT 2.

   **ⓐ Faites le portrait d'Alexandra Recchia à partir du titre et des informations entendues**: origine, famille, études, passion, profession, caractère.

   **ⓑ Vrai ou faux? Justifiez votre choix.**

   a. Alexandra a préparé le championnat du monde de karaté en même temps que son concours d'entrée à l'école d'avocats.
   b. Grâce à la bienveillance de ses entraîneurs, elle a pu alterner les séances sportives et les révisions.
   c. Pour Alexandra, c'est difficile aujourd'hui de passer rapidement d'une activité à l'autre.
   d. Alexandra est convaincue que seules les personnes les plus intelligentes peuvent atteindre leurs objectifs.

   **ⓒ Par deux. Proposez une traduction du verbe « switcher ».**

4. **Repérez dans le document 2:**

   a. des mots ou des expressions liés à l'**ambition**.
   b. des verbes à l'**imparfait** et au **passé composé**. Quelle irrégularité remarquez-vous dans cette forme verbale: *fallait aller réviser*?
   c. ▶32 | la **prononciation de « je »**: entendez-vous le son « j » ou le son « ch »? Pourquoi?

DOCUMENT 1

Deligne

2. **PAUSE**

   Quelle est votre pause idéale au travail: une pause-café? gourmande? sportive? Décrivez-la (durée, lieu, activité, seul(e) ou accompagné(e)…).

5. ✏️ | **J'agis!**

   **Rédigez au passé la biographie d'un personnage imaginaire** qui, comme Alexandra Recchia, mène une vie de battant en conciliant sa passion et son métier (200 mots).

6. 🗣️ | **On coopère!**

   En groupes, découvrez si vos voisin(e)s de classe connaissent leurs points forts sur le plan professionnel en leur posant des questions. **À partir des informations récoltées, chacun présente les atouts d'une personne à un groupe voisin.**

**Alexandra Recchia** est la première femme ayant obtenu plusieurs titres mondiaux de karaté. Combien en a-t-elle remporté?

SITUATION 3

# Transformer l'Homme

DOCUMENT 1

L'OBS

## QUAND MON COLLÈGUE SERA UN HOLOGRAMME

*Dans trente ans, nous travaillerons avec des robots et des intelligences artificielles, beaucoup de métiers auront disparu, d'autres auront émergé. Mais c'est la sobriété énergétique qui tranchera.*

par BAPTISTE LEGRAND

Un hologramme vient de s'asseoir à côté de vous. C'est votre collègue Léopold. Comme il travaille à domicile, il se fait représenter par son avatar numérique. Au menu de la réunion : la conception d'une nouvelle génération d'exosquelettes, qui augmentera encore les capacités physiques des manutentionnaires dans les entrepôts. En sortant du bureau, après vos quarante-cinq minutes de formation quotidienne, vous passez devant un bâtiment encore en construction. Maçons et couvreurs posent les panneaux d'un revêtement dernier cri, capable de capter l'énergie ambiante de l'atmosphère. Dans quelques mois ouvrira ici un labo de culture d'organes humains. À la maison, un colis vous attend. M. Sanzot, votre boucher préféré, vous a expédié de délicieux steaks à base de protéines d'insectes.

En 2049, les métiers que nous connaissons se seront transformés, d'autres auront été inventés. Les enfants aujourd'hui scolarisés en maternelle exerceront, pour les deux tiers d'entre eux, une profession qui n'existe pas encore, selon un rapport du Sénat. Les « aspironauticiens » élimineront les déchets en orbite dans l'espace ; les « robhumaneurs » géreront les conflits entre les hommes et les robots ; les « circlonomistes » développeront l'économie circulaire ; les « clapotiseurs » feront le tri dans la cacophonie des informations numériques, pour reprendre quelques-uns des exemples imaginés par Anne-Caroline Paucot dans son *Dico des métiers de demain*. Citons aussi les « implanticiens », chargés d'augmenter les capacités humaines grâce à des implants dans l'œil ou sous la peau, ou encore les « jeurontologues », qui conçoivent des jeux vidéo développant les capacités cognitives des seniors. (Et que font les « toitaginiers » ? […])

Combien de ces métiers verront le jour ? Les experts en prospective restent prudents. « Les transitions auxquelles nous sommes confrontés sont contradictoires et très incertaines sur le plan de la diffusion des technologies », souligne Cécile Jolly de France Stratégie, l'institution de prospective rattachée au Premier ministre. Car une innovation ne se généralise que si elle est assez rentable pour justifier de lourds investissements. « Il faut aussi se poser la question de l'acceptabilité sociale d'un changement, notamment dans la relation avec le client, ou, dans le secteur de la santé, dans la relation avec le patient. » Serons-nous prêts à laisser la garde des enfants ou des seniors à une nounou robotisée ? Et puis, s'interroge Cécile Jolly, « Est-ce que nous saurons trouver un équilibre entre les contraintes environnementales que nous nous imposerons et leurs conséquences sociales ? »

*Le Nouvel Obs*, numéro spécial « Notre vie en 2049 », janvier 2020.

---

**1. SEUL**

**a** Lisez le DOCUMENT 1 et nommez :
– les idées-clés.
– les exemples.

**b** Relevez les **participes passés**.

**2. EN GROUPES**

**a** Imaginez la réponse à la question posée dans le texte : que font les « toitaginiers » ?

**b** Ensemble :
a. Donnez un titre à chaque paragraphe du texte.
b. Proposez un résumé de l'article en maximum 110 mots à partir des idées-clés relevées. → Fiche Le résumé, p. 199
c. Désignez le porte-parole du groupe.

**3. EN CLASSE**

a. Classez les **participes passés** relevés en 1**b** en trois colonnes : adjectif | avec l'auxiliaire *être* | avec l'auxiliaire *avoir*.

b. Le porte-parole lit le résumé à voix haute. Les autres notent les points positifs et ceux à améliorer.

# LA FABRIQUE

UNITÉ 3

## DE LA GRAMMAIRE | Les temps du passé et les accords du participe passé

### 👁 Observez.
a. Je **me suis retrouvé** à la fac après deux ans de prépa littéraire.
b. Les premières semaines, je **m'abîmais** en effet beaucoup les mains.
c. Ce **fut** quelque chose d'assez fantastique et rare.
d. Ce sont des sensations que je n'**avais** jamais **connues** avant.
e. Ça **a été** un été infernal pour moi, c'**était** extrêmement épuisant.

### ⚙ Réfléchissez.
a. Quel temps du passé est employé pour raconter une action terminée ? Pour une description ?
b. Quel verbe est au passé simple ? Quand est-ce qu'on utilise ce temps ?
c. Expliquez la règle de l'accord du participe passé, notamment avec les verbes pronominaux.

### ✏ Appliquez.
1. ▶ 33 | Écoutez et repérez les phrases avec des verbes uniquement au passé composé, uniquement à l'imparfait, ou avec les deux temps.

2. Accordez les participes passés dans les phrases suivantes.
a. Ma collègue m'a encore … (acheter) une cravate pour mon anniversaire !
b. Ma reconversion ? Je l'ai … (vivre) comme une vraie renaissance professionnelle.
c. La candidate est … (arriver) à l'entretien d'embauche avec 20 minutes d'avance.
d. Elle s'est … (excuser) et finalement ils se sont … (serrer) la main.

3. Racontez par écrit et de façon très détaillée un moment qui a beaucoup compté dans votre vie professionnelle en utilisant les temps du passé (150 mots).

## DES MOTS

### C'est imagé !

Dans son podcast Le gratin, Pauline Laigneau interviewe des personnalités qui sont les meilleures dans leur domaine.

**a** Cherchez sur Internet une image du mot « gratin ». Décrivez cette spécialité culinaire.

**b** Quel lien existe-t-il selon vous entre ce plat et le sens de gratin comme une « élite » ?

### C'est proche !

Son rythme de vie est infernal : elle a un boulot épuisant. C'est éreintant de vivre comme ça !

**a** Associez ces adjectifs à leur origine étymologique.
insupportable comme l'enfer | fatigant au point de se rompre les reins | exténuant comme si on était vidé de toute son énergie

**b** Quels antonymes vous semblent adaptés pour chacun de ces adjectifs ?
fortifiant | reposant | paradisiaque

## DES VERBES

J'ai dû **bosser** comme une folle pour réussir.

**a** « Bosser » est le synonyme familier le plus fréquent du verbe « travailler ». Quel lien faites-vous entre le mot « bosse » et la signification du verbe « bosser » ?

**b** Repérez dans cette liste du registre familier quatre synonymes et deux antonymes de « travailler ».
bûcher | flemmarder | glandouiller | gratter | trimer | taffer

## DES SONS

### La prononciation de « je » et l'assimilation

**a** ▶ 34 | Écoutez à nouveau ces extraits. Devant quelle consonne « je » se prononce « j » ? « ch » ?

**b** Prononcez !
a. J'travaille dur !
b. J'bosse beaucoup.
c. J'suis passionnée !
d. J'veux faire des études.

SITUATION 4

# Être bien dans sa vie

**DOCUMENT 1**

*Le Monde* — CAMPUS • ÉTUDES SUP

## « Quitter la robe n'est pas un échec tant que ce n'est pas par dépit »

À 30 ans, Lilas Louise Maréchaud a déjà derrière elle une reconversion professionnelle. Elle a exercé le métier d'avocat avant de s'en détacher pour mieux l'observer de l'extérieur. Son podcast « Fleur d'avocat » donne la parole à ces robes noires épanouies dans leur tenue, notamment parce qu'elles ont su dire « non » à certaines conditions de travail.

Soazig Le Nevé, Lemonde.fr, 18/03/2020.

**Vous avez créé un podcast consacré aux avocats « bien dans leur robe ». Pourquoi ce choix ?**

J'ai exercé dans deux cabinets d'affaires pendant deux ans et demi, en droit pharmaceutique. Mon sentiment oscillait entre ennui et agacement par rapport au système de management, mais le fond du problème, c'est que je n'étais pas particulièrement passionnée par mon métier, je n'avais finalement pas envie de réfléchir avec le droit. Et j'en avais aussi assez d'entendre dire : « *Ah, tu es avocate, tu as une vie de merde toi aussi.* » Je ne voyais pas beaucoup d'avocats épanouis dans mon entourage. J'ai suivi une formation de reconversion et, par ailleurs, j'écoutais beaucoup de podcasts. J'ai fait le constat qu'aucun ne s'intéressait aux avocats en dehors de leur posture d'expert. Mon idée n'était pas de me tourner vers les ténors du barreau, mais vers ceux qui kiffent ce métier, qui y sont épanouis. Mi-2018, j'ai donc quitté ma collaboration en cabinet et j'ai mené des interviews tout l'été. Mon premier podcast a été diffusé en novembre [...]

**Comment expliquez-vous le malaise de la profession ? Les conditions de travail se sont-elles dégradées ?**

Elles ont toujours été difficiles. Mais ce n'est pas un passage obligé pour autant. Certains trouvent un cabinet qui leur correspond parfaitement et deviennent des associés très vite. Les difficultés ne sont pas propres à la profession d'avocat : des salariés de grosses entreprises ou des free-lance peuvent aussi connaître des conditions de travail déplorables. J'espère que mon podcast pourra aider les jeunes collaborateurs à prendre confiance : non ils ne sont pas interchangeables, et les patrons ont autant besoin d'eux que l'inverse. Ils peuvent eux aussi poser leurs conditions [...]

**Quitter la robe, est-ce un échec ?**

Tous les cinq épisodes de mon podcast, je diffuse le témoignage d'un avocat reconverti. Car cela peut être aussi un modèle de réussite : avoir été avocat puis être devenu naturopathe, brasseur de bière, décoratrice d'intérieur ou chasseuse de tête... Ces ex-avocats n'ont aucun regret d'avoir quitté la robe et, en même temps, leur expérience comme avocat leur sert tous les jours. Quitter la robe n'est pas un échec tant que ce n'est pas par dépit. En revanche, si vous aimez votre métier et que vous voulez le quitter parce que vous avez l'impression qu'il ne vous est pas possible de l'exercer dans des conditions épanouissantes, c'est dommage.

# UNITÉ 3

1. **Lisez le titre et le chapeau du DOCUMENT 1.**
   À quelle robe se réfère Lilas Louise Maréchaud ? Expliquez le titre avec vos propres mots.

2. **a** Lisez l'article en entier et répondez.
   a. Quel profil ont les avocats que Lilas interviewe ?
   b. Pourquoi Lilas a-t-elle quitté la robe ?
   c. Quel est son objectif avec ce podcast ?

   **b** Dans quel ordre ces idées apparaissent dans le texte ?
   a. Des exemples de reconversions réussies.
   b. Une volonté de venir en aide aux avocats en difficulté.
   c. Une idée de reconversion qui associe droit et podcast.
   d. Des problématiques globales dans le monde du travail.
   e. Une expérience professionnelle décevante en tant qu'avocate.

3. **Échangez.** Que signifient pour vous les termes « échec » et « succès » professionnels ? Rédigez ensemble une définition et donnez quelques exemples.

## DOCUMENT 3

**Avocat, Serge Money plaide et rappe**

5. 🎧 35 | Écoutez le DOCUMENT 3, puis dites si les affirmations suivantes sont vraies ou fausses. Justifiez vos réponses.
   a. Serge Money a des qualités d'orateur hors du commun.
   b. Il a été avocat avant de devenir rappeur.
   c. Son projet est de lutter contre l'injustice en racontant la justice.
   d. C'est grâce à son père qu'il a poursuivi ses études.
   e. Ses bureaux sont situés dans la banlieue parisienne.

6. Repérez dans les documents :
   a. les mots liés au monde de la justice et du travail.
   b. (doc. 1) les deux pronoms différents qui remplacent « le métier d'avocat ». Expliquez leur emploi.
   c. 🎧 36 | Quel est le point commun entre les mots soulignés ?
   ▸ *Serge, fils d'immigré qui s'est construit tout seul au milieu des averses et de l'adversité.*
   ▸ *On se plaît dans la rue, on se paye dans la rue, on plaide pour la rue.*

## DOCUMENT 2

### UNE ENVIE DE RECONVERSION…

**…POUR RETROUVER DU SENS**
C'est la 1ère motivation évoquée par les sondés, qu'ils aient déjà fait une reconversion ou non.

**…POUR CHANGER D'AIR**
**67%** des actifs en emploi désirent faire une reconversion
**24%** des actifs en emploi l'ont déjà fait.

**…POUR REBONDIR**
**45%** des demandeurs d'emploi se disent actuellement en reconversion.

Étude menée en 2019 par le site www.nouvelleviepro.fr

4. **PAUSE**
   Vous faites quoi en ce moment professionnellement ? Imaginez d'autres raisons (même un peu folles !) que celles du DOCUMENT 2 de se reconvertir.

7. **J'agis !**
   **Rédigez.** Traduisez le chapeau du document 1 dans votre langue.

8. **On coopère !**
   **Organisez et filmez un concours d'éloquence dans la classe.**
   Choisissez, ensemble, le thème du concours en formulant une question.
   *Exemple : Peut-on faire une omelette sans casser des œufs ?*
   En groupes, répondez à la question et désignez un rapporteur qui doit s'exprimer avec émotion et conviction. Commencez le concours ! (5 min. par personne)

**Mafia Trece** est un groupe de rap et hip-hop français fondé en 1996 en région parisienne.
Quel était le surnom de Serge Money à l'époque où il faisait partie de ce groupe ?

# LA FABRIQUE

### DE LA GRAMMAIRE | Les pronoms *en*, *y* et *le* (pronom neutre)

**Observez.**
a. Elle a exercé le métier d'avocat avant de s'**en** détacher.
b. Ceux qui kiffent ce métier, qui **y** sont épanouis.
c. Alors on **en** parle tout haut.
d. L'avocat était satisfait, et son client **l'**était aussi.
e. Voulait-il changer ? Oui, il **le** voulait vraiment.

**Réfléchissez.**
a. Le pronom *en* s'emploie avec les verbes ou expressions suivis de quelle préposition ?
b. Et le pronom *y* ? Que remplace-t-il généralement ?
c. Que remplace le pronom neutre *le* dans ces phrases ? Peut-il remplacer d'autres structures ?
d. Les pronoms sont-ils placés avant ou après le verbe ?

**Appliquez.**
1. ▶37 | Écoutez les phrases, repérez les pronoms *en*, *y* et *le*. Imaginez ce qu'ils remplacent.
2. Répondez à la question en utilisant un pronom pour remplacer la partie de la phrase soulignée.
a. Le juge a changé de <u>robe</u> ? – Oui, il…
b. Il faut <u>qu'elle témoigne</u> demain ? – Oui, il…
c. Vous pouvez vous occuper de <u>cette affaire</u> ? – Non, je…
d. Tu vas réfléchir <u>à ma proposition</u> pour ce poste ? – Oui, je…

3. **Par deux. Utilisez les pronoms *en*, *y* et *le* dans des phrases. Votre partenaire doit deviner ce que ces pronoms remplacent.**

### DES MOTS

#### C'est proche !

La salle était silencieuse : à la **barre**, Maître Reyne, un ténor du **barreau**, plaidait.
Cette **barre** d'immeuble date des années 1970.

**a** Cherchez la définition du mot « barreau » dans le domaine juridique et expliquez le lien avec l'expression « à la barre ».

**b** Si une barre est un immeuble longitudinal, qu'est-ce qu'une barre de chocolat ?

#### C'est imagé !

Ce juriste est l'un des meilleurs spécialistes du droit du travail : **la crème de la crème** !

**a** ▶38 | Écoutez et expliquez le sens de cette expression.

**b** Trouvez l'intrus et justifiez votre choix.
le top | l'élite | l'éclair au chocolat | la fine fleur | le dessus du panier | le gratin

### DES VERBES

Après son licenciement, Gilles a **rebondi** tout de suite en créant son entreprise.

**a** Au sens propre, quel objet peut rebondir ?

**b** Dans la liste suivante, à quel adjectif associez-vous plutôt ce verbe ?
créatif | productif | réactif

### DES SONS

#### Les paronymes

▶39 | Écoutez et complétez.
a. On … l'heure et on … le réveil.
b. J'ai mal au … et mon … est fatigué.
c. On chante … … une fois ?
d. Je suis d'… à faire de l'… .

# L'EXTRAIT ▶40

**UNITÉ 3**

Giulia aime la compagnie de ces femmes dont certaines la connaissent depuis qu'elle est enfant. Elle est presque née ici. Sa mère se plaît à raconter comment les contractions l'ont surprise alors qu'elle était occupée à trier les mèches dans la salle principale – elle n'y travaille plus aujourd'hui en raison de sa mauvaise vue, a dû céder sa place à une employée aux yeux plus affûtés. Giulia a grandi là, entre les cheveux à démêler, les mèches à laver, les commandes à expédier. Elle se souvient des vacances et des mercredis passés parmi les ouvrières, à les regarder travailler. Elle aimait observer leurs mains en train de s'activer telle une armée de fourmis […]

Elle a parfois l'impression qu'ici le temps s'est arrêté. Il continue sa course dehors, mais à l'intérieur de ces murs, elle se sent protégée. C'est un sentiment doux, rassurant, la certitude d'une étrange permanence des choses.

Voilà près d'un siècle que sa famille vit de la *cascatura*, cette coutume sicilienne ancestrale qui consiste à garder les cheveux qui tombent ou que l'on coupe, pour en faire des postiches ou perruques. Fondé en 1926 par l'arrière-grand-père de Giulia, l'atelier Lanfredi est le dernier de ce type à Palerme. Il compte une dizaine d'ouvrières spécialisées qui démêlent, lavent et traitent des mèches envoyées ensuite en Italie et dans toute l'Europe. Le jour de ses seize ans, Giulia a choisi de quitter le lycée pour rejoindre son père à l'atelier. Élève douée selon ses professeurs, surtout celui d'italien, qui l'incitait à continuer, elle aurait pu faire des études, entrer à l'université. Mais il était pour elle impensable de changer de voie. Plus qu'une tradition, les cheveux sont une passion chez les Lanfredi, qui se transmet de génération en génération. Étrangement, les sœurs de Giulia n'ont pas manifesté d'intérêt pour le métier, et elle est la seule des filles Lanfredi à s'y consacrer. Francesca s'est mariée jeune et ne travaille pas ; elle a quatre enfants aujourd'hui. Adela, la cadette, est encore au lycée et se destine aux métiers de la mode et du mannequinat – tout, plutôt que la voie de ses parents.

Laetitia Colombani (écrivaine française), *La Tresse*, Éditions Grasset, 2017.

## 1. DÉCOUVERTE

**a.** Qui est Giulia ? Faites-en le portrait d'après les éléments du texte.
**b.** Décrivez l'atelier Lanfredi : histoire, activité, type d'entreprise.
**c.** En quoi Giulia est-elle différente de ses sœurs ?

## 2. EXPLORATION

**a.** L'atelier Lanfredi est dépeint comme un cocon, une famille. Relevez les cinq éléments qui créent cette impression.
**b.** ▸ *les cheveux à démêler, les mèches à laver, les commandes à expédier*
▸ *qui démêlent, lavent et traitent des mèches*
Quel rythme remarquez-vous dans ces deux extraits : binaire (*Exemple : elle aime le chocolat, les bonbons*) ou ternaire (*Exemple : elle chantait, sautait, dansait*) ?
**c.** À quoi sont comparées les mains des ouvrières ? Que pensez-vous de cette double comparaison ?

## 3. EXPRESSION

**a.** Sur un site internet de critique de livres, exprimez de façon détaillée vos réactions à la forme d'expression, au style et au contenu de cette lecture.
**b.** Sur le modèle de cet extrait, **racontez l'histoire d'une entreprise familiale heureuse** à travers les yeux d'un membre de cette famille : changez le personnage principal, le lieu, l'époque et l'activité de l'entreprise (250 mots). Employez les temps du passé.

# Au quotidien

*Cette conversation que vous entendrez forcément.*

### 1. ▶41 | ON ÉCOUTE

**Repérez :**

a. Mélanie, Clément et Lilou. Qui sont-ils ?
b. les expériences de télétravail décrites.
c. l'articulateur « au départ » et l'idée qu'il exprime.
d. les expressions qui montrent l'enthousiasme.
e. ▶42 | l'**intonation** quand on est enthousiaste : la voix monte ou descend à la fin des phrases ?

### 2. ON ÉCHANGE

**ⓐ Avec votre voisin(e)**

Avez-vous déjà télétravaillé ? Était-ce un choix de votre part ? Quels avantages et quels inconvénients du télétravail la période de confinement liée au coronavirus a-t-elle mis en relief ?

**ⓑ En groupes**

Faites le bilan de vos réponses : le télétravail présente-t-il plus d'avantages que d'inconvénients ?

**ⓒ En classe**

Le télétravail : un outil au service de l'ambition professionnelle ? Débattez.

#### ARTICULATEURS

{ au départ = au début
{ au fond = après tout, en réalité

### 3. | ON COOPÈRE

**Les droits du télétravailleur**

- Créez des groupes de deux. Écrivez sur des post-it les droits du télétravailleur. *Exemple : le droit de rester en pyjama.*
- Collez ensuite vos post-its sur une table ou un tableau dans la classe, pour constituer une carte mentale.
- Ensemble, débattez de ces droits pour n'en retenir que cinq.
- Chacun essaie d'approfondir les idées et les opinions des autres personnes.

#### Stratégie

Pour approfondir les idées des autres, on peut les reformuler en ajoutant des précisions.

---

**Exprimer son enthousiasme**

C'est top / cool / génial / excellent !
Ça me fait (trop) plaisir.
J'aime trop ça.
C'est encore mieux que ce que je pensais !
J'adore !

---

**PHONÉTIQUE**

**L'intonation de l'enthousiasme**

▶43 | Écoutez et répétez en mettant la bonne intonation.

# Au plaisir

*Ces instants culturels qui vous feront du bien.*

### PEINTURE

Connaissez-vous *Les raboteurs de parquet*? Ce tableau du XIXe siècle a été recréé par des Parisiens pendant le confinement. **Quel peintre impressionniste en est l'auteur?** Retrouvez son nom : aeGstuv abCeeillott

### CINÉMA

Ces trois actrices françaises ont interprété des rôles de juges au cinéma. **Pouvez-vous associer chaque comédienne à sa photo?**
| Catherine Deneuve
| Isabelle Huppert
| Sandrine Kiberlain

a.

b.

c.

### MYSTÈRE

Mais qu'est-ce qu'ils peuvent bien faire? **Un seul de ces métiers n'existe pas... Lequel?**
a. Un verbicruciste crée des mots croisés.
b. Un conchyliculteur élève des coquillages.
c. Un articulateur enseigne à bien prononcer.
d. Un rudologue est un spécialiste des déchets.

### MUSIQUE

Dans le clip de son titre « Balance ton quoi », cette jeune chanteuse belge se déguise en juge et en avocat pour dénoncer le sexisme. **Comment s'appelle-t-elle : Adèle, Angèle ou Axelle?**

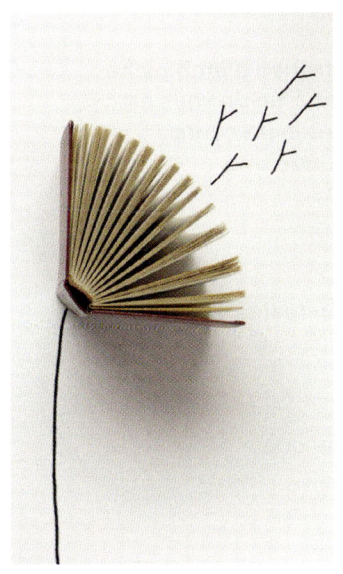

### LITTÉRATURE

Ces livres parlent du monde du travail. **Reconstituez les titres, puis inventez un titre de roman sur ce thème.**

Au bonheur... • • ...de Ouistreham (Florence Aubenas, récit autobiographique)
Cadres... • • ...des dames (Émile Zola, classique)
Des princes... • • ...et tremblements (Amélie Nothomb, roman)
Le quai... • • ...noirs (Pierre Lemaitre, roman policier)
Stupeur... • • ...pas si charmants (Emma, BD)

→ Outils de la classe p. 189   → Cahier d'activités p. 36-49

## Stratégie

> Choisissez deux rubriques du mémo et inventez une petite histoire en employant un maximum de mots.

### Le travail

**Un métier**
- artisanal / manuel ≠ intellectuel
- des conditions de travail déplorables
- exercer un métier = travailler = bosser
- des postes à pourvoir
- travailler à domicile = faire du télétravail

**Décrire son parcours**
- allier famille et études
- digérer l'échec des concours
- interrompre ses études
- se consacrer à ses études
- suivre des études en / de

**Raconter une reconversion**
- avoir un autre destin
- faire des choix professionnels
- reprendre des études de…
- se reconvertir dans un métier = se réorienter
- switcher de… à…

### La justice

**Suivre des études de droit**
- faire une note de synthèse
- obtenir une licence de droit
- passer son barreau
- réussir son concours d'entrée
- se spécialiser en qqch

**Les avocats**
- un(e) associé(e)
- un cabinet
- un(e) collaborateur(trice)
- une plaidoirie
- un ténor du barreau

**Plaider à la barre**
- combattre l'injustice
- défendre qqn
- faire preuve d'éloquence
- manier la rhétorique
- porter ≠ quitter la robe

### Ambitieux(euse)

**C'est être…**
- …déterminé(e)
- …épanoui(e)
- …fort(e)
- …passionné(e)
- …ultra-compétitif(ive)

**Avoir de l'ambition**
- être un(e) battant(e)
- être un(e) vrai(e) lion(ne)
- se destiner à = avoir pour vocation de
- se donner les moyens de
- trouver des ressources

**Vouloir réussir**
- être un modèle de réussite
- faire preuve de volonté
- mettre la main à la pâte
- passer le cap
- supporter des épreuves

---

**1.** Comment imaginez-vous la justice du futur ? Quel rôle y joueront les nouvelles technologies ? **Discutez entre vous.**

### LE GRAND ORAL

En groupes, répondez à la question : Avoir de l'ambition, cela veut dire quoi ?

**Les contraintes :**
1. Trouvez un exemple concret pour chaque argument présenté.
2. Utilisez au moins trois mots issus du tableau de vocabulaire, et le connecteur « au fond ».

**2. Par deux, jouez un entretien d'embauche pour un poste d'avocat.** L'un de vous est le candidat et imagine son parcours. L'autre joue le chasseur de tête.

**ANTISÈCHE 1**
au départ = au début
au fond = après tout, en réalité

**ANTISÈCHE 2**
Citons le cas de…
L'exemple de… confirme que…
Comme en témoigne….

# UNITÉ 3

## Les temps du passé et les accords du participe passé • Les pronoms *en*, *y* et *le*

> Choisir le prénom de leur enfant ? En France, les parents en ont le droit... mais pas toujours ! « Nutella », « Anomalie », « Astérix » sont des exemples de prénoms que la justice n'a pas validés. En 2014, dans le Nord de la France, un couple voulait appeler sa petite fille « Fraise ». Le juge s'y est opposé car ce prénom fruité était contraire à l'intérêt de l'enfant. Finalement, les parents ont opté pour « Fraisine », prénom accepté par le tribunal car il existait déjà au XIX$^e$ siècle. Fraisine est-il plus facile à porter que Fraise ? Sans le savoir, le juge a peut-être commis une erreur !

**1. Lisez cette anecdote.**
   **a.** Relevez les pronoms *en*, *y* et *le* et dites ce qu'ils remplacent dans le texte.
   **b.** Retrouvez :
   – le seul participe passé accordé avec l'auxiliaire *avoir*.
   – trois verbes conjugués à l'imparfait.

**2.** ▶ 44 | **Écrivez les phrases que vous entendez. Faites attention à l'accord des participes passés.**

**3. Transformez ce texte au passé. Évitez les répétitions des éléments soulignés en utilisant les pronoms *en*, *y* ou *le*.**
Célèbre auteure de romans policiers, Fred Vargas suit des études d'archéologie, puis un doctorat en histoire sur la peste au Moyen-Âge (elle fait d'ailleurs <u>de la peste</u> le sujet de son roman *Pars vite et reviens tard*). Elle rejoint ensuite le CNRS. <u>Au CNRS</u>, elle reçoit une médaille de bronze pour ses travaux. En 1991, elle publie *L'homme aux cercles bleus*. Les lecteurs peuvent découvrir pour la première fois <u>dans ce roman</u> son personnage phare, le commissaire Adamsberg : atypique. Il est <u>atypique</u> dans son travail mais aussi dans sa vie privée. Sa méthode d'investigation ? Il n'a pas de <u>méthode</u>, juste de l'intuition.

**4. Par deux, essayez de donner, au passé, le maximum d'informations sur les personnes rencontrées pendant l'unité.**
Arthur Lochmann | Alexandra Recchia | Lilas Louise Maréchaud | Serge Money | Giulia Lanfredi

---

### Les temps du passé et les accords du participe passé

➡ Pour raconter au passé, on emploie :
- le **passé composé** (action terminée et précise) ;
- l'**imparfait** (description ou habitude) ;
- plus rarement le **passé simple** (à l'écrit, en littérature).

*Louis devint notaire à 20 ans, dans l'étude de son père.*

➡ Avec ***être***, le participe passé s'accorde en genre et en nombre avec le sujet.

*Fatigués, mes collègues sont partis tôt hier soir.*

➡ Avec ***avoir***, le participe passé s'accorde en genre et en nombre avec son complément d'objet direct, s'il est placé avant le verbe.

*La juge Darrault ? Je l'ai vue ce matin.*

➡ Un **participe passé pronominal** s'utilise toujours avec l'auxiliaire *être* et s'accorde en genre et en nombre avec son complément d'objet direct, s'il est placé avant le participe passé.

*Julie s'est lavée ce matin.*
*Julie s'est lavé les mains ce matin.*

### Les pronoms *en*, *y* et *le* (pronom neutre)

➡ Le **pronom *en*** s'emploie pour éviter les répétitions des compléments :
- qui expriment des quantités.
- introduits par la préposition « de ».

*Devenir avocat, il en rêve depuis toujours !*

➡ Le **pronom *y*** s'emploie pour éviter les répétitions des compléments :
- de lieu.
- introduits par la préposition « à ».

*Une reconversion dans l'artisanat ? Non, je n'y pense pas.*

➡ Le **pronom neutre *le*** s'emploie pour éviter les répétitions :
- des attributs (adjectif, groupe nominal).
- des phrases et des verbes à l'infinitif.

*Créer notre boîte ne sera pas facile, nous le savions dès le départ.*

➡ Les pronoms *en*, *y* et *le* se placent généralement devant le verbe conjugué. Lorsqu'un verbe conjugué est suivi d'un second verbe à l'infinitif, ils se placent devant l'infinitif.

# #LaMinuteCulturelle

### RH du futur  quiz vidéo 2

▶ **Vous avez 2 minutes ?**

▶ 2 | Regardez la vidéo et expliquez comment le DRH pense casser les codes de l'entretien d'embauche classique.

▶ **Vous avez 5 minutes ?**

Connaissez-vous d'autres méthodes de recrutement alternatives ?

▶ **Vous avez 15 minutes ?**

Jouez un entretien d'embauche entre un recruteur et un(e) jeune candidat(e).

## Mission

### Une ambition de paresse

❝ *Monsieur Portier, employé dans une compagnie d'assurances, revendique l'application de son droit à la paresse sur son lieu de travail. 30 minutes de sieste lui sont nécessaires pour affronter son après-midi de labeur. Son employeur, Madame Micaud, directrice de l'agence, refuse de lui accorder ce droit.* ❞

**Organisez une simulation d'audience pour résoudre ce cas épineux.**

 **1. En classe.** Décidez ensemble qui fera : le juge, le procureur, Monsieur Portier, Madame Micaud, leurs avocats, le rapporteur (la personne qui prend des notes pendant le procès), le modérateur (qui s'assure que tout le monde puisse s'exprimer) et d'éventuels témoins.

 **2. En groupes**, préparez vos interventions. Dans la classe, placez-vous à gauche et à droite du juge.

 **3. En classe.** Le juge donne la parole au demandeur, puis à l'employeur. Il **fait un résumé** du procès, tranche et énonce son verdict : Monsieur Portier pourra-t-il faire sa sieste tranquillement ?
Astuce : Utilisez les pronoms *en*, *y* et *le* pour éviter des répétitions.

### Objectifs

- Définir des rôles en fonction des compétences de chacun.
- Prendre des notes.
- Faire un résumé à l'oral.
- Mobiliser le lexique sur le travail et la justice.
- Utiliser les pronoms *en*, *y* et *le*.

# Astucieux(euse)

**adj.**
surtout en s'inspirant de la nature !

58 | **SITUATIONS**
❶ **Se mettre** au vert
❷ **Écouter** le vivant
❸ **Faire** le vide

61 | **LA FABRIQUE**

62 | **SITUATION**
❹ **Réparer** le corps humain

64 | **LA FABRIQUE**

65 | **L'EXTRAIT**

66 | **L'OPINION**

68 | **MÉMO**

70 | **MISSION**
Astucieusement calme !

## SITUATION 1

# Se mettre au vert

*Télérama*

Irène Verlaque,
*Télérama*, 26/02/2020.

## COMMENT « BARON NOIR » S'EST MIS AU VERT

*Pour sa dernière saison, Baron noir a opté pour l'écotournage. Soutenue par une société pionnière de l'écoproduction, Secoya, la série politique de Canal+ a renoncé au plastique, utilisé moins de chimie...*
*5 Car les tournages, c'est beaucoup de déchets et énormément de CO2 [...]*

DOCUMENT 1

SÉRIES

Mathieu Delahousse et Charles Gachet-Dieuzeide sont d'anciens régisseurs. Pendant vingt ans, ils ont constaté le gaspillage
10 colossal généré par les tournages, sans pouvoir y remédier. Leur frustration les a poussés, en 2018, à créer Secoya, une société pionnière de l'écotournage en France. Ce sont eux que les producteurs de *Baron noir* sont venus chercher pour orchestrer la mise au vert de
15 leur série. La transition est d'abord passée par un effort tout bête mais central : « Accepter de tordre le cou aux habitudes », selon la productrice Stéphanie Carrère. Les costumiers ont été priés de préférer la location à l'achat et de prêter attention à la provenance des textiles.
20 Les décorateurs ont veillé à utiliser des peintures moins chimiques. « On a même eu des loges 100 % écoresponsables », se targue Stéphanie Carrère [...]
Le passage au vert de *Baron noir* n'a pas été un succès dès le premier jour de tournage. « *On a fait un galop
25 d'essai sans "écomanager" pendant cinq jours et ça n'a pas marché*, reconnaît Stéphanie Carrère [...] De fait, l'écomanager de *Baron noir* a mis en place 127 dispositifs différents sur le plateau, qui ont permis d'économiser 49 500 gobelets, 35 400 bouteilles d'eau en plastique et
30 autant de capsules de café. Réduction atteinte : quatre tonnes de CO2, soit le tiers du bilan carbone annuel d'un seul Français. Un premier pas. « *De plus en plus de producteurs se disent engagés dès qu'ils ont des gourdes et des gobelets réutilisables*, s'agacent les fondateurs de
35 Secoya. *C'est du greenwashing total. On n'a plus le temps de prendre des mesurettes de pacotille, il faut passer à la vitesse supérieure.* » [...]
Aujourd'hui, même les géants américains comme Disney et Netflix veulent abaisser leur impact.
40 « *Pour eux, c'est du business. La dépense énergétique va rapidement devenir un élément critique dans l'industrie, ils anticipent et veulent pouvoir pallier les futures pénuries d'approvisionnement en pétrole* », avance Ruiz. D'après lui, il faut agir à tous les niveaux possibles
45 pour réduire son empreinte. « *Néanmoins, on peut difficilement diminuer le bilan de carbone de plus de 15 % sans revoir en profondeur la façon de tourner.* » Cela signifierait imposer le covoiturage pour les tournages dans des lieux difficiles d'accès, laisser les camions
50 techniques sur place plutôt que de les reconduire chaque soir au dépôt, utiliser obligatoirement le réseau électrique local... Une fois que la France aura rattrapé son retard, elle pourra alors se pencher sur la postproduction et les moyens de diffusion qui, à
55 l'image du streaming, nécessitent la construction de data centers extrêmement énergivores. Un nouveau défi pour que « l'industrie du rêve » ne tourne pas au cauchemar environnemental. ●

---

**1.** Lisez le DOCUMENT 1. **Justifiez ou infirmez ces affirmations.**
 a. La série économique *Baron Noir* tourne sa dernière saison.
 b. Tourner un film ou une série est énergivore.
 c. Le passage au vert a été une réussite dès le départ.
 d. Peu de sociétés sont prêtes à suivre le pas.
 e. La France est en avance sur ce terrain.

**2. Traduisez le terme « greenwashing » dans votre langue. Comparez avec votre voisin(e).**

**3. Repérez :**
 a. les trois temps du **futur**. Classez-les sur une ligne chronologique.
 b. des termes pour parler d'**actions environnementales**.
 c. les **verbes** qui expriment une conséquence.

**4.** 👍 **Échangez.** Relevez les exemples d'actions environnementales dans le texte. Lesquelles pourriez-vous mettre en place dans votre établissement ?

SITUATION ❷

UNITÉ 4

# Écouter le vivant

**1. Observez le** DOCUMENT 1.

  **a Par deux, répondez :** qui ? quoi ? pourquoi ? quelles conséquences ?

  **b En groupes :** illustrez les propos par des exemples concrets d'actions environnementales.

  **c En classe, partagez vos idées :** quelle est la situation écologique dans votre pays ? Comment l'améliorer ?

**2. PAUSE**

Par deux, imaginez le scénario positif inverse de ce dessin de presse. Mettez-vous à rêver !

**DOCUMENT 2**

**SOCIAL LAB**

**Eco-acoustique :
Des scientifiques mettent la nature sur écoute**

france inter

**DOCUMENT 1**

Marc Dubuisson @Unpied

**3.** ▶45 | **Écoutez le** DOCUMENT 2. **Répondez aux questions.**

  a. Quel est le sujet d'étude ? Quels sont les objectifs ?
  b. Comment l'étude est-elle menée ? Dans quels types d'espaces ?
  c. Où et depuis combien de temps les équipes de recherche sont-elles installées ? Quel est leur objectif ?
  d. Quels sont les animaux observés ?
  e. Quel est le pourcentage de sons issus du trafic aérien ? Quel est l'impact de ces sons ?

**4. Repérez dans les documents :**

  a. (doc. 1) les verbes au *futur*. Quelle différence entre ces deux futurs ?
  b. (doc. 2) les mots liés à l'*écologie* et le *verbe* qui exprime une conséquence.
  c. ▶46 | les mots qui sont prononcés de *manière familière*.

**5.** 🔊 | **J'agis !**

Pour les chercheurs, les sons sont essentiels dans la compréhension de notre biodiversité. Cherchez un ou plusieurs sons qui présentent un intérêt. **Préparez un mini-exposé de trois minutes à présenter à votre voisin(e).**
→ Fiche L'exposé, p. 200

**6.** ✏️ | **On coopère !**

En groupes, réfléchissez aux impacts de vos actions d'aujourd'hui sur le monde de demain. **Écrivez un manifeste qui commence par « Si on continue à …, nous allons… ».** Passez-le au groupe voisin et ensemble, trouvez des solutions !

## Culture +

Le **Grand Tétras** vit en montagne, dans les Alpes suisses et dans le Jura. Il se nourrit des aiguilles de conifères. Il pèse généralement entre 3,5 et 4 kilos. À votre avis, à quel animal ressemble-t-il : à un aigle ? à un faucon ? à un coq ?

## SITUATION 3

# Faire le vide

## L'OBS

### Ranger ses placards pour se retrouver

DOCUMENT 1

Arnaud Gonzague, Nouvelobs.com, 05/01/2020.

Peut-être êtes-vous déjà en chemin. De quel chemin parlons-nous ? De cette épreuve d'apparence tranquille, mais en réalité impossible, qui consiste à faire l'inspection de ses armoires, tiroirs, placards, étagères, bibliothèques, tables basses, commodes, consoles et penderies, afin d'identifier les objets inutiles, et de s'en séparer […] Mais qui, en Occident, peut décemment estimer que son lieu de vie ne contient pas dix fois trop de breloques, bibelots et autres nids à poussière, dix fois trop de vêtements qu'il ne porte jamais, de cosmétiques périmés, de paperasses vieillottes, d'ustensiles de cuisine sans usage ? Sans parler de ces contenants fourre-tout – souvent un petit panier en osier ou un vase – où somnolent des objets absurdes : piles usagées, élastiques, piécettes, tickets de cinéma utilisés… Comme c'est difficile de jeter ! […]

S'il faut opérer ce que Dominique Loreau appelle un « tri identitaire », c'est d'abord pour y voir plus clair sur ce qui nous aliène afin de nous en libérer : les fausses possibilités festives (« Je garde les fourchettes à escargot, ça pourrait servir »), les faux projets (« Cette guitare moisit dans un coin depuis cinq ans, mais bientôt, je vais m'y remettre »), les vestiges du passé (ces tombereaux de cartes postales et de tickets de concerts qui ne feront revenir ni les vacances ni les chanteurs de naguère), les postures sociales (« C'est une lampe Pipistrello ! La preuve que je suis une personne distinguée »), etc.

Mais l'introspection n'a qu'un temps : par où commencer, concrètement, pour faire le vide ? Selon Dominique Loreau, par les espaces les moins

investis par l'« affectif » – en clair, il faut cibler ses placards de cuisine ou son garage avant de s'attaquer aux souvenirs les plus intimes dormant au fond de l'armoire. Un premier indice : tout ce qui était inaccessible ou introuvable (« Ah, ma yaourtière était là ? ») est, par définition, superflu. Donc à liquider. Tout ce qui se trouve en trop grande quantité par rapport à son utilisation (A-t-on besoin d'un service de douze couverts quand on reçoit peu ? Et d'un set de huit serviettes éponge quand on est le seul usager de sa baignoire ?) doit suivre également le chemin de la sortie. Dominique Loreau appelle d'ailleurs à bien distinguer « l'utile » du « nécessaire », afin de ne conserver que ce qui relève de cette dernière catégorie.

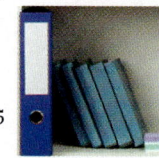

Mais comment savoir ce qui est « nécessaire » ? […] Entassez tous vos objets dans des cartons et attendez trois ou quatre semaines. Tout ce que vous n'avez pas eu besoin de ressortir durant cette période appartient probablement au registre du peu ou pas utile […] Idem pour les cohortes de livres qui font ployer nos étagères : cibler ceux qu'on n'a jamais entamés (les Japonais nomment *tsundoku* toutes ces piles d'ouvrages sur notre table de chevet qu'on ne lira pas), ceux qu'on a oubliés, et surtout ceux dans lesquels on ne se replongera jamais. Sans omettre, naturellement, ceux qui ne relèvent que de l'ostentation sociale (C'est chic d'afficher les œuvres complètes de Kierkegaard !). Et pas la peine de se réconforter en se disant : « Moi, je n'en ai plus l'usage, mais c'est bien de les transmettre aux enfants et petits-enfants après ma mort. » Cela ne revient qu'à leur déléguer la corvée du grand ménage !

---

**1. SEUL**

**a** Lisez le DOCUMENT 1.

**b** Identifiez :
– le problème et les causes de ce problème.
– les excuses formulées face à ce problème.
– les conseils.

**c** Relevez les verbes au futur.

**2. EN GROUPES**

**a** Partagez votre travail.

**b** Ensemble : réfléchissez à un programme de « tri identitaire » constitué d'étapes spécifiques pour ranger votre maison. Organisez-vous par pièce. Utilisez le futur simple et le futur antérieur.

**3. EN CLASSE**

**a.** Proposez votre programme à la classe.
**b.** Vérifiez l'utilisation du futur dans les programmes proposés.
**c.** Faites une liste collective d'idées de recyclage des produits dont vous allez probablement vous séparer.

# LA FABRIQUE

UNITÉ 4

## DE LA GRAMMAIRE | Les temps du futur

👁 **Observez.**
a. La dépense énergétique **va** rapidement **devenir** un élément critique.
b. Une fois que la France **aura rattrapé** son retard, elle **pourra** alors se pencher sur la postproduction.
c. Cette guitare moisit dans un coin depuis cinq ans, mais bientôt, je **vais m'y remettre**.
d. Toutes ces piles d'ouvrages sur notre table de chevet qu'on ne **lira** pas et dans lesquels on ne se **replongera** jamais.

⚙ **Réfléchissez.**
a. Quels sont les verbes au futur proche, simple, antérieur ?
b. Sur un axe chronologique, comment se placent ces verbes ?
c. Comment se forme le futur antérieur ?

✏ **Appliquez.**
1. ▶47 | Écoutez chaque phrase contenant deux actions. Relevez l'action antérieure à l'autre.

2. Imaginez les actions précédant ces solutions écologiques. Utilisez le futur antérieur.
a. Les humains ne mangeront plus de viande.
b. L'enseignement se fera exclusivement par Internet.
c. Les voitures ne consommeront plus d'essence.
d. Notre boîte e-mail ne sera plus énergivore.
e. Le trafic aérien sera réduit de moitié.

3. Vous écrivez à un(e) ami(e) francophone pour lui raconter ce que vous ferez quand vous aurez réussi votre B2 !
*Dès que j'aurai terminé le niveau B2, …*

## DES MOTS

### C'est quotidien !

C'est **la mode** du recyclage.
Sans déranger personne, **en mode** incognito.

**ⓐ** Expliquez la différence de sens entre les deux expressions.

**ⓑ** Lisez ces phrases et expliquez-les avec vos mots à vous.
Je suis en mode veille. | Il est en mode écoute. | Tu serais pas un peu en mode robot ?

### C'est exceptionnel !

Lors des **écotournages**, on évite le **gaspillage**. Et, au **passage**, pour se donner une belle **image**, on se met au **covoiturage** !

**ⓐ** Les mots en *–age* sont presque tous masculins. Dans ces phrases, lequel est féminin ?

**ⓑ** Quels sont les quatre autres mots féminins en *–age* ?

## DES VERBES

Leur frustration les a **poussés** à créer Secoya.
Tous ces bruits **impactent** le comportement des animaux.

**ⓐ** Dans chaque phrase, quelle est la cause ? Quelle est la conséquence ?

**ⓑ** Regardez cette liste de verbes de conséquence. Lesquels sont positifs ?
faciliter | provoquer | causer | permettre de | contribuer à | favoriser | entraîner | susciter | être responsable de | déclencher

## DES SONS

### Le style familier

▶48 | Écoutez. Ces phrases sont prononcées de manière standard ou familière ?

# SITUATION 4

# Réparer le corps humain

## DOCUMENT 1

### Une super mamie construit des rampes en lego pour les personnes en fauteuil roulant

Surnommée « mamie Lego », cette septuagénaire allemande a eu une idée lumineuse et créative : construire, avec l'aide de son mari, des rampes en Lego pour faciliter les accès aux personnes en fauteuil roulant. En effet, l'accessibilité des personnes handicapées en ville est très réduite, ce qui est loin de leur rendre la vie facile et rajoute même une difficulté supplémentaire pour accéder au moindre magasin ou au moindre trottoir. C'est pourquoi Rita Ebel, elle-même en fauteuil roulant depuis un accident de voiture, s'est penchée sur ce sujet important et préoccupant en trouvant cette solution tout aussi insolite qu'ingénieuse ! Elle passe ainsi souvent deux à trois heures par jour à construire des rampes sur mesure qui contiennent plusieurs centaines de petites briques en plastique collées avec jusqu'à huit tubes de colle. Depuis, des rampes multicolores fleurissent un peu partout sur le pas des portes pour le plus grand plaisir des personnes à mobilité réduite, des enfants que ça amuse et des badauds qui admirent et capturent en photo ce joli travail.

Margot Roig, leseclaireuses.com, 26/02/2020.

## DOCUMENT 2

### Des chercheurs utilisent des briques Lego pour reproduire les mécanismes des cellules

Utiliser des pièces de la marque Lego pour reproduire les mécanismes des cellules de l'organisme humain. C'est l'idée originale d'une équipe de scientifiques de l'Inserm, qui a imaginé cette solution pour pallier les très coûteux moyens humains et matériels requis pour ce type de recherches.

**Simuler la mécanique cellulaire**

Reproduire les paramètres mécaniques des cellules représente un challenge de taille pour les chercheurs en biologie cellulaire car ces procédés relèvent de principes physiques qui dépassent leur domaine de compétences. De surcroît, les équipements nécessaires pour réaliser ce travail sont souvent très coûteux à l'achat et à l'entretien. Grâce à ce jeu de construction, les scientifiques sont parvenus à mettre sur pied un dispositif permettant de reproduire le mouvement des cellules, afin d'étudier comment celles-ci réagissent aux contraintes mécaniques.

« L'idée nous est venue de développer des outils permettant des stimulations biophysiques. Comme nous ne sommes pas nous-mêmes physiciens, nous avons assemblé ce système en briques Lego car celles-ci permettent une utilisation facile de moteurs, rouages... », explique Étienne Boulter, chercheur Inserm et premier auteur de l'étude parue dans le *Journal of Cell Sciences*.

**Accessible et personnalisable**

Équipé d'une roue mécanique et relié à une batterie, cet outil jaune et gris construit à partir de 326 pièces Lego est également doté d'une boîte en silicone permettant un procédé dit de « *cell stretching* », qui stimule des cellules en culture en les étirant de façon cyclique suivant un même axe. « *Concrètement, les cellules sont cultivées sur une boîte en silicone flexible, étirée par le système mécanique. Cela génère une contrainte mécanique dont les conséquences peuvent être étudiées par tout un éventail de techniques de biologie cellulaire classiques* », précise Étienne Boulter.

« *C'est un système low-cost qui permet de débuter un projet sans avoir à faire un investissement de plusieurs dizaines de milliers d'euros. Les Lego permettent d'assembler des systèmes pour un coût très modeste et ils sont disponibles pour ainsi dire partout, ce qui permet également à des chercheurs dans des pays aux ressources financières ou technologiques limitées d'utiliser ce système* », assure Étienne Boulter.

RTBF tendance avec AFP, 01/02/2020.

# UNITÉ 4

1. **Observez les photos et les titres des** DOCUMENTS 1 ET 2 **. Quels sont les points communs entre ces documents ?**

2. **Lisez les articles. Par deux, choisissez un article chacun(e) et répondez aux questions. Transmettez vos réponses à votre voisin(e).**
   a. Qui est à l'origine de l'idée ? En quoi consiste-t-elle ?
   b. Pourquoi avoir décidé de construire ces outils ?
   c. Quels sont les avantages de ces constructions ?
   d. Comment faire ces constructions ?
   e. Quelle est la différence d'utilisation entre les deux ?

3.  **Échangez.** Que pensez-vous de ces deux idées ? Connaissez-vous d'autres idées ingénieuses pour réparer le corps humain ?

DOCUMENT 3

4. **PAUSE**
   Observez le DOCUMENT 3 . Imaginez tout ce que vous pourriez réparer avec des Lego. Échangez vos idées en groupes.

### DOCUMENT 4
**L'ESPRIT d'initiative** — france inter
**Des sangsues par milliers dans les frigos des hôpitaux**

5. ▶49 | **Écoutez le** DOCUMENT 4 **. Répondez aux questions.**
   a. De quel animal parle-t-on ?
   b. Quelles sont ses propriétés ?
   c. Où se trouvent les laboratoires qui en font l'élevage ?
   d. Pourquoi est-il utilisé pour la chirurgie réparatrice ?
   e. Est-il réutilisable ?

6. **Repérez dans les documents :**
   a. des mots et des verbes qui expriment la  cause et la  conséquence.
   b. les mots qui sont liés au domaine de la santé.
   c. (doc. 4) des verbes qui commencent par le préfixe *trans-*.
   d. ▶50 | les lettres qui ne sont pas prononcées.

7. ✏️ | **J'agis !**
   **Rédigez un article** (180 mots) sur un blog pour comparer les deux systèmes proposés et les points de vue donnés dans chaque article.

8. 🔊 | **On coopère !**
   **Contribuez à l'émission « L'esprit d'initiative » en préparant un exposé (10 min.) sur une initiative de santé.**
   En groupes, discutez de ce sujet. Vous pouvez utiliser votre téléphone pour chercher des idées.
   Sélectionnez l'initiative que vous trouvez la plus pertinente pour préparer un exposé à enregistrer au format vidéo et à publier à la classe. Chacun pourra s'amuser à laisser des commentaires.

Les **sangsues**, qui vivent en eau douce, se nourrissent de sang, de vers ou d'insectes. Elles sont également hermaphrodites. Qu'est-ce que cela signifie ?

# LA FABRIQUE

### DE LA GRAMMAIRE | La cause et la conséquence

**Observez.**

a. En effet, l'accessibilité des personnes handicapées en ville est très réduite. C'est pourquoi Rita Ebel s'est penchée sur ce sujet important.
b. Grâce à ce jeu de construction, les scientifiques sont parvenus à mettre sur pied un dispositif.
c. Comme nous ne sommes pas nous-mêmes physiciens, nous avons assemblé ce système en briques Lego car celles-ci permettent une utilisation facile de moteurs, rouages…
d. Cela génère une contrainte mécanique.

**Réfléchissez.**

a. Trouvez les éléments de cause ou de conséquence dans chaque phrase.
b. Remplacez-les par les éléments suivants en modifiant les phrases si nécessaire : puisque | entraîner | c'est la raison pour laquelle | étant donné que | vu que | provoquer.
c. Listez les autres articulateurs ou verbes de cause et de conséquence que vous connaissez.

**Appliquez.**

1. ▶51 | Écoutez chaque phrase. Repérez le verbe. Qu'exprime-t-il : la cause ou la conséquence ?

2. **Imaginez les conséquences de ces actions en utilisant un des éléments suivants.**
si bien que | comme | sous prétexte que | au point que | c'est la raison pour laquelle
a. …elle a une santé fragile, …
b. Les sangsues sont nécessaires à la chirurgie réparatrice…
c. La sangsue se nourrit de sang…
d. Il n'est pas venu à la conférence sur l'écologie…
e. La série est devenue un exemple d'écotournage…

3. **Par deux, répondez librement à cette question en exprimant des causes et des conséquences :**
Est-ce qu'il y aura encore de la neige en 2050 ?

### DES MOTS

#### C'est différent !

La popularité de la sangsue ne cesse de s'accroître. De surcroît, les équipements nécessaires pour réaliser ce travail sont souvent très couteux.

**a** Quelle différence de sens entre les mots en bleu ? Attention à bien regarder la syntaxe.

**b** Le verbe « surcroître » existe. À votre avis, que signifie-t-il ? Et « décroître » ?

#### C'est une expression !

On a besoin de ces petites bêtes dans les hôpitaux !

**a** Qu'est-ce qu'une bête ? L'adjectif a-t-il le même sens ?

**b** À votre avis, que signifient ces expressions ? Illustrez-les à l'aide d'un dessin.
chercher la petite bête | reprendre du poil de la bête | regarder quelqu'un comme un bête curieuse | une bête à bon dieu

### DES VERBES

Elles sont ensuite transférées dans des environnements de plus en plus stériles afin de ne transmettre aucune maladie.

**a** Que signifie le préfixe *trans–* ?

**b** Regardez cette liste de verbes. Définissez chaque verbe en vous aidant du préfixe.
transporter | transformer | transgresser | transvaser | transfuser | transplanter

### DES SONS

#### L'ellipse dans les groupes consonantiques

▶52 | Écoutez. Est-ce que vous entendez toutes les consonnes des groupes consonantiques ?

# L'EXTRAIT

*20 février 2014*

Il neige derrière la fenêtre mais un printemps des globules blancs semble s'annoncer dans mes dernières analyses [...] Je n'ai pas franchi ni même approché la porte de cette chambre depuis trois semaines. Mais si ces résultats se confirmaient, dans quelques jours on pourrait envisager de me laisser sortir dans le couloir. Voire me laisser sortir tout court [...] « Il faut être patient avec cette maladie », m'a glissé l'hématologue à voix douce qui vient m'encourager en essayant d'éviter que je ne m'emballe trop. Je crois qu'elle m'a bien cerné. Deux globules et demi et je me vois déjà repartir à ski [...]

– Vous avez besoin de quelque chose, monsieur Malzieu ?

– Oui... de bisous ! J'en ai marre de ne pas avoir de bisous !

Elle a rigolé derrière son masque et le lendemain soir, elle m'apportait une feuille de papier sous plastique avec écrit « Bonne nuit » et deux baisers rouges. Je les imagine, avec son aide-soignante, en train d'embrasser la feuille blanche, de la mettre dans le plastique avant de désinfecter la pochette. Puis, d'enfiler masque, charlotte et blouse pour me l'apporter. L'humour du joli geste [...]

– Vous avez besoin d'autre chose, monsieur Malzieu ?

– Un steak haché, des frites et un bon Coca bien frais...

– Pour le steak haché et les frites, ça ne va pas être possible, mais pour le Coca, je vais voir ce que je peux faire !

Elle revient avec une véritable canette de Coca Light. C'est si fabuleusement peu médical ! Cette typographie venue du monde extérieur, ces reflets de chrome et ce rouge acier... Le « clic » si agréablement familier du décapsulage ! Tremper mes lèvres, sentir l'effervescence des bulles sur ma langue, c'est mieux qu'un grand cru de Bordeaux. La première gorgée de l'élixir me donne l'impression de me retransformer en être humain. Je descends l'intégralité du contenu d'un coup. Je suis au bord des larmes pétillantes, les bulles me piquent les yeux. La joie... Je ne savais pas qu'une cuite au Coca Light pouvait rendre si heureux.

Mathias Malzieu (écrivain français), *Journal d'un vampire en pyjama*, Éditions Albin Michel, 2016.

## 1. DÉCOUVERTE

**a.** Quel indice vous aide à comprendre qu'il s'agit d'un journal intime ?

**b.** Où se trouve le narrateur ? Quelle est la situation ?

**c.** Quels sont les éléments du texte qui font sourire ?

## 2. EXPLORATION

**a.** Le texte comprend deux types de discours différents : discours direct et discours descriptif. Pour chaque partie, indiquez le type de discours.

**b.** Repérez les éléments pour décrire la canette de Coca Light et les comparaisons choisies.

**c.** Relevez les sentiments décrits au fil du texte.

## 3. EXPRESSION

**a.** En groupes, discutez : avec quel personnage est-ce que vous vous identifiez le plus ? Pourquoi ? Qu'est-ce qui vous plaît chez lui ?

**b.** En suivant la structure du journal, **écrivez un extrait de journal** d'un(e) soignant(e) qui égaye le quotidien de ses patients malades avec le sens de l'humour. Décrivez un élément et exprimez vos sentiments (250 mots).

# L'opinion

##  SUJET

**La nature peut-elle inspirer des innovations ?**

### INVITÉS 3'50

Agnès **Guillot**, docteure en psychophysiologie et biomathématiques

Jean-Arcady **Meyer**, ingénieur et docteur ès sciences naturelles

Ensemble, ils publient *L'Or vert, quand les plantes inspirent l'innovation*.

### Illustrer avec un exemple
(à l'oral)

Prenons l'exemple de…
Dans l'exemple de…, on constate que…
Cela me fait penser à…
Rappelez-vous ce qui s'est passé en… / à…
Cet exemple prouve que…

### 1. ▶ 54 | ON ÉCOUTE

**Lisez ces idées. Trouvez les exemples qui servent à les illustrer.**
a. Tout le monde se focalise sur les animaux.
b. On étudie le comportement des plantes comme celui des animaux.
c. Les animaux ou humains fuient les problèmes car ils peuvent se déplacer.
d. C'est une innovation inspirée des plantes.
e. Le Velcro est une matière très importante et utile dans beaucoup de domaines.

### 2. ON RÉAGIT

**Échangez avec votre voisin(e).**
Quels sont les exemples de plantes ou d'animaux qui ont inspiré des innovations ? Cherchez des exemples astucieux sur Internet.

### 3. ON DISCUTE • 10 min. | En groupes

**UN sujet**
La nature peut-elle inspirer des innovations ?

**UN animateur**
- invite chacun à mettre en avant les exemples
- pose des questions de clarification
- incite les membres à définir le concept d'innovation

**DES invités**
- **un rôle** : un expert en innovation ; un docteur en sciences naturelles, un créateur de produits issus de la nature ; un public
- **une contrainte** : tout le monde est d'accord pour répondre positivement à la question mais les définitions concernant l'innovation sont différentes
- **une définition** choisie en amont par chaque invité

# UNITÉ 4

## Ces opinions qui nous font réagir.

## SUJET

### La santé est-elle accessible à tous ?

Le droit à la santé comprend, d'une part, l'accès, en temps utile, à des soins de santé acceptables et de qualité satisfaisante et, d'autre part, l'accès à un coût abordable. Pourtant, pour de nombreuses raisons, beaucoup renoncent à ces soins. La santé est-elle vraiment accessible à tous ?

*Vous exprimerez votre opinion personnelle (250 mots) en veillant à illustrer vos idées avec des exemples précis et pertinents.*

### 1. ON COMPREND

**Lisez le sujet.**

#### Stratégie

Repérez dans le texte du sujet :
- 1 thème
- 2 mots-clés
- 3 articulateurs

### 2. ON RÉAGIT

**En groupes, stimulez vos neurones.**
- Comment fonctionne le système de santé dans votre pays ?
- Que signifie « accessible » ? Qu'est-ce qui est facilement accessible ? Non-accessible ?
- Pour quelles raisons ? Financières ? Géographiques ? Manque de médecin ?

#### Stratégie

Se forcer à définir un terme permet de trouver de nouvelles idées.

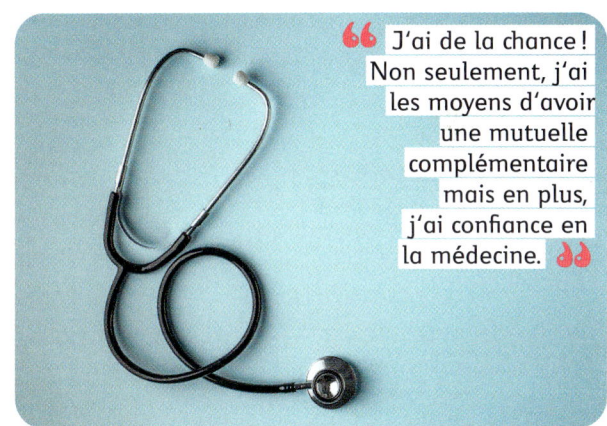

« J'ai de la chance ! Non seulement, j'ai les moyens d'avoir une mutuelle complémentaire mais en plus, j'ai confiance en la médecine. »

### 3. ON ARTICULE

**Repérez les articulateurs dans les opinions ci-contre.** Comparez-les avec les articulateurs du sujet :
- Qu'ont-ils en commun ?
- Comment fonctionnent-ils ?

#### ARTICULATEURS

{ d'une part = d'un côté
d'autre part = d'un autre côté
non seulement… mais en plus… }

« D'un côté, les hôpitaux embauchent de moins en moins et d'un autre côté, les médecins ne souhaitent plus s'installer en libéral. »

#### Illustrer avec un exemple
(à l'écrit)

À propos de… + *nom*
D'après les experts, …
Par ailleurs / D'autre part, il ne faut pas oublier que…
Certains affirment que…
L'on pourrait penser que…

### 4. ON RÉDIGE • 15 min. | Par deux

- Relisez le sujet.
- Rédigez quelques idées. Utilisez les articulateurs qui permettent d'introduire deux idées.
- **Illustrez chaque idée d'un exemple.**

soixante-sept **67**

# mémo

→ Outils de la classe p. 189   → Cahier d'activités p. 50-63

## Stratégie

Pour apprendre votre lexique, travaillez avec votre voisin(e). Dictez-lui une phrase à partir des mots ci-dessous qu'il doit écrire et traduire.

## L'écologie

**L'empreinte écologique**
être énergivore
être superflu = être inutile
jeter des déchets
le bilan carbone
la pénurie de matières premières

**Gaspiller ≠ Préserver**
accroître ≠ réduire
dépenser ≠ économiser
se séparer de ≠ conserver
trier = classer = ranger
user ≠ rénover

**Se mettre au vert**
renoncer au plastique
utiliser moins de produits chimiques
remédier au gaspillage
tordre le cou aux habitudes
préserver la biodiversité / l'écosystème

## La santé

**Un handicap**
une carte d'invalidité
un déficit physique ≠ psychique
un fauteuil roulant
une personne à mobilité réduite = en situation de handicap
suivre un traitement

**Une opération**
un acte chirurgical
un don de sang > un donneur
un don d'organe > une greffe
un groupe sanguin > une banque
une transfusion > transfuser

**Réparer**
cicatriser une plaie
combler un vide
pallier un manque
remédier à un déficit
soigner qqn / qqch

## Astucieux(euse)

**C'est être...**
...créatif(ive) = inventif(ive)
...ingénieux(euse)
...lumineux(euse)
...malin(igne)
...rusé(e) = futé(e)

**Exposer des conséquences**
pousser à
provoquer
causer
entraîner
susciter

**Contrôler**
cibler = viser
surveiller = avoir à l'œil
examiner > espionner
inspecter > sonder
observer = scruter

---

**1.** Vous avez envie d'inciter vos proches à ne pas gaspiller. **Préparez des slogans à diffuser sur vos réseaux !**

**2.** Vous posez des questions à un(e) soignant(e) qui vous explique les aspects positifs et négatifs de son travail. **Échangez avec votre voisin(e).**

### LE GRAND ORAL

En petits groupes, vous avez cinq minutes pour parler d'astuces santé.

**Les contraintes :**
1. Vous avez le hoquet.
2. Placez « d'un côté » et « d'un autre côté ».

**ANTISÈCHE 1**
d'une part = d'un côté
d'autre part = d'un autre côté
non seulement... mais en plus...

**ANTISÈCHE 2**
Excusez-moi.
Non, vraiment, je suis désolé(e) / navré(e).
Pardonnez-moi.

# UNITÉ 4

## Les temps du futur • La cause et la conséquence

> Bientôt, les architectes demanderont conseil aux araignées car la soie de l'araignée est le matériau le plus solide au monde. Grâce au liquide que les araignées déposent sur les fils, la toile peut croître et décroître à tel point qu'il est impossible de la casser. Par conséquent, depuis quelques années, des chercheurs s'en inspirent pour créer de nouvelles innovations. C'est pourquoi on peut facilement imaginer que, quand ils auront construit une toile assez grande, ils pourront arrêter n'importe quel Boeing 747 en plein vol !

**1. Lisez cette information scientifique. Retrouvez et nommez :**
– les éléments de cause et de conséquence.
– les temps du futur.

**2.** ▶55 | **Par deux, écoutez et répondez aux questions. Utilisez les temps du futur.**

**3. Reliez chaque événement à l'événement principal à l'aide d'un élément de cause ou de conséquence. Variez ces éléments.**
  a. La découverte du Nouveau Monde au XV$^e$ et XVI$^e$ siècles.
     ▸ La connaissance du monde s'améliore.
     ▸ La propagation de maladies européennes.
  b. L'homme a marché sur la Lune en 1969.
     ▸ Une avancée technologique.
     ▸ Une compétition entre superpuissances.
  c. La chute du Mur de Berlin en 1989.
     ▸ Les deux Allemagnes sont réunies.
     ▸ La disparition des démocraties populaires.
  d. La crise économique de 2008.
     ▸ Une réorganisation financière.
     ▸ Une hausse du taux de chômage.
  e. La pandémie de la Covid-19 en 2020.
     ▸ Les eaux de Venise redeviennent claires.
     ▸ Le monde est confiné.

**4. Par deux, inventez et rédigez une information scientifique liée à une inspiration animale ou végétale. Utilisez les points grammaticaux de cette unité.**

---

### Les temps du futur

➡ Le **futur proche** pour un fait dans un futur immédiat :
*aller* conjugué au présent + verbe à l'infinitif
*Ce week-end, je **vais visiter** Paris.*

➡ Le **futur simple** pour un fait dans un futur lointain, programmé :
infinitif du verbe + *-ai, -as, -a, -ons, -ez, -ont*
*L'été prochain, j'**irai** à Paris.*
**Attention !** Avec les verbes en *–re*, supprimer le « e » final avant d'ajouter les terminaisons.
*je **prendrai** (prendre)*

➡ Le **futur antérieur** pour un fait antérieur au futur simple et au futur proche :
*être* ou *avoir* au futur simple + participe passé
*Quand j'**aurai fini** de travailler, je regarderai une série !*
**Attention !** Avec les temps composés, l'adverbe se place entre l'auxiliaire et le verbe.
*Elle **va** bientôt **déménager**.*

### La cause et la conséquence

Pour exprimer la **cause**, on peut utiliser :

➡ un **articulateur** :
*en effet, car, comme / puisque, étant donné que / sous prétexte que / du fait que, grâce à (+) ≠ à cause de (–), vu que (à l'oral)*

➡ un **verbe** :
*être dû (à), avoir pour origine, résulter (de), découler (de), s'expliquer par…*
*Le succès de Lego **s'explique par** la créativité de ses ingénieurs.*

Pour exprimer la **conséquence**, on peut utiliser :

➡ un **articulateur** :
*par conséquent / en conséquence, alors / du coup (à l'oral), donc, c'est la raison pour laquelle / c'est pourquoi, si bien que, au point que / à tel point que*

➡ un **verbe** :
*faciliter, provoquer, causer, permettre (de), contribuer (à), favoriser, entraîner, être responsable (de), déclencher, susciter, pousser, impacter, générer…*
*Cette innovation **permet** l'accès aux personnes en situation de handicap.*

soixante-neuf **69**

# #LaMinuteCulturelle

## Norbert, donneur de sang

▶ **Vous avez 2 minutes ?**

▶56 | Écoutez l'audio. Donnez votre avis sur cette initiative.

▶ **Vous avez 5 minutes ?**

Avec votre voisin(e), listez des actions possibles et insolites pour des animaux de compagnie. *Exemples : Norbert (chien), livreur de pizza. Bulle (poisson), aspirateur d'aquarium.*

▶ **Vous avez 15 minutes ?**

En groupes, échangez vos idées. Sélectionnez une ou deux actions de votre choix. Créez des publicités pour valoriser ces initiatives.

# Mission

## Astucieusement calme !

❝ *L'exposition au bruit fait perdre plusieurs mois de vie en bonne santé, plusieurs années pour ceux qui vivent près des aéroports. Il faut savoir qu'environ 15 % de la population souffrent de misophonie (ces petits bruits du quotidien tels que la mastication, le tic-tac d'une horloge, etc.).* ❞

**Aidez le groupe de médecins à rédiger un guide « Astucieusement calme ! ».**

 **En groupes.** Un modérateur incite à discuter du concept de « misophonie », à lister des exemples et à proposer des solutions. Désignez un présentateur qui **fera un mini-exposé oral** à partir d'un ou deux exemples. Astuce : utilisez la cause et la conséquence.

 **En classe.** Un modérateur anime les échanges et confie la prise de notes à un rapporteur qui classe les idées et les types de bruits par catégorie.

 **En groupes,** répartissez-vous une idée chacun(e) pour rédiger le guide « Astucieusement calme ! ». Astuce : Utilisez le futur.

### Objectifs

- Inciter un groupe à proposer un concept et des solutions.
- Faire un mini-exposé oral.
- Noter les idées des uns et des autres au tableau.
- Utiliser la cause et la conséquence.
- Utiliser le futur.

# Passionnant(e)

**adj.**
qui donne envie de partager ses émotions.

## UNITÉ 5

72 | **SITUATIONS**
- ❶ **Susciter** l'intérêt
- ❷ **Provoquer** une émotion
- ❸ **Plaire** au plus grand nombre

75 | **LA FABRIQUE**

76 | **SITUATION**
- ❹ **Donner** du sien

78 | **LA FABRIQUE**

79 | **L'EXTRAIT**

80 | **AU QUOTIDIEN**

82 | **MÉMO**

84 | **MISSION**
Passionné(e)s de patrimoine

# SITUATION 1

# Susciter l'intérêt

**Philippe de Montebello :**
" Il ne sert à rien de présenter des œuvres sans les rendre accessibles. "

**Je m'intéresse aux œuvres d'art.** Mon goût se porte sur les objets ; j'aime les regarder, les toucher, vivre avec eux. Et le musée est la seule institution de notre société qui ait pour but de collectionner des objets : si l'on veut travailler avec des objets, on doit travailler dans un musée. On peut bien sûr aller dans une galerie d'art ou une maison de ventes aux enchères, mais j'étais attiré par les objets conservés dans les musées. Enfant, j'avais l'habitude de me rendre au Louvre et au musée de l'Orangerie aussi souvent que possible. Quand je suis arrivé à New York, où j'étais élève au lycée français, ma famille et moi n'étions qu'à quelques rues du Metropolitan Museum of Art, j'y allais tout le temps. J'ai toujours aimé sa grande façade néoclassique ; elle transmet une sensation d'autorité, de luxe, de grandeur, elle promet une expérience exceptionnelle. Je ne me serais jamais imaginé me promener un jour dans le Metropolitan et dire : « Eh bien, pourquoi ont-ils mis ceci ici, cela à cet autre endroit ? » Non, je suis entré et je me suis abandonné à la joie de contempler les œuvres. Mon sentiment est bien différent aujourd'hui, maintenant que j'ai acquis beaucoup plus d'expérience, cela a brouillé mon « regard innocent » [...]

Au Metropolitan, on veut que les visiteurs aient envie de monter les marches. Il faut leur transmettre ce sentiment de grandeur et leur faire percevoir qu'une expérience merveilleuse les attend – celle d'œuvres d'art importantes. En même temps, on veut rendre ces pièces intelligibles, compréhensibles. Il faut accepter que le public soit d'une extrême diversité ; il faut donc utiliser tous les moyens disponibles, cartels, catalogues, brochures, audioguides, pour faciliter la visite. Il ne sert à rien de présenter des œuvres, de raconter des histoires, de concevoir de multiples parcours, d'organiser des expositions si on ne peut pas les mettre en évidence et les rendre accessibles. Je crois fermement que les informations, surtout si on peut les consulter avant la visite, sont très utiles pour apprécier pleinement les œuvres d'art. Je ne suis pas de ceux qui croient que l'œuvre parle d'elle-même. En fait, je ne crois pas que la plupart des œuvres d'art parlent d'elles-mêmes. Elles ont un impact direct, et une partie de leurs pouvoirs agit sur le visiteur, mais plus on en sait sur l'œuvre et la civilisation dont elle provient – son iconographie, son contexte, sa symbolique –, plus d'attention on accorde à l'œuvre, le plus de bénéfice on en reçoit.

Donatien Grau, artnewspaper.fr, 24/11/2019.

**1.** Lisez le DOCUMENT 1. Répondez.
   a. D'après vous, que signifie « rendre une œuvre d'art accessible » ?
   b. Relevez les raisons pour lesquelles Philippe de Montebello a choisi de travailler dans un musée.
   c. Dans quels autres lieux peut-on voir des œuvres d'art ?
   d. En quoi le regard de Philippe de Montebello a-t-il changé ?
   e. Pourquoi et comment peut-on faciliter la visite d'un musée ?

**2.** Par deux, résumez, ce qui fait la force d'une œuvre d'art, puis, échangez avec un(e) ami(e) amateur d'art dans votre langue.

**3.** Repérez :
   a. les **verbes introduisant une opinion**. Lesquels sont suivis de l'indicatif ? Du subjonctif ?
   b. les termes liés aux **musées**.
   c. les verbes utilisant le préfixe *pro-*.

**4.** Échangez. Avez-vous déjà vu une œuvre d'art qui vous a déplu ? Racontez.

SITUATION ❷                                    UNITÉ 5

# Provoquer une émotion

**1. Observez le DOCUMENT 1.**

   **ⓐ Par deux, répondez :** qui ? quoi ? où ? pourquoi ?

   **ⓑ En groupes :** trouvez des adjectifs pour décrire une œuvre d'art contemporaine.

   **ⓒ En classe, partagez ces adjectifs.** Élaborez une définition commune de l'art contemporain.

**2. PAUSE**

Imaginez le dialogue entre la gardienne et le visiteur.

– Non, je n'y vais pas. Si elle me répond que c'est une œuvre d'art, j'aurai l'air d'un idiot. Si elle répond qu'il y a une fuite d'eau, j'aurai l'air idiot aussi.

© Denoël, 2013, *Bourrasques et accalmies*, Jean-Jacques Sempé,

**DOCUMENT 2**

**LES MASTERCLASSES** — france culture

Arthur H : « Je ne pense pas qu'on puisse avancer dans la vie si on ne projette pas une étoile très loin, qui nous appelle, nous tire et nous guide »

**3.** ▶57 | **Écoutez le DOCUMENT 2 et répondez aux questions.**

   a. Quel est le contexte ? Qui est l'invité ?
   b. Qui est-ce qui l'a marqué étant jeune ?
   c. Qu'entend-il par « projeter une étoile » ?
   d. Quel est le lien, selon lui, entre les mots et la musique ?

**4. Repérez dans le document 2 :**

   a. les mots utilisés pour caractériser la *création artistique*.
   b. les phrases avec des *verbes d'opinion*.
   c. ▶58 | l'intonation dans cette *énumération*.

**5.** ✎ | **J'agis !**

« Je trouve que les mots, c'est de la musique ». **Écrivez un droit de réponse** à cette opinion dans un article de 180 mots. Pensez à varier les expressions pour partager et provoquer des émotions. Utilisez des verbes d'opinion.

**6.** 🔊 | **On coopère !**

**Faites deviner au reste de la classe le genre musical que vous écoutez à l'aide de cinq adjectifs que vous aurez choisis au préalable.** Tâchez de choisir des adjectifs qui définissent au mieux l'émotion que vous procure ce genre musical. En classe entière, établissez une carte mentale des goûts musicaux en fonction des émotions et des adjectifs utilisés précédemment.

## Culture +

Arthur H n'est pas le seul membre de sa famille à être chanteur-compositeur. Connaissez-vous le nom de scène de son père ?

## SITUATION 3

# Plaire au plus grand nombre

**DOCUMENT 1**

## PARVATI
**Des oiseaux à mi-hauteur entre ciel et terre**

*« Je crois qu'il faut vraiment distinguer l'esthétique et le Beau : le Beau ne saurait être le joli, et n'est pas non plus le paisible ou le plaisant. »*

**Considères-tu l'Art urbain comme un mouvement artistique à part entière ?**
Pour moi, il est évident que ce mouvement existe. Il est issu d'une histoire multiple, et si je me sens beaucoup plus héritière d'Ernest Pignon-Ernest que des premiers graffeurs américains, je trouve ça génial que les deux aient fini par se rejoindre progressivement. J'ai l'impression que ce mouvement forme une grande famille et je suis contente d'en faire partie […]
Surtout, je crois que je suis en colère contre l'Art contemporain tel qu'il est aujourd'hui, parce qu'il est souvent très élitiste et n'est présenté qu'à des gens qui ont une certaine culture leur permettant de l'appréhender. Il m'est arrivé d'entendre des gens dire : je ne peux pas dire si ça me plaît car je n'y connais rien. C'est une réflexion terriblement triste. Or, l'Art contemporain provoque souvent ces réactions, et s'il y a moi-même des choses que j'aime beaucoup, elles restent difficiles à appréhender pour la majeure partie du public.

**C'est une question intéressante : qu'est-ce qui définirait donc un art élitiste ? La façon dont il est présenté au public ou la possibilité qu'il offre (ou non) d'être appréhendé ?**
La question est complexe. Effectivement je pense que le lieu joue beaucoup, mais si l'on prend l'exemple de la sculpture présentée dans l'espace public, le problème demeure si l'œuvre est trop conceptuelle (je pense par exemple au sapin de Jeff Koons). Il y a trop de difficultés pour le public à la recevoir, à la comprendre, à être touché par elle. Il y a dans l'Art contemporain des choses vraiment intéressantes, mais je trouve dommage, voire méprisant vis-à-vis du public de devoir lire quinze pages de démarche artistique. Selon moi, l'œuvre d'art devrait se suffire à elle-même. On n'a pas besoin de lire quoi que ce soit pour trouver beau le plafond de la Chapelle Sixtine ou *Le Baiser* de Rodin […]

L'Art contemporain s'est peu à peu éloigné de l'humanité, au lieu de l'élever. L'art urbain me plaît parce que c'est un art populaire, qui s'adresse à tous et qui est compréhensible de tous […]
Le fait qu'il n'y ait pas assez de sens est régulièrement critiqué. Cette pression vient de l'Art contemporain, où le message, même s'il n'est pas controversé ou engagé, occupe une place déterminante. Dès lors, même les artistes dont l'approche est davantage centrée sur l'esthétique se sentent obligés de se justifier et de trouver un message à porter. Tout le monde se sent obligé d'expliquer ce qu'il dénonce. Pourtant, je ne pense pas qu'il y en ait absolument besoin. Au-delà de ça, je trouve qu'avoir l'intention de mettre quelque chose de beau dans la rue est déjà en soi un acte militant.

© Parvati et Quentin Gassiat / QG des artistes, février 2020.

---

### 1. SEUL
**a. Lisez et identifiez :**
- ce qui plaît à l'artiste.
- ce qui lui déplaît.
- les exemples qu'elle donne.

**b. Relevez les verbes et expressions pour exprimer l'opinion.**

### 2. EN GROUPES
**a. Partagez votre travail.**
**b. Ensemble :**
a. Échangez sur les atouts et les défauts de l'art contemporain.
b. Préparez une interview d'un artiste contemporain sous forme de podcast. L'un de vous joue le rôle de l'artiste qui cherche à plaire au plus grand nombre.

### 3. EN CLASSE
a. Vérifiez les verbes relevés en 1b. Complétez la liste avec d'autres verbes vus précédemment.
b. Diffusez votre interview au reste de la classe et votez pour l'artiste le plus populaire.
c. Dans 10 ans, sera-t-il oublié ou en haut de l'affiche ? Ensemble, imaginez sa biographie.

# LA FABRIQUE

UNITÉ 5

## DE LA GRAMMAIRE | Les verbes d'opinion

### 👁 Observez.
a. Au Metropolitan, on **veut que** les visiteurs aient envie de monter les marches.
b. Je **crois** fermement **que** les informations sont très utiles.
c. Je **ne pense pas qu'**on puisse réaliser quelque chose dans la vie…
d. Je **trouve** ça génial **que** les deux aient fini par se rejoindre progressivement.
e. Pourtant, je **ne pense pas qu'**il y en ait absolument besoin.

### ⚙ Réfléchissez.
a. Quels verbes indiquent une certitude ? Une appréciation personnelle ?
b. Quels verbes sont suivis du subjonctif ? De l'indicatif ?
c. Trouvez dans les documents précédents une forme négative pour le verbe de la phrase **b** et affirmative pour le verbe de la phrase **e**. Qu'en déduisez-vous ?

### ✏ Appliquez.
1. ▶59 | Écoutez. Dans chaque phrase, trouvez le verbe d'opinion et le mode du verbe qui suit.

2. Complétez avec le verbe conjugué au bon mode.
a. Je ne crois pas que les musées … (être) plus accessibles aujourd'hui.
b. Je crains que le public ne … (comprendre) rien à ce spectacle.
c. Je souhaite acheter un tableau qui … (plaire) à mes enfants.
d. J'observe que l'art de rue … (porter) un message plus social actuellement.
e. J'ai hâte qu'il … (sortir) son prochain album.

3. Par deux, donnez votre avis sur l'importance de rendre accessible l'art au plus grand nombre. Votre binôme reformule vos opinions en utilisant la négation.

## DES MOTS

### C'est différent !

Tu devrais faire **attention** aux détails.
Il m'a dit qu'il avait l'**intention** de te parler.

**ⓐ** Quel mot exprime la concentration ? Le but ?

**ⓑ** Dans une lettre, quelle expression utiliseriez-vous pour indiquer à qui vous écrivez ? À l'intention de | À l'attention de

### C'est proche !

Je suis contente d'en faire **partie**. La majeure **partie** du public.

**ⓐ** Dans ces deux phrases, que représente le mot « partie » ?

**ⓑ** Complétez les expressions avec « parti » ou « partie », puis, cherchez leur signification.
a. … pris
b. Être juge et …
c. Prendre …
d. Tirer … de quelque chose
e. Prendre quelqu'un à …

## DES VERBES

**Promettre** une expérience exceptionnelle.
**Se promener** dans le Metropolitan.
**Provenir** d'une civilisation.

**ⓐ** Que signifie le préfixe *pro-* ?

**ⓑ** Regardez cette liste de verbes. Définissez chaque verbe en vous aidant du préfixe.
protéger | promulguer | projeter | proposer | promouvoir | prôner

## DES SONS

### L'intonation dans l'énumération

**ⓐ** ▶60 | Écoutez à nouveau cet extrait. Quelles sont les syllabes accentuées ?

**ⓑ** ▶61 | Répétez ces énumérations en respectant les pauses et l'intonation.

SITUATION 4

# Donner du sien

**DOCUMENT 1**

*Le Monde*

## Pourquoi certains jeunes se lancent malgré tout en politique

Léa Iribarnegaray,
lemonde.fr,
10/03/2020.

Certains sont « socialisés » politiquement dès l'enfance, d'autres se sont construits au sein du monde syndical ou associatif. Plus diplômés, issus de milieux plus favorisés que la moyenne des élus, les candidats de moins de 35 ans ont un profil particulier [...]

Créé au lendemain des élections législatives de 2017, alors que le taux d'abstention des jeunes avait atteint des sommets, Tous élus ! se présente comme un mouvement citoyen « apartisan » [...] L'association a lancé une formation étalée sur six mois, gratuite, en ligne et sur le terrain, avec pour slogan « Tu veux un élu qui te ressemble ? Pourquoi pas toi ? » [...]
En effet, rares sont ceux qui franchissent le pas. Nos jeunes candidats lillois constituent une part infime et atypique de la jeunesse française. Pourquoi ceux-là s'engagent-ils ? À un âge de la vie marqué par des transitions identitaires fortes, et face à un « étiolement de l'intérêt porté par les citoyens à la fonction de maire », selon les termes de l'Institut national de la jeunesse et de l'éducation populaire (Injep), pourquoi ceux-là se permettent-ils d'y croire, malgré tout ?
Une vaste enquête sociologique a été menée en 2019 par l'Injep auprès des élus municipaux de 18 à 35 ans – qui ne représentent que 11 % de ces élus en France. La proportion des édiles* de moins de 40 ans est passée de 12 % en 1983 à 4 % en 2014. L'Injep met surtout en lumière le profil particulier des jeunes élus municipaux. Les trois quarts étaient membres d'une association avant leur élection, et 80 % d'entre eux sont « politiquement socialisés », c'est-à-dire que leur entourage est imprégné par la politique ou le militantisme. En outre, ils sont plus diplômés que la moyenne des jeunes Français (72 % ont un diplôme supérieur à bac + 2) et que la moyenne des élus tous âges confondus. Ils évoluent aussi dans des milieux plus favorisés. Par exemple, seulement 3 % sont ouvriers, contre 10 % pour l'ensemble des élus et 19 % de la population française.

### « Un LinkedIn de la vraie vie »

Issus de la société civile ou de partis politiques traditionnels, habités par le désir de faire carrière ou arrimés à un projet local, les jeunes candidats mettent en avant une meilleure connaissance des enjeux numériques et une plus grande liberté de parole que leurs aînés. Sans verser dans le « dégagisme ». Leur jeunesse joue tantôt comme un argument de campagne, tantôt comme un handicap. Toutefois, selon Anne Muxel, directrice de recherches à Sciences Po (Cevipof) et auteure de *Politiquement jeune* (Éditions de l'Aube, 2018), ce n'est pas parce qu'un candidat est jeune qu'il attirera le vote de sa génération. « En 2017, les jeunes ont plus voté pour Mélenchon, 65 ans, que pour Macron, 39 ans. Ce qui compte pour eux, c'est que les enjeux auxquels ils croient, notamment environnementaux, soient défendus. »

* des élus locaux

# UNITÉ 5

1. **Observez l'illustration et lisez le titre du DOCUMENT 1.** Imaginez pourquoi la journaliste a choisi « malgré tout » pour parler de l'engagement des jeunes en politique.

2. **Lisez l'article. Vrai ou faux ? Justifiez votre choix en reformulant les idées du texte.**
   a. Les 18-35 ans représentent moins de la moitié des élus municipaux.
   b. Les jeunes votent plus que les plus de 40 ans.
   c. La majorité des maires ont plus de 40 ans.
   d. Les jeunes engagés sont déjà intéressés par la politique avant de se lancer.
   e. Les plus jeunes votent avant tout pour un candidat jeune.

3.  **Échangez.** Expliquez à votre voisin(e) pourquoi vous souhaitez ou non vous engager en politique.

### DOCUMENT 2

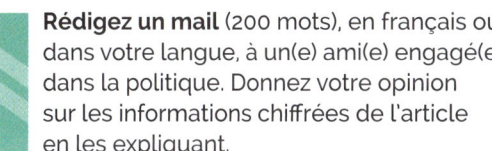

**Reconnaître, valoriser, encourager l'engagement des jeunes**

Les jeunes restent attachés aux valeurs démocratiques et républicaines...
46 % de moins de 30 ans se disent prêts à s'investir pour une cause

Ils sont fortement attachés aux valeurs de solidarité et de justice.
60 % des 18-25 ans citent l'épanouissement comme source de satisfaction dans l'engagement

... mais ne se reconnaissent pas dans les formes traditionnelles d'engagement.
4 % des 18-29 ans sont membres d'un parti politique (la proportion reste la même pour les syndicats)

Un fort potentiel d'engagement chez les jeunes qui ne parvient pas à s'exprimer.
70 % des 18-25 ans disent que la société ne leur permet pas de montrer de quoi ils sont capables

4. **PAUSE**
   D'accord ou pas d'accord avec les données du DOCUMENT 2 ? Discutez-en avec votre voisin(e), puis, imaginez des données absurdes sur l'engagement des jeunes.

### DOCUMENT 3

**Présages #19 : Étudiants debout !**

présages

5. ▶62 **Écoutez le DOCUMENT 3 et répondez aux questions.**
   a. Quel est le titre de l'émission ? Quel en est l'objectif ?
   b. Quels sont les modes d'actions des jeunes ?
   c. En quoi le changement climatique n'est pas vécu comme une fatalité pour les jeunes interrogés ?
   d. Quel terme est préféré à celui de « décroissance » ?
   e. Est-ce que tous les jeunes sont du même avis que les invités ?

6. **Repérez dans les documents :**
   a. les **questions**. Sont-elles toutes introduites par un pronom interrogatif ?
   b. des mots liés à l'**engagement politique**.
   c. (doc. 3) les verbes qui permettent de **prendre position**.
   d. ▶63 | la prononciation de « **fait** ».

7. ✎ | **J'agis !**
   **Rédigez un mail** (200 mots), en français ou dans votre langue, à un(e) ami(e) engagé(e) dans la politique. Donnez votre opinion sur les informations chiffrées de l'article en les expliquant.

8. 🔊 | **On coopère !**
   **Réalisez une enquête sur l'engagement des jeunes.**
   ▶ En classe, recoupez et comparez les données présentes dans les documents 1 et 2 pour établir la situation précise sur le sujet.
   ▶ En groupes, préparez des questions précises et variées. Pensez à une problématique à laquelle vous cherchez à répondre grâce à cette enquête. Allez ensuite interviewer les autres groupes.
   ▶ Classez les données recueillies par ordre de grandeur. Commentez les données à l'oral.
   → Fiche Le commentaire de données, p. 201

Il existe en France différents types d'**élection**. Le président de la République est élu au suffrage universel. Mais connaissez-vous les autres élections auxquelles les Français sont invités à participer ?

# LA FABRIQUE

### DE LA GRAMMAIRE | Les différentes formes de l'interrogation

**👁 Observez.**
a. Tu veux un élu qui te ressemble ?
b. Est-ce que vous diriez que vous aspirez à une forme de décroissance ?
c. Défendre le ralentissement, c'est se demander pourquoi vouloir toujours aller plus loin.
d. Ça fait pas mal l'objet de débats de savoir à quel point on devrait s'opposer au système.
e. Pourquoi ceux-là s'engagent-ils ?

**⚙ Réfléchissez.**
a. Quelles questions sont directes ? Indirectes ?
b. Parmi les questions directes, qu'est-ce qui les différencie ?
c. Les questions indirectes sont-elles toutes précédées d'un verbe introducteur ?

**✎ Appliquez.**
1. Réécrivez ces questions en suivant l'indication donnée.
a. Est-ce que tu voudrais te présenter aux prochaines élections ? → Style indirect
b. Tu as voté pour qui finalement ? → Inversion du sujet
c. Il se demande souvent ce qu'il fait depuis qu'il est dans ce collectif. → Style direct
d. Es-tu engagé dans ce parti ? → Intonation montante
e. Je me demande si Thomas fait encore grève. → Style direct

2. ▶64 | Écoutez et retrouvez la question au style direct.

3. Individuellement, sur des petits bouts de papier, rédigez des questions concernant l'engagement et placez-les dans une boîte. En classe, tirez chacun au sort deux papiers et répondez-y en reformulant les questions à l'oral.

### DES MOTS

#### Du changement !

Le **dérèglement** climatique va se prolonger. C'est un gouvernement de **transition**. Le **réchauffement** climatique est déjà bien entamé. On peut espérer beaucoup d'**améliorations** grâce à cette réforme.

**ⓐ** Quelle connotation ont ces mots en bleu : positive, négative ou neutre ?
**ⓑ** Comment ces mots sont-ils construits ?

#### C'est proche !

J'espère que le **futur** sera meilleur. Ce n'est pas forcément un mauvais **présage**. Ce n'est pas une **fatalité**. Il y a toujours de l'**espoir**.

**ⓐ** Qu'ont en commun ces mots ?
**ⓑ** Connaissez-vous des synonymes ?

### DES VERBES

faire une croix sur | s'opposer à | être convaincu | aspirer à | vouloir garder | faire des concessions

**ⓐ** Classez ces verbes selon ce qu'ils expriment : l'accord, le désaccord ou la volonté.
**ⓑ** Associez les verbes suivants à ceux ci-dessus.
contester | renoncer | être persuadé | conserver | espérer | s'entendre

### DES SONS

#### La prononciation de « fait »

**ⓐ** ▶65 | Écoutez à nouveau cet extrait. Dans quel(s) cas le « t » de « fait » est-il prononcé ? Dans quel(s) cas est-il muet ?

**ⓑ** ▶66 | Écoutez ces extraits et dites si vous entendez le « t » de fait.

# L'EXTRAIT ▶67

**GARDIEN 1.** Attention, on ne demande pas qu'ils suppriment les peintures, on demande que les tableaux nous foutent la paix, c'est quand même pas le bout du monde.
**GARDIEN 5.** Parce que le soir quand ça ferme, faut pas croire que pour nous c'est fini !
**GARDIEN 3.** Certainement pas.
**GARDIEN 5.** Il faut leur remonter le moral.
**LA FEMME.** Le moral ? Mais à qui ?
**GARDIEN 4.** Comment à qui, madame ? Mais aux œuvres. Qu'est-ce que vous croyez ? Aux œuvres qui sont exposées là, partout dans le musée.
**GARDIEN 1.** Elles sont épuisées les œuvres lessivées, après plus de mille visiteurs qui leur sont passés devant, le soir elles sont mortes les œuvres.
**GARDIEN 2.** Surtout si les visiteurs se sont montrés peu attentifs, indifférents, voire hostiles, alors le moral je ne vous dis pas !
**GARDIEN 5.** Elles se trouvent moches et bien entendu le deviennent.
**GARDIEN 4.** Combien de fois en fin de journée j'ai vu des chefs-d'œuvre mal aimés se décomposer, tenez je me souviens, un vendredi soir, d'un retable du XIII$^e$, une Vierge à l'Enfant polychrome, le gosse était vert, j'ai presque failli appeler un médecin.
**GARDIEN 3.** On n'a pas le droit de les laisser dans cet état.
**GARDIEN 1.** Alors il faut y aller, les remonter, les regarder, s'extasier, être bouleversé.
**GARDIEN 2.** Leur redonner des couleurs, confiance en elle.

**GARDIEN 3.** Qu'elles passent une bonne nuit.
**GARDIEN 5.** Et que le lendemain quand les élèves du lycée de Pontoise viendront découvrir Toulouse-Lautrec, qu'ils ne se retrouvent pas devant des gribouillages à la craie sur du papier marron, mais face à ce génie qui nous épuise en faisant danser si joliment la Goulue ! [...]
Il serait pas temps que t'envisages la retraite, Alain ?
**GARDIEN 4.** Ma retraite, où ça ?
**GARDIEN 1.** Loin d'ici, à la campagne...
**GARDIEN 4.** À la campagne ?! Quand on est resté des années devant Degas, Courbet, Miro, De Chirico, tu crois qu'on peut regarder une poule, un buisson, un paysage ? C'est du toc la campagne, de l'art mal copié. Je ne vais pas finir gardien de campagne ! T'as vu qui visite ? Des ploucs avec des tracteurs ou des dentistes qui refont des fermes. T'as déjà vu une résidence secondaire dans un tableau de Cézanne ? Excusez-moi, je les ai gardés toute ma vie les chefs-d'œuvre, ils m'ont massacré les artistes, renversé, ligoté, troué la peau, j'ai plus de défense, même un ticket de métro joliment plié m'émeut, mais je vais quand même pas m'extasier devant un coucher de soleil qui n'est pas peint par Turner. Je suis comme vous, je ne peux plus respirer quand ils sont là, mais franchement l'air pur, quel ennui !

Jean-Michel Ribes (écrivain français),
*Musée haut musée bas*,
Éditions Actes Sud, 2004.

## 1. DÉCOUVERTE
**a.** Où travaillent les cinq gardiens ?
**b.** Que font-ils le soir ? Pourquoi ?
**c.** Pourquoi Alain ne souhaite-t-il pas aller vivre à la campagne ?

## 2. EXPLORATION
**a.** Quelle phrase fait réagir la femme et pourquoi ?
**b.** La personnification est le fait d'attribuer un comportement humain à un objet. Trouvez un exemple dans le texte.
**c.** Relevez les expressions indiquant la fatigue. En quoi est-ce qu'elles jouent sur le double sens ?
**d.** Quel effet provoque la présence de cinq gardiens ?

## 3. EXPRESSION
**a.** En groupes, partagez votre ressenti à la lecture de ce texte. Qu'est-ce qui vous fait rire ? Montrez en quoi cet extrait représente l'humour par l'absurde.
**b.** En suivant la structure de cet extrait théâtral, **faites dialoguer les œuvres** (250 mots). Créez des situations humoristiques décalées et utilisez les points de grammaire de l'unité.

# Au quotidien

*Cette conversation que vous entendrez forcément.*

### 1. ▶68 | ON ÉCOUTE

**Repérez :**

a. le thème de la discussion.

b. les arguments pour l'art

c. les arguments contre l'art.

d. les articulateurs et verbes illustrant un exemple.

e. l'expression : « c'est l'exception qui confirme la règle. » Dans le document, quelle est l'exception et quelle est la règle ?

f. ▶69 | les mots mis en relief.

### 2. ON ÉCHANGE

#### a Avec votre voisin(e)

a. Remémorez-vous les exemples d'œuvres contemporaines réelles ou fictives présentes dans cet extrait.

b. Votre voisin(e) les prend en note.

c. Vérifiez avec la transcription p. 209.

**ARTICULATEURS**

{ C'est le cas de…
Par exemple, …
Ainsi… }

#### b En groupes

L'art a-t-il besoin d'un message pour accompagner les œuvres ? Débattez en utilisant des exemples variés.

#### Stratégie

Pour soutenir un argument, il faut être précis dans le choix des exemples.

#### c En classe

La proposition finale d'aller au cinéma cherche-t-elle à apaiser la discussion ? Justifiez votre réponse.

### 3. ON COOPÈRE

**Le jeu des œuvres d'art**

- Par deux, mettez-vous d'accord sur une œuvre d'art qui a marqué l'Histoire. Notez quelques informations la concernant (date, nom de l'artiste, style, etc.)

- Posez des questions fermées à un autre groupe pour deviner l'œuvre qu'ils ont choisie. Attention, les réponses aux questions sont OUI ou NON.

- En classe. Chaque groupe présente l'œuvre d'art qu'il a choisie. Il explique pourquoi elle a marqué l'Histoire. La classe doit se mettre d'accord sur celle qui est la plus marquante. Un modérateur est désigné pour gérer les situations délicates.

#### Donner / Demander des précisions

Ce que je veux dire, c'est que…
Non, mais en fait, …
Je dis simplement que…
Autrement dit ?
Tu peux préciser ?
Qu'est-ce que tu veux dire par là ?

#### PHONÉTIQUE

**L'intonation de la mise en relief**

▶70 | Écoutez et répétez en mettant la bonne intonation.

# UNITÉ 5

# Au plaisir

*Ces instants culturels qui vous feront du bien.*

## PEINTURE

L'art urbain est très populaire en France.
**Reliez chaque œuvre à son artiste.**

a. Je suis un homme en blanc qui danse dans les rues. • • 1. Miss. Tic

b. Je suis une mosaïque représentant un envahisseur de l'espace. • • 2. Ernest Pignon-Ernest

c. Je suis un célèbre poète français rebelle collé sur un mur à Paris. • • 3. Jérôme Mesnager

d. Je suis une femme en noir et blanc écrivant ses pensées à travers les rues. • • 4. Invader

## SCULPTURE

Auguste Rodin est un sculpteur français généralement considéré comme un des pères de la sculpture moderne. **Lisez cette liste d'œuvres, laquelle n'est pas de lui ?**

Le baiser |
Le penseur |
La Vénus de Milo |
Le monument à Balzac |
L'éternel printemps

## CINÉMA

Sempé est un dessinateur humoristique français très célèbre qui a publié dans de grands journaux et qui a également illustré des livres, notamment avec René Goscinny. **Retrouvez ceux qui ont été adaptés au cinéma.**

## POLITIQUE

**Replacez dans l'ordre les différents présidents de la V<sup>e</sup> République entre 2000 et 2020.**

Emmanuel Macron |
Nicolas Sarkozy | Jacques Chirac | François Hollande

## SOCIÉTÉ

Les enquêtes d'opinion regroupent différents ensembles de personnes en fonction de leur âge.
**Saurez-vous retrouver les expressions selon ces décennies ?**

a. Les baby-boomers • • 1. nés après 1996

b. Les milléniaux • • 2. nés entre 1945 et 1965

c. La génération X • • 3. nés entre 1966 et 1981

d. Les enfants du numérique • • 4. nés entre 1984 et 1996

**quatre-vingt-un 81**

→ Outils de la classe p. 189  → Cahier d'activités p. 64-77

## Stratégie

> Avant de lire le mémo, faites un remue-méninges autour de l'art et de la politique. Vérifiez que vos mots sont présents dans le mémo. S'ils n'y sont pas, trouvez-leur un synonyme.

## L'art

**Au musée**
- un chef-d'œuvre
- une exposition
- une galerie d'art
- un(e) gardien(ienne)
- un vernissage

**Créer**
- composer
- élaborer
- peindre, sculpter, dessiner
- représenter
- s'inspirer de

**Une œuvre**
- conceptuel(le) = abstrait(e)
- contemporain(e), moderne
- élitiste ≠ populaire
- intelligible
- original(e)

## La politique

**Le système**
- une élection législative
- un(e) élu(e) municipal
- l'espace public
- un(e) militant(e)
- un parti politique

**S'engager en politique**
- faire grève
- jouer collectif
- se mobiliser
- se rassembler
- voter ≠ s'abstenir

**Un discours**
- une allocution
- un débat
- la liberté de parole
- un manifeste
- une tribune dans un journal

## Passionnant(e)

**C'est être…**
- …attirant(e)
- …bouleversant(e)
- …plaisant(e)
- …séduisant(e)
- …touchant(e)

**Provoquer une émotion**
- apprécier pleinement
- aspirer à
- s'abandonner à la joie
- s'extasier
- trouver beau

**Créer le débat**
- clivant(e)
- controversé(e)
- délétère
- incompatible
- provoquant(e)

---

**1.** Quel amateur d'art êtes-vous ? **Élaborez cinq questions à l'aide du lexique présent et posez-les à votre voisin(e)**.

**2.** Militer, débattre, faire grève, s'abstenir ? Et vous, comment envisagez-vous l'engagement ? **Discutez-en en groupes.**

### LE GRAND ORAL

En groupes, vous avez cinq minutes pour échanger sur la différence entre l'art et la politique.

**Les contraintes :**
1. Les membres du groupe réagissent vivement pour créer le débat.
2. Introduisez ou justifiez toujours un exemple avec une phrase ou un verbe d'opinion.

**ANTISÈCHE 1**
C'est le cas de…
Par exemple, …
Ainsi…

**ANTISÈCHE 2**
J'ai l'impression que…
Je crois que…
Je trouve que…

# UNITÉ 5

## Les verbes d'opinion • Les différentes formes de l'interrogation

> Les Français accordent une place de choix aux loisirs. Le premier poste de dépenses culturelles, qui représente presque 15 % du total, concerne le jardinage et les animaux de compagnie. Les Français seraient-ils les meilleurs amis de la faune et de la flore ? Il semble en tout cas évident qu'ils y accordent beaucoup d'importance. On pourrait ensuite imaginer que la lecture arriverait sur la deuxième marche du podium mais ce sont les articles de sport et les jeux qui la détrônent. Dans leurs autres passions, on constate que les services culturels occupent une place importante avec 12 % des dépenses. Inutile de se demander comment les Français font pour garder leur âme d'enfant, la réponse est toute trouvée : en se divertissant !

**1.** Lisez cette anecdote et retrouvez :
- les verbes d'opinion.
- les interrogations.

**2.** Dites pour chaque phrase à quel mode est le verbe qui suit le verbe d'opinion.

　a. Je constate que tu as réussi à exposer et de quelle manière !

　b. Je ne pense pas qu'il soit élu demain.

　c. J'espère que tu y arriveras.

　d. Je considère que le militantisme est utile.

　e. Crois-tu qu'il sache où est la galerie ?

**3.** Pour chaque phrase, proposez une question qui corresponde au style de la réponse. Variez les formes.

　a. Ah oui, j'en suis sûre !

　b. Non, je n'ai jamais dit cela.

　c. Arrête, tu me demandes toujours si je serais en retard.

　d. Je ne sais pas, peut-être un Magritte.

　e. Mais qu'est-ce que tu me demandes là ! Bien sûr que non… ce n'est pas moi !

**4.** Par deux, débattez autour du téléchargement vidéo et musical sur Internet en reprenant les points grammaticaux ci-dessous.

---

### Les verbes d'opinion

*estimer, croire, penser, supposer, juger, considérer, sembler, trouver que, avoir l'impression que…*

➡ **à la forme affirmative :** ces verbes sont suivis de l'indicatif.
Je *trouve que* c'est trop clivant comme débat.

**Attention !** Si les verbes d'opinion sont complétés par un adjectif, ils sont suivis du subjonctif.
Je *trouve incroyable qu'*il ait été élu.

➡ **à la forme négative :** ces verbes sont suivis du subjonctif.
Je *ne suis pas sûr* que ce soit un art populaire.

**Attention !** À la forme négative, certains verbes d'opinion comme *penser* peuvent être suivis de l'indicatif selon le degré de certitude. Au passé, ils sont suivis du conditionnel.
Je *ne pensais pas* qu'il y arriverait.

➡ **à la forme interrogative :** ces verbes sont suivis du subjonctif s'ils sont placés en premier.
*Penses-tu* que ce soit vraiment important ?

### Les différentes formes de l'interrogation

➡ **inversion du sujet :**
*A-t-il* changé d'avis ?
Quand *a-t-il* changé d'avis ?

➡ **avec « est-ce que » :**
*Est-ce qu'*il a changé d'avis ?
Quand *est-ce qu'*il a changé d'avis ?

➡ à l'oral, on peut utiliser simplement **l'intonation montante** :
Il a changé d'avis ?

➡ à l'oral, on peut mettre le **pronom interrogatif** à la fin de la question :
Il a changé d'avis *quand* ?

➡ **au style indirect :** verbe introducteur + mot interrogatif / si (= est-ce que) / ce que (= qu'est-ce que) / ce qui (= qu'est-ce qui)
Je *me demande s'*il a changé d'avis.
Je *me demande ce que* tu vas faire.

# #LaMinuteCulturelle

## À vos marques, prêts, votez!  quiz vidéo 3

▶ **Vous avez 2 minutes ?**

▶3 | Regardez la vidéo. Repérez les différentes étapes pour élire un maire.

▶ **Vous avez 5 minutes ?**

Par deux, proposez un autre mode de scrutin.

▶ **Vous avez 15 minutes ?**

En classe, choisissez le mode de scrutin adapté et élisez un représentant de la classe en suivant ce scrutin.

## Mission

### Passionné(e)s de patrimoine

> ❝ Le patrimoine mondial est une notion assez large regroupant des biens naturels, culturels et mixtes. Il est réparti sur l'ensemble de la planète, avec par exemple, 23 % des biens venant de la région Asie-Pacifique ou encore 9 % se trouvant en Afrique. ❞

**Inscrivez une œuvre au patrimoine mondial de l'humanité.**

 **1. En groupes.** Définissez le patrimoine culturel et les différentes œuvres qu'il regroupe. Donnez des exemples et justifiez vos choix. Désignez un présentateur qui expliquera ces choix. Préparez une infographie pour clarifier votre présentation.

 **2. En classe.** Un modérateur anime les échanges. Un rapporteur prend des notes au tableau. Classez les idées sous forme de pourcentage pour **fournir des données** sur ce que contient ou non le patrimoine culturel.

 **3. En groupes,** répartissez-vous les différentes catégories que composent le patrimoine culturel et défendez une œuvre à placer au sein du patrimoine mondial de l'UNESCO. Astuce : Utilisez les verbes d'opinion pour défendre votre bien culturel.

 **Objectifs**

- Commenter à l'oral des données.
- Faire un exposé oral.
- Défendre ses convictions.
- Utiliser les verbes d'opinion.
- Poser les bonnes questions.

# UNITÉ 6

# Physique

**adj.**
fait appel au mental !

86 | **SITUATIONS**
- ❶ **Repousser** ses limites
- ❷ **Renforcer** l'esprit d'équipe
- ❸ **Établir** un fait scientifique

89 | **LA FABRIQUE**

90 | **SITUATION**
- ❹ **Renouer** avec les maths

92 | **LA FABRIQUE**

93 | **L'EXTRAIT**

94 | **L'OPINION**

96 | **MÉMO**

98 | **MISSION**
C'est physique !

SITUATION 1

# Repousser ses limites

**DOCUMENT 1**

L'ÉQUIPE

≡ ⌂ | le journal | la chaîne

running  fitness  musculation  **bien-être**  tutos  vidéos  sport à la maison  plans d'entraînement

## Sport et mental : le secret pour repousser ses limites

Je souhaiterais vous parler de motivation, d'estime de soi, de dépassement. Vous savez, très souvent quand je vous rencontre, ou quand on se parle sur les réseaux sociaux, vous me dites que vous ne vous sentirez jamais
5 capable de faire du sport régulièrement, de courir 10 km ou de monter sur une planche de surf... Alors qu'en réalité : bien sûr que si ! Vous êtes tous capables de bien plus que vous ne le pensez [...]

Et pour commencer cette quête de la force mentale, je
10 suis allée voir les sportifs les plus motivés du monde...
Les ultra-traileurs du Mont-Blanc ! Des personnes capables de prendre le départ d'une course de 50, 100, 170 km autour des massifs du Mont-Blanc. À courir et marcher pendant 10, 24 ou 48 h, sans dormir. De
15 vrais warriors. Alors oui il y a les élites qui cherchent la performance en réussissant à courir 170 km en 20 h à peine... Mais il y a surtout des gens comme vous et moi. Des personnes qui viennent juste chercher autre chose et qui ne lâchent rien [...]

20 J'ai pu suivre le départ et l'arrivée de courses mythiques, tellement dures, tellement exigeantes. En réalité, les mots manquent pour décrire la difficulté réelle que représente une telle course. Personne ne peut imaginer ce que c'est de marcher/courir 101 km
25 en haute montagne sans dormir [...]

J'ai rencontré Cécile, 34 ans, conseillère financière à Paris. Fraîche après 55 km de l'OCC*, cette femme-là a décidé de n'avoir peur de rien. À chaque nouveau challenge, elle pulvérise ses barrières psychologiques,
30 kilomètre après kilomètre. Elle se teste, et se nourrit de son bonheur à chaque arrivée d'une course.

[...] La première chose que je retiens c'est la progression [...] En termes de remise en forme, cela correspond à des objectifs simples. Atteignables.
35 Comme commencer par faire du sport 1 ou 2 fois par semaine, c'est déjà génial. Puis petit à petit, s'inspirer des bienfaits pour trouver un rythme un peu plus important qui nous fait du bien.

[...] La seconde chose que je retiens, et c'est
40 certainement la plus importante : toutes ces personnes sur ces courses ont totalement dépassé l'idée du « sport pour maigrir » ou « sport pour atteindre un physique idéal ». Ces personnes sont passées du côté mental, spirituel de la force
45 physique. Comme si elles rentraient à chaque fois dans une méditation intérieure grâce à l'effort [...]

J'avoue que j'ai rarement vécu des moments aussi forts en émotion. Voir ces athlètes partir pour 100 km autour du Mont-Blanc... [...] J'y ai vu la
50 résilience, la résistance, le courage, la détermination mentale. Ça m'a vraiment donné envie, c'est clair ! Mais j'ai surtout énormément appris.

Lucile Woodward, lequipe.fr, 20 janvier 2020.

* course de 55 km proposée au départ d'Orsières vers Champex puis Chamonix

---

**1. Lisez le DOCUMENT 1. Répondez aux questions.**
   a. À qui s'adresse Lucile dans cet article ?
   b. Qui sont les « ultra-traileurs » ?
   c. Qui est Cécile ? Quel est son objectif ?
   d. Que cherche-t-on quand on fait du sport ?
   e. Quelles sont les deux leçons à retenir selon Lucile ?

**2. Traduisez le terme « warrior » dans votre langue. Comparez avec votre voisin(e).**

**3. Repérez :**
   a. les différents mots qui expriment une **négation**. Pour chaque mot, expliquez son utilisation.
   b. des termes pour parler de **force mentale**.
   c. le nom formé à partir du verbe **dépasser**.

**4. 👍 Échangez.** Pensez-vous que vous pourriez relever ce défi ? Quelle serait votre limite ?

SITUATION

UNITÉ 6

# Renforcer l'esprit d'équipe

**DOCUMENT 1**

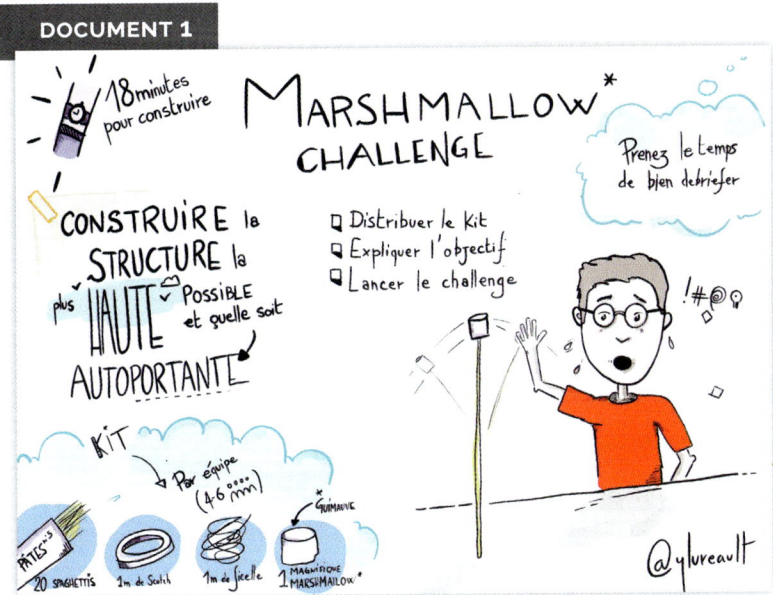

1. Observez et lisez le DOCUMENT 1.

   **a** Par deux, répondez : quoi ? comment ? quel objectif ? en combien de temps ?

   **b** En groupes, échangez : à votre avis, quel est le véritable objectif de ce challenge ?

   **c** En classe, partagez vos idées : comment favoriser l'esprit d'équipe ?

2. **PAUSE**

   Préparez le matériel et relevez le défi !

3. ▶71 | Écoutez le DOCUMENT 2. Répondez aux questions.

   a. De nos jours, est-on plutôt individualiste ou collectiviste ?

   b. Qu'est-ce qui rassemble ?

   c. À qui est-ce que Blaise Matuidi compare les joueurs ?

   d. Quels sont les cinq ingrédients nécessaires dans le management d'équipe ?

   e. Que veut dire l'invité par « un enfant élevé au vrai sens du terme » ?

4. Repérez dans le document 2 :

   a. les phrases qui expriment une **négation**. Laquelle est une **restriction** ?

   b. des verbes pour exprimer une **force d'équipe**.

   c. ▶72 | la **prononciation de la négation**. Quelle phrase est plus soutenue ? Plus familière ?

**DOCUMENT 2**

En Quête de Sens
Et si on pratiquait l'esprit d'équipe en entreprise ?

5. **J'agis !**

   Écrivez un article (200 mots) pour le journal *L'équipe* avec le titre suivant : « Le football : un sport d'équipe ». Veillez à intégrer des citations de joueurs ou d'entraîneurs. Utilisez la restriction.

6. **On coopère !**

   En groupes, décidez d'une expérience à vivre ensemble pour souder votre équipe (Exemple : le challenge marshmallow). Proposez une illustration identique à celle du document 1 pour expliquer rapidement votre expérience à la classe. La classe critique votre expérience de façon constructive.

 +

Laurent Blanc, Didier Deschamps, Aimé Jacquet : qu'ont-ils en commun ?
Citez d'autres figures du **football français**.

SITUATION 3

# Établir un fait scientifique

**DOCUMENT 1**

FUTURA SCIENCES — Explorer  Vidéos  Photos  Experts  Forum — Lettres d'information

## SCIENCE DÉCALÉE : LE MYSTÈRE DU SPAGHETTI QUI SE COURBE ENFIN DÉVOILÉ

Si, pour vous, le spaghetti n'est qu'un banal fil de pâte destiné à finir dans une sauce bolognaise, il semble fasciner au plus haut point les scientifiques. Un nombre impressionnant d'études se sont ainsi penchées sur la déformation du spaghetti dans l'eau, l'aspiration de la nouille cuite à travers la bouche, ou même son « recrachement » (connu sous le nom du problème inversé du spaghetti) […] Plus récemment, des chercheurs du *Massachusetts Institute of Technology* (MIT) ont décrit une astuce pour couper le spaghetti en deux sans qu'il se brise en plusieurs morceaux. Nathaniel Goldberg et Oliver O'Reilly, deux physiciens de l'université de Californie, à Berkeley, se sont intéressés à une autre question intrigante : pourquoi le spaghetti s'enroule-t-il au fond de la casserole au fur et à mesure qu'il se ramollit, décrivant une forme en U ? Ils se sont donc attelés à décrire un modèle mathématique détaillant le processus de cuisson d'une pâte selon la longueur, le diamètre, la densité et le module d'élasticité.

**Les trois étapes de l'enroulement du spaghetti**

Dans leur article publié le 2 janvier 2020 dans la revue *Physical Review E*, les deux chercheurs ont simulé la cuisson d'un spaghetti de 1,5 mm de diamètre et 17,5 cm de long en l'hydratant au fur et à mesure pendant deux heures à température ambiante (20 °C). Ils ont ainsi pu décortiquer la déformation du spaghetti et établir un modèle en trois étapes : l'affaissement, la courbure et l'enroulement.

« *Au départ, l'affaissement du spaghetti peut s'expliquer par la gravité* », explique Oliver O'Reilly. Mais cela ne suffit pas : si le spaghetti est sorti de l'eau lorsqu'il est encore al dente et placé sur une surface plane, il garde sa courbure même quand il sèche, constate-t-il. Ainsi, « *le spaghetti adopte une configuration géométrique de plus en plus complexe au fur et à mesure qu'il absorbe l'eau* », relate l'étude. Dans un mode de cuisson normale (lorsque le spaghetti est plongé dans l'eau bouillante), la migration de l'eau vers le cœur du spaghetti n'est pas uniforme. « *L'hydratation entraîne un gonflement de la zone périphérique qui augmente le diamètre et la longueur du spaghetti […] Avec le temps, les parties les plus extérieures de la zone hydratée, où la concentration en eau est suffisamment élevée, subissent une gélatinisation de l'amidon, un processus chimique responsable des changements de texture, qui entraîne à son tour un gonflement supplémentaire* », détaille l'étude […] De plus, il est rare de cuire un spaghetti tout seul et les interactions entre les pâtes risquent grandement de perturber le modèle prévu. Oliver O'Reilly déconseille d'ailleurs fortement de cuire les spaghettis selon leur méthode, car « *c'est justement le processus de gélatinisation qui donne leur saveur et leur texture aux pâtes* » – cependant, qui a envie de passer deux heures à regarder cuire ses nouilles ?

Céline Delurzach, futura-sciences.com, 12/01/2020.

---

**1. SEUL**

**a** Lisez le DOCUMENT 1 et identifiez :
- l'étude menée.
- le modèle retenu.
- les paramètres à prendre en compte.

**b** Repérez la phrase qui exprime une restriction.

**c** Retrouvez un verbe et sa nominalisation.

**2. EN GROUPES**

**a** Partagez votre travail.

**b** Ensemble :

a. proposez un schéma explicatif destiné à un public junior avec une légende utilisant les mots-clés mathématiques pour expliquer les lignes 58 à 75.

b. préparez votre explication à l'aide des trois idées essentielles du texte. Reformulez les phrases.

**3. EN CLASSE**

a. Vérifiez les phrases relevées en 1**b** et proposez un équivalent.

b. Présentez votre schéma explicatif.

c. À l'aide des explications, rédigez un compte-rendu à transmettre à des collègues scientifiques.

→ Fiche Le compte-rendu, p. 202

# LA FABRIQUE

UNITÉ 6

## DE LA GRAMMAIRE | La négation et la restriction

### 👁 Observez.
a. Vous ne vous sentirez jamais capable de faire du sport.
b. Personne ne peut imaginer cela.
c. Elle n'a peur de rien.
d. Une astuce pour couper le spaghetti sans qu'il se brise.
e. Le spaghetti n'est qu'un banal fil de pâte.

### ⚙ Réfléchissez.
a. Trouvez les négations dans les trois premières phrases et leurs contraires.
b. Dans quelle phrase la négation est-elle une restriction ?
c. Dans quelle phrase la négation est-elle suivie du subjonctif ?

### ✏ Appliquez.
1. Mettez ces phrases à la forme négative. Regardez bien les éléments soulignés.
a. Cécile a <u>déjà</u> fait cette course auparavant.
b. Cécile va <u>encore</u> faire cette course.
c. Cécile a vu <u>des gens</u> lors de sa course.
d. <u>Tout le monde</u> aime cette course !
e. Cécile va <u>quelque part</u> cet été.

2. ▶73 | Écoutez et répondez négativement à ces questions. Soyez précis(e) dans vos réponses.

3. Préparez cinq questions fermées en lien avec le spaghetti. Posez ces questions à votre voisin(e) qui répond à la forme négative.

## DES MOTS

### C'est mathématique !

**Répondez à ces questions.**

**ⓐ** Ce matin, j'ai pris un thermomètre pour prendre ma **température**. J'avais 38,5°C. **Est-ce que j'ai de la fièvre ?**

**ⓑ** Trois étudiants de Périgueux ont fabriqué un spaghetti d'une **longueur** d'un kilomètre. Sachant qu'un spaghetti **mesure** 17 cm en moyenne. **Combien est-ce que cela représente de spaghettis ?**

### Ce sont des homophones !

**Complétez le texte avec les mots suivants qui se prononcent de la même façon :** sans | s'en | sent | sang | cent.

Tiens, ça … les oignons ! Mamie dirait que l'on va tous pleurer comme le jour où … soldats sont partis sur le front … que leurs femmes l'aient su. Heureusement, il n'y pas eu une goutte de … versé mais leurs femmes … souviennent bien.

## DES VERBES

Dans l'article de la Situation 1, pour ne pas répéter le mot **dépassement**, l'auteur utilise le verbe **dépasser**. Dans l'article de la Situation 3, **enrouler** devient **enroulement**.

**ⓐ Trouvez les mots correspondant aux verbes suivants.**
motiver | résister | déformer | affaisser | hydrater | gonfler | courber | interagir

**ⓑ Vérifiez vos réponses dans les articles des Situations 1 et 3.**

## DES SONS

### L'ellipse de la négation

**ⓐ** ▶74 | Écoutez à nouveau cet extrait. Quel mot de la négation n'est pas prononcé ?

**ⓑ** ▶75 | Écoutez et prononcez de manière **non soutenue**.

## SITUATION 4

# Renouer avec les maths

**DOCUMENT 1**

### Télérama — Enfants
Lire  Écouter  Voir  Sortir  Jouer

## Enseignement des maths à l'école : et si finalement on s'y prenait mal ?

Marion Rousset, telerama.fr, 07/03/2020.

Stella Baruk, chercheuse en pédagogie des mathématiques et autrice, explore depuis plus de quarante ans les émotions qu'offre la langue des nombres.

**Pour surmonter l'échec scolaire en mathématiques, on entend souvent qu'il faudrait mettre l'accent sur le concret. Qu'en pensez-vous ?**

J'ose maintenant l'affirmer avec force : on se trompe. À vouloir donner une dimension concrète et ludique aux nombres, on passe à côté de l'abstraction et de tout ce que celle-ci a d'extraordinaire. Pour aider les petits à apprendre à compter, les manuels scolaires proposent des dessins de fruits. Mais comment deux pastèques plus trois framboises pourraient-elles faire cinq quelque chose ? [...]

**Comment faut-il s'y prendre, donc ?**

On doit leur apprendre à lire les chiffres comme des signes, et non comme des choses. Le problème aujourd'hui, c'est que les nombres ne parlent pas le moins du monde aux enfants [...] c'est la matière elle-même qu'il faut interroger [...]

**Les mathématiques s'apparentent même à une langue, d'après vous...**

L'école place les nombres dans un univers à part, alors que ce sont aussi des mots de la langue courante que tout le monde a entendus au berceau, ou dans la rue, les boutiques, les médias. C'est cette « langue des nombres » qui n'est pas assez parlée en classe. On s'évertue notamment à apprendre aux enfants à compter dans l'ordre, alors que les nombres et leur écriture en chiffres leur apparaissent dans le désordre au quotidien. Ils courent après le bus 56 bien avant de savoir compter jusqu'à 10 [...] Il y a aussi des nombres « parfaits », comme 28 qui est égal à la somme de ses diviseurs (1 + 2 + 4 + 7 + 14 = 28), d'autres « abondants » comme 18

qui est inférieur à la somme de ses diviseurs (1 + 2 + 3 + 6 + 9 = 21). Quant à 38, c'est l'inverse, il est « déficient » (1 + 2 + 19 = 22) ! Quand on les raconte, les mathématiques se mettent à parler [...]

**Que vous inspirent les méthodes Montessori ou de Singapour, qui sont à la mode ?**

Singapour caracole en tête du classement Pisa, qui évalue les résultats scolaires des élèves à l'échelle internationale. Mais la méthode utilisée dans cette cité-État de 5,8 millions d'habitants [...] n'est certes pas transférable. Quant aux outils Montessori, c'est encore pire. À la fin de son livre, Céline Alvarez explique que tout le matériel proposé ne sert à rien sans amour.

**Mais comment renouer avec la notion de plaisir ?**

[...] Une des raisons profondes de l'échec de la numération à l'école tient au fait que les nombres sont quasi exclusivement exprimés en unités, dizaines, centaines. Un peu comme si on exigeait en français que chaque mot d'une phrase soit suivi de sa fonction. Ce qui donnerait : « Je, pronom personnel, vais, verbe, courir, verbe à l'infinitif, dans la cour, substantif. » Et ce n'est pas en expliquant que les nombres servent à acheter des bananes qu'on arrivera à amuser davantage les enfants. Il faut renouer avec le bonheur d'organiser un nombre par rapport à lui-même, qui fait partie des grands plaisirs mathématiques. Vingt-sept est dit « sympathique », car c'est un multiple de la somme de ses chiffres : 3 x (2 + 7). Cela n'arrive pas à n'importe lequel. C'est amusant !

# UNITÉ 6

1. **Observez la photo et lisez le titre du** DOCUMENT 1. Diriez-vous que la rue est remplie de chiffres et de nombres ?

2. **Lisez l'article. Vrai ou faux ? Justifiez votre choix en reformulant les idées du texte.**
   a. La pédagogue s'intéresse aux émotions du langage.
   b. Les enfants ne comprennent pas les nombres.
   c. Les mathématiques font partie de la vie réelle.
   d. Seule la méthode Montessori est applicable.
   e. La chercheuse est passionnée.

3. **Échangez.** Quelle est votre relation aux mathématiques ?

DOCUMENT 2

Colcanopa

4. **PAUSE**
   Que pensez-vous de la situation du DOCUMENT 2 ? Vous êtes-vous déjà retrouvé(e) dans une situation similaire en mathématiques ? Racontez-la à votre voisin(e).

DOCUMENT 3

5. 🎬 76 | **Écoutez le** DOCUMENT 3 **et répondez aux questions.**
   a. Qui est l'invité ? Comment s'appelle son spectacle ?
   b. Qui semble le moins rapide dans la conversation ?
   c. Que propose l'invité aux journalistes ?
   d. Quel est l'énoncé du problème posé par l'invité ?
   e. Quels sont les résultats et pourcentages possibles en fonction du nombre de personnes sur le terrain ?

6. **Repérez dans les documents :**
   a. les manières d'exprimer une  comparaison.
   b. des mots liés à la science des mathématiques.
   c. (doc.3) des verbes pour calculer.
   d. 🎬 77 | l'accent belge : le « r » est-il plutôt doux ou plutôt marqué ? Quels sont les équivalents en français de France de *septante* et de *nonante* ?

7. ✏️ | **J'agis !**
   **Rédigez trois idées essentielles du document 1 sur un brouillon.**
   Traduisez-les, dans votre langue, à l'oral, pour un professeur de mathématiques de votre pays.

8. 🔊 | **On coopère !**
   **Créez le jeu « Le Monopoly des mathématiques ».**
   En groupes, imaginez le jeu en pensant aux mathématiques dans la vie quotidienne (cuisine, salaire, dépenses, transports, distances, économies, etc.). Construisez le plateau. Rédigez les règles. Jouez avec le groupe voisin !

Maria Montessori (1870-1952) est une pédagogue italienne mondialement connue pour la méthode qui porte son nom. Pourriez-vous décrire en quelques mots la **pédagogie Montessori** ?

# LA FABRIQUE

### DE LA GRAMMAIRE | La comparaison et le superlatif

**Observez.**

a. Les nombres ne parlent pas **le moins** du monde aux enfants.
b. Les mathématiques **s'apparentent à** une langue.
c. 28 **est égal à** la somme de ses diviseurs jusqu'à 10.
d. 18 **est inférieur** à la somme de ses diviseurs.
e. C'est encore **pire** !
f. Vous avez **plus qu'**une chance sur deux de remporter votre pari.

**Réfléchissez.**

a. Quelles phrases expriment une infériorité ? Une supériorité ? Une égalité ?
b. Par quels autres verbes pourriez-vous remplacer celui de la phrase **b** ?
c. Quelle phrase semble grammaticalement incorrecte ? Pourquoi ?

**Appliquez.**

1. ▶78 | Écoutez ce témoignage et relevez tous les éléments de comparaison. Classez-les :
inférieur | égal | supérieur.

2. Complétez ce texte avec les expressions suivantes (avec ou sans préposition) et accordez. autant de |
différent (de) | inférieur (à) | la plus | égal (à) | similaire (à) | se ressembler | pareil (à) | plus ... que | moins ... que

C'est toujours ... avec les mathématiques !
On a l'impression que tous les nombres ... mais, en fait, ils sont tous ... : 22 est ... 24 et ... 11 + 11 mais finalement,
11 + 11 n'est pas ... 22 puisque d'un côté, on a deux nombres et de l'autre, un seul. Sur un terrain de foot, on a
bien deux équipes de 11 joueurs mais forcément, l'une sera ... forte ... l'autre et inversement, l'autre ... forte ...
l'une. Alors c'est ... forte qui va gagner même si au départ, elles ont ... chance l'une que l'autre.

3. Rédigez un texte court pour comparer ces données.
*Classement par pays : Résultats enquête PISA 2018.*
*Mathématiques : N°1 : Chine. N°13 : États-Unis. N°20 : Allemagne. N°23 : France. N°28 : Suisse.*

## DES MOTS

### C'est contraire !

À vouloir donner une dimension concrète aux nombres, on passe à côté de l'abstraction.

**a** Deux mots ont un sens contraire dans cette phrase. Lesquels ? Quels sont leur adjectif ou nom ?
**b** Qu'est-ce qui peut être abstrait, d'après vous ?

### C'est mathématique !

En Belgique et en Suisse, on utilise les mots « septante » et « nonante ». Dans certaines régions de Suisse, on utilise également « huitante ».

**a** À quels nombres correspondent-ils en France ?
**b** Écrivez tous ces chiffres en lettres et expliquez l'utilisation des « s ».
80 | 82 | 90 | 97 | 400 | 472

## DES VERBES

Dans le langage mathématique, il existe des verbes qui se rapportent à des opérations :
soustraire | multiplier | **diviser** | additionner | ajouter | retrancher | fractionner.

**a** Trouvez les mots correspondant à ces signes : + | - | x | /
**b** Calculez puis lisez, à voix haute, ces opérations.
16 + 28 = ... | 185 - 79 = ... | 728 / 14 = ... | 1350 x 5 = ...

## DES SONS

### L'accent belge

▶79 | Écoutez. Dans quelle phrase le « r » belge est-il le plus marqué ?

# UNITÉ 6

## L'EXTRAIT 🔊 80

Christine se mit à la course à pied trois jours plus tard. Cela faisait un an maintenant qu'elle courait. Elle avait appris dans les revues, sur Internet. Car oui, courir, cela s'apprend. La première sortie fut douloureuse, elle ne put courir sans s'arrêter plus de deux kilomètres. Aujourd'hui, elle s'infligeait un entraînement digne d'un professionnel [...]

Elle inscrivait tout consciencieusement dans un carnet. Ses temps, ses distances, mais aussi ses sensations, ses humeurs pendant l'entraînement. Ensuite, elle additionnait, comparait. Ça l'encourageait. Le programme était très strict, l'objectif un peu élevé. On l'avait mise en garde. Elle envisageait de relier la distance des quarante-deux kilomètres et deux cent cinquante mètres en trois heures dix minutes. Soit une moyenne de treize virgule trois kilomètres à l'heure. Loin de la décourager, les doutes des coureurs expérimentés la stimulaient. Sa réussite lui vaudrait une pluie d'éloges.

Trois heures dix. Elle vécut les trois mois de la préparation avec ces chiffres magiques en tête. Peu à peu, rien n'eut plus d'importance à ses yeux que cet objectif. Elle abandonna les lessives, le ménage et les devoirs des enfants, qui ne s'en plaignirent pas. Patrick hésitait entre l'admiration, les encouragements et l'inquiétude. Surtout, il fut souvent absent durant cette période. Un regain de travail le retenait au bureau.

La seule chose que Christine ne sacrifiait pas, c'était les courses. L'alimentation était au cœur de la préparation. Elle devait mesurer, faire attention à ce qu'elle mangeait. Elle fit la chasse au gras et au sucre, les friandises des enfants finissaient régulièrement à la poubelle pour éviter les tentations. Il lui fallait perdre du poids pour mieux courir. Pour gagner en légèreté, afin de limiter les blessures. Elle rêvait de voir fondre ce corps encombrant, dernier obstacle à l'envol, à l'extase. Elle négligea son mari aussi. Elle partait tôt courir dans le froid et la pluie. Ils ne se voyaient plus beaucoup.

Dans des revues spécialisées, elle glanait des conseils. Les couvertures affichaient des jeunes gens sains. Elle détaillait chaque image, y cherchant le reflet de son fantasme. Hommes et femmes confondus dans le même idéal charnel.

Christine découvrit que le plus difficile, dans un marathon, c'était la préparation.

Si l'effort physique était considérable, l'aspect psychologique lui causa encore plus de soucis. Que de ruses avec le quotidien, combien de privations nécessaires pour parvenir au but !

Franck Courtès (écrivain français), *Autorisation de pratiquer la course à pied en compétition*, Éditions JC Lattès, 2013.

## 1. DÉCOUVERTE

**a.** De qui parle-t-on ? Quel est son objectif ?
**b.** Comment prépare-t-elle son entraînement ?
**c.** Quelles conséquences sur sa vie de famille ?

## 2. EXPLORATION

**a.** Repérez les phrases avec un rythme binaire (*Exemple : Elle aime le chocolat, les courses à pied*) ou ternaire (*Exemple : elle mangeait, courait, dormait*). Ces phrases rythment la nouvelle.
**b.** Identifiez les explications qui permettent de préciser les gestes et les actions de Christine.
**c.** Relevez les phrases sans verbe conjugué.
**d.** Relevez les comparaisons et les négations.

## 3. EXPRESSION

**a.** En groupes, sélectionnez un passage que vous avez particulièrement aimé. Expliquez votre choix.
**b.** En suivant la même structure, **rédigez un extrait de nouvelle** similaire avec un personnage et un entraînement ou exploit sportif (250 mots). Ancrez votre nouvelle dans le réel contemporain. Utilisez les points de grammaire de l'unité.

# L'opinion

##  SUJET

**Pourquoi courir ?**

**INVITÉS** 4'50

Guillaume LE BLANC, philosophe et marathonien

Jean-François TOUSSAINT, directeur de l'Institut de Recherche Médicale et d'Épidémiologie du Sport

Stéphanie GICQUEL, ultra-traileuse et exploratrice des pôles

### Développer un argument en comparant (à l'oral)

…, c'est comme…
… c'est la même chose que…
Cela s'apparente / ressemble à…
C'est équivalent / similaire à…
De la même manière que…

### 1. ▶81 | ON ÉCOUTE

**Lisez ces affirmations. Illustrez-les d'exemples du document.**
a. Les coureurs sont Monsieur et Madame Toutlemonde.
b. Le plus important, c'est le mental.
c. Il existe des hormones de la course.
d. Courir, c'est créer un geste, un mouvement identique.
e. Je cours pour réfléchir.
f. Courir, c'est comme s'ouvrir au monde.

### 2. ON RÉAGIT

**Échangez avec votre voisin(e).**
Avec quelles affirmations n'êtes-vous pas d'accord ? Justifiez. Rédigez quatre affirmations complémentaires. Utilisez la comparaison.

### 3. ON DISCUTE • 10 min. | En groupes

**UN sujet**
Pourquoi courir ?

**UN animateur**
- donne les consignes
- cadre la discussion
- veille à l'utilisation de la comparaison

**DES invités**
- **un rôle** : un marathonien, un médecin, une ultra-traileuse, etc.
- **un objectif** : défendre la course auprès de non-coureurs
- **3 arguments** par invité

# UNITÉ 6

## *Ces opinions qui nous font réagir.*

## SUJET

### La science peut-elle tout résoudre ?

De manière générale, la recherche scientifique permet de faire des progrès et d'accroître les connaissances. Ces progrès visent à résoudre des problèmes et des problématiques rencontrés au quotidien. Par conséquent, on peut se poser la question suivante : la science peut-elle tout résoudre ?

*Vous exprimerez votre opinion personnelle (250 mots), en comparant les sciences que vous connaissez, dans le blog de Futura-Sciences.*

### 1. ON COMPREND

**Lisez le sujet.**

#### Stratégie

Repérez dans le texte du sujet :
- LA question
- LA logique
- 1 articulateur

### 2. ON RÉAGIT

**En groupes, stimulez vos neurones.**
- Qu'est-ce que la science ? À quoi sert-elle ?
- Quels exemples de progrès ou d'inventions scientifiques connaissez-vous ? Cherchez sur Internet, si nécessaire.
- À quels problèmes la science ne peut-elle pas apporter de solution ? Comparez vos réponses.

#### Stratégie

Comparer ses réponses permet d'enrichir ses connaissances et de vérifier ses arguments.

« La science apporte des connaissances mais elle n'apporte pas de solutions toutes faites. C'est la raison pour laquelle je répondrais plutôt non ! »

### 3. ON ARTICULE

**Repérez les articulateurs dans les opinions ci-contre.** Comparez-les avec celui du sujet :
- Lequel introduit une conséquence attendue ?
- Lequel est utilisé à l'oral ?
- Lequel vient après une pause ?

#### ARTICULATEURS

{ alors = donc
c'est pourquoi = c'est la raison pour laquelle
par conséquent = en conséquence

« La science, c'est très vaste. Alors, je ne peux pas répondre à cette question. »

#### Développer un argument en comparant (à l'écrit)

On peut comparer… à …
Le moins / plus acceptable, c'est…
On pourrait trouver mieux en…
…, c'est la moindre des choses que l'on puisse affirmer.
D'un côté… , mais de l'autre…

### 4. ON RÉDIGE • 15 min. | Par trois

- Relisez le sujet.
- **Rédigez des idées de réponse au sujet en comparant.** Justifiez votre choix.
- Pour chaque phrase, ajoutez un des articulateurs précédents et une conséquence.

quatre-vingt-quinze **95**

# mémo

➜ Outils de la classe p. 189   ➜ Cahier d'activités p. 78-91

## Stratégie

> Pour mémoriser du lexique, on peut s'aider d'éléments visuels (des pictos, des émoticônes, des dessins etc.)

## Le sport

**Le groupe**
- une équipe (de joueurs)
- une foule (de gens)
- une masse (de personnes)
- une meute (d'animaux)
- une nuée (d'oiseaux)

**Renforcer l'esprit d'équipe**
- créer un esprit d'équipe
- partager l'effort
- rallier les troupes
- se battre les uns pour les autres
- se serrer les coudes

**La force mentale**
- l'endurance
- le dépassement
- la détermination
- la résilience
- la résistance

## Les sciences

**Compter**
- additionner = ajouter (+)
- dénombrer = calculer
- diviser (÷)
- multiplier (×)
- soustraire = retrancher (−)

**Expliquer un fait scientifique**
- décrire une expérience
- démontrer une vérité
- détailler un modèle
- établir une vérité
- expliquer un raisonnement

**Les mathématiques**
- le diamètre / la longueur
- l'énoncé d'un problème
- l'énumération
- la somme des nombres
- une unité / dizaine / centaine

## Physique

**C'est être…**
- …concret(ète) ≠ abstrait(e)
- …corporel(elle) > le corps
- …matériel(elle) > le matériel
- …physiologique > la physiologie
- …scientifique > les sciences

**Faire des sacrifices**
- s'évertuer à = s'efforcer de
- s'infliger qqch
- se priver > une privation
- se sacrifier pour…
- subir une épreuve

**Repousser ses limites**
- chercher la performance
- décider de ne rien lâcher
- déplacer des montagnes
- se dépasser
- surmonter un obstacle

---

**1.** Vous venez de faire de nombreux sacrifices pour courir un marathon. **Écrivez quelques lignes pour les expliquer.**

**2.** Vous vous souvenez d'un jour où vous avez fait appel à votre force mentale. **Racontez cette expérience à votre voisin(e).**

### LE GRAND ORAL

En petits groupes, vous avez cinq minutes pour parler des conséquences de l'esprit d'équipe dans un match en utilisant un maximum de mots.

**Les contraintes :**
1. Vous êtes coach sportif et vous vous déplacez dans la pièce.
2. Placez « alors » et « par conséquent ».

**ANTISÈCHE 1**
alors = donc
c'est pourquoi = c'est la raison pour laquelle
par conséquent = en conséquence

**ANTISÈCHE 2**
Être en équipe, c'est un peu comme…
Deux joueurs ne sont jamais totalement identiques.
Sur le terrain, il faut se différencier de…

# UNITÉ 6

## La négation et la restriction • La comparaison et le superlatif

> Rien ne les arrête, ces Français! Même si la France ne caracole pas en tête des nations européennes les plus sportives, près des deux tiers des Français âgés de plus de 15 ans exercent une activité sportive. Un chiffre rassurant, lorsque l'on sait que ces adeptes n'étaient que 30% dans les années 1960. Il faut dire que nous mobilisons de moins en moins l'énergie corporelle dans le travail productif mais de plus en plus dans l'effort physique et, personne ne s'en plaint!

**1.** Lisez cette information culturelle. Retrouvez et nommez :
– les négations.
– les comparaisons.

**2.** Réécrivez ce message pour exprimer le contraire. Utilisez la négation.
« Un petit message pour dire que tout va bien. J'ai rencontré quelques scientifiques très intéressants lors de ce congrès. J'ai beaucoup de problèmes de logement mais j'arrive toujours à trouver quelque part où dormir. J'ai découvert des faits étonnants et de nouvelles expériences. Bref, je suis très content. »

**3.** Imaginez des questions aux réponses suivantes. Utilisez la négation ou la comparaison.
a. …? Pas du tout.
b. …? C'est moi !
c. …? C'est la même chose.
d. …? Seulement deux fois.
e. …? Ni l'un ni l'autre.
f. …? Rien.
g. …? L'ultra-trail.
h. …? Je pense qu'il est supérieur.

**4.** Par deux, rédigez une information culturelle sur le sport dans votre pays comprenant les points grammaticaux de l'unité.

## La négation et la restriction

➡ Pour exprimer **une négation** :
*ne… pas… et…* = *ni… ni…*
*ne… rien* ≠ *quelque chose*
*ne… personne* ≠ *quelqu'un*
*aucun… ne* ≠ *quelques* + nom
*ne… plus* ≠ *encore*
*ne… jamais* ≠ *toujours*
*ne… pas encore* ≠ *déjà*
*ne… nulle part* ≠ *quelque part*
*ne… nullement* = *pas du tout*
*Je **n'**ai peur **ni** de l'effort **ni** de la douleur : **rien ne** m'arrête !*

➡ Pour exprimer **une restriction** :
*ne… que*
*seulement*
*Je **n'**ai **que** trois euros en poche.*

## La comparaison et le superlatif

➡ avec **un adjectif** :
*(la / le) plus / moins* + adj. (+ *que*)
*aussi* + adj. + *que*

➡ avec **un nom** :
*(le / la) plus / moins de* + nom (+ *que*)
*autant de* + nom

➡ avec **un verbe** :
verbe + *le plus / le moins*
*autant… que*
*Il a fait **autant de** kilomètres **que** moi.*
*C'est lui qui court **le plus**.*

➡ avec **des expressions** :
*comme, être semblable / identique / pareil / égal à, être le même*
*se ressembler, ressembler à*
*être différent (de), inférieur (à), supérieur (à), se différencier (de), surpasser qqn*
*de moins en moins* ≠ *de plus en plus*

➡ **Cas particuliers** :
*bon* > *(le / la) meilleur(e)*
*mauvais* > *(le / la) pire*
*bien* > *(le / la) mieux*

# #LaMinuteCulturelle

## La magie des mathématiques

▸ **Vous avez 2 minutes ?**

▶ 82 | Écoutez l'audio et listez les exemples de mathématiques au quotidien.

▸ **Vous avez 5 minutes ?**

Expliquez à votre voisine(e) pourquoi les prix commencent souvent par un « 1 ».

▸ **Vous avez 15 minutes ?**

Par deux, rédigez une devinette mathématique *(Exemple : Pourquoi est-ce que, dans un supermarché, beaucoup de prix commencent par « 1 » ?)* Faites-la deviner au groupe voisin.

# *Mission*

## C'est physique !

❝ *Je coache une équipe de basket-ball d'adolescents âgés de 12 à 15 ans. Mais ils n'arrivent pas à jouer collectivement et certains ne s'entendent pas bien. Vous pouvez m'aider ?* ❞

**Ensemble, jouez les rôles pour trouver des solutions.**

 **En classe.** Déterminez des rôles à jouer (environ six) : leader, suiveur, paresseux, râleur, coach, etc. Commencez à jouer une scène.

 **En classe.** Nommez deux modérateurs. À chaque fois qu'une situation est délicate, l'un des deux fait « clap » pour mettre la scène sur pause. Le deuxième résume la situation à haute voix et demande au reste de la classe d'aider les parties en désaccord à mieux se comprendre et à trouver des solutions possibles pour renforcer l'esprit d'équipe. Rejouez la scène pour vérifier votre proposition.

 **Par deux,** comparez ce que vous avez compris et **rédigez un compte-rendu** d'expérience.
Astuce : Utilisez la forme négative.

### Objectifs

- Amener les parties en désaccord à des solutions possibles.
- Résumer les déclarations faites.
- Rédiger un compte-rendu d'expérience.
- Être en écoute active.
- Utiliser la négation et la comparaison.

# Accessible

**adj.**
qui satisfait la soif d'apprentissage.

**UNITÉ 7**

100 | **SITUATIONS**
  ❶ **Rêver** de l'école de demain
  ❷ **Regretter** l'inaccessible
  ❸ **Réussir** autrement

103 | **LA FABRIQUE**

104 | **SITUATION**
  ❹ **Plonger** dans l'Histoire

106 | **LA FABRIQUE**

107 | **L'EXTRAIT**

108 | **AU QUOTIDIEN**

110 | **MÉMO**

112 | **MISSION**
  Des cours accessibles

# SITUATION 1

# Rêver de l'école de demain

**DOCUMENT 1**

*Causette*

**VIE SCOLAIRE**

## Des ados dessinent l'école d'après

« J'aimerais des cours de psychologie pour mieux comprendre les comportements des autres et mieux me comprendre moi-même. C'est un sujet qui me passionne. Je peux passer des après-midi entiers à chercher sur Google des articles qui traitent de psychologie. J'aime bien comprendre les choses qui sont dans la tête. » **Zoé**

« J'aimerais qu'on aborde l'astronomie. Quand on part en classe verte, on pourrait par exemple étudier les étoiles. Ma préférée c'est Cassiopée, elle forme un W. Chez mes grands-parents, il y a un observatoire sur une colline avec un télescope que tout le monde peut utiliser. La dernière fois, j'ai vu Saturne et deux de ses anneaux. On aurait dit une gommette qui brillait. » **Ly Lan**

« Et une école sans notes ? Je ne dis pas ça pour moi, je m'intègre bien dans le système scolaire. Mais je pense aux élèves à qui ça ferait du bien. Avec les notes, il y a toujours l'idée d'un classement. Les parents s'y raccrochent, certains ne voient que ça. Alors que nos professeurs connaissent, eux, notre progression. Ça me paraît plus important qu'une note. » **Louise**

« J'aimerais un cours de théâtre pour apprendre des choses par cœur et découvrir de grands auteurs. Je fais du théâtre à côté de chez moi, mais, dans le contexte de l'école les professeurs de français pourraient nous expliquer mieux les pièces compliquées. Le théâtre permet de prendre confiance en soi pour prendre la parole devant des gens. Quand on a confiance, on fait les choses plus vite et mieux. » **Lucie**

« Ce que je voudrais garder de la période de confinement, c'est le rapport plus facile avec les profs. Je trouverais bien de pouvoir continuer à leur demander de l'aide ou des conseils pour les devoirs à la maison, par messages, comme on a pu le faire quand le collège était fermé. Je serais aussi partante pour qu'on puisse avoir davantage de choix dans nos emplois du temps. Un emploi du temps à la carte, ce serait pas mal. Et j'ai une idée de cours à inventer. Un cours de « savoir-vivre » dans le sens « savoir mener sa vie ». On pourrait y apprendre comment lire une facture, comment démarcher un banquier, comment s'en sortir avec l'administration ? Ce serait bien utile selon moi. » **Nayla**

« Le confinement m'a appris que la solidarité entre nous était essentielle. Nous étions seuls chez nous, mais nous sommes restés en contact. Pas forcément toute la classe, en fonction des affinités plutôt. Les amis, ce n'est pas seulement important pour se parler de tout et de rien. On peut s'aider aussi pour les cours. Une copine m'a beaucoup soutenue en maths. Je voudrais que continue cette entraide entre nous. » **Myriam**

Sylvie Fagnart, *Causette*, Hors-série Automne 2020 « L'école tradi est finie ! ».

---

**1.** Lisez le **DOCUMENT 1**. Expliquez ou justifiez, avec vos mots à vous, l'envie de ces jeunes d'avoir :
   a. de nouveaux cours.
   b. une école sans notes.
   c. une relation de proximité entre les élèves et les enseignants.
   d. un programme à la carte.
   e. une solidarité à l'école.

**2.** Par deux, sélectionnez les informations sur le système scolaire français. Comparez-les avec votre système.

**3.** Repérez :
   a. les verbes au **conditionnel présent et passé**. Qu'expriment-ils ?
   b. les mots liés à l'**éducation**.
   c. le **verbe** qui, dans un autre contexte, signifie « interrompre une conversation téléphonique ».

**4.** 👍 Échangez. Selon vous, à quoi pourrait ressembler l'école de demain ? Faites des propositions réalistes et extravagantes !

SITUATION 2

UNITÉ 7

# Regretter l'inaccessible

1. **Observez et lisez le DOCUMENT 1.**

   **a** Individuellement, répondez : où ? qui ? quoi ?

   **b** Par deux, réagissez : à votre avis, quelle est la problématique soulevée par ce document ?

   **c** En groupes, partagez vos idées : quelles différences constatez-vous entre l'enseignement d'hier et celui d'aujourd'hui ? entre les élèves d'hier et ceux d'aujourd'hui ?

2. **PAUSE**

   Envoyez un SMS en français, en langage SMS, à une personne de la classe.

DOCUMENT 1

Xavier Gorce

**DOCUMENT 2**

**LES PIEDS SUR TERRE** (france culture)

**Les regrets**

3. ▶83 | **Écoutez le DOCUMENT 2 et répondez, avec précision.**
   a. Qui est cette femme ?
   b. Quel est son regret ?
   c. Quelle évolution présente-t-elle dans son parcours professionnel ?
   d. Pourquoi n'a-t-elle pas de vie privée ?
   e. À quoi sa situation actuelle la renvoie-t-elle ?

4. **Repérez dans le document 2 :**
   a. trois manières d'exprimer le **regret**.
   b. des mots liés à l'**éducation**.
   c. ▶84 | l'**accent de la Côte d'Ivoire** : la prononciation du « r ». Il est très marqué ? Il est roulé ? Il n'est pas prononcé ?

5. **J'agis !**

   Par deux, listez les reproches que vous pouvez faire au système scolaire de votre pays. **Individuellement, écrivez une lettre de reproche au ministre de l'Éducation nationale (250 mots).**
   Utilisez le conditionnel présent et passé.
   → Fiche La lettre, p. 197

6. **On coopère !**

   **En groupes, discutez des différentes raisons qui font que l'école peut parfois être inaccessible à des enfants qui ont soif d'apprendre.** Trouvez des solutions ! Un animateur veille à ce que chacun d'entre vous apporte sa contribution, exprime et partage ses idées, donne des explications détaillées et fasse des suggestions pour des actions à venir.

*Culture +*

En quelle année l'**école** est-elle devenue obligatoire en France ?

## SITUATION 3

# Réussir autrement

**Causette**

### « Combattre l'échec scolaire à la tronçonneuse »

DOCUMENT 1

« *Réussir autrement.* » Tel est le slogan des Maisons familiales rurales (MFR). Depuis soixante-dix ans, ces écoles accueillent des élèves qui ont décroché du système général, de la quatrième à la licence pro. Dans la petite MFR de l'Arclosan, en Haute-Savoie, on apprend les métiers du bois.

**Alternance entre cours et stages en entreprises**

De loin, leur école ressemble à un gîte et leur petite troupe à une colonie de vacances, dans laquelle les filles se font rares. De plus près, on distingue les salles de classe, le potager, l'enclos pour les poules, le self, l'internat, la salle télé, le foyer. Et puis leur bâtiment préféré : l'atelier. Ça sent l'essence des tronçonneuses et la sueur des équipements de protection. Quand on demande aux secondes pourquoi ils préfèrent la MFR au lycée ou au collège classiques, les réponses fusent. « *On peut parler avec les formateurs, les tutoyer* », lance Maël. À l'Arclosan, la proximité est de rigueur et les formateur·trices appelé·es par leur prénom. « *L'avantage, c'est qu'on fait deux semaines de cours puis deux semaines d'alternance* », avance Valentino. « *On n'aime pas trop être assis en classe, on préfère découvrir les métiers* », appuie Maël. « *Mais c'est vrai qu'on a besoin des maths pour compter les cubages quand on coupe le bois* », reconnaît Mathis, qui aime les soirées tisane et l'ambiance conviviale. Tom a apprécié ces deux dernières semaines à engazonner des jardins : « *J'étais dehors à respirer l'air frais, on me laissait utiliser les engins.* » Pour ces garçons qui ont quitté le système général après une troisième classique, la professionnalisation en alternance tout au long des études fait une grosse différence. Encore faut-il savoir que cette voie existe. « *Je voulais être bûcheron, raconte Tristan, j'ai vu une affiche pour la MFR dans un salon et mes parents m'ont poussé là-dedans.* » Pendant qu'ils font le point avec Jérémy sur leur dernier stage, Nathalie Balso, la directrice de la MFR, reçoit un jeune et son père pour l'inscrire en quatrième. Avec 90 élèves, l'Arclosan est une petite structure, où toute l'équipe doit être multitâches : plannings, ressources humaines, gestion budgétaire, développement des activités, communication, partenariats avec les entreprises, journées portes ouvertes… Elle s'active sur tous les fronts pour faire vivre l'école avec un enjeu : faire connaître l'Arclosan qui existe depuis 20 ans et surtout sa pédagogie alternative résumée dans le slogan « *réussir autrement* ». Une philosophie que développe Nathalie Balso : « *Dans les MFR, les jeunes sont décisionnaires, motivés et moteurs de leur projet. Ils ne sont pas placés là parce qu'ils sont punis, au contraire. S'ils étaient restés dans le système scolaire, ils se seraient plantés. Ici, ils retrouvent du sens à l'école et ils nous quittent avec un projet professionnel. Notre objectif, c'est de permettre à tous de réussir.* »

Aux parents qui viennent se renseigner, la directrice demande une forte implication dans le projet. « *Ils arrivent chez nous assez convaincus, avec la volonté de tester un système différent, plus concret, plus adapté.* » L'année coûte 2 500 € dont 1 800 € pour l'internat.

Marianne Rigaux, *Causette*, Hors-série Automne 2020 « L'école tradi est finie ! ».

---

**1. SEUL**

**a** **Lisez le DOCUMENT 1 et identifiez les caractéristiques d'une pédagogie alternative :**
– caractéristiques visuelles ou olfactives.
– exemples concrets.
– philosophie pédagogique.

**b** **Relevez une phrase avec un verbe au conditionnel passé.**

**c** **Repérez le verbe qui signifie abandonner, quitter.**

**2. EN GROUPES**

**a** **Partagez votre travail.**

**b Ensemble :**
a. Mettez-vous d'accord sur les éléments essentiels d'une pédagogie alternative.
b. Proposez un concept de pédagogie alternative sous forme de diaporama sonorisé (8 diapos maximum). Le diaporama doit être attrayant.

**3. EN CLASSE**

a. Vérifiez la phrase relevée en 1**b**. Que suggère, dans ce contexte, l'emploi du conditionnel passé ?
b. Partagez votre diaporama sonorisé à la classe.
c. Prenez des notes de chaque diaporama et discutez des éléments qui vous semblent les plus pertinents.

# LA FABRIQUE

UNITÉ 7

## DE LA GRAMMAIRE | Le conditionnel présent et passé

### 👁 Observez.
a. J'aimerais des cours de psychologie.
b. On aurait dit une gommette qui brillait.
c. Celle que, peut-être, j'aurais voulu avoir.
d. S'ils étaient restés dans le système scolaire, ils se seraient plantés.

### ⚙ Réfléchissez.
a. Dans chaque phrase, repérez le conditionnel. Comment se forme le conditionnel présent ? Le conditionnel passé ?
b. Attribuez une expression à chaque phrase : regret | souhait | hypothèse non réalisée dans le passé | imagination.
c. Que peut exprimer le conditionnel également ?

### ✏ Appliquez.
1. ▶85 | Écoutez les phrases suivantes. Indiquez ce que chacune exprime (souhait, regret, hypothèse non réalisée…). Relevez celles au conditionnel.

2. Avec votre voisin(e), répondez aux questions suivantes.
a. Qu'auriez-vous fait si vous n'aviez pas décidé d'apprendre le français ?
b. Que feriez-vous si vous deviez vivre un mois sans argent ?
c. Si vous pouviez réaliser un rêve, lequel choisiriez-vous ?
d. Jusqu'à aujourd'hui, qu'auriez-vous fait différemment dans votre vie ?
e. Quelle éducation aimeriez-vous donner à vos enfants ?

3. Écrivez un message à un(e) ami(e) pour lui exprimer des regrets et des souhaits concernant votre relation avec lui / elle.

## DES MOTS

### C'est familier !

Moi, ça me bouffe !

**ⓐ** Quels sont les mots familiers ? À votre avis, que signifie cette expression ?

**ⓑ** Classez les expressions synonymes suivantes selon le degré de familiarité.
Ça m'énerve ! | Cela m'agace ! | Ce que vous dites m'exaspère ! | Ça me tue !

### C'est une expression !

Les élèves sont moteurs de leur projet.

**ⓐ** À votre avis, que signifie cette expression ?

**ⓑ** Que signifie ce mot dans les contextes suivants ?
Silence ! Moteur, ça tourne ! | Je trouve que ton moteur fait un drôle de bruit ! | Le jeu est essentiel au développement psychomoteur de l'enfant.

## DES VERBES

Le classement, les parents s'y raccrochent.
Les élèves qui ont décroché du système général.

**ⓐ** Trouvez le sens de ces deux verbes et le verbe commun.

**ⓑ** Lequel(s) pourriez-vous utiliser avec les mots suivants ?
le téléphone | un tableau sur un mur | une bonne note | la lune

## DES SONS

### L'accent ivoirien et le son « r »

**ⓐ** ▶86 | Écoutez à nouveau cet extrait. Quels « r » sont roulés ? Quels « r » ne sont pas prononcés ? Pourquoi ?

**ⓑ** ▶87 | Écoutez. Quels « r » sont roulés ? Quels « r » ne sont pas prononcés ?

cent trois 103

# SITUATION 4

# Plonger dans l'Histoire

**DOCUMENT 1**

### Des Youtubeurs plongent dans les archives de presse à la recherche de trésors cachés de l'histoire

18 vidéos sur de curieux faits historiques seront publiées — *Retronews*

Le projet, lancé l'année dernière, est avant tout une aventure collective. Les neuf vidéastes (Nota Bene, Aude GG, Léa Bello, Axolot, Doc Géraud, Art comptant pour rien, On se laisse la nuit, Science de comptoir, et Florence Porcel) ont été contactés pour conter des histoires autour de thèmes qui leur sont chers, tels que les sciences, la littérature, le féminisme.
Pour Benjamin Brillaud, c'est l'Histoire. « Quand je me plonge dans les archives, j'ai l'impression d'enfiler une casquette de Sherlock Holmes et de partir à l'aventure », raconte-t-il à *20 Minutes*. Pour lui, qui est le créateur de la chaîne Nota Bene (1,3 million d'abonnés), le défi était de valoriser les archives. « Si le public aime l'Histoire, il ne va pas spontanément au contact de l'archive. L'objectif de cette série, c'est de montrer au public que cela peut être amusant d'aller fouiller dans ces archives et de découvrir l'Histoire. »

**10 millions de pages à découvrir**
Et il y a de quoi faire ! Retronews, c'est 700 titres de presse en ligne, soit 10 millions de pages. Mais le site de la BNF ne compte pas s'arrêter là. L'objectif, en début d'année prochaine, est de cumuler 1.500 titres et 20 millions de pages. « Cette densité fait l'excitation, explique Étienne Manchette, responsable contenus et partenariats à la BNF. Ce qui nous intéresse, c'est de narrer tout ce que raconte un journal, du gros titre à tout le derrière qui fait la petite histoire. » Avec les 18 vidéos publiées sur sa chaîne YouTube, Retronews compte vulgariser les archives, créer des histoires et plonger les internautes dans des moments d'Histoire.

De la Gazette de Renaudot en 1631 jusqu'à la fin des années 50, les outils de Retronews permettent de naviguer à travers trois siècles d'archives et d'avoir une plus large vision du passé. « Il y a un premier champ très connu qu'on apprend à l'école, mais le hors-champ occupe 95 % du volume d'information retranscrit dans les journaux », relate Étienne Manchette [...]

**Des archives à la généalogie**
Il y a plusieurs semaines, Benjamin Brillaud a abordé le thème de la généalogie dans l'une de ses vidéos, et a parcouru les archives de Retronews. Résultat : le site n'était plus accessible pendant un temps suite à de trop nombreuses connexions. « Il y a un vrai engouement du public auprès des archives quand elles sont valorisées, note le créateur. La matière brute est géniale, et quand on la rend accessible, tout le monde y gagne. » Les Français, dont l'appétence pour la généalogie est croissante, peuvent donc être rassasiés grâce à la presse, et toutes les histoires qui en découlent. Votre arrière-arrière-grand-père a-t-il été au centre d'une affaire criminelle ? Vos ancêtres ont-ils participé à une grande avancée ? Autant de questions auxquelles vous pouvez trouver des réponses grâce à la presse.
Les formats web permettent à un nouveau public de s'intéresser à la question de la généalogie et des archives. « Elles sont colossales. La clé, c'est la narration. C'est ce qui fait la transmission, la vulgarisation », assure Étienne Manchette [...]

Clément Rodriguez,
20minutes.fr, 26/05/2020.

# UNITÉ 7

1. **Lisez le titre du DOCUMENT 1.** Expliquez, avec vos propres mots, de quoi parle l'article.

2. **Lisez l'article. Vrai ou faux ? Justifiez votre choix en reformulant les idées du texte.**
   a. Retronews est une chaîne Youtube.
   b. Selon Benjamin Brillaud, les Français consultent régulièrement les archives.
   c. Les archives couvrent toute l'Histoire de France.
   d. Les archives sont facilement accessibles.
   e. Les Français aiment de plus en plus retrouver l'histoire de leur famille.

3. **Échangez.** On vous propose de conter une histoire autour d'un thème qui vous est cher. Quelle histoire choisissez-vous ?

4. **PAUSE**
   Observez le DOCUMENT 2. Aimeriez-vous voir cette exposition ? Quelle autre exposition aimeriez-vous voir en ce moment ?

**DOCUMENT 2**

## DOCUMENT 3

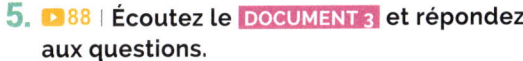

**Les récits de Stéphane Bern** — Europe 1
Antoine de Saint-Exupéry

5. **Écoutez le DOCUMENT 3 et répondez aux questions.**
   a. Quelles sont les dates évoquées ? À quoi correspond chacune d'elles ?
   b. Quels sont les traits de caractère attribués à Saint-Exupéry ?
   c. Quels sont les différents métiers de Saint-Exupéry ?
   d. Quels sont les titres de trois de ces romans cités ?
   e. De quel mystère parle-t-on ?

6. **Repérez dans les documents :**
   a. les formes à la **voix passive**.
   b. les mots pour parler de l'**histoire**, au sens d'événements passés et d'histoires à raconter.
   c. (doc. 1) des verbes synonymes de **raconter**.
   d. 89 le **style**. Est-il plutôt standard, familier ou soutenu ? Pourquoi ?

7. **J'agis !**
   Rédigez un résumé (150 mots), par écrit et dans votre langue, de l'essentiel du document 1 pour un blog d'actualité.

8. **On coopère !**
   Enfilez votre casquette de Sherlock Holmes et tentez de résoudre le mystère Saint-Exupéry ! En groupes, cherchez des informations sur Internet pour relever les indices qui permettent d'éclaircir la disparition de Saint-Exupéry, le 31 juillet 1944. Partagez-les à l'oral. Mettez-vous d'accord sur une histoire à raconter à l'oral. Comparez-la avec celle du groupe voisin.

Antoine de Saint-Exupéry (1900-1944) était un écrivain et un aviateur. Quel est le nom de la compagnie aérienne basée à Toulouse pour laquelle il a travaillé ?

# LA FABRIQUE

## DE LA GRAMMAIRE | La voix passive

### 👁 Observez.
a. 18 vidéos sur de curieux faits historiques seront publiées.
b. 9 vidéastes ont été contactés.
c. Les premiers indices sont mis à jour.
d. La compagnie d'aviation rendue célèbre par des pilotes légendaires.

### ⚙ Réfléchissez.
a. Dans chaque phrase, trouvez les verbes. Quelle phrase est différente ?
b. Dans les trois premières phrases, à quel temps est le verbe *être* ?
c. Dans la dernière phrase, quel mot annonce celui qui fait l'action ?

### ✏ Appliquez.
1. ▶90 | Écoutez ces situations et complétez le tableau.

| élément qui subit l'action | élément qui fait l'action | structure grammaticale |
|---|---|---|
| … | … | … |

2. Transformez ces phrases à la voix passive.
a. Saint-Exupéry a écrit *Vol de nuit*.
b. Retronews a convaincu des youtubeurs de réaliser des vidéos.
c. Un plongeur a découvert la carcasse de l'avion de Saint-Exupéry.
d. Est-ce qu'un jour on coupera les cheveux du Petit Prince ?
e. Retronews met à disposition des milliers d'archives.

3. Imaginez que vous remplacez Stéphane Bern à la radio pour continuer à conter l'histoire de Saint-Exupéry. Utilisez la voix passive.

## DES MOTS

### C'est proche !

Tu me racontes une **histoire** ?
Cette histoire est un **mythe** !
Est-ce que tu connais la **légende** de Merlin ?

ⓐ **Quel mot renvoie à l'imaginaire ? Au général ? Au merveilleux ?**
ⓑ **Quelles différences avec les mots suivants ?**
une fable | un récit | une utopie

### C'est un préfixe !

Il se rend très souvent au petit **aérodrome**.

ⓐ **À votre avis, que signifie le préfixe *aéro-* ?**
ⓑ **Avec votre voisin(e), expliquez les mots suivants.**
aéroport | aérospatial | aérogare | aérophagie | aéronautique

## DES VERBES

Elle m'a **conté** une histoire. Ce qui nous intéresse, c'est de **narrer** des histoires.

ⓐ **Ces deux verbes sont-ils synonymes ?**
ⓑ **Quelles différences avec les verbes suivants ?**
rapporter | réciter | révéler | expliquer | retracer

## DES SONS

### Le style soutenu et les liaisons facultatives

ⓐ ▶91 | Écoutez à nouveau cet extrait. Quelles liaisons facultatives sont prononcées ?
ⓑ ▶92 | Écoutez. Trouvez les liaisons facultatives prononcées. Prononcez ces phrases en style standard.

# L'EXTRAIT ▶93

– Viens, on va voir ta grand-mère.
– Non, non ! Je ne veux pas, je ne peux pas ! Elle ne sait pas que je viens encore ici ! Lâchez-moi ! Lâchez-moi !
– Eh bien, elle va le savoir aujourd'hui !
Elle venait de rentrer de son jardin. Assise sur un banc, elle vidait son panier rempli de légumes.
– Mais qu'as-tu encore fait ? Je t'ai cherchée partout, où étais-tu ?
– À l'école, répondit Monsieur Ndétare [...] Je pense que vous devriez la laisser y aller [...] Vous savez, elle se débrouille très bien, et puis ce serait quand même mieux pour elle. Dans un avenir proche, les illettrés ne pourront plus évoluer dans ce pays sans l'aide d'un tiers. Avouez que c'est difficile de devoir demander à quelqu'un de vous rédiger vos lettres, de vous remplir vos papiers, de vous accompagner dans les bureaux pour la moindre démarche administrative. Et puis, têtue comme elle est, elle est capable de nous réussir un certificat d'études.
Après un moment de silence, la doyenne lâcha son verdict :
– Bon, c'est d'accord. Au moins, plus tard, quand elle ira en ville toute seule, elle pourra reconnaître les noms de bus et lire les noms de rues. Ndakarou, notre capitale, est devenue une ville de Toubabs. Ça lui évitera de se perdre comme il m'arrive parfois [...]
Monsieur Ndétare sourit et prit congé très poliment.
Je continuai à suivre les cours, sans véritable inscription. À la rentrée suivante, un parent qui allait inscrire sa propre fille, abonda dans le sens de l'instituteur et aida ma grand-mère à régulariser ma situation scolaire [...]
Petit à petit, ma grand-mère se passionna pour mes études. Je pensais toujours qu'elle savait lire et écrire, tant elle surveillait mes révisions du soir devant la lampe tempête. Accoudée à la table du salon, je lisais mes leçons à voix haute, puis je fermais les yeux pour essayer de les réciter. Dès qu'elle soupçonnait une hésitation, elle m'ordonnait fermement :
– Relis encore, plusieurs fois, et récite-moi ça mieux !
Alors, je recommençais, encore et encore, jusqu'à ce qu'elle fût satisfaite de la fluidité de ma lecture et de ma récitation. Ce manège anima nos soirées pendant longtemps.

Fatou Diome (écrivaine franco-sénégalaise),
*Le ventre de l'Atlantique*,
Éditions Anne Carrière, 2003.

## 1. DÉCOUVERTE
**a.** Qui sont les personnages ? Quel est le problème ?
**b.** Dans quel pays se situe cette histoire ? Cherchez sur Internet.
**c.** Que savez-vous sur la grand-mère ?

## 2. EXPLORATION
**a.** Dans cet extrait, la narratrice choisit de donner des éléments descriptifs qui permettent de mieux imaginer la scène. Nommez ces éléments.
**b.** Le dialogue est entrecoupé d'indications qui permettent d'attribuer un caractère à chaque personnage. Quels sont-ils ?
**c.** Les points d'exclamation donnent le ton. Quel est le ton dans chaque phrase avec un point d'exclamation ?

## 3. EXPRESSION
**a.** En groupes, discutez : avez-vous déjà vécu ou entendu parler des faits évoqués dans certaines parties de cet extrait ? Racontez.
**b.** En suivant la structure de cet extrait, **racontez un souvenir d'école** (250 mots) vécu avec un ou plusieurs enseignants et une personne de votre famille.

# Au quotidien
*Cette conversation que vous entendrez forcément.*

## 1. ▶94 | ON ÉCOUTE

**Repérez :**
a. le contexte.
b. les personnages principaux.
c. les éléments qui posent problème.
d. les expressions de reproche.
e. les interjections dans le discours de l'homme.
f. ▶95 | l'intonation : Ce sont de « vraies » questions ou des questions rhétoriques (dont on connaît la réponse) ?

## 2. ON ÉCHANGE

### a Avec votre voisin(e)
Que pensez-vous de l'attitude des personnages ? Grâce aux éléments du texte, imaginez leur personnalité. Comparez avec un groupe voisin.

### b En groupes
Cet événement vous renvoie-t-il à une expérience similaire vécue à l'école ? Racontez !

### *Stratégie*
Pour raconter un événement passé, pensez à décrire le contexte de départ, à être précis(e) (une idée, un exemple) et à énoncer vos sentiments à l'époque.

### c En classe
Que diriez-vous à la place de la femme ? Comment aideriez-vous l'homme à comprendre les problèmes ?

**ARTICULATEURS**
{ Conformément à…
Selon…
Comme indiqué dans…

## 3. ON COOPÈRE

**Savez-vous réagir ?**
- Faites des groupes. Ensemble, listez les moyens de réagir à une attaque ou à un reproche (*Exemples : de façon agressive, en évitant le sujet, en faisant un compliment, en étant insolent, en acceptant la remarque, etc.*). Pour chaque moyen, proposez un exemple.
- Individuellement, écrivez deux attaques ou reproches sur un papier.
- Mettez les papiers au milieu.
- Le plus petit (en taille) d'entre vous commence. Il tire un papier. Il envoie l'attaque à un(e) voisin(e). Le / La voisin(e) réagit !

### Reprocher qqch à qqn
Vous auriez pu + *infinitif*
Vous auriez dû + *infinitif*
Vous devriez + *infinitif*
Si vous m'aviez dit…, nous aurions fait…
Vous avez eu tort de la laisser parler.
Tu aurais mieux fait de te taire !

### PHONÉTIQUE
**L'intonation du reproche**
▶96 | **Écoutez et répétez en mettant la bonne intonation.**

# UNITÉ 7

# Au plaisir

*Ces instants culturels qui vous feront du bien.*

### ART

**Attribuez à chaque tableau : une période historique, le personnage représenté et le nom de l'artiste.**

François I$^{er}$ | Napoléon | Marie-Antoinette

Élisabeth Vigée-Lebrun | Jean Clouet | Jacques-Louis David

La Monarchie de Juillet | Le I$^{er}$ empire | La Renaissance

### MUSIQUE

Cherchez cette chanson sur Internet et écoutez-la.
**Complétez le nom du personnage historique.**
« Qui a eu cette idée folle un jour d'inventer l'école ? C'est ce sacré … » (France Gall, 1964)

### LITTÉRATURE

**Attribuez une citation à une œuvre de Saint-Exupéry.**

« On est riche aussi de ses misères. » • • *Citadelle*, 1948.

« On ne voit bien qu'avec le cœur, l'essentiel est invisible pour les yeux. » • • *Pilote de guerre*, 1942.

« Ce qui importe, c'est d'aller vers et non d'être arrivé. » • • *Vol de nuit*, 1931.

« Vous si faible, vous saviez-vous à ce point ange gardienne, et forte, et sage ? » • • *Le Petit Prince*, 1943.

« La nuit […] l'homme renoue ses morceaux et redevient arbre calme. » • • *Lettres à sa mère*, 1955.

### ÉDUCATION

**Répondez à ces questions sur le système scolaire.**
a. Le mot école vient du mot *schöla* (= loisirs studieux). Ce mot est grec ou latin ?
b. En France, quelle classe suit le CP ? Le CE ou le CM ?
c. En Suisse, comment s'appelle l'école après le collège ? Le lycée ou le gymnase ?
d. Au Québec, à quoi équivaut la 1$^{re}$ secondaire ? À la 6$^e$ ou la 5$^e$ ?
e. En Belgique, à la fin du lycée, il y a un baccalauréat ? Vrai ou faux ?

### CINÉMA

**Attribuez un événement historique à ces films francophones.**

*De Gaulle* (2020) • • La guerre de cent ans (1337-1453)

*Jeanne* (2019) • • La première guerre mondiale (1914-1918)

*Un peuple et son roi* (2018) • • La seconde guerre mondiale (1939-1945)

*J'accuse* (2019) • • La Révolution française (1789)

*Un long dimanche de fiançailles* (2004) • • L'affaire Dreyfus (1894-1906)

# mémo

→ Outils de la classe p. 189   → Cahier d'activités p. 92-105

## Stratégie

> Pour mémoriser un mot, répétez-le une fois, deux fois, trois fois… jusqu'à ce qu'il rentre dans votre tête !

## L'éducation

**Le système scolaire**
- la classe verte / découverte
- une note > un classement
- une pédagogie alternative
- être en (+ classe)
- être interne ≠ externe

**Étudier**
- apprendre par cœur
- décrocher du système
- progresser
- réussir ≠ échouer, se planter
- se former

**Se professionnaliser**
- avoir un projet professionnel
- être en alternance
- passer du temps en atelier
- signer un contrat d'apprentissage
- suivre une formation

## L'Histoire

**Un événement**
- une affaire (criminelle)
- un ancêtre, un vétéran
- une archive, un vestige
- une date, une période
- un fait (historique)

**Découvrir l'histoire**
- fouiller dans les archives
- mettre au jour
- plonger dans l'histoire
- retrouver la trace de qqn
- révéler une histoire

**Un trésor caché**
- une énigme
- un indice
- un mystère
- un mythe, une légende
- une preuve

## Accessible

**C'est être…**
- …à portée de main
- …atteignable
- …compréhensible
- …facile d'accès
- …intelligible

**Raconter**
- conter
- narrer
- rapporter
- réciter
- vulgariser

**Transmettre**
- diffuser un savoir
- faire passer
- garder le souvenir
- perpétuer l'histoire
- véhiculer des connaissances

---

**1.** La professionnalisation et le système scolaire général : quels sont les points positifs et les points négatifs de chacun ? **Discutez-en avec votre voisin(e).**

**2.** Question d'un forum : comment découvrir les trésors cachés de l'Histoire ? **Répondez à cette question en quelques lignes.**

### LE GRAND ORAL

En groupes, vous avez cinq minutes pour répondre à la question : Votre arrière-grand-père a-t-il été au centre d'une affaire criminelle ?

**Les contraintes :**
1. Les membres du groupe peuvent vous faire des reproches en direct.
2. Placez « selon » et « conformément à ».

**ANTISÈCHE 1**
Conformément à…
Selon…
Comme indiqué dans…

**ANTISÈCHE 2**
Je peux vous confier qqch / un secret ?
Je vais vous dire qqch mais ne le répétez à personne.
J'ai un aveu / une confidence à vous faire.

# UNITÉ 7

## Le conditionnel présent et passé • La voix passive

> *Le Petit Prince* a été publié en 1943. Bien que ce soit une histoire pour enfants, il est décrit comme un conte philosophique pour adultes. Antoine de Saint-Exupéry s'est laissé inspirer par sa relation avec son ami Mermoz pour écrire ce livre. Le Petit Prince ne comprend pas le monde qui l'entoure : il aurait aimé que les adultes soient moins étranges ; il aurait voulu protéger sa rose ; il aurait souhaité apprivoiser son renard. Vous devriez le lire !

**1.** Lisez cette information et retrouvez :
- les verbes au conditionnel.
- les phrases à la voix passive.

**2.** Transformez les phrases à la voix passive.
  a. Ils ont créé la fondation Saint-Exupéry en 2009.
  b. L'avenir pourra, un jour, rattraper le passé.
  c. En France, on a remplacé les écoles de filles et de garçons par des écoles mixtes.
  d. En France, le ministère de l'Éducation nationale a modifié le baccalauréat.
  e. Son employeur a licencié cette enseignante.

**3.** Par deux, l'un de vous exprime des regrets et l'autre des reproches au conditionnel, à l'aide des contextes suivants.
  a. À l'école : manque de travail.
  b. Au travail : retard.
  c. En famille : manque de participation à la vie quotidienne.
  d. En couple : manque d'écoute.
  e. Dans les transports : manque de politesse.

**4.** Par deux, rédigez une anecdote sur un fait historique concernant votre pays. Utilisez la voix passive et exprimez un ou plusieurs regrets.

### Le conditionnel présent et passé

➡ Le **conditionnel présent** se forme à partir de l'infinitif + les terminaisons de l'imparfait.
**Attention !** Quand l'infinitif se termine en *-re*, on supprime le *-e* final.

➡ Le **conditionnel passé** se forme avec *avoir / être* (au conditionnel présent) + participe passé.

➡ Il peut exprimer :
- la politesse (présent)
  *Est-ce que je pourrais t'emprunter ce livre ?*
- un souhait (présent)
  *J'aimerais avoir des cours de psychologie.*
- un conseil (présent)
  *Tu devrais te taire !*
- un événement non confirmé (présent ou passé)
  *Il y aurait 99 % de réussite au baccalauréat cette année.*
- une hypothèse (présent)
  *Si tu avais de l'argent, qu'achèterais-tu ?*
- un regret (passé)
  *J'aurais aimé être écrivain.*
- un reproche (passé)
  *Tu aurais pu me prévenir !*

### La voix passive

➡ se forme :
- avec l'auxiliaire *être* (au temps de la voix active) + participe passé.
  *Le chat mangera la souris.* ➡ *La souris sera mangée par le chat.*
- avec « par » pour indiquer l'objet ou sans rien si l'objet n'est pas connu.
  *La Tour Eiffel a été construite à la fin du XIXᵉ siècle.*

**Attention !** Certains verbes sont suivis de « de » (apprécié, adoré, décoré, entouré, équipé, précédé, suivi, etc.)

➡ insiste sur le sujet qui subit l'action.
*La souris est mangée par le chat.*

➡ valorise un fait même si l'on ne connaît pas le sujet.
*La Joconde a été retrouvée.*

➡ accentue la responsabilité ou la passivité du sujet.
*La souris s'est laissé manger.* (= Cette idiote n'a pas cherché à se défendre !)
*La souris s'est fait manger.* (= Elle aurait dû courir plus vite !)

# #LaMinuteCulturelle

## Le vol de la Joconde  quiz vidéo 4

▶ **Vous avez 2 minutes ?**

▶4 | Regardez la vidéo et indiquez le lien entre la discussion des filles et l'événement historique.

▶ **Vous avez 5 minutes ?**

Racontez l'histoire du vol de la Joconde.

▶ **Vous avez 15 minutes ?**

En groupes, choisissez un événement historique et racontez-le en 2 min. Filmez-vous !

# Mission

## Des cours accessibles

*« Selon moi, on devrait avoir des cours d'avenir à l'école et non pas des cours d'Histoire. »*

**Aidez cet enseignant à se faire entendre !**

 **En groupes.** Une personne explique les consignes : faites une liste de contenus potentiels des cours d'avenir. Pour chaque contenu évoqué, justifiez précisément votre choix. Sélectionnez les quatre contenus les plus pertinents. Un rapporteur prend des notes.

 **En classe.** Les rapporteurs donnent leurs notes au présentateur qui expose, à l'oral, les idées de chaque groupe.

 **Individuellement.** À partir des idées exposées, **écrivez une lettre** au ministère de l'Éducation nationale dans laquelle vous reprochez l'inutilité des cours d'Histoire et exposez vos souhaits de cours d'avenir. Astuce : Utilisez le conditionnel présent et passé.

 **Objectifs**

- Donner des consignes claires pour un travail en groupe.
- Se servir des idées des autres de façon cohérente.
- Rédiger une lettre de reproches.
- Utiliser le conditionnel présent et passé.
- Utiliser le lexique du système éducatif.

# Engagé(e)

**adj.**
qui n'est pas là pour plaisanter !

UNITÉ 8

114 | **SITUATIONS**
- ❶ **Fabriquer** des solidarités
- ❷ **Mettre** tout le monde à égalité
- ❸ **Soutenir** une cause

117 | **LA FABRIQUE**

118 | **SITUATION**
- ❹ **Réparer** des injustices

120 | **LA FABRIQUE**

121 | **L'EXTRAIT**

122 | **L'OPINION**

124 | **MÉMO**

126 | **MISSION**
S'engager à rire

SITUATION 1

# Fabriquer des solidarités

DOCUMENT 1

**Le Monde Afrique** • Burkina Faso

## « Toi le Yadga mangeur de riz, tu es mon esclave » : pour rire et faire la paix, les Burkinabés s'insultent

Contrairement aux apparences, il ne s'agit ni d'une dispute alcoolisée ni d'un règlement de comptes « inter-ethnique », mais de banales railleries entre un Yadga et un Gourmantché, deux communautés burkinabées « *alliées à plaisanterie* ». […]

Au Burkina Faso, que ce soit entre amis, dans la rue, au travail et même jusque dans les couloirs de conférences officielles, on n'hésite pas à s'envoyer des piques, parfois très acérées, déclenchant des scènes souvent cocasses. On aime à raconter que, lors d'un sommet de haut rang, le président rwandais s'était étonné de voir le maître de cérémonie chambrer son homologue Blaise Compaoré. « *C'est un Samo, il peut même m'enlever mes chaussures s'il le souhaite !* », lui aurait rétorqué l'ancien dirigeant burkinabé, en riant. Plus qu'un simple jeu, le *rakiiré*, art de la rhétorique et de la dérision, est considéré par les universitaires comme un outil de décrispation et de cohésion sociale. C'est à ce titre que la tradition de la « parenté à plaisanterie » du Niger est même classée au patrimoine culturel immatériel de l'Unesco depuis 2014 […]

Dans ce pays composé d'une soixantaine d'ethnies, chaque groupe est ainsi relié à un autre, parfois à plusieurs, par un impératif d'entraide, de respect et de tolérance. Se chamailler entre « alliés » est une manière d'honorer ces liens ancestraux. « *Chacun joue à démontrer l'infériorité de l'autre, en évoquant des légendes communes ou des stéréotypes, ce sont de vrais clins d'œil culturels !* », explique le sociologue. Ainsi, ne soyez pas surpris d'entendre un Bissa qualifier un Gourounsi de « *mangeur de chien* » ou un Peul appeler son ami Bobo « *vilain buveur de dolo* », la bière de mil […]

C'est une sorte de « *machine à fabriquer des solidarités* », selon la formule du chercheur burkinabé Amadé Badini […] « *En ville, cette pratique commence pourtant à se perdre, certains n'en connaissent même pas les règles* », explique Timothée Mano, qui veut promouvoir « *la tradition de ses ancêtres* ». Comme lui, Mindieba Ouali, un éducateur social de 34 ans qui a rejoint l'association dès sa création, a appris l'art de la raillerie enfant, « *en regardant faire les anciens au village* ». Chez lui, à Sakpani, dans l'Est, la « parenté à plaisanterie » s'invite même lors des funérailles, au cours desquelles on s'amuse à bloquer l'accès au tombeau ou à voler le corps du défunt contre rançon pour détourner les familles de leur douleur. « *Ces coutumes font partie de notre culture, elles nous enseignent la fraternité et l'acceptation de la différence. Malheureusement, certains jeunes ont perdu ces valeurs et ne connaissent pas tous ces liens qui nous unissent* », s'attriste le jeune homme. ●

Sophie Douce, *Le Monde*, 17/01/2020.

---

**1. Observez le titre puis lisez le DOCUMENT 1. Répondez.**
   a. Quel est le lien entre le rire et les insultes ?
   b. Dans quel contexte ce type d'humour est-il fréquemment rencontré au Burkina Faso ?
   c. Qu'est-ce que le *rakiiré* ?
   d. En quoi cette tradition participe-t-elle à rapprocher et à créer des solidarités ?
   e. Quel regret est exprimé à la fin du texte ?

**2. Par groupes, retrouvez dans le texte deux blagues en lien avec des stéréotypes.**
   a. Imaginez la signification de ces blagues.
   b. Choisissez une blague de votre pays et expliquez-la à votre voisin(e).

**3. Repérez :**
   a. deux mots qui permettent d'**opposer des idées**.
   b. les mots qui se rapportent à l'**humour** et classez-les (verbes, noms, adjectifs, etc.).
   c. un verbe qui est un synonyme de **répliquer**, **riposter**.

**4. 👉 Échangez.** En quoi l'humour peut-il rapprocher les individus ?

SITUATION ❷                                        UNITÉ 8

# Mettre tout le monde à égalité

**1.** Lisez le DOCUMENT 1.

**a** **Par deux, répondez :** Comment Raymond Devos définit-il le rire ? Reformulez.

**b** **En groupes, inventez une courte définition :** à la manière de Raymond Devos, en commençant par « Le rire est… ».

**c** **En classe, partagez votre définition.** Choisissez la définition avec laquelle vous êtes le plus d'accord et expliquez pourquoi.

**2. PAUSE**

Et vous, qu'est-ce qui vous fait rire ? Partagez avec votre voisin(e) votre meilleur fou rire.

DOCUMENT 1

« Le rire est une chose sérieuse avec laquelle il ne faut pas plaisanter. »
Raymond Devos

**DOCUMENT 2**

**À L'AFFICHE** — FRANCE 24

**Haroun : « L'humour remet tout le monde à égalité »**

**3.** ▶97 | **Écoutez le DOCUMENT 2 et répondez aux questions.**

a. Comment s'appelle l'invité ? Quel est son métier ?

b. Qu'est-ce qui caractérise son style ?

c. Comment a-t-il décidé de faire ce métier ?

d. Selon lui, que permet le rire ?

e. Est-ce que l'invité considère qu'il y a de plus en plus de tabous ? Pourquoi ?

**4. Repérez dans le document 2 :**

a. les mots qui permettent d'exprimer l'**opposition** (*non*) ou la **concession** (*oui, mais…*).

b. les mots qui se rapportent au **rire**.

c. ▶98 | les **ellipses** : quel mot manque-t-il ?

**5.** ✏️ | **J'agis !**

**Rédigez un mail** (200 mots), dans votre langue, à un(e) humoriste de votre pays pour expliquer le point de vue de Haroun : « L'humour remet tout le monde à égalité ». Utilisez l'opposition ou la concession pour donner votre avis.

**6.** 🗣️ | **On coopère !**

**En groupes, préparez une émission sur la question « Peut-on rire de tout ? ».**
Désignez deux présentateurs qui posent des questions et récapitulent les idées pour relancer la discussion. Les invités défendent leur point de vue avec des arguments précis préparés à l'avance.

## Culture +

**Raymond Devos**, **Coluche** et **Pierre Desproges** font partie des personnalités les plus célèbres de l'humour français du XXᵉ siècle. Lequel était aussi très engagé politiquement ?

SITUATION 3

# Soutenir une cause

**DOCUMENT 1**

**marieclaire**  Marie Claire → Célébrités → Vie des people → Interviews de Stars

### Laurent Sciamma : « Ma honte d'être un homme a toujours été là »

Par Morgane Giuliani Le 04/03/2020

Dans son seul-en-scène *Bonhomme*, Laurent Sciamma défend un humour respectueux, qui lutte contre les injonctions d'une masculinité toxique, socle du sexisme. Privilégié qui veut soutenir la cause, l'humoriste se confie avec ferveur et autodérision.

Que les plus frileux se rassurent. Pendant plus d'une heure trente, on hurle de rire face à ce personnage qui n'hésite pas à employer le ridicule pour faire passer son message : les hommes doivent se décider à écouter, se remettre en question, et faire mieux […]

**Que répondez-vous à ceux qui disent que l'humour n'est pas politique ?**
Je dis qu'ils se trompent, que c'est toujours politique, que rire ensemble de quelque chose, d'une histoire, de quelqu'un, c'est tout le temps politique, et ne pas s'en rendre compte, c'est ne pas déconstruire l'endroit à partir duquel on parle […]
Encore une fois, il ne s'agit pas de mettre tout le monde dans le même sac ou dire que ce qu'ils sont est de leur faute : on ne choisit pas où on nait, dans quel milieu, sa couleur de peau... par contre on peut décider de ce que l'on peut faire de ce pouvoir en plus […]

**Revenons à votre spectacle, *Bonhomme*. Pourquoi le consacrer aux questions de genre, et notamment, de masculinité ?**
Ça part d'un désir de donner à voir un personnage qui me ressemble, de faire de la comédie à partir de mon clown intérieur. C'est celui d'un garçon sensible, tendre, avec de l'autodérision. Lorsque je dis que je ne suis pas viril, que j'aimais pas le judo, que je me faisais valdinguer par mes camarades, que je grandissais avec des sœurs qui ne me laissaient jouer qu'avec la Barbie flinguée : tout ça fabrique de la comédie […]

**Vous a-t-on déconseillé de vous concentrer sur ce sujet, en tant qu'homme ?**
Dans mon entourage, pas du tout […] Par contre, quand je faisais des plateaux d'humoristes, où, souvent, il y avait une majorité de garçons, voire que des garçons, qui proposent de la comédie pas très engagée, j'avais tendance à me censurer par peur d'avoir l'air d'un donneur de leçon, d'être trop sérieux dans un moment où le mec avant parle des petites choses du quotidien […]

**Une phrase du spectacle m'a particulièrement marquée. Vous dites : « J'ai honte d'être un homme ».**
Je pense que cette honte a toujours été là […] « J'ai honte d'appartenir à un genre qui opprime un autre et de vivre dans un monde qui s'en accommode ». C'est la même chose que quand un joueur de foot noir se fait insulter, et de voir que les joueurs blancs ne quittent pas le terrain. Pourtant, c'est le problème de tout le monde […]

**Ce spectacle, c'est la preuve ultime que oui, on peut rire énormément, sans se moquer des femmes ou de minorités opprimées, contrairement à ce que soutiennent encore beaucoup d'humoristes.**
J'avoue ne pas avoir eu beaucoup de conversations avec des humoristes, mais je pense qu'une partie de la nouvelle génération a une grande envie d'inventivité et cherche de nouvelles façons de rire. Sinon, j'ai fait ça très très seul, dans mon coin.

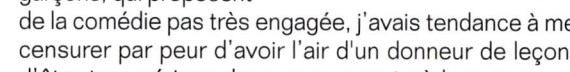

## 1. SEUL

**a** Lisez le DOCUMENT 1 et relevez les idées exprimées par Laurent Sciamma sur :
l'humour | la masculinité | la cause qu'il soutient.

**b** Repérez les mots qui expriment l'**opposition** ou la **concession**.

## 2. EN GROUPES

**a** Partagez votre travail.
**b** Ensemble :
**a.** Choisissez une cause à défendre. Décrivez l'écart entre la cause et la réalité. Utilisez les mots repérés en 1**b**.

**b.** Préparez un argumentaire à l'écrit pour convaincre vos camarades de défendre votre cause. → Fiche L'argumentaire, p. 198

## 3. EN CLASSE

**a.** Vérifiez les mots relevés en 1**b** et enrichissez la liste à partir d'autres mots que vous connaissez.
**b.** Lisez votre argumentaire à la classe. Votez pour les trois discours les plus convaincants.
**c.** Créez la page web « La classe engagée » et présentez-y les causes de ces trois discours.

# LA FABRIQUE

UNITÉ 8

## DE LA GRAMMAIRE | L'opposition et la concession

### 👁 Observez.
a. En ville, cette pratique commence **pourtant** à se perdre.
b. **Contrairement aux** apparences, il ne s'agit ni d'une dispute alcoolisée ni d'un règlement de comptes.
c. Les tabous augmentent **alors que** je pense que c'est quelques personnes qui mettent la pression.
d. Je ne pense pas qu'il y ait de vrais tabous internes, **mais** il y a des tabous sociaux.

### ⚙ Réfléchissez.
a. Quelles expressions indiquent une opposition marquée entre deux idées ?
b. Quelles expressions indiquent une nuance (= concession) ou une contradiction avec un résultat attendu ?
c. Dans la phrase c, remplacez l'expression « alors que » par « même si ». Laquelle exprime une opposition plus marquée ?

### ✏ Appliquez.
1. ▶99 | Écoutez et notez les mots qui expriment l'opposition ou la concession. Lesquels sont suivis d'un verbe à l'indicatif ? D'un verbe au subjonctif ?

2. Choisissez la proposition qui convient.
a. *Même si / Bien qu'* il y ait des sujets plus sensibles, on est capable de rire de beaucoup de choses.
b. *Contrairement à / Pourtant* ce que l'on croit, l'humour peut être une chose sérieuse.
c. Le *rakiiré* est une tradition encore présente au Burkina Faso aujourd'hui. *Toutefois / Alors que* les plus jeunes le pratiquent de moins en moins.
d. *Par contre / Même si* j'aime beaucoup cet humoriste, je ne pense pas que j'irais voir son spectacle.

3. Dans un podcast de 2 minutes, exprimez votre opinion sur l'humour engagé. Utilisez l'opposition et la concession.

## DES MOTS

### C'est un piège !

On pouvait **voir** qu'il y avait une majorité de garçons, **voire** que des garçons.

ⓐ **Lequel est un verbe ? Lequel est une conjonction ?**

ⓑ **Reformulez la phrase sans utiliser le mot « voire ».**

### C'est une expression !

Il ne s'agit pas de **mettre tout le monde dans le même sac** ou dire que ce qu'ils sont est de leur faute.

ⓐ **Expliquez cette expression, puis traduisez-la dans votre langue.**

ⓑ **Observez ces expressions. D'après vous, que signifient-elles ?**
Prendre la main dans le sac | Vider son sac | Avoir plus d'un tour dans son sac

## DES VERBES

**Rétorquer** est un synonyme de « répliquer » ou « riposter ».

ⓐ **Ces verbes permettent d'exprimer son opinion. Permettent-ils d'exprimer une idée similaire à celle de son interlocuteur ou une idée contraire ?**

ⓑ **Trouvez d'autres verbes qui permettent d'exprimer son opinion.**

## DES SONS

### L'ellipse de « il »

**Prononcez rapidement.**
a. Il n'y a pas de rire sans humour.
b. Je ne pense pas qu'il y ait une solidarité féminine.
c. Je crois qu'il y a un modèle d'humour en France.
d. C'est possible qu'il y ait des blagues pas drôles.

SITUATION ❹

# Réparer des injustices

DOCUMENT 1

## Claire Gibault, cheffe d'orchestre qui dénote

Télérama

*Née en 1945 au Mans, élevée dans l'amour de la musique par un père professeur de solfège et trompettiste, Claire Gibault a longtemps fait figure de pionnière, mais aussi d'exception dans un monde musical où la direction demeure un bastion masculin [...] Musicienne engagée, elle n'a cessé de militer contre toutes les formes de discriminations. En mars, cette longue dame brune, à la voix ferme et douce, co-organise avec la Philharmonie un concours unique au monde, La Maestra [...]*

**Pourquoi lancer un concours réservé aux cheffes?**

En septembre 2018, je me suis retrouvée à Mexico la seule femme dans le jury d'un concours international de chefs d'orchestre. Dès le premier jour, un confrère me déclare: « *Madame, mon médecin assure que, biologiquement, les femmes ne peuvent pas diriger des orchestres.* » J'éclate de rire, lui réponds que je suis cheffe depuis longtemps, et que je ne me suis jamais sentie biologiquement bizarre [...]

**Le jury de La Maestra compte autant de chefs que de cheffes.**

Parce que ce n'est pas un concours contre les hommes! On a programmé deux éditions, la seconde en 2022. D'ici là, si les statistiques montrent une croissance du nombre de directrices musicales, ce concours n'aura plus lieu d'être. Il s'agit de réparer des injustices, de rappeler qu'une dizaine de cheffes seulement tournent dans le monde entier, et font un peu figure de cache-misère [...] J'espère aussi qu'il y aura, pour la deuxième édition, plus de candidates issues de la diversité. Parce qu'il faut se battre sur tous les fronts, sans isoler la lutte pour la parité femmes-hommes des luttes contre les autres

discriminations — le racisme, l'antisémitisme, l'homophobie.

**Jeune cheffe, vous n'auriez pas forcément vu cette compétition d'un bon œil?**

J'avais alors beaucoup de presse, ce qui était peut-être injuste par rapport à mes copains chefs du même âge et du même niveau, dont on ne parlait pas. Ça peut être confortable de se sentir unique. Quand on débute, il faut foncer, ne pas être susceptible, avoir du (sale) caractère... Et se croire meilleure que les autres, sinon on n'y va pas [...]

**Comment diriger sans modèle auquel se référer?**

C'était difficile. Au fond, je cherchais à ressembler aux hommes. Bien plus tard, j'ai choisi ma propre voie, mais il a fallu tout un chemin personnel pour y arriver. Je dirige aujourd'hui avec plus d'humilité, parce que je me sens moins en représentation. Claudio Abbado a été inspirant pour moi. Il y avait une douceur chez lui, il ne mettait jamais en avant sa virilité. J'attends aussi des femmes cheffes qu'elles ne mettent pas leur féminité en avant. Seule la personnalité importe [...]

**Vous avez donc fondé le Paris Mozart Orchestra, au sein duquel la parité s'impose à la tête des pupitres...**

[...] Nous sommes tous payés pareil, parce que je n'aime pas le star-system, et je ne me sens pas supérieure à eux. Nous avons tous signé une charte citoyenne, contre toutes les discriminations. Nous pratiquons l'autorité partagée, un concept que je dois aussi à Abbado: quand un chef a de bons instrumentistes, il est là pour choisir le tempo, le style et pour inspirer ses musiciens, pas pour les contraindre à jouer ensemble, ce qu'ils feraient très bien tout seuls! Il faut du respect et de la confiance. Et quel confort de diriger un orchestre qui vous fait confiance!

Sophie Bourdais,
*Télérama*, 28/02/2020.

# UNITÉ 8

**1.** Lisez le titre du DOCUMENT 1. Qu'est-ce que l'orthographe du mot « cheffe » indique ? Traduisez ce mot dans votre langue.

**2.** Lisez l'article puis répondez aux questions avec vos propres mots.
   a. D'où vient l'idée de créer un concours réservé aux cheffes ?
   b. À quel préjugé Claire Gibault a-t-elle été confrontée ?
   c. Pourquoi dit-elle qu'il faut se battre sur tous les fronts ?
   d. Qu'a-t-elle dû faire quand elle était jeune cheffe ?
   e. En quoi peut-on dire que la parité existe au sein du Paris Mozart Orchestra ?

**3.**  **Échangez.** Réagissez ensemble à la citation du médecin : « *Biologiquement, les femmes ne peuvent pas diriger des orchestres.* » Diriez-vous que biologiquement, les femmes ne peuvent pas toujours faire ce que font les hommes ?

### DOCUMENT 2

Les femmes « culottées » dessinées par Pénélope Bagieu.

**4. PAUSE**

Observez le DOCUMENT 2. Que signifie « être culotté » ? Connaissez-vous des femmes culottées ? Et vous, est-ce que vous avez du culot ? Partagez une anecdote à votre voisin(e).

### DOCUMENT 3
**YESSS #21 — WARRIORS ET BRICOLAGE**
*Un podcast de warriors*

**5.** ▶100 | Écoutez le DOCUMENT 3. Dites si ces affirmations sont vraies ou fausses. Justifiez votre choix en reformulant ce que vous entendez.
   a. C'est un podcast sur les femmes qui savent bricoler.
   b. Stéphanie a commencé le bricolage très tard dans sa vie.
   c. Elle avait une situation professionnelle précaire lorsqu'elle était mariée.
   d. Elle n'a jamais eu la chance de faire des études.
   e. Elle souhaite être un exemple pour les plus jeunes.

**6.** Repérez dans les documents :
   a. différentes manières d'exprimer la **condition**.
   b. les mots en lien avec la lutte contre les **injustices** et avec les **discriminations de genre**.
   c. (doc. 1) un verbe synonyme de **ressembler à** et **apparaître comme**.
   d. ▶101 | la phrase prononcée avec assurance et la phrase prononcée avec **hésitation**.

**7.**  | **J'agis !**

Écrivez un témoignage (200 mots) pour raconter la dernière fois où vous avez été fier(e) de vous.

**8.**  | **On coopère !**

Vous participez à l'atelier « Changez de lunettes. Portez un regard neuf sur le monde qui vous entoure ».
Chaque groupe choisit un environnement différent : travail, école, maison, transports, loisirs. En groupes, discutez et élaborez des idées. Chaque groupe propose un support visuel avec des dessins et des informations chiffrées à partager sur le réseau social de la classe.

**Pénélope Bagieu** est une dessinatrice de bande dessinée française. Elle est notamment connue pour son ouvrage *Les Culottées* dans lequel elle relate et illustre la vie de femmes fascinantes qui ont marqué l'Histoire. Sa BD a été adaptée en 2020 : en film ou en série ?

# LA FABRIQUE

### DE LA GRAMMAIRE | La condition

👁 **Observez.**
**a.** C'est des choses que j'aurais faites des dizaines de fois si j'avais été élevée comme un garçon.
**b.** Si les statistiques montrent une croissance du nombre de directrices musicales, ce concours n'aura plus lieu d'être.
**c.** Quand on débute, il faut foncer et se croire meilleure que les autres, sinon on n'y va pas.

⚙ **Réfléchissez.**
**a.** Dans chaque phrase, identifiez la condition et son résultat.
**b.** Quels mots introduisent la condition ? Quelle est la particularité de la phrase **c** ?
**c.** Quelle phrase parle d'une situation qui ne s'est pas réalisée ? Comment le sait-on ? Pour les deux autres phrases, quels sont les éléments qui indiquent que c'est réalisable ?

✏ **Appliquez.**
**1. Relevez les mots qui introduisent la condition.**
**a.** En supposant que le nombre de femmes cheffes d'orchestre augmente, il ne sera plus nécessaire d'organiser ce concours.
**b.** Il y aura toujours des discriminations, sauf si on s'engage pour les faire disparaître.
**c.** On peut devenir chef d'orchestre, à condition d'avoir du caractère.
**d.** Elles savent très bien se débrouiller, pourvu qu'on leur laisse leur chance.

**2. Écrivez des phrases à partir des éléments indiqués, en utilisant l'expression de la condition.**
**a.** savoir bricoler | aimer les travaux manuels
**b.** se débrouiller tout(e) seul(e) | avoir confiance en soi
**c.** changer le monde | se battre contre les injustices
**d.** instaurer la parité | accepter que tout le monde soit payé pareil

**3. Écrivez trois phrases exprimant trois conséquences positives de la parité hommes / femmes. Utilisez trois formes différentes pour la condition.**

## DES MOTS

### C'est polysémique !

Quand on débute, il ne faut pas être **susceptible**. Votre projet est **susceptible** de nous intéresser.

**ⓐ** Dans quelle phrase le mot « susceptible » exprime-t-il un trait de caractère ? Comment comprenez-vous le deuxième sens de ce mot ?
**ⓑ** Écrivez deux exemples avec un sens différent.

### C'est familier !

Elles ont l'art de la **débrouille**.

**ⓐ** Que signifie cette phrase ? Choisissez la **réponse la plus proche.** Elles sont créatives. | Elles sont astucieuses. | Elles sont organisées.
**ⓑ** Observez puis classez du moins familier **au plus familier.** On va se débrouiller. | On va se démerder. | On va y arriver.

## DES VERBES

**Faire figure de** est une locution verbale qui signifie « apparaître comme », « ressembler à ».

**ⓐ** Quel mot indique l'idée d'apparence ou de ressemblance ?
**ⓑ** Retrouvez une autre occurrence de la locution dans le document 1 de la Situation 4. Que signifie cette phrase ?

## DES SONS

### L'hésitation

**ⓐ** ▶102 | Écoutez à nouveau cet extrait. Quels mots marquent l'hésitation ?
**ⓑ** ▶103 | Écoutez ces extraits. Quels mots sont répétés ?

# L'EXTRAIT ▶104

**UNITÉ 8**

La jeune fille de dix-neuf ans retient un sourire. Si elle ne provoquait pas son père, celui-ci ne daignerait même pas lui adresser un regard. Elle sait que son existence n'intéressera le patriarche que lorsqu'un parti de bonne famille, c'est-à-dire une famille d'avocats ou de notaires, comme la leur, souhaitera l'épouser. Ce sera alors la seule valeur qu'elle aura aux yeux de son père – la valeur d'épouse. Eugénie imagine sa colère lorsqu'elle lui avouera qu'elle ne souhaite pas se marier. Sa décision est prise depuis longtemps. Loin d'elle une vie comme celle de sa mère, assise à sa droite – une vie confinée entre les murs d'un appartement bourgeois, une vie soumise aux horaires et aux décisions d'un homme, une vie sans ambition ni passion, une vie sans voir autre chose que son reflet dans le miroir – à supposer qu'elle s'y voie encore –, une vie sans but autre que de faire des enfants, une vie avec pour seule préoccupation de choisir sa toilette du jour. Voilà, c'est tout ce qu'elle ne souhaite pas. Autrement, elle souhaite tout le reste.

À gauche de son frère, sa grand-mère paternelle lui confie un sourire. Le seul membre de la famille qui la voie vraiment, telle qu'elle est : confiante et fière, pâle et brune, le front intelligent et l'œil attentif, l'iris gauche marqué d'une tache sombre, observant tout et notant tout en silence – surtout, l'urgence de ne pas se sentir limitée, ni dans son savoir ni dans ses aspirations – une urgence telle qu'elle lui tord parfois l'estomac [...]

Eugénie lève le visage vers son père.

– Lorsque vous évoquez une jeunesse réfléchie, vous parlez des garçons et des filles, n'est-ce pas, papa ?

– Je te l'ai déjà dit : la place des femmes n'est pas en public.

– Il est triste d'imaginer un Paris fait seulement d'hommes.

– Cesse, Eugénie.

– Les hommes sont trop sérieux, ils ne savent pas s'amuser. Les femmes savent être sérieuses, mais elles savent rire également.

– Ne me contredis pas.

– Je ne vous contredis pas : nous discutons.

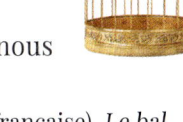

Victoria Mas (écrivaine française), *Le bal des folles*, Éditions Albin Michel, 2019.

## 1. DÉCOUVERTE

**a.** Quelle relation la jeune fille entretient-elle avec chacun des membres de sa famille ?

**b.** Quels sont ses souhaits pour l'avenir ?

**c.** Quel désaccord peut-on percevoir entre les deux personnages dans le dialogue ?

## 2. EXPLORATION

**a.** En littérature, il existe trois types de narrateur : le narrateur interne (personnage qui raconte à la 1ᵉ pers.) ; le narrateur externe (qui raconte à la 3ᵉ pers. sans connaître les pensées et émotions des personnages) ; le narrateur omniscient (qui raconte à la 3ᵉ pers. et connaît les pensées et émotions des personnages). Quel est le type de narrateur dans cet extrait ?

**b.** La première partie de l'extrait décrit les pensées de quel personnage ? Relevez les mots qui l'indiquent.

**c.** La deuxième partie de l'extrait est un dialogue. Quels sont les éléments qui permettent de suivre les échanges entre les personnages ?

## 3. EXPRESSION

**a.** En groupes, partagez votre ressenti sur cet extrait. Qu'est-ce que vous avez aimé et pourquoi ?

**b.** En suivant la structure de cet extrait, **racontez une scène que vous avez vécue** (250 mots). Écrivez une partie qui raconte vos pensées à la troisième personne (narrateur omniscient), puis un dialogue entre différents personnages.

# L'opinion

  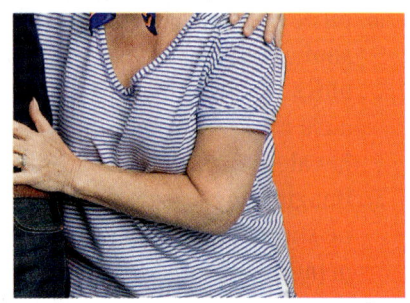

 ## SUJET

**Le rire peut-il changer le monde ?**

**INVITÉS** 2'24
L'équipe de la web-série
« Et tout le monde s'en fout » :
Fabrice DE BONI
Axel LATTUADA
Marc DE BONI

### 1. ▶105 | ON ÉCOUTE

**Quelles opinions entendez-vous ?**
a. Le rire semble être une solution essentielle pour changer le monde.
b. Le rire ne doit pas parler de sujets trop durs.
c. Tout le monde n'a pas la même manière de rire.
d. L'autodérision est la meilleure forme d'humour.
e. Le rire permet d'éviter les tensions.
f. Le rire est bon pour la santé.

### 2. ON RÉAGIT

**Échangez avec votre voisin(e).**
Avec quelles opinions êtes-vous d'accord ou pas d'accord ?
Protestez contre celles avec lesquelles vous n'êtes pas d'accord.

### 3. ON DISCUTE • 10 min. | En groupes

**UN sujet**
Le rire peut-il changer le monde ?

**UN animateur**
- donne la parole
- relance la discussion
- invite à argumenter

**DES invités**
- **deux groupes :** des défenseurs du rire comme arme pour changer le monde ; des personnes qui pensent que le rire est inutile pour changer le monde
- **une prise de position engagée :** réagir en protestant
- **3 arguments** par invité

---

**Protester**

Ah non ! C'est impossible !
C'est inacceptable que + *subj.*
C'est une honte !
Je proteste !
Vous vous moquez de moi !

# UNITÉ 8

## Ces opinions qui nous font réagir.

 ## SUJET

**La discrimination positive peut-elle réparer les injustices ?**

La discrimination positive vise à favoriser les individus qui sont systématiquement désavantagés, de manière à ce que la situation soit plus équilibrée. L'efficacité des politiques de discrimination est souvent remise en question.

*Vous exprimez votre opinion personnelle (250 mots) dans un journal en ligne.*

### 1. ON COMPREND

Lisez le sujet.

#### Stratégie

Repérez dans le texte du sujet :
- 2 idées
- 1 articulateur
- 1 question

### 2. ON RÉAGIT

**En groupes, stimulez vos neurones.**
- Connaissez-vous des exemples de politiques de discrimination positive ?
- Y-a-t-il des lois qui mettent en place une discrimination positive dans votre pays ? Faites une recherche sur Internet.
- Quels sont leurs effets positifs ? Quelles sont leurs limites ?

#### Stratégie

Dans un sujet d'opinion, répondre oui ou non à la question posée ne suffit pas. Il faut poser le problème de manière réfléchie, comme si on faisait une démonstration.

### 3. ON ARTICULE

**Repérez les articulateurs dans les opinions ci-contre.** Comparez-les avec celui du sujet :
- Lequel exprime un résultat non souhaitable ?
- Lesquels expriment un moyen d'atteindre un résultat ?
- Lequel est suivi d'un infinitif ?

#### ARTICULATEURS

{ de manière à ce que, de façon à ce que + *subj.* = pour introduire un but

de peur que, de crainte que + *subj.* = pour indiquer la volonté d'éviter un résultat }

#### S'opposer

Je suis contre + *nom*
Contrairement à ce que vous dites…
Au contraire, …
Je m'oppose à ce que vous décrivez comme…
Je conteste ce que vous venez de…

66 Je pense qu'il faut instaurer des quotas dans l'éducation, de façon à garantir à chacun le même accès à l'instruction, peu importe ses origines ou sa classe sociale. 99

66 À mon avis, il vaut mieux éviter les mesures de discrimination positive, de crainte que cela ne permette pas de mettre fin aux préjugés. Pour moi, on doit avant tout apprendre à respecter l'autre. 99

### 4. ON RÉDIGE • 15 min. | Par deux

- Vous venez de lire un article qui affirme que la discrimination positive est le seul moyen pour réparer les injustices. **Vous écrivez un commentaire dans lequel vous vous opposez à cette affirmation et proposez une réponse plus nuancée.**
- Utilisez au minimum deux des articulateurs précédents.

→ Outils de la classe p. 189   → Cahier d'activités p. 106-119

## Stratégie

> Pensez à cinq mots ou expressions que vous avez retenus de cette unité.
> Écrivez une phrase courte et facile à mémoriser pour chacun de ces mots.

### L'humour

**Rire**
- éclater / hurler de rire
- être marrant(e)
- pratiquer l'autodérision
- rigoler
- vanner (fam.)

**La comédie**
- l'autodérision
- une blague = une vanne
- un(e) humoriste = un(e) comique
- un sketch
- le stand-up

**Rire de quelqu'un**
- chambrer qqn (fam.)
- charrier qqn (fam.)
- envoyer des piques (à qqn)
- ridiculiser qqn
- se moquer de qqn

### Les discriminations

**Les questions de genre**
- un bastion masculin
- un cliché / un stéréotype
- la parité
- des rôles genrés
- la virilité

**Les discriminations**
- l'antisémitisme
- l'homophobie
- une injustice
- une minorité opprimée
- le racisme

**Des valeurs**
- l'acceptation de la différence
- l'égalité
- l'entraide
- la fraternité
- la tolérance

### Engagé(e)

**C'est être…**
- …un(e) activiste
- …un(e) battant(e)
- …inspirant(e)
- …militant(e)
- …tolérant(e)

**Soutenir une cause**
- défendre
- faire passer un message
- lutter pour / contre
- se battre sur tous les fronts
- toucher des sujets sociétaux

**S'engager**
- être un modèle
- rassembler
- se consacrer à
- signer une charte citoyenne
- s'investir dans

---

**1.** Par deux, nommez les valeurs qui vous semblent les plus importantes pour lutter contre les discriminations. Justifiez votre choix.

**2.** Choisissez un(e) humoriste que vous appréciez particulièrement et expliquez en quelques lignes pourquoi il / elle vous fait rire.

### LE GRAND ORAL

En groupes, vous avez cinq minutes pour répondre à la question : Que signifie être un(e) humoriste engagé(e) ?

**Les contraintes :**
1. Les membres du groupe peuvent s'opposer à vos idées.
2. Vous devez utiliser « de manière à ce que » et « de peur que ».

**ANTISÈCHE 1**
de manière à ce que, de façon à ce que + *subj.*
= pour introduire un but
de peur que, de crainte que + *subj.*
= pour indiquer la volonté d'éviter un résultat

**ANTISÈCHE 2**
Il faut défendre un humour respectueux sinon…
On peut s'engager pour une cause à condition que…
On ne peut pas vraiment changer les choses, sauf si…

# UNITÉ 8

## L'opposition et la concession • La condition

> Vous saviez que l'humoriste Coluche avait fait de la politique ? Il s'est présenté à l'élection présidentielle de 1981, alors que le monde politique ne le prenait pas au sérieux. Et pourtant, les sondages ont montré que beaucoup de Français étaient séduits par sa candidature. Bien qu'il n'ait finalement pas été élu, il a marqué l'histoire de la République française, avec des promesses de campagne originales ! Par exemple, s'il avait été élu, il aurait créé le droit à 365 Noëls par an. Au cas où vous ne le sauriez pas, Coluche est aussi celui qui a fondé en 1985 l'association « Les Restos du cœur », pour aider les personnes en difficultés.

**1. Lisez cette anecdote et retrouvez :**
   - les expressions d'opposition et de concession.
   - les expressions de la condition.

**2. Complétez ce texte avec les expressions d'opposition et de concession qui conviennent.**
*toutefois | alors que | par contre | bien que | même si*

… elle permet de réduire des écarts entre les personnes les plus favorisées et les personnes défavorisées, la discrimination positive n'est … pas la meilleure solution pour faire disparaître les inégalités. …, le travail d'éducation et la sensibilisation au respect et à la tolérance peuvent réellement faire avancer les choses. Cela permet d'éviter que les discriminations existent … la discrimination positive vise à réparer celles qui existent déjà. En bref, la discrimination positive reste une solution très limitée, … elle a des effets positifs à court terme.

**3. Transformez les phrases suivantes pour exprimer la condition. Variez les formes.**

*Exemple : Le rire est transformateur quand on ne se moque pas.* → *Le rire est transformateur à condition qu'on ne se moque pas.*

**a.** Stéphanie fait encore des erreurs quand elle bricole parce qu'elle n'a pas appris à le faire quand elle était jeune.
**b.** Les injustices peuvent disparaître grâce à l'entraide.
**c.** Un(e) humoriste peut défendre une cause quand son humour est bienveillant.
**d.** Ses filles seront capables de se débrouiller parce que leur mère a été un modèle pour elles.
**e.** Elle a eu un déclic parce qu'elle a rencontré des femmes qui l'ont inspirée.

**4. Par deux, rédigez un texte engagé contre l'interdiction de manger du chocolat en utilisant les deux points grammaticaux de l'unité.**

### L'opposition (non)

Pour indiquer une opposition entre deux idées :
*Elle n'a pas appris à bricoler quand elle était jeune, **par contre**, elle a participé à des ateliers en tant qu'adulte et elle sait se débrouiller maintenant.*

### La concession (oui, mais…)

Pour indiquer une nuance ou une contradiction avec le résultat attendu :
***Bien que** les écarts de rémunération entre les hommes et les femmes se soient réduits, il y a encore beaucoup de chemin à parcourir.*

➡ avec des **expressions suivies d'un verbe** :
*alors que* (+ indicatif), *même si* (+ indicatif), *quoique* (+ subjonctif), *bien que* (+ subjonctif)…

➡ avec des **mots placés en début de phrase** :
*pourtant, toutefois, mais, cependant, néanmoins, au contraire, par contre*…

➡ avec des **expressions suivies d'un nom** :
*contrairement à, malgré, en dépit de*…

### La condition

➡ Pour introduire une **condition nécessaire** pour qu'une action se réalise :
*pourvu que / en supposant que / à condition que* + subjonctif (ou *à condition de* + infinitif)
*J'aime beaucoup l'humour engagé, **à condition que** les blagues soient respectueuses.*

➡ Pour introduire une **condition qui ne s'est pas réalisée** pour une action qui ne s'est pas réalisée :
*Si* + plus-que-parfait + conditionnel passé
***Si** j'avais découvert cet humoriste plus tôt, je serais allé voir son spectacle.*

➡ Dans des **structures négatives**, pour indiquer ce qui se passe dans le cas contraire : *sauf si, sinon*…
*La tradition du rakiiré risque de ne plus exister à l'avenir, **sauf si** les jeunes continuent de la pratiquer.*

# #LaMinuteCulturelle

## Pourquoi les poches des femmes sont-elles plus petites ?

▶ **Vous avez 2 minutes ?**

▶106 | Écoutez le podcast et relevez les raisons pour lesquelles les poches des femmes sont plus petites.

▶ **Vous avez 5 minutes ?**

Connaissez-vous d'autres objets qui révèlent des injustices ? Listez-les.
*Exemple : Les ciseaux sont faits pour les droitiers.*

▶ **Vous avez 15 minutes ?**

Choisissez un objet de la liste, puis proposez un mini sketch pour en rire.

# Mission

## S'engager à rire

*« Je suis convaincue des effets positifs d'une bonne crise de fou rire sur notre humeur. Je pense vraiment que ça peut permettre de rapprocher les gens. J'aimerais créer un club du rire dans la ville, pour que les habitants puissent se rencontrer et partager de bons moments ensemble, mais je ne sais pas comment faire. »*

**Aidez cette personne à proposer la création d'un club du rire dans votre ville.**

 **En groupes,** cherchez des idées d'activités à proposer et des arguments pour montrer les bienfaits du rire.

 **En classe.** Choisissez un modérateur qui répartit la parole et un rapporteur qui prend des notes. Partagez vos idées pour définir le concept de votre club, puis vos arguments pour défendre votre projet.

 **Individuellement. Rédigez un argumentaire** dans le but de convaincre la mairie de votre ville d'autoriser votre projet.
Astuce : Utilisez la condition pour montrer la nécessité de votre projet.

###  Objectifs

- ▶ Savoir écouter les idées des autres et les prendre en compte.
- ▶ Définir un concept clair et l'expliquer.
- ▶ Trouver des arguments pertinents et convaincants.
- ▶ Utiliser la condition.
- ▶ Rédiger un argumentaire.

# Flexible

**adj.**
qui s'adapte aux circonstances, avec le sourire !

UNITÉ 9

128 | **SITUATIONS**
  ❶ **Aménager** l'espace
  ❷ **Repenser** la ville
  ❸ **Transformer** son intérieur

131 | **LA FABRIQUE**

132 | **SITUATION**
  ❹ **Construire** un jeu vidéo

134 | **LA FABRIQUE**

135 | **L'EXTRAIT**

136 | **AU QUOTIDIEN**

138 | **MÉMO**

140 | **MISSION**
  Un lieu de travail flexible

## SITUATION 1

# Aménager l'espace

**DOCUMENT 1**

## L'OBS

### Les cités sous-marines, l'habitat de demain ?

*Vivre sous les océans pourrait être une solution pour s'adapter aux bouleversements du climat.*

Le Capitaine Nemo en aurait rêvé. Des humains vivant dans des cités sous globe, cultivant des champs d'algues et élevant des troupeaux de thons avec l'aide de dauphins de berger… Mais sans aller jusque-là, pourquoi ne pas coloniser les fonds marins ? Après tout, lorsque Elon Musk envisage de faire vivre des millions de personnes sur Mars, les conditions y sont encore plus difficiles et on y serait tout de même enfermés dans des habitats hermétiques, ne pouvant en sortir qu'en scaphandre. Sous l'eau, au moins, la gravité est la même et il n'y a pas de problèmes de radiations mortelles […]

**De la spirale océanique au gratte-ciel inversé**

Comme si notre installation sous-marine avait pris le même retard que la conquête spatiale, nous n'avons aujourd'hui que des idées et pas (encore) de projet aboutis, prêts à être construits. Mais ce qui a été imaginé jusqu'ici nous donne une idée de ce que pourrait être notre avenir d'aquanautes. La société de construction japonaise Shimizu, qui a également songé à un hôtel spatial ou à un anneau de centrales solaires autour de l'équateur lunaire, a conçu un projet de ville sous-marine baptisée « Ocean Spiral ». La base de cet édifice reposerait sur les fonds océaniques, à 3 000 ou 4 000 mètres de fond. On y cultiverait des algues, et c'est également là que s'effectuerait l'extraction des ressources minières. La ville s'élèverait alors en spirale – d'où son nom – jusqu'à la surface, avec des câbles de tension pour la maintenir en place.

À 2 500 mètres de fond, un port sous-marin, point d'accès de la cité, serait également un centre de stockage pour l'oxygène, l'eau potable… Suit une série de stations d'observation, pour arriver à la zone habitable : une sphère de 500 mètres de diamètre dont seule une petite partie émergerait des flots […]

Pour les concepteurs du projet, la ville serait autonome. L'électricité serait générée par l'énergie thermique des mers, un système qui exploite les différences de température des couches océaniques. La nourriture serait bien sûr cultivée sur place – ou élevée, dans le cas des poissons – et l'eau de mer désalinisée pour les usages humains […]

Pour le cabinet canadien Zigloo, la ville sous-marine serait une sorte de gratte-ciel flottant inversé : la base à la surface de l'eau, et la tour sous l'eau. Leur projet Gyre est donc un seascraper – un jeu de mots sur skyscraper, gratte-ciel, que l'on pourrait traduire par « gratte-mer ». Gyre n'est pas un habitat fixe. Il « utilise les courants océaniques et les vents pour naviguer gracieusement dans l'environnement océanique mondial », assurent les concepteurs. Ils le conçoivent autant comme un moyen de transport, un observatoire scientifique et une destination de vacances, le tout alimenté par des énergies renouvelables, bien entendu.

Jean-Paul Fritz,
NouvelObs, 27/07/2020.

---

**1. Lisez le DOCUMENT 1. Répondez aux questions.**
   a. Pourquoi serait-il plus facile de vivre sous l'eau que de vivre dans l'espace ?
   b. Comment la ville « Ocean Spiral » serait-elle construite ?
   c. Qu'est-ce qui rendrait cette ville autonome ?
   d. À quoi servirait le projet Gyre ?
   e. Pourquoi Gyre serait-il écologique ?

**2. Traduisez les termes « gratte-ciel » et « gratte-mer » dans votre langue. Comparez avec votre voisin(e).**

**3. Repérez :**
   a. le mode de la **proposition relative** : « un système qui exploite les différences de température ». Si la relative était « le seul système qui exploite les différences de température », quel serait le mode ? Pourquoi ?
   b. les mots liés à l'**architecture**.
   c. un **verbe** qui signifie « changer pour faire face à une nouvelle situation ».

**4. 👉 Échangez. Quelles seraient vos conditions pour aller vivre sous l'eau ou dans l'espace ?**

SITUATION 2      UNITÉ 9

# Repenser la ville

**1. Observez** DOCUMENT 1.

**a** Par deux, répondez : quoi ? comment ? par qui ?

**b** En groupes : choisissez un thème et listez des idées pour changer votre ville.

**c** En classe, partagez vos idées. Quels changements vous paraissent les plus importants ?

DOCUMENT 1

Philippe Quéguiner

**2. PAUSE**

Fermez les yeux et écoutez les bruits de la ville. Qu'entendez-vous ?

DOCUMENT 2

**DÉSIRS d'architectes**    BATI RADIO

**L'utopie en architecture**

**3.** ▶107 | **Écoutez le** DOCUMENT 2 **et répondez aux questions.**

a. Qui parle ? De quel sujet ?

b. Dans ce micro-trottoir, comment les personnes envisagent-elles la ville de demain : pour les transports ? les bâtiments ? les espaces verts ?

c. En 1966, quel était le projet de la ville de l'an 2000 ?

d. Selon le spécialiste, que révèle le reportage sur le monde et le cadre de vie ?

**4. Repérez dans le document 2 :**

a. une **proposition relative au subjonctif**.

b. les adjectifs utilisés pour **caractériser la ville** et les mots en lien avec la **mobilité**.

c. un **verbe** lié à un changement brutal de direction, d'orientation.

d. ▶108 | la prononciation de « **plus** ».

**5.** ✏️ | **J'agis !**

La configuration de l'espace urbain influe sur la vie quotidienne des habitants. Comment être heureux en ville ? **Écrivez un court article** (180 mots) et décrivez les dispositions particulières qui permettent de vivre avec les autres.

**6.** 🗣️ | **On coopère !**

Tout plaquer pour aller vivre à la campagne ? Pourquoi pas ! **En groupes, discutez et listez des idées** : Comment rendre la vie rurale attrayante pour les jeunes ?

## Culture +

**Georges Eugène Haussmann** a dirigé le plan de rénovation de Paris. Le centre historique, avec ses rues étroites, n'avait pas beaucoup changé depuis le Moyen Âge. Il a fait percer de larges avenues, où on trouve les fameux bâtiments « haussmanniens ». Quand ces transformations ont-elles eu lieu ?

SITUATION ❸

# Transformer son intérieur

**DOCUMENT 1**

## Le Ikea hacking : la nouvelle tendance déco

**Vous adorez le design, vous êtes plutôt bricolo mais vous êtes fauché ? Initiez-vous au Ikea hacking !**

Ikea s'invite aujourd'hui chez tout le monde : c'est devenu
5 LA solution pour aménager son intérieur. Mais pourquoi ?

**Les prix, hyper attractifs**
Chez Ikea, on est loin de la boutique hors de prix – avec les
10 plus belles pièces déco qui aient jamais été conçues – et c'est tant mieux pour les petits budgets ! Un canapé pour 79 euros, un lit à partir de 45 euros, on aurait
15 tort de s'en priver !

**Des modèles, pour tous les goûts**
Vous êtes plutôt minimaliste, tendance déco épurée ? Ou, à
20 l'inverse, vous misez tout sur un style décalé, miroir de votre créativité ? Peu importe : chez Ikea, vous êtes sûr de trouver votre bonheur.
25
**Les notices, super détaillées**
Quand votre commande arrive chez vous, Ikea ne vous laisse pas tomber. Pour monter un meuble, rien de plus simple,
30 suivez les étapes pas à pas : déballez, vissez, et le tour est joué ! Bon, c'est vrai que parfois on y passe son
35 dimanche, mais on y arrive… même sans CAP menuiserie ! Tout ça, c'est super, mais quand votre petit cocon devient un appartement témoin, ou pire,
40 quand vous réalisez, au détour d'un apéro improvisé, qu'il ressemble étrangement à celui de votre voisin Pierrot et de votre voisine Josiane, vous êtes
45 en droit de céder à la panique. En tout cas, c'est ce qui m'est arrivé. Et là, magie d'Internet, je découvre LA tendance du moment : le Ikea hacking.
50
**Le Ikea hacking, quèsaco ?**
Hacker un meuble Ikea, c'est tout simplement le détourner en une autre pièce, unique, originale ; en un mot : qui vous ressemble.
55 Le phénomène a été lancé en 2006 quand une jeune femme, prénommée « Jules » a créé « IkeaHackers ». C'est toujours le site le plus populaire
60 qui existe en matière de customisation de meubles Ikea. Si la créatrice propose évidemment ses hacks – comprenez « ses
65 détournements » – elle n'est aujourd'hui plus la seule à en proposer. Grâce à elle, une nouvelle génération a vu le jour : ceux qui avaient
70 deux mains gauches sont devenus des bricoleurs hors pair. Leur point commun ? Ils scient, coupent, collent, décollent, montent, démontent,
75 assemblent et peignent avec un seul objectif en tête : personnaliser leurs meubles pour en faire des pièces déco uniques. Alors, prêts à vous
80 lancer dans l'aventure ?

Alexandrine Petit,
*DécoMag*, 26/10/2020.

## 1. SEUL

**a** Lisez le DOCUMENT 1 et identifiez :
– les avantages des produits d'Ikea.
– leur inconvénient.
– la nouvelle tendance liée à cette marque.

**b** Relevez deux **propositions relatives au subjonctif**.

**c** Repérez deux **verbes** : un qui évoque le changement de fonction, et l'autre le changement de style.

## 2. EN GROUPES

**a** Partagez votre travail.

**b** Ensemble :
a. choisissez un meuble ou un accessoire sur le site d'Ikea.
b. proposez une idée de détournement.

## 3. EN CLASSE

a. Vérifiez les propositions relatives relevées en 1**b** et les verbes repérés en 1**c**.

b. Proposez votre idée de détournement à la classe en expliquant les étapes de réalisation.

c. Choisissez votre détournement préféré et enregistrez ensemble un tutoriel vidéo pour le réaliser.

# LA FABRIQUE

UNITÉ 9

## DE LA GRAMMAIRE | Les propositions relatives au subjonctif

**Observez.**
a. Les gens ont une envie de cadre de vie **qui s'oriente** indéniablement…
b. C'est le seul système **qui exploite** les différences de température.
c. Les plus belles pièces déco **qui aient jamais été conçues**.
d. C'est toujours le site le plus populaire **qui existe** en matière de customisation.

**Réfléchissez.**
a. Dans la phrase **a**, la proposition relative exprime une idée qui existe ou qui n'existe pas encore ?
b. Dans les phrases **b**, **c** et **d**, quelles formulations entraînent l'utilisation du subjonctif ?

**Appliquez.**
1. ▶109 | Écoutez. Pour chaque phrase, dites si la relative exprime une idée qui existe ou qui n'existe pas.
2. Conjuguez au subjonctif présent ou passé.
a. C'est le meilleur architecte que je … (*connaître*).
b. Ce projet est le meilleur qu'on … (*pouvoir*) imaginer jusqu'à maintenant.
c. C'est le seul projet qui … (*retenir*) mon attention.
d. C'est le premier bâtiment que cet architecte … (*construire*) à l'époque.

3. Quel est le logement de vos rêves ? Écrivez un mail à votre agent immobilier en le décrivant avec des propositions relatives au subjonctif.

## DES MOTS

### C'est réfléchi !

La ville **repose** sur le sol marin et **s'élève** jusqu'à la surface.

C'est une ville où on peut **élever** ses enfants et aussi **se reposer** en regardant le ciel.

**a** Quelle est la différence de construction et de sens entre « élever » et « s'élever » ? entre « reposer » et « se reposer » ?

**b** Imaginez des phrases avec les verbes suivants.
entendre - s'entendre |
apercevoir - s'apercevoir

### C'est différent !

Un bricoleur sait monter, **démonter**, coller, **décoller**.

**a** Quelle idée exprime le préfixe *dé-* ?

**b** Quel est le contraire de : emballer ? installer ? accélérer ?

## DES VERBES

Nos modes de vie sont en train de **basculer**.
Il faut **s'adapter**.

Dans mon appartement, j'ai **détourné** des meubles et **relooké** des accessoires.

**a** Quel verbe indique un changement brutal ? Un changement de fonction ? Un changement de style ? Une réaction face au changement ?

**b** Regardez cette liste de verbes. Lesquels indiquent un changement neutre ? Positif ? Négatif ?
s'améliorer | révolutionner | s'aggraver | bouleverser | chambouler | dégénérer | fluctuer | transformer | modifier

## DES SONS

### La prononciation de « plus »

**a** ▶110 | Écoutez à nouveau ces extraits. Dans quel(s) cas le « s » de « plus » est-il prononcé ? Muet ?

**b** ▶111 | Écoutez ces extraits et dites si vous entendez le « s » de « plus ».

cent trente et un **131**

SITUATION 4

# Construire un jeu vidéo

DOCUMENT 1

**Le Monde**

Isabelle Hennebelle,
*Le Monde*, 5/06/2020.

## Quelle ville les blockbusters du jeu vidéo dessinent-ils ?

L'espace urbain est le cadre de nombreux jeux vidéo, dont « SimCity », « Grand Theft Auto » et « Minecraft ». *Le Monde* a demandé à trois experts de décrypter le type de ville déployé dans ces jeux.

### « Minecraft » : l'imagination au pouvoir

**Remise à niveau pour les néophytes***

Lancé en 2009 sur PC, Minecraft est développé par le studio suédois Mojang (racheté par Microsoft en 2014). 200 millions d'exemplaires ont été vendus dans le monde et 126 millions de personnes y jouent chaque mois. Elles peuvent interagir avec un monde composé de blocs à déplacer, à transformer, à détruire. Chacun est libre de bâtir selon son imagination.

**Quel modèle urbain ?**

« Il existe autant de villes créées que de personnes qui en font le projet » explique Jérémy Chauvet, diplômé d'architecture et d'urbanisme à l'université Grenoble-Alpes. Il a lui-même expérimenté cette liberté. C'est à travers Minecraft qu'il démarre en 2012 la construction d'une ville moderne, appelée « New Esia ». Devenue une métropole d'Occitanie, New Esia s'étend, avec une basilique, des remparts de type Vauban démolis pour aménager un réseau ferroviaire, un aéroport, un centre d'affaires et des villes nouvelles cyberpunk. Elle couvre une surface supérieure à 2 km².

« Seul, je n'aurais jamais pu imaginer ou atteindre une telle diversité, ni une telle richesse. Au début, j'ai eu du mal à lâcher prise, mais je ne regrette pas de m'être laissé porter par cet élan collectif », explique ce passionné de jeux vidéo. Jumelée avec un projet de vidéos sur YouTube, la ville s'est développée au gré des premiers bâtiments et des échanges avec des internautes. Son créateur lui donne d'emblée une dimension historique, il implante des ruines d'une ville romaine et planifie un quartier médiéval. En 2016, la ville est accessible à la communauté sur un serveur public. Sous l'impulsion des nouveaux arrivants, New Esia change d'allure.

New Esia est aujourd'hui plurielle, somme des représentations de ses joueurs. Au fil du temps, la ville est devenue un prétexte pour échanger sur l'architecture, l'urbanisme ou la géographie. Les joueurs s'entraident aussi bien dans le jeu que dans leur vie quotidienne ou professionnelle. « J'ai dû me résoudre à ne plus tout contrôler et apprendre à déléguer », confie Jérémy Chauvet. Très vite, la communauté transforme la ville initiale via de nouvelles constructions.

Fort de son expérience à titre personnel avec Minecraft, Jérémy Chauvet a su tisser des ponts avec sa vie professionnelle : « Ce projet m'a donné l'envie de chercher de nouveaux médias pour représenter nos espaces urbains, raconte le jeune dessinateur-projeteur. New Esia m'a familiarisé avec l'impression 3D et la géomatique (traitement informatique des données géographiques). » Il a réutilisé ces acquis dans Iserecraft, un appel à projets du département de l'Isère pour établir de nouvelles représentations du territoire.

Ce donneur d'ordres souhaite représenter l'Isère en jeu vidéo et animer cette maquette numérique. Aujourd'hui, Jérémy Chauvet intervient dans le cadre de ce projet pour la Maison de l'architecture de l'Isère avec la Maison de l'image. Il précise : « Nous créons des battles d'architecture. Le dernier nous a permis d'échanger sur le paysage en préambule de l'enquête publique du plan local d'urbanisme intercommunal de Grenoble Alpes-Métropole. »

\* une personne qui commence à s'intéresser à un sujet

# UNITÉ 9

1. **Observez l'image et lisez le titre et le chapeau du DOCUMENT 1.** Connaissez-vous des jeux vidéo qui se passent dans une ville ?

2. **Lisez l'article. Vrai ou faux ? Justifiez votre choix en reformulant les idées du texte.**
   a. Dans le jeu Minecraft, c'est l'ensemble des joueurs qui coconstruit une ville.
   b. Les joueurs doivent construire une ville moderne, avec une dimension fantastique.
   c. Pour les joueurs, Minecraft est plus qu'un jeu : il a un impact sur leur vie personnelle et professionnelle.
   d. Le jeu a permis à son créateur de s'ouvrir à d'autres disciplines.
   e. Le créateur du jeu mène aujourd'hui un projet d'urbanisme sur les métropoles françaises.

3. **Observez le DOCUMENT 2.** Interprétez et présentez les informations de ces données en relation avec le domaine du jeu.

### DOCUMENT 2

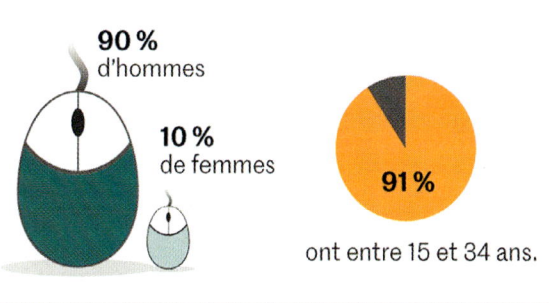

**Des joueurs jeunes et masculins**

**1,3** million de Français
(de 15 ans et plus) jouent à des jeux vidéo d'affrontements avec classement et compétition

90 % d'hommes
10 % de femmes

91 % ont entre 15 et 34 ans.

*Le Monde*, 8/11/2019.

4. **PAUSE**
   Imaginez que vous êtes le héros d'un jeu vidéo. Dans quel univers vous retrouvez-vous ?

### DOCUMENT 3
**LSD, LA SÉRIE DOCUMENTAIRE** — france culture
**Les jeux vidéo, c'est la vie !**

5. ▶112 | **Écoutez le DOCUMENT 3 et répondez aux questions.**
   a. Quand le *game design* est-il né ?
   b. Comment se construit l'histoire d'un jeu vidéo ?
   c. À quoi doit penser en premier un scénariste de jeu vidéo ?
   d. Comment est conçue l'histoire pour la rendre unique à chaque joueur ?
   e. Quelle est la grande différence entre le cinéma et le jeu vidéo ?

6. **Repérez dans les documents :**
   a. les **expressions de temps**.
   b. des mots liés aux **jeux vidéo** et à l'**architecture**.
   c. (doc. 3) des **verbes** liés à la création.
   d. ▶113 | l'**accent du sud de la France.** Comment se prononce le « o » ?

7. ✏️ | **J'agis !**
   Résumez les idées formulées par le *game designer* et la scénariste dans le document 3 pour transmettre à un *gamer* francophone les informations essentielles. Vous pouvez intégrer des exemples donnés si ce sont des arguments.
   → Fiche Le résumé, p. 199

8. 🗣 | **On coopère !**
   Vous participez à un concours de scénario de jeu vidéo. **Pitchez votre projet à l'oral en 2 minutes !** Faire un pitch, c'est présenter « juste ce qu'il faut » pour donner envie d'en savoir plus ! Soyez concis et simple.

## Culture +

À votre avis, quels types de **jeux** ont le plus de succès en France ?
Les jeux de tir, de sport, de combat, de stratégie ou de conquête territoriale ?

# LA FABRIQUE

## DE LA GRAMMAIRE | Les expressions de temps

### 👁 Observez.
a. Lancé **en 2009** sur PC, Minecraft est développé par le studio suédois Mojang.
b. New Esia est **aujourd'hui** plurielle.
c. **Au fil du temps**, la ville est devenue un prétexte pour échanger sur l'architecture.
d. Il va falloir battre les ennemis. **Après**, on rencontre un personnage.
e. On a beaucoup été habitués, **pendant longtemps**, à des jeux challengeants.

### ⚙ Réfléchissez.
a. Quelles expressions indiquent un moment ? Une durée ?
b. Quelle(s) expression(s) exprime(nt) : l'antériorité *(avant)* ? la postériorité *(après)* ? la simultanéité *(pendant)* ?

### ✏ Appliquez.
1. ▶114 | Écoutez. Quelles expressions du temps entendez-vous ?

2. Quelle(s) phrase(s) indique(nt) l'antériorité ? La simultanéité ? La postériorité ?
a. Je joue aux jeux vidéo jusqu'à ce que je gagne.
b. Une fois que j'ai conçu l'univers, j'imagine les décors.
c. Je joue aussi longtemps que mes parents me le permettent.
d. Je crée les personnages au fur et à mesure que j'écris l'histoire.

3. **Présentez l'histoire de l'e-sport à partir des dates suivantes.**
1997 → Lancement des compétitions d'e-sport
2008 → Création de la Fédération internationale d'e-sport en Corée du Sud
2016 → Naissance de *France e-sport*
2019 → Finale de *League of Legends* à Paris

## DES MOTS

### De l'action !

Du **traitement** des personnages à l'écriture des **rebondissements**, le jeu vidéo a autant d'**aboutissements** que de joueurs.

**a** De quels verbes sont issus les mots « traitement », « rebondissement » et « aboutissement » ?
**b** Trouvez des noms créés à partir des verbes « gouverner », « lancer » et « changer ».

### C'est différent !

Mon métier, c'est **vraiment** une passion ! **Concrètement**, j'imagine des scénarios et, **forcément**, ça me rend heureux !

**a** Quels types d'adverbes sont formés avec le suffixe *-ment* ? Pourquoi les terminaisons sont-elles différentes ?
**b** Quels sont les adverbes correspondant aux adjectifs suivants ?
seul | juste | effectif | éventuel

## DES VERBES

**J'imagine** les personnages, je **conçois** l'univers, **j'établis** les histoires secondaires, je **définis** les actions et je **prévois** les rebondissements.

**a** Ces verbes renvoient à la création intellectuelle ou matérielle ?
**b** Imaginez des phrases avec les verbes suivants.
construire | élaborer | inventer | développer

## DES SONS

### L'accent du sud de la France et le son « o »

**a** ▶115 | Écoutez à nouveau cet extrait. Comment se prononce le son « o » de « Guillaume » ?
**b** ▶116 | Écoutez. Dans quel extrait y a-t-il un « o » prononcé avec l'accent du sud ?

# L'EXTRAIT

**Le jeu**

Seize sont blancs. Seize sont noirs.
Alignement d'un face-à-face.
Selon son rang, chacun se place.
En symétrie, de part en part.
5 Les plus petits sur le devant.
Seize sont noirs. Seize sont blancs.
Huit fois huit cases. Un jeu démarre.

Joutes, et coups bas, et corps à corps,
et durs combats. Ultime effort
10 pour asséner à ceux d'en face :
« Échec et mat ! Le roi est mort ! »

Complimenté est le gagnant.

Mais la revanche est dans le sang.
Déjà tout se remet en place.
15 Et du combat ne reste trace.
Tout aussitôt le jeu reprend.

Seize sont noirs. Seize sont blancs…

N'ayant soixante-quatre cases
ni trente-deux participants,
20 mais autres nombres et autres temps,
la vie, pourtant, a mêmes bases.

Esther Granek (poétesse belgo-israélienne),
*Synthèses*, 2009.

## 1. DÉCOUVERTE

**a.** De quel jeu s'agit-il ?
**b.** Comment sont placés les pions ?
**c.** Avec quoi ce jeu est-il comparé ?

## 2. EXPLORATION

**a.** Observez la structure des vers et les rimes. Comment la symétrie est-elle représentée dans ce poème ?
**b.** Dans la deuxième strophe, le rythme est différent. Pourquoi ? Donnez votre interprétation.
**c.** Sur quels éléments repose la métaphore (comparaison sans terme comparatif) du poème ? Est-elle plutôt positive ou négative ?

## 3. EXPRESSION

**a.** En groupes, confrontez vos points de vue : que vous évoque la structure symbolique du poème ?

**b.** À quoi la vie peut-elle être comparée ? À votre tour, **écrivez un poème de deux strophes en vers, avec des rimes,** qui commence par « La vie est comme… ».

# Au quotidien

*Cette conversation que vous entendrez forcément.*

## 1. ▶118 | ON ÉCOUTE

**Repérez :**
a. le lien entre la fille et l'homme.
b. les expressions qui montrent l'étonnement.
c. une expression qui permet de reconnaître son erreur.
d. ▶119 | l'**intonation** : quand on est surpris, est-ce que la voix monte ou descend ?

## 2. ON ÉCHANGE

### a Avec votre voisin(e)
Listez les bénéfices du jeu vidéo donnés par la jeune fille.

### b En groupes
Comparez les avantages et les inconvénients des jeux vidéo par rapport aux jeux plus « traditionnels » (de cartes, de plateau). Faites le bilan de vos réponses : les jeux vidéo valent-ils mieux que les jeux « traditionnels » ?

**ARTICULATEURS**

{ Bref / En somme / En un mot } pour résumer les idées précédentes

### c En classe
Le jeu : enfermement ou évasion ? Débattez.

*Stratégie*

Pour convaincre quelqu'un, on peut citer une phrase d'un article, d'un livre.
Pour persuader quelqu'un, on peut donner un exemple concret : « Tu aurais moins de mal à retrouver ta voiture ! »

## 3. ON COOPÈRE

**Des jeux pour apprendre le français**
- Créez des groupes.
- Désignez une personne qui prend des notes et une personne qui présentera le jeu.
- Trouvez une idée de jeu pour réviser et mémoriser du vocabulaire : décidez d'un thème, définissez les règles, le matériel et choisissez un nom pour le jeu.
- Faites essayer votre jeu au groupe voisin. Le présentateur explique les règles.
- Une fois le jeu terminé, discutez ensemble des points à améliorer.

---

**Exprimer son étonnement**

C'est pas possible !
Ah bon ? C'est vrai ?
Sérieux ?
Ça alors !
Ah, je savais pas !
Sans blague !
C'est dingue !
Tu plaisantes ! Tu rigoles !

---

**PHONÉTIQUE**

L'intonation de la surprise

▶120 | **Écoutez et répétez en mettant la bonne intonation.**

# UNITÉ 9

# Au plaisir

*Ces instants culturels qui vous feront du bien.*

### JEUX VIDÉO

Connaissez-vous les différents styles de jeux vidéo ?
**Associez chaque genre à un jeu.**

- Jeu de tir • • Call of Duty
- Jeu de cartes • • League of Legends
- Jeu de combat • • Street Fighter
- Jeu de Battle Royale • • Fortnite
- Jeu de conquête territoriale • • Hearthstone

### CINÉMA

**Le personnage de Lara Croft apparaît dans un film tiré de quel jeu vidéo ?**

Tomb Raider | Assassin's Creed | Street Fighter

### LITTÉRATURE

Après l'incendie de Notre-Dame de Paris, la reconstruction de la cathédrale suscite le débat. Faut-il la restaurer à l'identique ou la rénover de façon plus moderne ? Victor Hugo, dans son roman *Notre-Dame de Paris* (1831), nostalgique du Paris du XVe siècle, dénonçait déjà les modifications subies par la cathédrale depuis la pose de la première pierre. **Quel est le personnage principal de ce roman ?**

Quasimodo | Gavroche | Cosette

### SCIENCES

Les jeux vidéo permettent d'améliorer la mémoire spatiale et la capacité d'attention. **Ces résultats sont visibles après combien de temps de jeu ?**

1 heure | 10 heures | 100 heures

### ARCHITECTURE

**Parmi ces bâtiments, lequel est un immeuble haussmannien ?**

cent trente-sept **137**

→ Outils de la classe p. 189  → Cahier d'activités p. 120-133

## Stratégie

Les mêmes mots peuvent avoir des sens différents dans des thématiques différentes. Quels sont ces mots ici ?

## L'architecture

**Les espaces**
un espace urbain ≠ rural
un espace vert
les fonds marins = océaniques
un gratte-ciel inversé, flottant
un habitat fixe ≠ mobile, modulable

**L'aménagement intérieur**
une déco épurée ≠ chargée
un détournement de meuble
une pièce déco
un style décalé ≠ traditionnel
une tendance > être tendance

**Créer**
aménager = arranger, disposer
agencer = combiner
construire = bâtir ≠ démolir = détruire
monter ≠ démonter
scier = couper

## Les jeux vidéo

**L'univers**
un *game designer* > le *game design*
une maquette numérique
une modélisation
une reconstitution historique
la science-fiction, la *fantasy*

**La narration**
une histoire linéaire
une quête secondaire
une mécanique de jeu
un rebondissement
un(e) scénariste

**Les jeux**
un jeu d'adresse
un jeu de cartes
un jeu de combat
un jeu de plateau
un jeu de rôles

## Flexible

**C'est être…**
…adaptable
…influençable
…malléable
…personnalisable
…souple

**Transformer**
basculer (le monde, les cadres de vie)
changer d'allure
détourner (un meuble)
influer (sur son univers)
modifier (son expérience)

**Bouger**
circuler
évoluer (dans un jeu)
naviguer (sur Internet, en mer)
suivre (une aventure)
surfer (sur une tendance)

**1.** Vous voulez refaire votre appartement. **Décrivez vos idées de changement à un architecte d'intérieur.**

**2.** Quel joueur êtes-vous ? Avec votre voisin(e), **créez un petit test psychologique** : écrivez cinq questions en utilisant le vocabulaire du mémo et faites passer votre test à la classe.

### LE GRAND ORAL

En groupes, vous avez cinq minutes pour parler de la flexibilité d'un *gamer* et d'un architecte.

**Les contraintes :**
1. Chaque groupe doit lister les inattendus d'un *gamer* et les contraintes d'un architecte.
2. Dès qu'une nouvelle idée est évoquée, un membre du groupe la résume.

**ANTISÈCHE 1**
Bref
En somme    } pour résumer les idées précédentes
En un mot

**ANTISÈCHE 2**
Un *gamer* doit pouvoir s'adapter / évoluer / s'approprier…
Un architecte doit transformer / transposer / moderniser / reconstituer…

# UNITÉ 9

## Les propositions relatives au subjonctif • Les expressions de temps

> Pourquoi les jeux vidéo n'arrêtent pas d'évoluer? En réalité, les *game designers* sont avant tout des joueurs, et ils cherchent des jeux qui soient nouveaux, originaux. Pendant longtemps, les jeux étaient des jeux sociaux auxquels on jouait en groupe. Après l'arrivée des jeux vidéo, il n'y avait que des *gamers* qui jouaient seuls devant leur ordinateur, jusqu'à ce que de nouveaux types de jeux apparaissent. À partir de ce moment-là, les joueurs ont recommencé à jouer ensemble. Ils sont toujours seuls devant leur ordinateur mais appartiennent désormais à une communauté.

**1.** Lisez cet extrait et retrouvez:
- les propositions relatives au subjonctif.
- les expressions de temps.

**2.** Pour chaque phrase, dites si la relative exprime un doute sur l'existence, une réalité unique, rare ou restreinte.
a. C'est le premier jeu qu'il ait essayé.
b. Il n'y a que les jeux vidéo qui me détendent.
c. C'est le seul architecte qui propose un style rétro.
d. Je voudrais un appartement qui soit à mon image.
e. Je cherche un jeu vidéo qui permette de se cultiver.

**3.** Pour chaque phrase, dites si l'expression de temps exprime l'antériorité *(avant)*, la simultanéité *(pendant)* ou la postériorité *(après)*.
a. Ça fait dix ans que je suis scénariste de jeu vidéo.
b. J'aime imaginer l'univers jusqu'à ce que l'histoire prenne forme.
c. Après que la tour Eiffel a été construite, il y a eu beaucoup de débats.
d. Depuis que les compétitions e-sport ont démarré, elles ont du succès.
e. Les rues de Paris étaient étroites avant que le baron Haussmann entreprenne ses grands travaux.

**4.** Par deux, rédigez une information culturelle sur un jeu vidéo. Utilisez les points grammaticaux de cette unité.

---

### La proposition relative au subjonctif

➡ pour exprimer **un doute sur l'existence** de quelque chose.
*Je cherche un jeu qui **soit** adapté aux enfants.*

➡ pour exprimer **une rareté** avec un superlatif (le plus, le moins, le mieux).
*C'est le jeu **le plus** intéressant que je connaisse.*

➡ pour exprimer **une restriction** (ne... que).
*Il **n**'y a **que** ce jeu qui m'intéresse.*

➡ pour parler d'**une chose unique** (le seul, l'unique, le premier, le dernier).
*C'est **le dernier** jeu que j'aie essayé.*

### Les expressions de temps

➡ indiquent un moment ou une durée.

• **le moment:**
***Maintenant** / **En ce moment**, je refais mon appart.*
***À ce moment-là**, je refaisais mon appart.*
***À ce moment-là**, je referai mon appart.*

• **la durée achevée:**
*J'ai voulu changer de cadre **pendant** toute mon adolescence.*

• **la durée inachevée:**
*Je suis architecte **depuis** 9 ans.*
***Il y a** / **Ça fait** 9 ans **que** je suis architecte.*

➡ expriment l'antériorité, la simultanéité ou la postériorité.

• **l'antériorité:**
*J'ai dessiné les plans **avant que** les ouvriers ne viennent.*

• **la simultanéité:**
*J'ai dessiné les plans **pendant** que les ouvriers faisaient la peinture.*

• **la postériorité:**
*J'ai dessiné les plans **après** avoir acheté mon appart.*
*J'ai dessiné les plans **dès que** j'ai acheté mon appart.*

# #LaMinuteCulturelle

## Architecture et jeux vidéo  quiz vidéo 5

### ▶ Vous avez 2 minutes ?

▶5 | Regardez la vidéo. Quelle est la place de l'architecture dans les jeux vidéo ?

### ▶ Vous avez 5 minutes ?

Listez les monuments qu'on pourrait reconstituer dans un jeu vidéo.

### ▶ Vous avez 15 minutes ?

En classe, choisissez un monument. Faites quelques recherches et racontez l'histoire de sa construction.

## Mission

### Un lieu de travail flexible

> 66 *Le désir de nature des salariés sur leur lieu de travail n'a jamais été aussi fort. Votre cabinet d'architecture intérieure participe à un appel d'offre sur le concept du « bureau du monde d'après ». L'espace de travail doit donner à tous l'envie de venir et de favoriser les échanges informels, le travail d'équipe, la résolution de problèmes, la concentration et la créativité.* 99

**Proposez un concept qui prenne en compte les attentes des entreprises.**

 **En classe,** faites un remue-méninges pour définir les besoins des salariés. Désignez un rapporteur pour prendre des notes au tableau.

 **En groupes,** à partir des notes prises en classe, apportez votre contribution à ce projet. Partagez vos idées et faites des suggestions pour les actions à venir. Astuce : Utilisez les relatives au subjonctif et des expressions de temps.

 **En classe,** désignez un présentateur pour **résumer le concept**.

### Objectifs

- Attribuer sa contribution à une prise de décision.
- Proposer un projet d'architecture.
- Utiliser les propositions relatives au subjonctif.
- Utiliser les expressions de temps.
- Faire un résumé à l'oral.

# Appétissant(e)

**adj.**
sera probablement délicieux !

## UNITÉ 10

**142 | SITUATIONS**
- ❶ **Se nourrir** en 2049
- ❷ **Dévorer** des yeux
- ❸ **Goûter** au luxe

**145 | LA FABRIQUE**

**146 | SITUATION**
- ❹ **Attirer** un public

**148 | LA FABRIQUE**

**149 | L'EXTRAIT**

**150 | L'OPINION**

**152 | MÉMO**

**154 | MISSION**
Une cantine appétissante

cent quarante et un **141**

# SITUATION 1

# Se nourrir en 2049

**DOCUMENT 1**

L'OBS — Thierry Marx : « Si l'on continue, dans 30 ans seuls les riches mangeront bien »

Par Boris Manenti, nouvelobs.com, 06/02/2020.

**À quoi ressemblera la gastronomie en 2049 ?**
[…] Nous devons, dès à présent, remettre en question l'élevage intensif, particulièrement gourmand en la matière. Simplement en diminuant notre consommation de viande, il est possible de réduire son « empreinte eau » d'un quart. Chacun peut prendre part à cela en se donnant une règle de conduite simple : consommer 80 % de protéines d'origine végétale et seulement 20 % d'origine animale […]

**Vous semblez plutôt pessimiste…**
Si l'on continue comme aujourd'hui, en 2049, seuls les très riches pourront bien manger, les autres n'auront que le pire de l'alimentation, avec des transformations et de la lyophilisation à outrance… Toutefois, je reste plutôt optimiste […] L'homme a dans ses gènes une capacité de survie importante : il a toujours eu peur de ce qui peut le tuer. Aussi, il va faire de plus en plus attention à ce qu'il mange. Le mouvement est déjà entamé […]

**Est-ce que, dans l'assiette aussi, les produits vont évoluer d'ici à 2049 ? Par exemple, pensez-vous que la consommation d'insectes va se développer ?**
Ce n'est pas pour demain, en Occident ; pas même à l'horizon 2049. Je ne pense pas qu'on sera dans cette logique. Malgré leurs bienfaits et leur apport en protéines, manger des insectes n'est pas dans les habitudes de consommation des Occidentaux. Cela fait trop peur. En revanche, peut-être que l'on trouvera davantage de farines et de poudres fabriquées à partir d'insectes […]

**L'agriculture urbaine va-t-elle se développer à grande échelle ?**
Pour l'instant, il y a beaucoup de pipeau marketing, avec des jardins installés sur un toit juste pour cueillir trois herbes. Mais, à terme, on pourra effectivement développer une véritable production maraîchère, capable de nourrir tout un immeuble. Et en plus, cela a une vertu pédagogique énorme pour redonner aux consommateurs une notion du cycle des saisons. Quand on monte sur le toit et qu'on voit qu'il n'y a pas de tomates, parce que ce n'est pas la saison, eh bien, on n'en commande pas au restaurant ! […]

**Est-ce que, au-delà de nos aliments, la manière de manger va évoluer ?**
[…] Le mode de consommation aussi devrait évoluer : on va de plus en plus manger hors du foyer. On paiera alors aussi bien pour le produit à consommer que pour le lieu, les deux pouvant se dissocier. On recherchera des ambiances liées à une cuisine d'auteur. Et on ira de plus en plus dans des « food halls » qui peuvent être portés par des marques de qualité comme Eataly. En parallèle, les formules de snacking et de livraison vont continuer à se développer.

---

**1.** Lisez le DOCUMENT 1. Expliquez :
   a. les caractéristiques de l'élevage intensif.
   b. la raison de l'optimisme de Thierry Marx.
   c. le lien entre l'alimentation et les insectes.
   d. l'avenir de l'agriculture urbaine.
   e. l'évolution générale de nos modes de consommation.

**2.** Par deux, sélectionnez les points importants de ce texte pour les transmettre, dans votre langue, aux autorités culinaires de votre pays.

**3.** Repérez :
   a. les phrases qui indiquent une **probabilité** (= la chance que cela se produise en 2049).
   b. les mots liés à l'**alimentation**.
   c. un verbe synonyme de **manger**.

**4.** 👉 Échangez. Selon vous, dans votre pays, à quoi ressemblera la gastronomie en 2049 ?

SITUATION ❷ UNITÉ 10

# Dévorer des yeux

**1. Observez et lisez le DOCUMENT 1.**

ⓐ **Individuellement, répondez :**
qui ? quoi ? où ? quel est le problème ?

ⓑ **Par deux, échangez :** qu'est-ce qui fait que l'on achète des aliments sans savoir pourquoi ?

ⓒ **En groupes, partagez vos idées :** imaginez la suite de cette histoire en cinq vignettes maximum.

**2. PAUSE**

Partagez à votre voisin(e) la photo d'un plat appétissant que vous avez vu récemment sur les réseaux sociaux et que vous avez envie de tester. Justifiez votre choix.

DOCUMENT 1

Guillaume Long, *À boire et à manger*
© Éditions Gallimard Jeunesse.

**DOCUMENT 2**

Manger
Pourquoi veut-on que nos plats soient aussi beaux que bons ?

**3.** 📹 121 | **Écoutez le DOCUMENT 2 et répondez aux questions.**

a. Qu'est-ce que la journaliste aime chez « Double Dragon » ?
b. À quoi sert le « beau » selon le serveur ?
c. Quelles sont les questions que se pose la journaliste ?
d. Qu'est-ce qu'un(e) styliste culinaire ?
e. Selon la styliste, quels sont les deux buts d'une belle présentation ? Expliquez avec vos mots à vous.

**4. Repérez dans le document 2 :**

a. l'adverbe *potentiellement*. Qu'exprime-t-il ?
b. des mots pour dire que c'est *appétissant*.
c. des verbes synonymes de *manger*.
d. 📹 122 | les *pauses* dans ces extraits.

**5.** 🔊 | **J'agis !**

**Seul ou à plusieurs, préparez un exposé sur la gastronomie.**
Commencez par choisir un sujet spécifique : un type de gastronomie (traditionnelle, moléculaire...), l'histoire de la table, les chefs étoilés, les guides critiques, etc. Faites un plan. Répartissez-vous les tâches. Préparez un support visuel et présentez votre exposé à la classe (10 min.) !

**6.** ✏️ | **On coopère !**

« On est ce qu'on bouffe », dit la styliste culinaire.
**En groupes, reformulez cette phrase pour en comprendre le sens.**
L'un de vous prend des notes et les organise, de la moins pertinente à la plus pertinente.

 +

Pour **Guillaume Long**, la cuisine est un art de vivre ludique. *À boire et à manger* est une bande dessinée. À votre avis, qu'est-ce aussi ?

SITUATION 3

# Goûter au luxe

**L'OBS**

DOCUMENT 1

## Kei Kobayashi, la cuisine haute couture

Par Clément Pouré, nouvelobs.com, 18/01/2020.

Le service vient de finir et Kei Kobayashi traverse la salle à petits pas timides. Discrète silhouette longiligne, pantalon noir, chemise blanche... Seule sa chevelure peroxydée vient rappeler que le chef du restaurant qui porte son nom, dans le 1er arrondissement de Paris, est un dingue de mode – au moins autant que de gastronomie. Car après l'extraordinaire précision de sa cuisine, c'est son goût du luxe et sa passion du beau qui reviennent le plus souvent dans la bouche de ceux qui le connaissent : il posséderait « les plus belles montres de Paris », serait « un fou de bagnoles » et littéralement « obsédé » par les fringues.

Japonais d'origine et français d'adoption, le chef doublement étoilé par « le Guide Michelin » – s'est ainsi forgé une réputation d'esthète dans le petit milieu de la gastronomie française [...] Né en 1977, il a grandi dans un petit village de la région de Nagano, au cœur des montagnes japonaises. Ses parents travaillent tous les deux dans un restaurant traditionnel [...] Quelques années plus tard, débarqué à Tokyo, le rythme est le même : « En arrivant, mon patron m'a demandé trois choses : ne jamais manger au fast-food, ne plus voir mes copains étudiants, ne pas avoir de copine. » Une vie d'ascète à laquelle le jeune adulte adhère – sauf, croit-on deviner dans son sourire malicieux, la troisième règle [...] Après de longues

hésitations, Kei décide de vivre son rêve : partir en France et tenter d'y devenir un grand chef. « La première fois que je l'ai vu, je me suis demandé si c'était un styliste ou un cuistot » – Gilles Goujon [...]

Après être passé par d'autres enseignes, Kei rejoint en 2003 le restaurant d'Alain Ducasse au Plaza Athénée. Sous la direction de Jean-François Piège, puis sous celle de Christophe Moret, dont il sera le second à 27 ans, sa cuisine éclot jusqu'à ce qu'il ouvre, en 2011, son restaurant le Kei, étoilé en 2012 et doublement en 2017. Si, sans surprise, le chef émeut quand il met dans l'assiette les meilleures viandes du monde, c'est en dégustant son « jardin de légumes croquants » que l'on s'extasie. Courgettes, radis, navets, trois types de carottes servis avec une purée de roquette... Recouvert d'une émulsion de citron, son plat signature est une merveille d'équilibre – de poésie, presque [...]

Taquin, son premier mentor, Gilles Goujon glisse : « Quand il a ouvert, c'était assez foufou... Aujourd'hui, c'est de la haute couture, de l'horlogerie, de la joaillerie même, tant sa technique est précise. » Même Alain Ducasse ne tarit pas d'éloges sur Kei : « Il a le don de produire du neuf, sans jamais tomber dans l'anecdotique. » [...] Il revendique une cuisine « saisonnale », respectueuse des rythmes de la nature. Et aussi, très inspirée par l'art et notamment l'architecture [...] Cette relation intense avec le monde l'art et des créateurs est peut-être la clé de la grande sagesse qu'il dégage.

---

**1. SEUL**

**a** Lisez le DOCUMENT 1 et identifiez des éléments de : portrait | parcours | réussite culinaire.

**b** Relevez deux éléments probables, dont le journaliste n'est pas certain.

**2. EN GROUPES**

**a** Partagez votre travail.

**b** Ensemble :

a. mettez-vous d'accord sur les éléments essentiels de l'article.

b. cherchez des informations complémentaires à propos de Kei Kobayashi sur Internet.

c. préparez une mini-interview filmée de ce chef avec des questions précises. L'un de vous joue le rôle du chef. La vidéo doit être appétissante !

**3. EN CLASSE**

a. Vérifiez les mots relevés en 1**b**. Que suggère le conditionnel ?

b. Diffusez votre vidéo à la classe.

c. Prenez des notes de chaque vidéo et classez-les selon leur véracité.

# LA FABRIQUE

UNITÉ 10

## DE LA GRAMMAIRE | La probabilité

**Observez.**
a. Il est possible de réduire son « empreinte eau » d'un quart.
b. Si l'on continue comme aujourd'hui, en 2049, seuls les très riches pourront bien manger.
c. Peut-être que l'on trouvera davantage de farines d'insectes.
d. Ce que l'on va potentiellement cuisiner.
e. Il posséderait « les plus belles montres de Paris ».

**Réfléchissez.**
a. Dans chaque phrase, relevez le mot ou l'expression qui exprime une probabilité.
b. Quel temps est souvent utilisé pour exprimer la probabilité ?
c. Parmi les cinq phrases, laquelle est la moins probable ?

**Appliquez.**
1. ▶123 | Écoutez et relevez le mot ou l'expression qui exprime une probabilité. Indiquez les expressions suivies du subjonctif.

2. Répondez à ces questions pour indiquer une probabilité.
En 2049 :
a. Est-ce qu'on consommera plus de fruits et légumes ?
b. De quoi sera composée notre assiette ?
c. Kei Kobayashi aura-t-il acheté davantage de voitures de luxe ?
d. Est-ce qu'il y aura plus de terres agricoles ?
e. Mangerons-nous encore à table ?

3. ▶124 | Vous êtes journaliste : vous avez mené une enquête culinaire dont vous avez enregistré les informations sur votre dictaphone. À présent, écoutez les informations et rédigez un rapport à destination de vos collègues. Utilisez la probabilité.

## DES MOTS

### C'est proche !

Vous êtes plutôt **gourmand**, **goinfre** ou **gourmet** ?

ⓐ Quel est celui qui s'intéresse au vin et qui est connaisseur ? Celui qui aime manger ? Celui qui mange à toute vitesse ?

ⓑ Attribuez un verbe à chacun.
déguster | dévorer | apprécier

### C'est francophone !

En France, on l'appelle généralement le **chef cuisinier**.
En Belgique, on le nomme le **chef coq**.

ⓐ Quel est le mot familier pour « cuisinier » ? Cherchez dans l'article de la Situation 3.

ⓑ Et que fait le serveur ? Le sommelier ? Le chef de rang ? Le magasinier ? Le plongeur ?

## DES VERBES

**Manger** est un verbe du quotidien. Il existe plusieurs façons de manger. Saurez-vous les différencier ?
nourrir | dévorer | déguster | snacker | goûter | avaler | mâcher | grignoter | bouffer

ⓐ Trouvez les caractéristiques de chaque verbe.

ⓑ Avec votre voisin(e), illustrez chaque verbe par un exemple et comparez avec le groupe voisin.

## DES SONS

### Les pauses

ⓐ ▶125 | Écoutez à nouveau ces extraits. Dans quel extrait la pause permet-elle d'être plus clair ? De trouver ses mots ?

ⓑ ▶126 | Écoutez et répétez en respectant les pauses.

# SITUATION 4

# Attirer un public

## Fashion Week : les influenceurs de TikTok s'installent en front row

Au défilé Prada, des mannequins se trémoussent sur le morceau *What the Hell* de la chanteuse Avril Lavigne. Rien d'étonnant en période de Fashion Week, si ce n'est que cette petite danse a été vue 16,5 millions de fois sur TikTok. La vidéo de dix secondes a été réalisée par l'influenceuse Charli D'Amelio qui était invitée le jeudi 20 février au défilé de la maison italienne à Milan. L'ado âgée de 15 ans n'était pas seule. À ses côtés on trouvait également Derek Blasberg, journaliste et *golden boy* de la mode en charge des partenariats sur YouTube. Une brochette de personnalités calibrées pour les réseaux, comme en témoignent les 28 millions d'abonnés de l'Américaine qui suivent sa passion pour la danse qu'elle partage régulièrement sur TikTok. […] Les marques ont bien compris le potentiel de ces nouvelles stars des réseaux dont le nombre d'abonnés peut donner le tournis. Ces influenceurs réalisent leurs propres productions pour séduire leur audience. Charli D'Amelio habillée en Prada a posté 7 vidéos d'elle, cumulant chacune 7 millions de vues au minimum. Une vitrine conséquente pour la maison italienne qui voit là une occasion en or de toucher les plus jeunes.

### Les marques à l'assaut des influenceurs de TikTok

Nouveau lieu de rendez-vous de la « Gen-Z », TikTok est une plateforme de partage de vidéos créatives où les utilisateurs se mettent en scène dans des challenges de danse et de sketches humoristiques. Le réseau social comptabiliserait aujourd'hui 800 millions d'utilisateurs dont 60 % seraient âgés entre 16 et 24 ans selon Business of Apps, une entreprise d'analyse de données.

De Noen Eubanks, égérie Celine, à Chase Hudson, invité VIP de Dolce & Gabbana, les griffes dénichent elles-mêmes ces nouveaux visages en espérant attirer d'autres clients. Le concours Elite Model Look s'y est également mis en lançant en 2019 une catégorie dédiée aux TikTokeurs.

Outre les partenariats avec les personnalités phares de TikTok, les marques investissent aussi le réseau social. Burberry, par exemple, a ouvert son profil en lançant un défi à ses utilisateurs, Jacquemus a lui tenté de devenir un *meme* avec une vidéo humoristique.

Si le monde de la musique s'est imposé rapidement sur cette application, la mode y est venue plus tard. Un décalage que souhaite combler la plateforme. « Les marques veulent aussi diversifier leur audience et communiquer différemment via des formats innovants. On aimerait élargir notre champ d'action, nous dit-on en interne. On s'intéresse aussi au sport, à la *food*, et bien sûr à la mode. »

TikTok va encore plus loin en proposant aux maisons de diffuser leurs défilés et les images des coulisses en direct. Douyin, la version chinoise de l'application TikTok, a en effet mis en place un système spécifique en collaboration avec la Fédération de la haute couture et de la mode qui permet de diffuser les shows à ceux qui n'ont pas pu se déplacer […]

La plateforme se place maintenant comme un nouvel initiateur de tendances. Il y a une décennie, les blogueurs Bryanboy et Garance Doré se retrouvaient eux aussi au premier rang, invités au show Dolce & Gabbana – visiblement à l'affût des nouveaux phénomènes numériques. Les années 2010 ont marqué l'arrivée de ces influenceurs sur le devant de la scène mode. Passer de *nobody* à *somebody* : avec TikTok le processus se veut même plus rapide. Alors que la plupart des réseaux sociaux mettent en avant des contenus en fonction de leur viralité, la plateforme offre la possibilité à n'importe qui d'être découvert. Alors qui sait, peut-être que d'ici à quelques années on retrouvera notre petite cousine incomprise au premier rang du défilé Chanel à papoter de ses dernières vidéos avec Anna Wintour.

Manon Le Roy Le Marrec, madame.lefigaro.fr, 21/02/2020.

# UNITÉ 10

**1.** Lisez le DOCUMENT 1. Justifiez ou infirmez chaque affirmation par une précision donnée dans le texte.

   a. Si l'on est un influenceur à succès, il est possible d'être invité à des défilés de mode.
   b. Les marques guident les influenceurs dans leurs publications.
   c. TikTok est un réseau social réservé majoritairement aux jeunes.
   d. La mode a investi TikTok très rapidement.
   e. Tout le monde peut devenir influenceur grâce à ses TikTok : il suffit d'avoir de la popularité.

**2.** Relevez, dans le texte, les mots d'origine étrangère. Traduisez-les dans votre langue. Comparez-les avec ceux de votre voisin(e).

**3.**  **Échangez.** Expliquez, à votre voisin(e), les influenceurs que vous suivez sur TikTok. Donnez-lui des précisions en ajoutant des informations.

### DOCUMENT 2

### DOCUMENT 3

**LA CHRONIQUE culture** — france culture

**Christian Louboutin, la révolution voit rouge**

**4. PAUSE**
Si vous pouviez proposer une exposition de mode, quels vêtement(s) ou accessoire(s) aimeriez-vous exposer ? Décrivez-les à votre voisin(e).

**5.** ▶127 | Écoutez le DOCUMENT 3. Répondez aux questions.
   a. Pourquoi est-ce que l'exposition porte ce nom ?
   b. Pourquoi est-ce que Christian Louboutin a choisi ce lieu ?
   c. Quel est le lien entre le créateur et la signalétique ? Qu'évoque cette signalétique ?
   d. Comment est née la semelle rouge ?
   e. Selon Christian Louboutin, que faut-il faire pour dessiner ?

**6.** Repérez dans les documents :
   a. les manières d'**ajouter une information**, comme dans les exemples suivants : *une plateforme **de** partage **de** vidéos* | *une **petite** cousine **incomprise**.*
   b. des mots liés à la **mode**.
   c. la différence de sens des expressions « **se mettre** en scène » et « **se mettre** à parler ».
   d. ▶128 | les **interjections**.

**7.** ✏️ | **J'agis !**
**Rédigez un résumé** du document 1 dans votre langue pour aider votre voisin(e) à mieux comprendre le texte.

**8.** 🔊 | **On coopère !**
**Participez à l'exposition : « Les icônes de la mode ».**
En groupes, mettez-vous d'accord sur une icône de la mode. Cherchez des informations sur cette personne pour faire un exposé collectif à l'oral. Répartissez-vous le travail et la présentation. Pensez à illustrer votre travail, à expliquer en quoi la personne est une icône et pourquoi elle vous impressionne. Présentez votre exposé (10 min.) à la classe de façon collective.
→ Fiche l'exposé, p. 200

## Culture +

Le **Palais de la Porte Dorée** a été construit à l'occasion de l'Exposition coloniale de 1931. Quel musée abrite-t-il aujourd'hui ?

# LA FABRIQUE

## DE LA GRAMMAIRE | L'ajout d'informations

**Observez.**
a. C'est le Palais de la Porte Dorée.
b. C'est une occasion en or.
c. À ses côtés, on trouvait également Derek Blasberg, journaliste et *golden boy* de la mode en charge des partenariats sur YouTube.
d. On retrouvera notre petite cousine incomprise.
e. C'est un voyage imaginaire qui commence avec de longues racines.

**Réfléchissez.**
a. Dans chaque phrase, relevez la manière dont on ajoute une information.
b. Quand il s'agit de matière (bois, argent, coton, etc.), quelle préposition est utilisée ?
c. Quand il s'agit de compléter un nom par un autre nom, quelle préposition est généralement utilisée ?

**Appliquez.**
1. ▶ 129 | Écoutez le récit. Lisez la transcription p. 216. Repérez les ajouts d'informations. Puis, réécrivez le texte en ajoutant des adjectifs.

2. Complétez les phrases avec les mots proposés. Accordez si nécessaire.
a. *grâce à qui* | *dont* | *parmi lequel* | *où* → Le défilé ... je t'ai parlé se situait au musée Galliera ... était réunie une centaine d'invités ... de nombreux influenceurs ... la marque s'est rapidement développée.
b. *appétissant* | *élogieux* | *étoilé* | *dingue* → Les critiques ... de ce restaurant doublement ... m'ont mis l'eau à la bouche : comme je suis ... de navets, j'aimerais goûter le « Jardin de légumes » qui a l'air tellement ... .
c. *de* | *en* | *à* | *chez* → ... Mango, j'ai craqué pour ce bonnet ... rayures ... laine. Il ira parfaitement avec le blouson ... ma mère que je lui pique chaque hiver.

3. Continuez le récit proposé en 1 en ajoutant le maximum d'informations. Enregistrez-vous !

## DES MOTS

### C'est exceptionnel !

Christian Louboutin parle de ses premières *amours*.
Christian Louboutin n'est pas mon premier *amour*.

**a** « Amour » est-il un nom masculin ou féminin ? Expliquez.

**b** Deux autres mots, en français, suivent cette exception : orgue(s) et délice(s). Pour chaque mot, rédigez un exemple au singulier et au pluriel.

### C'est plus court !

Au défilé, on trouve une *brochette* de personnalités.
Certaines portent une *broche*.
Dans l'assiette, il y a une brochette de morceaux de poulet. Parfois, je le fais à la broche.

**a** Que signifie « brochette » et « broche » dans les deux phrases ?

**b** Connaissez-vous d'autres mots qui ont un diminutif en *–ette* ?

## DES VERBES

*Se mettre* à parler de son enfance.
*Se mettre* en scène.

**a** Quelle expression signifie « se montrer » ? « commencer » ?

**b** Avec votre voisin(e), trouvez la signification des expressions suivantes.
se mettre sur son 31 | se mettre au travail | se mettre à table | se mettre en appétit | se mettre du rouge à lèvres

## DES SONS

### Les interjections

**a** ▶ 130 | Écoutez à nouveau ces extraits.

**b** Quelle interjection signifie « n'est-ce pas » ? Permet une reformulation ? Introduit une information comme « eh bien » ?

# UNITÉ 10

## L'EXTRAIT ▶131

Maquereau aux framboises fraîches, bar de pêche, risotto au potiron, bœuf braisé au jus de carotte et basilic sur feuille de choux, gâteau suave de pommes de terre au sorbet d'orange sanguine,
5 salade de poulpe au fenouil frais, enroulés de sole et pancetta, queues de lotte aux fruits de la passion, pageot et sa tombée d'épinards, salade de pied de porc et œufs de saumon au jus frais de céleri blanc. Certaines recettes de La Belle Saison
10 deviennent rapidement des plats de signature, notamment les gnocchis au beurre et à la sauge, fondants et moelleux, ou ceux aux girolles, ou encore ceux au lard et petits pois.

Cette cuisine inventive, délicate et anti-
15 esbroufe, impressionne. Le travail de Mauro rappelle que, contrairement à l'idée commune, le cuisinier le plus doué, le plus inventif, le plus juste n'est pas forcément celui qui métamorphose le produit mais peut-être celui qui le restitue le
20 plus intensément.

Des articles élogieux paraissent ici ou là sur des sites internet tenus par des fines gueules au fort pouvoir de prescription, des voix qui ont l'attention de ceux qui ne vivent que par
25 l'expérience du repas, ces obsédés de l'assiette : tous saluent la singularité de l'expérience qu'ils ont vécue à La Belle Saison. La jeunesse du chef, surtout, étonne – vingt-quatre ans, un gosse ! –,
30 de même que sa maîtrise, sa sensibilité, mais tout cela moins que son tempérament, sauvage, secret, peu enclin au passage en salle et aux serrages de mains sur fond de collecte de compliments, se
35 montrant peu donc, un tempérament à rebours des tendances qui travaillent le monde de la gastronomie –
40 la cuisine envisagée comme un spectacle télévisuel, mise en scène comme une compétition à suspens,
45 et les chefs convertis en people, en icônes médiatiques, en visages capables de faire vendre. Des critiques gastro-
50 nomiques évoquent La Belle Saison comme leur plus belle découverte depuis des lustres, et Mauro comme une promesse ; des blogueuses branchées qui se déclarent folles de cuisine publient des photos de leurs
55 assiettes ; la communauté du fooding le reconnaît comme un des siens, la nouvelle génération, l'avant-garde.

Maylis de Kerangal (écrivaine française),
*Un chemin de tables*,
© Éditions Le Seuil-Raconter la vie, 2016.

---

### 1. DÉCOUVERTE

**a.** De quel chef parle-t-on ? Faites son portrait.

**b.** Quel type de cuisine propose-t-il ? Illustrez avec des exemples.

**c.** Quelle est la tendance gastronomique actuelle ? Le chef la suit-il ?

### 2. EXPLORATION

**a.** Regardez et relisez les trois paragraphes : quel titre pourriez-vous donner à chaque paragraphe ?

**b.** Repérez la succession d'adjectifs pour décrire la cuisine, le cuisinier, sa maîtrise de la cuisine et son tempérament. Ces ajouts d'informations colorent la description.

**c.** Identifiez les plats, puis repérez la préposition qui indique un contenu ou un accompagnement dans : *gâteau **de** pommes de terre **au** sorbet **d'**orange sanguine*.

### 3. EXPRESSION

**a.** En groupes, associez les événements de cet extrait avec des événements similaires ou dont vous avez entendu parler.

**b.** En suivant la structure de ce texte, **rédigez un extrait similaire avec une liste d'ingrédients, le portrait d'un chef et des critiques** (250 mots). Ancrez votre récit en 2049. Utilisez l'ajout d'informations.

# L'opinion

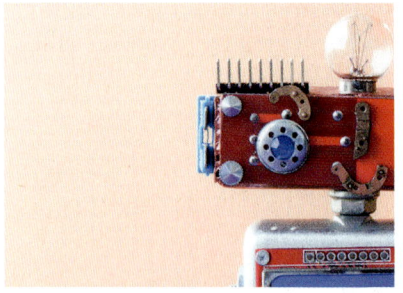

 **SUJET**

**Une mode éthique est-elle possible ?**

**INVITÉS** 5'17
Clément MAULAVÉ, cofondateur de la marque Hopaal
Majdouline SBAÏ, sociologue, entrepreneuse, auteure

### Reformuler ses propos
(à l'oral)

Si je comprends bien, …
Si j'ai bien compris, …
Vous voulez dire que…
En clair, …
Ainsi, selon vous, …
Donc, on peut dire que…

**1.** ▶132 | **ON ÉCOUTE**

Lisez ces chiffres et ces exemples. Retrouvez les idées principales.
**a.** La génération Millenials n'entend pas cautionner cette dégradation de la planète.
**b.** Nos vêtements sont fabriqués à partir de bouteilles en plastique.
**c.** Un tee-shirt du futur, c'est 50 litres d'eau.
**d.** Cela représentait 8 % de l'offre.
**e.** Un milliard sur 150 milliards de chiffre d'affaires du secteur de l'habillement.

**2. ON RÉAGIT**

Échangez avec votre voisin(e).
Quels sont les enjeux du secteur de la mode ? Discutez des réponses données dans le document en les reformulant. Ajoutez vos idées.

**3. ON DISCUTE** • 15 min. | En groupes

**UN sujet**
Une mode éthique est-elle possible ?

**UN animateur**
- distribue les rôles
- cadre la discussion
- veille à reformuler ce que disent les invités

**DES invités**
- **un rôle :** le / la PDG d'une maison de couture délocalisée ; un(e) gérant(e) de Kilo Shop ; le / la fondateur(trice) d'une application de location de vêtements de luxe ; un(e) responsable éthique et développement
- **une contrainte :** chercher des exemples d'actions éthiques sur Internet avant de commencer la discussion
- **3 arguments** par invité

# UNITÉ 10

## Ces opinions qui nous font réagir.

## SUJET

« Dis-moi ce que tu manges, je te dirai qui tu es... »

Cette célèbre citation d'un gastronome français, Brillat-Savarin (1826), pourrait sembler un peu désuète aujourd'hui car l'assiette est devenue internationale. Ne mangeons-nous pas tous la même chose ? Pourtant, l'acte de cuisiner (préparer, assembler, présenter...) est révélateur d'une identité singulière. Par ailleurs, la façon dont nous mangeons en dit long sur notre personnalité.

*Vous exprimerez votre opinion personnelle (250 mots) en commençant par reformuler cette citation.*

### 1. ON COMPREND

**Lisez le sujet.**

#### Stratégie

Repérez dans le texte du sujet :
- 1 date
- 2 articulateurs
- 2 thématiques

### 2. ON RÉAGIT

**En groupes, stimulez vos neurones.**
- Ensemble, reformulez la citation, à l'oral.
- Comment choisissez-vous le contenu de votre assiette ? Pourquoi ce contenu plutôt qu'un autre ?
- Comment préparez-vous à manger ? Comment mangez-vous ?

#### Stratégie

Reformuler le sujet permet de vérifier sa compréhension.

« Gamine déjà, je remplaçais les légumes par des tartines beurrées. De plus, je n'aime pas du tout cuisiner. »

### 3. ON ARTICULE

**Repérez les articulateurs dans les opinions ci-contre.** Comparez-les avec l'un des deux articulateurs du sujet :
- Lequel renforce l'idée de départ ?
- Lequel est utilisé à l'oral ?
- Lequel ajoute une idée nouvelle ?

#### ARTICULATEURS

{ d'ailleurs = aussi
en plus = de plus (à l'oral)
par ailleurs = d'autre part

#### Reformuler ses propos (à l'écrit)

Autrement dit, ...
En d'autres termes, ...
Cela revient à dire...
Si je résume, ...
Au final, ...

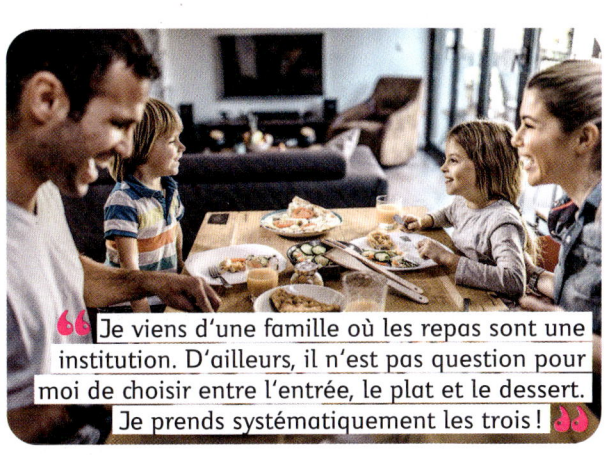

« Je viens d'une famille où les repas sont une institution. D'ailleurs, il n'est pas question pour moi de choisir entre l'entrée, le plat et le dessert. Je prends systématiquement les trois ! »

### 4. ON RÉDIGE • 15 min. | Par trois

- Relisez le sujet.
- **Rédigez quelques phrases pour reformuler le sujet.**
- Pour chaque reformulation, ajoutez une idée complémentaire à l'aide d'un articulateur.

# mémo

→ Outils de la classe p. 189   → Cahier d'activités p. 134-147

## Stratégie

Après avoir lu le mémo, écrivez sur une feuille les dix mots qui vous viennent en premier. Vérifiez ensuite leur orthographe.

## La gastronomie

**Manger**
bouffer (fam.)
déguster = savourer
dévorer = se jeter sur un plat
grignoter = snacker
(se) nourrir

**Des ingrédients**
le bar, la sole, la lotte, le poulpe
le basilic, la sauge, le persil, l'estragon
le citron, l'orange sanguine
la pancetta, le lard, le pied de porc
le potiron, le fenouil, le céleri, le chou

**S'extasier**
admirer qqch
mettre l'eau à la bouche
saliver / baver devant un plat
se frotter les yeux
s'enthousiasmer devant…

## Le luxe

**Les secteurs**
la cosmétique
la haute-couture
la joaillerie, l'horlogerie
la maroquinerie
une voiture = une bagnole (fam.)

**La mode**
un défilé
une griffe
une maison
un mannequin
une vitrine

**Être passionné(e)**
être admiratif(ive) devant qqn / qqch
être dingue / fan / fou / folle de…
être emballé(e) par…
être obsédé(e) par… = une obsession
être un(e) fashionista

## Appétissant(e)

**C'est être…**
…alléchant(e) ≠ rebutant(e)
…attirant(e) ≠ repoussant(e)
…attrayant(e) ≠ dégoûtant(e)
…séduisant(e)
…tentant(e)

**Exposer**
dévoiler
(s')exhiber
(se) mettre à nu
(se) mettre en avant
(se) mettre en scène

**Susciter l'intérêt**
donner envie
impressionner
influencer
inspirer
persuader

---

1. Vous souhaitez cuisiner le « Jardin de légumes croquants » de Kei Kobayashi. **Indiquez à votre voisin(e) les ingrédients à acheter.**

2. Vous venez de craquer pour une nouvelle montre de luxe. **Rédigez une publication sur vos réseaux pour indiquer votre passion pour cette montre et pour la maison de luxe.**

### LE GRAND ORAL

En petits groupes, vous avez cinq minutes pour parler du côté appétissant du luxe.

**Les contraintes :**
1. Vous devez commencer par « Parfois, j'ai honte… »
2. Placez « d'ailleurs » et « par ailleurs ».

**ANTISÈCHE 1**
d'ailleurs = aussi
en plus = de plus (à l'oral)
par ailleurs = d'autre part

**ANTISÈCHE 2**
C'est tellement attirant que…
Ça m'obsède à tel point que…
…au point que j'en bave !

# UNITÉ 10

## La probabilité • L'ajout d'informations

> Autrefois, le navet, légume très populaire, était appelé « légume des pauvres ». Remplacé par la pomme de terre, il a ensuite perdu sa popularité jusqu'à devenir moins que rien. Et même dans la langue française, où il désigne un film nul (= Quel navet !). Depuis peu, il revient à la mode car sous ses airs de légume un peu fade et tristounet, le navet peut vraisemblablement surprendre : tarte aux navets, cocotte de veau aux navets caramélisés, soupe de fanes de navets... Il est fort probable que, d'ici quelques années, le navet redeviendra une star et que les chefs le cuisineront à volonté !

**1.** Lisez cette information culturelle. Retrouvez et nommez :
– les éléments de probabilité.
– les ajouts d'informations.

**2.** Répondez à ces questions sur le secteur du luxe en 2050. Utilisez la probabilité.
   a. Pensez-vous que les chaînes de magasins de prêt-à-porter seront interdites ?
   b. Achèterons-nous uniquement des produits de seconde main ?
   c. Est-ce qu'il y aura davantage d'applications pour louer des vêtements ?
   d. Serons-nous limités à un certain nombre d'achats de vêtements par personne ?
   e. Le port de chaussures en cuir sera-t-il interdit ?

**3.** Complétez ces informations pour un blog culinaire.
   a. Pour préparer une tarte ... abricots, commencez par réaliser une pâte sablée ... vous garderez au frigo pendant deux heures.
   b. Pour la cuisson de votre viande, nous vous conseillons une cocotte ... terre cuite ... permet une cuisson ... l'étouffée.
   c. Pour préparer votre soupe ... poireaux, pensez à bien nettoyer vos poireaux et à les couper ... rondelles. N'oubliez pas d'ajouter un petit bouquet ... persil !
   d. Si vous achetez un tablier ... cuisine, prenez-le ... coton : il sera plus facile ... nettoyer.

**4.** Par deux, rédigez une information culturelle sur un produit culinaire. Utilisez les points grammaticaux de cette unité.

---

### La probabilité

exprime une action qui a des chances (plus ou moins sûres) de se produire.

➡ Avec un **adverbe** :
*probablement, potentiellement, peut-être, sans doute, éventuellement...*

➡ Avec une **tournure impersonnelle** :
*Il est (fort, très, peu) probable que...* + indicatif (+ sûr) / subjonctif (- sûr)

*Il y a des chances que...* + indicatif (+ sûr) / subjonctif (- sûr)

*Il paraît que...* + indicatif

*Il semble que...* + indicatif

*Il se peut que...* + subjonctif

➡ Avec **un temps** :
Les futurs (proche, simple, antérieur)
Le conditionnel (= hypothétique)

*Il est peu probable qu'elle vienne.*
*Elle préférera sans doute rester chez elle.*

### L'ajout d'informations

Pour donner des précisions, on peut utiliser :

➡ un **pronom relatif** : *qui, que, où, dont, auquel, à laquelle,* etc.

*Les influenceurs, grâce auxquels les marques se portent bien, étaient invités au défilé.*

➡ des **adjectifs**.

*Le fabuleux défilé de la célèbre maison Prada a eu lieu à Paris.*

➡ des **prépositions**.

*Il a mangé un gâteau de pommes de terre au sirop d'érable sans trop de calories.*

➡ une **apposition**.

*Kei Kobayashi, le chef nouvellement étoilé, est d'origine japonaise.*

# #LaMinuteCulturelle

## L'addition

▶ **Vous avez 2 minutes ?**

▶ 133 | Écoutez l'audio.
Pourquoi le moment de l'addition est-il délicat ?

▶ **Vous avez 5 minutes ?**

Avec votre voisin(e), discutez des moments délicats ou sensibles en cuisine ou à table. (*Exemple : On apporte quoi ? Je peux manger avec les doigts ? etc.*)

▶ **Vous avez 15 minutes ?**

En groupes, créez un podcast avec un sujet gastronomique. Ajoutez des petites phrases du quotidien pour dynamiser votre podcast.

# Mission

## Une cantine appétissante

❝ Nous souhaiterions ouvrir une cantine pour notre entreprise car nous sommes convaincus que pour travailler mieux, il faut manger mieux. Notre objectif : un lieu convivial où se créent des liens, des moments d'échange, et même de réflexion dans un cadre relaxant. ❞

**Proposez un concept appétissant de cantine d'entreprise.**

 **1. En groupes.** Discutez de vos idées pour proposer un concept. Désignez un rapporteur qui prend des notes, et un présentateur qui **expose** le concept.

 **2. En classe.** Deux modérateurs sont nommés pour animer les échanges : l'un anime ; l'autre reformule pour aider à mieux se comprendre. Deux rapporteurs prennent des notes au tableau pour toute la classe.

 **3. Individuellement.** Reformulez les notes pour rédiger un concept. Astuce : Utilisez l'ajout d'informations.

### Objectifs

- Exposer à partir d'une prise de notes.
- Noter les idées des uns et des autres au fur et à mesure.
- Reformuler les idées des uns et des autres.
- Ajouter des informations à l'aide de prépositions, pronoms relatifs, adjectifs, etc.
- Utiliser le lexique de la gastronomie.

# Rassurant(e)

**adj.**
qui redonne confiance.

UNITÉ 11

156 | **SITUATIONS**
   ❶ Se régénérer
   ❷ Vivre dans un écosystème
   ❸ Rencontrer le vivant

159 | **LA FABRIQUE**

160 | **SITUATION**
   ❹ Cohabiter

162 | **LA FABRIQUE**

163 | **L'EXTRAIT**

164 | **AU QUOTIDIEN**

166 | **MÉMO**

168 | **MISSION**
   Rassure ta ville !

# SITUATION 1

# Se régénérer

**Usbek & Rica**

## Demain, pourra-t-on soigner le vieillissement comme **une maladie** ?

**Molécules retardant le vieillissement des cellules, implantation d'un GPS neuronal, transfusion de sang jeune... Sur le papier, on n'a jamais été aussi proche de trouver dans les rayons des pharmacies de quoi vivre vieux en bonne santé, à défaut de vivre éternellement [...]**

« La vieillesse n'est pas une bataille, c'est un massacre », écrivait Philip Roth dans *Un homme* (Gallimard, 2007). Ce constat implacable est combattu aujourd'hui par de plus en plus de chercheurs que l'on peut réunir sous un même étendard : celui de la recherche autour de la longévité. Un secteur porté par une espérance de vie qui a crû de manière exponentielle depuis 1900. Grâce aux progrès de la science et de notre niveau de vie, la France a vu l'espérance de vie de ses citoyens quasiment doubler en un peu plus d'un siècle. En 1900, elle atteignait 45 ans, soit une avancée de quinze ans depuis 1800, d'après les chiffres de l'Institut national d'études démographiques (Ined). En 2017, le chiffre s'élève à 85,4 ans pour les femmes et 79,5 ans pour les hommes. Les données sont peu ou prou* similaires dans les autres pays développés. À ce rythme, la perspective que nos enfants atteignent un jour une espérance de vie moyenne de 122 ans [...] est-elle crédible ?

Rien n'est moins sûr, nous explique Stuart Jay Olshansky, l'un des grands spécialistes américains du vieillissement. N'en déplaise aux transhumanistes qui assènent que l'on pourra bientôt vivre mille ans, « l'espérance de vie tend à stagner, elle atteint un plafond de verre [...] À terme, à l'échelle mondiale, on pourra atteindre une espérance de vie moyenne maximale de 80-85 ans. Donc il serait plus sage de travailler pour connaître une vieillesse saine. » Contrairement au reste du corps, le cerveau, lui, peut difficilement être « hacké » par les chercheurs : « Avec l'évolution, les cellules du cerveau, certes incroyables, ont perdu la capacité de se régénérer, elles vieillissent », rappelle le généticien français Hugo Aguilaniu [...]

Un début de solution se loge peut-être, d'après le chercheur, dans un ver portant le joli nom de *Caenorhabditis elegans*. En temps normal, ce ver a une espérance de vie de trois semaines. « En lui donnant moins à manger, on réduit la capacité du ver à se reproduire. Mais il sait qu'il pourra quand même se reproduire, dans le futur. Et par cette simple foi-là, on arrive à le faire vivre jusqu'à 300 jours. » Hugo Aguilaniu en est persuadé, il étudie le sujet depuis des années : reproduction et vieillissement sont intimement liés.

Et si la volonté de l'être humain d'assurer une descendance avait un effet sur la longévité d'un individu ? « Si on soumet un humain à une restriction calorique, il va connaître une baisse de fertilité, mais parce que fondamentalement il veut se reproduire, le corps mettra tout en place pour vivre le plus longtemps possible, dans l'attente de conditions plus propices. » [...]

*\* plus ou moins*

Lila Megrahoua,
usbeketrica.com, 06/01/2020.

---

**1.** **a** Lisez le titre du DOCUMENT 1. Reformulez la question posée avec vos propres mots.

**b** Lisez l'article.
a. Citez trois remèdes antivieillissement.
b. « La vieillesse n'est pas une bataille, c'est un massacre. » Expliquez cette citation et le désaccord des scientifiques.
c. Retrouvez dans le texte l'espérance de vie des Français en 1800, en 1900 et en 2017, et celle envisagée par les autres scientifiques.
d. Pourquoi l'espérance de vie est-elle limitée selon Hugo Aguilaniu ?
e. Quel moyen pour améliorer notre longévité se dessine à travers l'exemple du ver ?

**2.** **Repérez** :
a. une forme qui exprime le **doute** et une autre qui exprime la **certitude**.
b. le lexique lié au **vivant**.
c. des structures qui permettent de commenter des données chiffrées.

**3.** 👉 **Échangez.** Si vous aviez plus de temps à vivre, vous en profiteriez pour faire quoi ?

SITUATION 2

UNITÉ 11

# Vivre dans un écosystème

1. **Observez et lisez le DOCUMENT 1.**

   **a Par deux** : observez les dessins. Que représentent-ils ?

   **b En groupes** : quel milieu naturel vous inspire ? quelle espèce ? pourquoi ?

   **c En classe** : trouvez trois milieux de vie et trois espèces vivantes pour compléter l'infographie.

2. **PAUSE**

   Concentrez-vous sur votre respiration, sur l'air que vous inspirez et que vous expirez. Appréciez le moment présent et la joie d'être vivant(e).

DOCUMENT 1

3. ▶134 | **Écoutez le DOCUMENT 2 et répondez.**

   a. Quel est l'objectif de cette émission de radio ?
   b. Selon la journaliste, pourquoi les champignons sont-ils passionnants ?
   c. Quelles sont les caractéristiques des champignons, notamment leur point commun avec l'Homme ?
   d. Quelle méthode utilise-t-on pour recenser les champignons ?
   e. À quoi correspondent ces nombres : 140 000, de 1 à 30 millions, 1 500, 5 000, 2 000 milliards ?

4. **Par deux, cherchez l'étymologie des mots « mycologue » et « fongicide ».**

5. **Repérez dans le document 2 :**
   a. les mots qui se réfèrent au monde **vivant** en les classant dans l'une de ces trois catégories : animal, végétal, les deux.
   b. les mots qui expriment la **certitude**.
   c. ▶135 | la prononciation de « **déjà** ». Toutes les lettres sont-elles prononcées ?

6. 🔊 | **J'agis !**

   **Faites un commentaire de données oral (3 min.) sur une espèce animale ou végétale.** Recherchez des informations chiffrées (statistiques, quantités…) sur une espèce. N'oubliez pas de citer les sources. Utilisez le lexique de l'augmentation, de la stagnation ou de la baisse. Privilégiez le pronom « on ».
   → Fiche Le commentaire de données, p. 201

7. ✏️ | **On coopère !**

   Seul(e)s 13 % des Français(e)s considèrent la grande ville comme un lieu de vie idéal. Étouffante, la ville bétonne, cloisonne et nous coupe de la nature et du vivant. **Ensemble, rédigez un manifeste** (illustré par des témoignages) en faveur de la construction d'une société écologique hors des grandes villes.

## Culture +

La **truffe** est l'un des champignons comestibles les plus rares et les plus chers au monde. Savez-vous depuis quelle époque elle est consommée par l'Homme ?

SITUATION 3

# Rencontrer le vivant

## « TRAQUER UN FANTÔME DANS LA TOUNDRA »

**DOCUMENT 1**

**Conflictuelle ou amicale, impromptue ou préméditée… Six histoires de rencontres entre humain et sauvage. Aujourd'hui, le photographe Vincent Munier et les loups.**

Île d'Ellesmere, Canada. Foulant la toundra, vaste désert blanc que frappe enfin la lumière ressuscitée après les longs mois de nuit polaire, un homme cherche. Quelques jours plus tôt, il a embarqué, à Resolute Bay, à bord d'un Twin Otter à spatule. Le zinc* l'a déposé à même la glace sur ce bout du monde, terre la plus septentrionale de l'archipel arctique canadien. Ce qu'il poursuit ici, dans ces confins immaculés, est « un rêve de gosse devenu avec l'âge quête du Graal » : voir le loup blanc. Un trésor zoologique qui se mérite. Il faut endurer des températures inhumaines (– 45 °C), supporter la compagnie des « vents vivants », qui tantôt le cernent en silence, tantôt le giflent d'un blizzard hurlant. Et tolérer l'attente. « Chercher le loup blanc, c'est traquer un fantôme dans la toundra. »

La première semaine est une souffrance sans nom. L'homme ne croise pas âme qui vive. Pas même un lièvre arctique, ou un renard polaire. Le huitième jour, l'abandon guette. Sur le point de fermer sa tente pour s'abîmer dans le sommeil, un dernier coup de jumelle, et il les voit. Dans la lunette, neuf points jaunes, qui se rapprochent. Une meute de loups a confondu sa tente avec la carcasse d'un bœuf musqué. Les prédateurs chargent. « Se sentir proie, vulnérable, ne plus être le maître du monde mais l'égal des autres vivants. C'est un sentiment que j'aime. Et que l'homme contemporain n'éprouve pas assez », dit le photographe. D'autant qu'il le sait, le Canis lupus est sans danger. « C'est un mystère mais c'est un fait, le loup n'attaque pas l'homme. »

Les loups, curieux, tournent autour de ce bœuf musqué qui n'est qu'une tente, et de ce bipède qui, à plat ventre, se repaît d'une telle proximité et mitraille ses hôtes. Les adultes se couchent et observent. Les louvards veulent jouer, mordillent ses vêtements. Ici, dans le Haut Arctique, les loups n'ont pas peur de s'approcher, ils ignorent encore ce qu'est un homme. Les yeux qui détaillent ce jour-là le photographe […] « étincellent d'intelligence ». La meute s'amuse une heure puis s'en va, en file indienne. « Il y a avec cette espèce comme une complicité, une connivence très étrange, que je ne m'explique pas. » Amarok, l'esprit du loup, occupe une place de choix dans la cosmogonie** inuit. Péril pour les chasseurs autochtones, il est aussi un allié, qui élimine les caribous faibles et malades, laissant aux hommes la meilleure chair. L'esprit du loup n'a pas épargné l'aventurier vosgien. « Cette rencontre relève de l'expérience spirituelle. Des années après, elle me hante toujours ».

Benjamin Leclercq, *Libération*, 31/07/2020.

*avion (fam.)
**récits mythologiques ou hypothèses scientifiques qui racontent l'origine de l'univers

## 1. SEUL

**a** Lisez le DOCUMENT 1 et identifiez :
– le fantôme dont parle le titre.
– le lieu.
– le personnage principal.

**b** Relevez :
– l'expression contraire de « c'est un mystère ».
– les verbes exprimant la **certitude** et le **doute**.

## 2. EN GROUPES

**a** Un groupe cherche en quoi le photographe est devenu animal, et ce que cette expérience a provoqué en lui. Un second groupe décrit les caractéristiques humaines du loup.

**b** Ensemble :
a. Discutez : comme Vincent Munier, avez-vous déjà rencontré un animal qui vous a laissé un souvenir indélébile ?
b. Rédigez un article (150 mots) pour raconter vos rencontres, vos sensations avec cet animal. Publiez-les sur un mur virtuel.

## 3. EN CLASSE

a. Classez les **expressions du doute et de la certitude** relevées en 1**b** dans deux colonnes :
1. le doute 2. la certitude. Puis trouvez le maximum d'expressions pour complétez vos listes.

b. Décidez quelle histoire du mur de la classe mériterait d'être publiée dans le journal *Libération*.

# LA FABRIQUE

UNITÉ 11

## DE LA GRAMMAIRE | L'expression du doute et de la certitude

### 👁 Observez.
a. Rien n'est moins **sûr**.
b. Hugo Aguilaniu en **est persuadé**.
c. **C'est vrai que** c'est immobile comme les végétaux.
d. Je ne suis pas absolument **certain** que le vivant puisse résister à ces obstacles.
e. Ce scientifique est tout à fait **sceptique** par rapport aux théories transhumanistes.

### ⚙ Réfléchissez.
a. Quelle nuance faites-vous entre la phrase **a** et la phrase **b** ?
b. Trouvez un synonyme et un antonyme pour l'adjectif « persuadé ».
c. À quel mode est le verbe qui suit les expressions du doute ?
d. Quels adverbes peut-on employer pour renforcer la certitude et le doute ?

### ✏ Appliquez.
1. ▶136 | Écoutez et identifiez les phrases qui expriment le doute et celles qui expriment la certitude.

2. Classez ces phrases selon leur degré de certitude : du plus sûr au plus incertain.
a. Pour cette journaliste, il est indéniable que les champignons sont des héros du vivant.
b. Certains démographes doutent que l'espérance de vie augmente.
c. Il n'y a pas l'ombre d'un doute à ce sujet : la biodiversité est en danger.
d. Je ne suis pas tout à fait convaincu que cette solution soit la bonne.

3. « Les plantes sont plus intelligentes que les animaux » : doute ou certitude ? Rédigez trois phrases pour donner votre opinion.

## DES MOTS

### C'est proche !

Il a bon **espoir** de retrouver du travail.
Imaginons un futur plein d'**espérance** !

**a** Attribuez aux mots « espoir » et « espérance » la bonne définition.
Attente confiante de la réalisation d'un désir, généralement déterminé. |
Sentiment général de confiance en l'avenir.

**b** Selon vous, lequel de ces deux mots a un sens plus philosophique ?

### C'est bizarre !

Les enfants, mettez-vous tous **en file indienne** !

**a** Que doivent faire les enfants ? Se déguiser en indien ou se placer les uns derrière les autres ?

**b** Cherchez l'origine historique de cette expression.

## DES VERBES

**Attendre**, c'est rester dans un lieu jusqu'à l'arrivée de quelqu'un ou de quelque chose.
**Atteindre** signifie réussir à toucher (quelque chose ou quelqu'un).

**a** Que peut-on attendre ? Que peut-on atteindre ?

**b** Conjuguez ces deux verbes aux principaux temps et mode, puis observez les différences.

## DES SONS

### L'ellipse dans certains mots

**a** ▶137 | Écoutez à nouveau cet extrait. Quelle lettre n'est pas prononcée dans « déjà » ?

**b** ▶138 | Écoutez. Dans quels mots les lettres ne sont-elles pas toutes prononcées ?

SITUATION 4

# Cohabiter

## « La ville, cet organisme vivant »

Interview à Carlos Moreno.

> Qui est Carlos Moreno ? Professeur à l'université Paris I, il est aussi scientifique, entrepreneur et spécialiste de la ville et des territoires de demain.

DOCUMENT 1

**L'urbanisation a explosé ces dernières décennies, partout dans le monde. Comment percevez-vous l'émergence des « smart cities » ?**

La croissance du monde urbain est une réalité. En 40 ans, l'Amérique latine est passée de 70 % de ruraux à 80 % d'urbains. En France, 80 % de la population se concentre sur 20 % du territoire. L'urbanisation façonne le monde, qu'on soit d'accord ou pas. Et c'est l'économie urbaine qui porte le poids économique. Huit cents villes produisent l'essentiel du PIB du monde.

**La ville intelligente est-elle d'abord humaine ?**

Je prône des « smart cities » humaines. C'est autour de l'habitant qu'il faut concevoir de nouvelles politiques publiques locales, pour ensuite développer des solutions à des problématiques très concrètes. Cette « smart city » humaine, je l'appelle la ville vivante, « living city », parce que cela me paraît mieux coller à la réalité. La ville est un organisme vivant, et comme tous les êtres complexes, elle a trois caractéristiques majeures. Elle est incomplète : des choses manquantes, il y en aura toujours (et il y aura toujours des travaux !). Elle est ensuite imparfaite : il n'y a pas de modèle idéal, il y aura dans toutes les villes du monde des poubelles, des pigeons ou des iguanes, des nids de poule, des nuisances... Enfin, elle est impermanente. Fragile et vulnérable, elle peut être le théâtre de violences, d'attaques, d'accidents, de catastrophes, d'imprévus, et en une journée, voire en quelques heures, tout peut changer. La « smart city humaine » se construit aussi en prenant en compte ces trois éléments. Nous avons avant tout besoin de la qualité de vie et de la satisfaction de nos besoins essentiels. Et la vraie question, et nous devons nous la poser, c'est : « Dans quelle ville voulons-nous vivre ? ». De la réponse que nous lui apportons découlent les solutions que nous choisissons.

**Comment la ville vivante se traduit-elle concrètement ?**

Si l'on veut privilégier une ville dans laquelle on respire, dans laquelle on se dit bonjour, dans laquelle on est solidaire, dans laquelle on croit que l'économie doit contribuer à créer de l'emploi et du partage, si l'on croit à l'éducation, à l'importance de la santé... on apporte des réponses qui privilégient les communs, tels que les avait théorisés Elinor Ostrom (première femme Prix Nobel d'économie) : l'air, l'eau, l'ombre, l'espace, le silence, le temps. Ce sont les six vraies batailles de la ville aujourd'hui. Pour recréer de la proximité, nous devons aussi faire revenir l'humain dans le premier et le plus grand des réseaux de la « vraie vie » : les rues ! Nous n'avons pas besoin que l'humain soit enfermé, dans son appartement, avec son smartphone, en train d'avoir plein d'amis virtuels qu'il « like » et qu'il ne verra jamais de sa vie. Nous avons besoin de gens qui se disent bonjour dans la rue, qui se touchent, qui se parlent. Nous avons besoin du libraire à qui on achète ses livres, du restaurateur chez qui on vient manger, des personnes âgées qu'on peut aider à traverser la rue, des enfants qui vont à l'école en pédibus...
Je travaille sur « la ville du quart d'heure ». Nous avons listé six besoins essentiels à satisfaire : le logement, le travail, l'approvisionnement, le bien-être, l'apprentissage et l'épanouissement. Si on rapproche ces six fonctions sociales dans un rayon de quinze minutes, le bien-être de chaque habitant augmente à tous les niveaux.

Flora Clodic-Tanguy, *Chut !* n°2 « La condition urbaine », printemps 2020.

# UNITÉ 11

1. **Lisez le titre du DOCUMENT 1.** Quelle image évoque-t-il pour vous ?

2. **a Lisez l'article et répondez.**
   a. Quelle évolution connaît l'urbanisation depuis quelques décennies, en France et dans le monde ?
   b. Qu'est-ce qui doit être au centre de la ville intelligente pour Carlos Moreno ?
   c. Quelles valeurs doivent être au cœur de la ville ?
   d. Quel est le lieu de rencontre privilégié dans la ville ?

   **b Expliquez l'expression « la ville du quart d'heure ».**

3. **Échangez.** Quel serait le 7e besoin essentiel qu'on pourrait ajouter aux six déjà évoqués dans le texte ?

4. **PAUSE**
   Observez le DOCUMENT 2. Les cafés, les bars ont-ils une fonction importante dans votre pays ? Quel est votre lieu préféré pour faire une pause ? Et quelle boisson commanderiez-vous ?

## DOCUMENT 2

## DOCUMENT 3
### LES CHOSES de la ville
### Le café, ce lieu de mixité sociale

5. ▶139 Écoutez le DOCUMENT 3, puis dites si les informations suivantes sont données dans le document. Justifiez vos réponses.
   a. Les cafés sont parfois critiqués car on y dit des banalités.
   b. Au café, on peut se sentir protégé, comme dans un cocon.
   c. La terrasse est l'espace le plus important dans un café.
   d. Les premiers cafés sont apparus au XVIIIe siècle en France.
   e. Le café peut rapprocher des gens issus de milieux sociaux différents.

6. **Repérez dans les documents :**
   a. les mots liés à la **ville**.
   b. (doc. 1) deux phrases contenant des **doubles pronoms**. Expliquez leur emploi.
   c. ▶140 la prononciation du « **b** » de « observer » et du « **d** » de « de ». Vous entendez quels sons ?

7. **J'agis !**

   Votre association a pour mission de promouvoir l'entraide et la mixité sociale en créant des lieux de rencontres dans les espaces verts de votre ville. **Rédigez la présentation d'une initiative qui met en avant ces valeurs (250 mots).**

8. **On coopère !**

   **La classe a décidé d'ouvrir le café idéal.** Ensemble, choisissez l'emplacement de ce café et la philosophie qui animera ce lieu. Formez des groupes qui décident de la décoration, des produits et des initiatives à proposer. N'oubliez pas de donner un nom à votre café !

« Le comptoir d'un café est le parlement du peuple. » a écrit Honoré de Balzac (écrivain français du XIXe siècle). Combien de **cafés** y a-t-il à Paris ?

# LA FABRIQUE

### DE LA GRAMMAIRE | Les doubles pronoms

👁 **Observez.**

a. La vraie question, et nous devons **nous la** poser, c'est…
b. Des choses manquantes, il **y en** aura toujours.
c. Il faut **les leur** présenter, ces villes vivantes.
d. Le nouveau café du coin ? On **m'en** a déjà parlé.
e. Tu ne **les y** a pas encore emmenés ?

⚙ **Réfléchissez.**

**Complétez ce tableau sur l'ordre des pronoms avec *en*, *le*, *leur*, *nous*.**

| 1ʳᵉ place | 2ᵉ | 3ᵉ | 4ᵉ | 5ᵉ |
|---|---|---|---|---|
| me - te - se- … - vous | … - la - les - l' | lui - … | y | … |

✏ **Appliquez.**

1. 🔊 141 | Écoutez ces questions et répondez-y avec un double pronom. Employez au moins une fois la forme négative.

2. Remettez les mots suivants dans l'ordre pour former des phrases.
a. a / café, / Ce / c'est / en / Margaux / nous / parlé. / qui
b. avons / de / dire. / décidé / le / leur / ne / Nous / pas
c. conduire / demain. / les / On / peut / y
d. as / le / lui / ne / pas / Pourquoi / raconté ? / tu / est-ce que
e. en / Ne / occupez / pas. / vous

3. Par deux, écrivez un dialogue qu'on pourrait entendre dans un café français, avec au moins trois phrases contenant des doubles pronoms.

## DES MOTS

### C'est latin !

« Le véritable lieu **urbain** est celui qui nous modifie, nous ne serons plus en le quittant celui que nous étions en y pénétrant. »
(Pierre Sansot, *Poétique de la ville*, 1973)

ⓐ Que signifie le mot latin « urbs » à l'origine du mot « urbain » ?
ⓑ Trouvez au moins trois mots de la même famille.

### C'est proche !

Alors, on se retrouve où ? Au **bistrot**, au **bar**, ou dans une **brasserie** ?
Dans quel établissement…
ⓐ …boit-on un verre debout, au comptoir ?
ⓑ …autrefois lieu de fabrication de bière, mange-t-on une grande variété de plats ?
ⓒ …ouvert seulement aux heures des repas, propose-t-on seulement quelques plats simples ?

## DES VERBES

**Prôner**, c'est recommander et vanter quelque chose avec insistance et entrain.

ⓐ Quel synonyme de « prôner » exprime le plus d'enthousiasme ?
approuver | conseiller | encenser | louer
ⓑ Qu'est-ce que vous pourriez « prôner » pour améliorer la vie en ville ?

## DES SONS

### L'assimilation des consonnes

ⓐ 🔊 142 | Écoutez à nouveau ces extraits. Pourquoi le « b » de « observer » est prononcé « p » ? Pourquoi le « d » de « de » est prononcé « t » ?

ⓑ 🔊 143 | Écoutez. Quel son entendez-vous dans les terminaisons en *-isme* ? Pourquoi ?

# L'EXTRAIT ▶144

UNITÉ 11

Soyons sincères : qui n'a jamais ressenti cette profonde joie d'aider un proche ou de se voir tendre la main ? Et que se passe-t-il quand une région est sinistrée par une inondation ? Y a-t-il plus de pillages que d'actes de solidarité ? À l'évidence, non ! Les voisins se serrent les coudes, d'autres accourent des alentours et prennent des risques insensés pour sauver ceux qui doivent l'être. Des inconnus, à des centaines ou des milliers de kilomètres de là, s'organisent et envoient de l'argent. Plus largement, la sécurité sociale, la redistribution des richesses, l'aide humanitaire, l'école ou encore les coopératives ne sont-elles pas d'incroyables institutions d'entraide ? Pourquoi cela nous est-il devenu si invisible ?

Un examen attentif de l'éventail du vivant – des bactéries aux société humaines en passant par les plantes et les animaux – révèle que l'entraide est non seulement partout, mais présente depuis la nuit des temps. C'est simple, tous les êtres vivants sont impliqués dans des relations d'entraide. Tous. L'entraide n'est pas un simple fait divers, c'est un principe du vivant. C'est même un mécanisme de l'évolution du vivant : les organismes qui survivent le mieux aux conditions difficiles ne sont pas les plus forts, ce sont ceux qui arrivent à coopérer.

En réalité, dans la jungle, il règne un parfum d'entraide que nous ne percevons plus [...]

Dans les eaux glacées de l'océan Antarctique, une espèce d'anémone de mer passe sa vie sur le dos d'un escargot (la protection en échange de transport) dans ce qui s'apparente à un mutualisme obligatoire (une « symbiose »), puisque aucune des deux espèces n'a jamais été observée sans son partenaire. Grâce à la protection que lui offre l'anémone, l'escargot s'est même permis le luxe de s'épargner de l'énergie en confectionnant une coquille particulièrement fine. On voit dans cet exemple à quel point les relations d'entraide très étroites peuvent devenir fusionnelles, jusqu'à transformer les organismes impliqués. Oser se laisser transformer au contact de l'autre pour rester vivants, ensemble, il y a là une véritable leçon de lâcher-prise.

Pablo Servigne, Gauthier Chapelle (conférenciers français), *L'entraide : l'autre loi de la jungle*, Éditions Les Liens qui Libèrent, 2017.

## 1. DÉCOUVERTE

**a.** Lisez le titre de l'ouvrage. À quoi se réfère généralement l'expression « la loi de la jungle » ?
**b.** Lisez l'extrait : est-il issu d'un essai ou d'un roman ?
**c.** Quelle thèse défendent les auteurs ici ?
**d.** Expliquez avec vos propres mots l'exemple final.

## 2. EXPLORATION

**a.** Au début du texte, qu'utilise l'auteur pour éveiller l'attention du lecteur : des comparaisons ou des questions rhétoriques (c'est-à-dire dont on connaît déjà la réponse) ?
**b.** Comment et pourquoi l'adjectif « tous » est-il mis en relief dans le deuxième paragraphe ?
**c.** « Dans la jungle, il règne un parfum d'entraide que nous ne percevons plus. » À quel sens fait appel cette métaphore ?
**d.** Dans le dernier paragraphe, soulignez tous les mots qui caractérisent le lien entre l'anémone et l'escargot.

## 3. EXPRESSION

**a.** Avez-vous été convaincu(e) par la thèse de ces auteurs ? En quoi ce passage est-il efficace ou non ? Discutez-en en classe.
**b.** Sur le modèle de cet extrait, **rédigez un texte de 250 mots environ pour défendre la thèse suivante** : « L'homme doit s'inspirer du monde animal et végétal dans la construction des villes ». Illustrez-la à l'aide d'un exemple concret issu du vivant. Utilisez des procédés rhétoriques pour donner du poids à vos propos, ainsi que des expressions de la certitude.

# Au quotidien
*Cette conversation que vous entendrez forcément.*

## 1. ▶ 145 | ON ÉCOUTE

**Repérez :**

a. le maximum d'informations sur le livre évoqué.

b. le lien entre ces deux personnes.

c. les expressions liées à l'inquiétude.

d. les articulateurs logiques « même » et « quand même ».

e. ▶ 146 | l'**intonation** : est-ce que la voix monte ou descend à la fin des phrases ?

## 2. ON ÉCHANGE

**a** **Avec votre voisin(e)**

Avez-vous des phobies ? Qu'est-ce qui vous fait peur ou vous inquiète ?

**b** **En groupes**

Citez des œuvres et produits culturels d'anticipation, qui ont imaginé ou imaginent le monde de demain.

### ARTICULATEURS

{ même = aussi
quand même = malgré tout, de toute façon

**c** **En classe**

La culture doit-elle nous rassurer ou nous alerter sur l'avenir ? Trouvez au moins trois arguments pour chacune de ces hypothèses.

### PHONÉTIQUE

**L'intonation de la peur**

▶ 147 | **Écoutez et répétez en mettant la bonne intonation.**

## 3. ON COOPÈRE

**Écrire une histoire d'anticipation**

- Créez des groupes de cinq personnes environ.
- Formez des cercles.
- Une personne au hasard commence une histoire en complétant cette phrase : « Nous sommes en 2100, et les êtres humains… ».
- Si vous voulez rendre l'exercice plus difficile, demandez à chaque personne de se saisir d'un objet personnel ou de la classe qu'il / elle devra intégrer dans son récit.
- Une personne du groupe devra résumer aux autres groupes l'histoire racontée.

### Stratégie

Pour raconter une histoire, n'hésitez pas à entrer dans la peau de l'un des personnages en utilisant la première personne, le « je ».

### Exprimer son inquiétude

C'est flippant / inquiétant / angoissant !
C'est l'horreur !
C'est un vrai cauchemar !
Ça m'angoisse !
Ça m'inquiète !
Ça me fait peur !

# Au plaisir

*Ces instants culturels qui vous feront du bien.*

UNITÉ 11

### CULTURE URBAINE

Construit sur une friche, Darwin est un écosystème urbain riche, vivant et inspirant : les gens y travaillent, mais viennent également y déjeuner, boire un verre, faire du skate, bouquiner, découvrir des œuvres d'art, cultiver des légumes dans une ferme urbaine. **Mais dans quelle ville française très connue pour son vin est-il situé ?**

### GÉOGRAPHIE

Le gentilé, c'est le nom des habitants d'une ville ou d'une région. **Associez chaque habitant à la bonne ville !**

les Briochins • • Châteauroux
les Stéphanois • • Saint-Brieuc
les Castelroussins • • Saint-Étienne
les Réginaburgiens • • Bourg-la-Reine

### DÉMOGRAPHIE

**Classez ces villes de la moins peuplée à la plus peuplée.**

Paris | Madrid | New-York | Moscou | Lima

### INSECTES

**a.** En moyenne, quelle charge une fourmi peut-elle transporter ? 15, 50, 100 ou 200 fois son propre poids ?
**b.** Les abeilles dorment-elles le jour ou la nuit ?
**c.** Qu'est-ce qu'un cafard ne mangera jamais : du pain ou du concombre ?

### BOTANIQUE

**Où se trouve ce jardin, immortalisé par le peintre Claude Monet ?**
Giverny | Nice | Versailles

➜ Outils de la classe p. 189   ➜ Cahier d'activités p. 148-161

## Stratégie

> On apprend mieux à deux ! Inventez une phrase où vous remplacez un mot du tableau par « bip ». Votre voisin(e) doit deviner le mot mystère.

## Le vivant

**Les organismes vivants**
- la bactérie
- la cellule
- la matière organique
- le microbe
- la molécule

**Le monde animal et végétal**
- une espèce
- une meute
- un milieu de vie
- un parasite
- la photosynthèse

**La démographie**
- une baisse de fertilité ≠ une hausse
- l'espérance de vie
- une fourchette de 1 à 10
- la longévité
- le plafond de verre

## La ville

**L'urbanisation**
- l'ambiance d'une ville
- la fabrication de la cité
- façonner un territoire
- la physionomie d'un quartier
- un rayon de 3 kilomètres

**Des problèmes**
- des actes de vandalisme
- des nuisances
- des pigeons
- des pillages
- le théâtre de violences

**Apporter des solutions**
- concevoir des politiques locales
- (re)créer du partage
- être un lieu de rencontre
- être un lieu de mixité sociale
- privilégier les communs

## Rassurant(e)

**C'est être…**
- …apaisant(e)
- …réconfortant(e)
- …sécurisant(e)
- …solidaire
- …tranquillisant(e)

**S'entraider**
- participer à l'aide humanitaire
- redistribuer des richesses
- se serrer les coudes
- tendre la main
- être le roi de la vie associative

**Le lieu social**
- la complicité
- la connivence
- la coopération > coopérer
- le lâcher-prise
- nouer des relations humaines

---

**1.** Par deux. Imaginez deux ami(e)s qui ne sont pas d'accord : l'un pense que les plantes ont une intelligence, l'autre non. **Distribuez les rôles et jouez le dialogue.**

**2.** **Formulez deux sujets de débats possibles sur le vivant et la ville, en utilisant le vocabulaire du tableau.**

### LE GRAND ORAL

En groupes, répondez à la question : Qu'est-ce qui est le plus rassurant : des pigeons sur la place publique ou une meute de loups en pleine toundra ?

**Les contraintes :**
1. Imaginez vivre cette expérience.
2. Employez le maximum de verbes issus du tableau de vocabulaire.

**ANTISÈCHE 1**
même = aussi
quand même = malgré tout, de toute façon

**ANTISÈCHE 2**
Si nous étions…
Imaginons que nous soyons…
Plongeons en pleine toundra…

# UNITÉ 11

## L'expression du doute et de la certitude • Les doubles pronoms

> Dans le Nord de la France, il existe un village qui s'appelle… Y ! Est-ce bien vrai ? On peut se le demander ! Mais oui, c'est un fait. Il s'agit du nom de commune le plus court de France. Ses habitants portent un drôle de nom : les Ypsiloniens ! Sans doute sont-ils fiers de cette particularité. Les Bouzemontois doivent peut-être la leur envier quand ils écrivent leur adresse postale. En effet, ce sont les habitants de Saint-Remy-en-Bouzemont-Saint-Genest-et-Isson. Avec ses 45 caractères, cette commune de l'Est détient le record du plus long nom de France.

**1. Lisez ce texte et repérez :**
– au moins une expression du doute et une expression de la certitude.
– les doubles pronoms et ce qu'ils remplacent.

**2. Réagissez à ces affirmations en exprimant le doute ou la certitude de façon variée.**
a. Les villes du futur seront durables et vertes.
b. L'urbanisation ralentira grâce au télétravail.
c. Les petits commerces du centre fermeront les uns après les autres.
d. Les transports publics deviendront gratuits dans de plus en plus de villes.
e. La publicité disparaîtra et sera remplacée par des informations culturelles.

**3. Réécrivez les phrases en remplaçant les mots soulignés avec les pronoms adéquats. Attention à la place et à l'ordre des pronoms !**
a. Mon voisin a emprunté <u>sa perceuse</u> <u>au concierge</u>.
b. Silvia doit emmener <u>ses chats</u> <u>chez le vétérinaire</u>.
c. Elle n'a pas invité <u>sa belle-mère</u> <u>à sa fête d'anniversaire</u>.
d. J'ai donné <u>de très bons conseils</u> <u>à cette élève</u>.
e. Demain, Claire va dire <u>à François</u> <u>qu'elle ne l'aime plus</u>.

**4. Par deux, imaginez une conversation entre un Ypsilonien et un Bouzemontois. Utilisez au moins une fois les doubles pronoms, et deux expressions du doute et de la certitude.**

### L'expression du doute et de la certitude

➡ On peut employer :
• des verbes.
• des formes impersonnelles.
• des adjectifs.
• des expressions imagées.
*Ça ne fait pas l'ombre d'un doute.*

➡ On peut nuancer le degré de certitude avec un **adverbe**.
• *absolument, tout à fait, complètement, parfaitement, totalement…*
• *pas du tout, trop…*
*Je suis **tout à fait** certain de ce que j'avance.*

➡ Les expressions exprimant le doute sont généralement suivies du **subjonctif**.
*douter que / ne pas croire que…, il n'est pas certain que…, nul doute que…*
*Je **ne suis pas sûr** que cette règle soit facile à comprendre.*

➡ À la forme affirmative, les verbes qui expriment la certitude (*penser, croire, être convaincu…*) sont suivis de l'**indicatif**.
*Je **crois** qu'il ne viendra pas.*

**Attention !** Contrairement aux apparences, l'expression « sans doute » exprime un degré de doute. C'est un synonyme de « probablement ».
*Il viendra **sans doute** ce soir.*

### Les doubles pronoms

➡ remplacent deux éléments d'une phrase pour en éviter la répétition.

➡ sont souvent employés pour répondre à des questions.

➡ suivent un **ordre** bien précis :

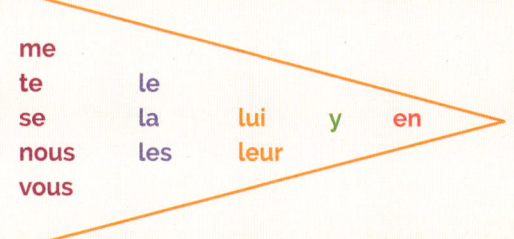

**Attention !** À l'impératif affirmatif, l'ordre de certains pronoms change : les pronoms COD et le pronom « en ».
*Donnez-**le-moi**. Donnez **m'en**.*

➡ À l'oral, on a tendance à simplifier la syntaxe en supprimant un des deux pronoms.
– *Tu as dit à Laurent que tu l'aimes ?*
– *Pas encore…*
– *Dis-lui ! Qu'est-ce que tu attends ?*

# #LaMinuteCulturelle

## Les Grands Voisins  quiz vidéo 6

▶ **Vous avez 2 minutes ?**

▶6 | Qui sont les personnes qui apparaissent à l'écran ? Quels sont les objectifs du projet Les Grands Voisins ? Quelles activités sont proposées ?

▶ **Vous avez 5 minutes ?**

Avez-vous envie d'aller voir ce documentaire ? Pourquoi ? Le documentaire est-il un genre qui vous attire habituellement ?

▶ **Vous avez 15 minutes ?**

Choisissez un personnage du reportage et faites un petit film où il / elle raconte son parcours et son expérience au sein des Grands Voisins.

# Mission

## Rassure ta ville !

> *Préparation du conseil de quartier du 3 avril.*
> *Objectif : Rassurer les habitants du quartier.*
> *Projet : La ville souhaite mettre en place un projet de ferme. Des habitants de votre quartier s'inquiètent de ce projet. Votre conseil de quartier souhaite les rassurer.*

**Vous vivez dans cette ville de plus de 100 000 habitants. Recréez le conseil de quartier.**

 **En groupes,** l'un d'entre vous organise et gère la création du conseil de quartier efficacement. Il attribue également des rôles à chacun. Il s'assure que le conseil exposera des données chiffrées (inventées ou réelles).

 **En classe,** débattez en nuançant vos opinions : exprimez des doutes et / ou des certitudes au sujet du projet. Astuce : Variez les formes de l'expression du doute et de la certitude.

 **Individuellement, faites un commentaire des données chiffrées** entendues.

### Objectifs

- Organiser et gérer un travail collectif de façon efficace.
- Présenter des faits.
- Commenter des données chiffrées.
- Employer le lexique du vivant et de la ville.
- Exprimer le doute et la certitude.

# UNITÉ 12

# Éclairant(e)

**adj.**
qui aide à capter le monde qui nous entoure.

**170 | SITUATIONS**

❶ **Apprendre** du bout des doigts

❷ **Causer** philo avec les séries

❸ **Comprendre** le monde avec les séries

**173 | LA FABRIQUE**

**174 | SITUATION**

❹ **Déconnecter**

**176 | LA FABRIQUE**

**177 | L'EXTRAIT**

**178 | L'OPINION**

**180 | MÉMO**

**182 | MISSION**

Déconnecté(e), éclairé(e) !

SITUATION 1

# Apprendre du bout des doigts

madmoizelle.com

DOCUMENT 1

## TikTok lance un programme éducatif !

Philippine M., madmoizelle.com, 3/06/2020.

**Afin d'inciter ses abonnés à apprendre et soutenir des créateurs de contenus, TikTok a lancé un projet éducatif : #LearnOnTikTok.**

TikTok, connu pour son contenu divertissant, vient de lancer **un nouveau programme… éducatif !**

Avec le #LearnOnTikTok (traduction : Apprendre sur Tiktok), le réseau social s'est donné pour mission de proposer à ses abonnés **du contenu enrichissant et pédagogique pour encourager et faciliter l'apprentissage.**

### D'où vient l'idée de #LearnOnTikTok ?

Dans son communiqué, TikTok explique la démarche qui a mené à la création de #LearnOnTikTok : « L'augmentation des vidéos informatives, instructives et motivantes, parallèlement aux mèmes et à l'art, témoigne d'un intérêt croissant pour les contenus qui rendent l'apprentissage plus agréable. »

La plateforme complète en expliquant : « Notre communauté a été attirée par des vidéos qui mettent en avant des expériences scientifiques uniques, des trucs de vie utiles, des astuces mathématiques créatives, des projets de bricolage faciles, et des messages et conseils motivants. »

### #LearnOnTikTok, c'est quoi ?

TikTok a relayé un communiqué pour en dévoiler davantage sur ce nouveau programme ambitieux. L'intégralité du contenu #LearnOnTikTok est financé par le fonds d'apprentissage créatif de TikTok aux États-Unis, créé de manière à soutenir sa communauté en cette période difficile.

L'objectif est double : proposer aux utilisateurs de TikTok des « vidéos informatives, instructives et motivantes » tout en soutenant des créateurs touchés par la crise en échange de leur production de contenus d'apprentissage. La plateforme est aujourd'hui associée à « plus de 800 personnalités publiques, éditeurs de médias, établissements d'enseignement et experts professionnels du monde réel » qui apportent leur propre expertise et pédagogie pour un contenu #LearnOnTikTok toujours plus varié et divers.

### Pourquoi je trouve que #LearnOnTikTok est un super concept ?

Personnellement, je trouve que ce projet est une super idée. Les utilisateurs de TikTok sont de plus en plus nombreux et de plus en plus jeunes, alors savoir qu'ils ont accès à du contenu pédagogique en plus de contenu divertissant me réjouit !

Quitte à ce que les gens passent leurs journées sur l'appli, autant qu'ils apprennent plein de trucs passionnants !

Je pense aussi qu'il s'agit d'une initiative particulièrement intéressante quand on sait que **le temps de concentration des jeunes avoisinent les 8 secondes** (d'après une étude menée par Microsoft en 2015)… Je me dis qu'un contenu intéressant de quelques secondes seulement peut retenir leur attention et leur donner envie de creuser un certain sujet […]

Personnellement, je n'ai jamais eu peur de me lancer dans [une] longue vidéo ou [de] gros bouquins pour apprendre quelque chose. Mais je suis tout aussi ravie quand je peux m'instruire avec une vidéo de quelques secondes trouvée en scrollant ! Et le fait que **TikTok soutienne et finance des créateurs indépendants** en vue de mener à bien ce projet, je trouve que c'est encore mieux !

---

**1. Observez le titre puis lisez le DOCUMENT 1. Répondez.**
a. Qu'est-ce que #LearnOnTikTok ? Quel est son objectif ?
b. Avec qui la plateforme a-t-elle décidé de collaborer pour proposer ces contenus ?
c. Pourquoi l'initiative de TikTok est-elle particulièrement intéressante ?
d. Que dit-elle sur ses habitudes d'apprentissage ?
e. Quel autre avantage lié au fonctionnement de la plateforme met-elle en avant ?

**2. Par deux, listez les points importants du texte pour expliquer, dans votre langue, l'objectif de cette initiative et ses avantages.**

**3. Repérez :**
a. les mots qui permettent d'exprimer un **but**. Par quelle forme verbale sont-ils suivis ?
b. les mots liés à la **connaissance**.
c. un verbe qui signifie **approfondir**, de manière figurative.

**4. Échangez.** Pensez-vous que les réseaux sociaux soient une bonne plateforme pour apprendre ?

SITUATION ❷

UNITÉ 12

# Causer philo avec les séries

**1. Observez et lisez le** DOCUMENT 1.

ⓐ **Par deux, répondez :** Qui sont les personnages ? De quoi parlent-ils ?

ⓑ **En groupes, échangez :** En quoi le phénomène évoqué peut-il être un problème ?

ⓒ **En classe, listez le problème relevé par chacun des groupes.** Quelles solutions pourraient être apportées ?

DOCUMENT 1

© Martin Vidberg

**2. PAUSE**

Et vous, quelles séries regardez-vous ? Conseillez une série télévisée à votre voisin(e).

DOCUMENT 2

LA GRANDE LIBRAIRIE

Marianne Chaillan : philosopher avec *Game of Thrones* !

**3.** ▶148 | **Écoutez le** DOCUMENT 2 **et répondez aux questions.**

a. Que fait dans la vie la femme interviewée ?

b. Comment a-t-elle eu l'idée de travailler sur la série *Game of Thrones* ?

c. Quel est son point de vue sur l'intérêt de cette forme de divertissement pour l'apprentissage ?

d. Que déconseille-t-elle à ses élèves de faire dans les dissertations ?

e. Pourquoi dit-elle que les séries sont une forme de médiation ?

**4. Repérez dans le document 2 :**

a. une phrase qui contient une expression de **but**.

b. les mots qui se rapportent à la **philosophie**.

c. ▶149 | l'**accent du sud de la France**. Comment se prononce « eu » ? Est-il plutôt fermé ou plutôt ouvert ?

**5.** | **J'agis !**

Vous écrivez un article (250 mots) intitulé « La télé, un moyen de se cultiver ? » pour le magazine *Télérama*. Vous expliquez le rôle que peut avoir la télévision en utilisant des expressions du but.

**6.** | **On coopère !**

Par groupes, vous réalisez un podcast de 3 minutes sur les meilleures séries de votre pays. L'un d'entre vous mène les discussions de groupe et gère le temps. Mettez-vous d'accord sur une liste de cinq séries, racontez brièvement l'intrigue et trouvez trois qualités pour chaque exemple cité.

*Le Bureau des légendes* est une des séries françaises qui s'exportent le mieux à l'étranger. Elle raconte le quotidien d'agents des services de renseignements extérieurs français et fascine le public avec son suspense et ses histoires d'espionnage. Combien de saisons ont été diffusées en France jusqu'à aujourd'hui ?

# SITUATION 3

# Comprendre le monde avec les séries

## DOCUMENT 1

**Télérama**[1]

**Pour les ados, « des séries comme *Game of Thrones* ou *Friends* ont quelque chose de formateur »**

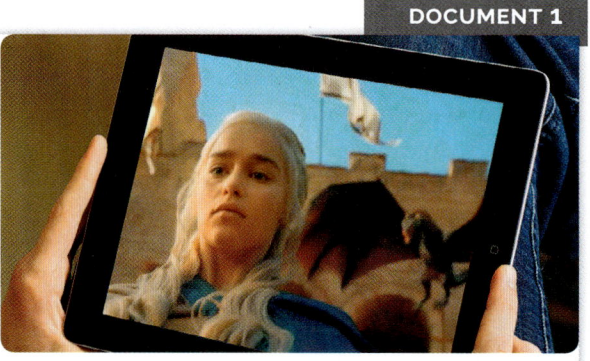

*La Casa de papel* ou *Buffy contre les vampires* ne sont pas seulement des séries addictives. Sandra Laugier, philosophe, voit en elles des outils pour la compréhension du monde et des relations humaines.

Les adolescents sont friands de séries. Et c'est plutôt une bonne nouvelle, pour la philosophe Sandra Laugier. L'autrice de *Nos vies en séries* relève leurs vertus éducatives et réconfortantes [...]

*On reproche parfois aux adolescents de s'abrutir devant des séries télévisées. Que répondez-vous ?*

Je m'inscris en faux contre cette idée. Les séries ne sont pas juste un divertissement pour débiles permettant d'échapper au monde réel. C'est même tout le contraire. Elles offrent la possibilité de se plonger dans la réalité, voire d'élargir son expérience. La série *Friends* présente des personnages qui, à mesure qu'on les fréquente, deviennent réellement nos amis.
Quand les saisons s'inscrivent sur la longue durée, on vieillit et on évolue avec eux. Ces relations d'attachement qui se construisent parfois sur des années permettent un enrichissement de notre univers.

*Vous évoquez, dans* Nos vies en séries, *les vertus éducatives de celles-ci...*

Ce n'est pas de l'éducation civique, mais le fait de s'intéresser à des figures différentes de nous, parfois surprenantes, qui ne sont pas du côté du Bien ou du Mal mais possèdent une forme de texture morale particulière, a quelque chose de formateur. Tous les personnages de *Friends* ont des défauts – Monica est très autoritaire, Rachel un peu futile, Ross est un intello obsessionnel. On apprend à les aimer pour leurs imperfections, et ainsi à se soucier des autres.
Une série comme *The Walking Dead* affiche de façon plus directe une ambition morale qui acquiert toute sa pertinence aujourd'hui : dans un univers post-apocalyptique où toute l'humanité est décimée, où les gens sont transformés en zombies par ce qui est présenté au commencement comme une maladie, le public assiste à un renoncement progressif aux valeurs du passé. Dans la première saison, les humains pouvaient tuer des zombies mais pas des humains. Puis tout se dégrade. Alors que les personnages se disputent les ressources, la question se pose de savoir comment rester humain au milieu d'une telle catastrophe, comment les qualités morales peuvent être maintenues dans une société privée d'institutions.

*Loin de rendre apathique, cette expérience peut-elle éveiller le jeune public aux urgences de l'époque ?*

Une série comme *The Walking Dead* révèle une attention aux risques de catastrophes environnementales et sanitaires et de perte des valeurs éthiques, mais peut aussi être conçue comme un instrument de perfectionnement moral qui nous fait voir comment nous-mêmes nous évoluons en renonçant à des valeurs. *La casa de papel* vise plutôt la formation politique d'un public devenu parfois cynique et une forme de réenchantement de la vie démocratique. S'inquiéter pour les personnages est dans ce cas une porte d'entrée pour s'éveiller à l'idée d'un monde injuste, dominé par les puissances de l'argent.
Les séries sont par ailleurs bien plus avancées que les films en matière de démocratie, que ce soit pour la représentation des femmes ou pour celle des minorités sexuelles et raciales. *Buffy contre les vampires*, que beaucoup d'adolescentes de maintenant découvrent, montre une jeune fille normale, avec des amis et une famille, qui est capable de se battre comme les garçons.

Marion Rousset, Télérama.fr, 22/04/20.

---

**1. SEUL**

**a** Lisez le DOCUMENT 1 et relevez :
– la thèse principale défendue par Sandra Laugier.
– les idées essentielles de l'article.
– les séries citées.

**b** Repérez les mots qui expriment le **but**.

**2. EN GROUPES**

**a** Partagez votre travail.
**b** Ensemble :

**a.** Rassemblez les informations concernant le texte (titre, auteur(e), date, source).

**b.** Reformulez chaque idée essentielle, puis organisez-les de manière logique. Préparez un compte-rendu du document à présenter à l'oral.
➜ Fiche Le compte-rendu, p. 202

**3. EN CLASSE**

**a.** Enrichissez la liste de mots relevés en 1**b**.

**b.** Un des membres du groupe présente votre compte-rendu à la classe.

**c.** Mettez vous d'accord sur trois idées exprimées dans le texte. À l'aide des comptes-rendus, préparez une chronique radio avec le titre « Apprendre avec les séries télévisées ».

# LA FABRIQUE

UNITÉ 12

## DE LA GRAMMAIRE | Le but

👁 **Observez.**
a. TikTok a créé un fonds d'apprentissage créatif de manière à soutenir sa communauté.
b. Le créateur de la série a fait en sorte que l'héroïne devienne un modèle pour les adolescents.
c. Ils n'ont pas utilisé les séries dans leurs cours, de crainte que ce soit considéré comme pas sérieux.
d. Une porte d'entrée pour s'éveiller à l'idée d'un monde injuste.
e. Sandra Laugier voit en elles des outils pour la compréhension du monde.

⚙ **Réfléchissez.**
a. Quelle(s) expression(s) est / sont suivie(s) d'un infinitif ? D'un subjonctif ? Pourquoi ?
b. Par quoi peut être suivi « pour » ?
c. Dans quelle phrase exprime-t-on un but non souhaité ?

✏ **Appliquez.**
1. ▶150 | Écoutez. Dans chaque phrase, repérez les expressions du but et indiquez s'il s'agit d'un but souhaité ou non souhaité.

2. Reliez les phrases avec le bon élément. Faites les modifications nécessaires.
a. Ils regardent des vidéos TikTok. Ils apprennent en s'amusant. (de manière à / de manière à ce que)
b. Il a créé ce personnage. Il voulait que les spectateurs s'identifient à lui. (afin de / afin que)
c. Elle ne regarde pas de séries télévisées. Elle a peur de devenir accro. (de peur que / de peur de )
d. Ils ont investi beaucoup d'argent. Ils veulent soutenir les créateurs de contenus. (dans l'intention de / à l'intention de)

3. Vous créez votre compte TikTok pour proposer des vidéos éducatives : expliquez le but de votre démarche dans une vidéo d'introduction de 2 minutes.

## DES MOTS

### C'est un anglicisme !

Je suis tout aussi ravie quand je peux m'instruire avec une vidéo de quelques secondes trouvée en *scrollant* !

ⓐ **Retrouvez l'infinitif de « scrollant » et écrivez une définition.**

ⓑ **Écrivez les autres anglicismes que vous connaissez.**

### C'est abrégé !

Ross est un *intello* obsessionnel.

ⓐ **De quel mot « intello » est-il la forme abrégée ?**

ⓑ **Retrouvez les formes abrégées des mots suivants.**
colocation | amphithéâtre | hebdomadaire | climatisation

## DES VERBES

**Creuser** signifie, de manière figurée, « approfondir, étudier de manière précise ».

ⓐ **Quel lien peut-on faire entre le sens propre et le sens figuré ?**

ⓑ **Retrouvez la signification des expressions suivantes.**
se prendre la tête | ne pas avoir froid aux yeux | passer du coq à l'âne | ne pas être dans son assiette

## DES SONS

### L'accent du sud de la France : le son « eu »

ⓐ ▶151 | Écoutez à nouveau cet extrait. Dans quel mot le son « eu » est ouvert ? Fermé ?

ⓑ ▶152 | Écoutez. Dans quelles phrases entendez-vous le son « eu » ouvert ? Fermé ?

# SITUATION 4

# Déconnecter

**DOCUMENT 1**

## L'ADN

### J'ai testé pour vous : un moi(s) sans Émoji

**Retour sur une cure de désintox révélatrice des mécanismes de nos conversations écrites instantanées.**

[...] Trois quarts des 16-65 ans déclarent être dépendants aux émojis ! Et nous ? Serions-nous capables de nous en passer ? Défi accepté. Pendant un mois, nous n'utiliserons plus un seul émoji, quel que soit le canal – textos, e-mails, Twitter, WhatsApp, Instagram, Tinder –, quel que soit le contexte – amical, professionnel [...]

### Semaine 1 : Lisa déprime

En commençant cette expérience, une crainte m'obsède : paraître soudainement froide et distante. Dès les premiers messages, je constate que j'ai pris l'habitude de les terminer par des smileys bisous cœur. Je n'arrive pas à ne pas les remplacer, je multiplie les points d'exclamation censément enthousiastes et ajoute des « je t'embrasse » écrits en toutes lettres. Ça semble fonctionner. Mais quand je mets un ami dans la confidence, il me répond : « Ah ! Mais c'est pour ça ! Je croyais que tu faisais la gueule. Tu mets des majuscules et des points partout. »

Une réaction parfaitement compréhensible, me rassure Chloé Léonardon : « On est passés dans l'ère de la conversation écrite instantanée. C'est un format écrit mais qui a les caractéristiques de l'oralité. » Comme nous perdons au passage les expressions du visage, le ton, les pauses..., les émoticônes sont là pour les remplacer. « À l'oral, nos phrases ne sont pas bien découpées, on devine les fins de phrase, mais ce n'est pas si net que ça. » C'est pour cette raison que mettre un point à la fin d'un texto peut sembler indiquer qu'on veut rompre un peu brutalement une conversation.

En attendant, je ne peux toujours pas m'empêcher d'ajouter des mots gentils : « Hello, ça te dit toujours d'aller au ciné ? GROS BISOUS ». Mais rien n'y fait, mes messages me paraissent déprimants. Keith Broni, chercheur et consultant pour Emojipedia, le Wikipédia des émojis, m'explique : « On a tendance à utiliser plus d'émojis quand on veut transmettre des émotions positives. Pour les émotions négatives, quand il y a un risque d'incompréhension, on en utilise moins. » Effectivement, les textos sobres, sans émojis, normalement, sont réservés aux mauvaises nouvelles. Eh ben, voilà, j'ai un petit bonhomme qui pleure dans mon cœur [...]

Je n'avais pas réalisé à quel point il me serait difficile de supprimer les émojis de mes e-mails pros. Pour demander un service à un collègue ou faire passer un refus, un smiley sourire, c'est quand même hyperpratique. Parsemer allègrement mes e-mails pros de petites têtes jaunes, ce n'est pas un peu régressif ? Si, estime Malene Rydahl, autrice de *Je te réponds... Moi non plus* (Flammarion, 2020). Mais, tout de même, un « Je suis désolée » accompagné d'une tête à l'envers aide à dédramatiser. Un « Où en est le dossier ? » avec une image de tortue donne un peu de légèreté et évite d'ajouter du stress au stress.

Et pour convenir de l'efficacité de cet usage, Malene Rydahl prend pour exemple un échange qu'elle a eu avec Xavier Niel. Pour lui refuser un rendez-vous, il lui avait répondu : « Bonjour, je réponds toujours à tous mes messages justement parce que je ne donne pas de rdv, voilà mon secret 😊 ». « Je me suis dit qu'il était sympathique », conclut-elle encore aujourd'hui. Keith Broni est moins conciliant : « Si vous envoyez un e-mail de prise de contact avec des émojis, c'est aussi risqué que de lancer des dés. Vous ne devriez jamais être la première personne à utiliser les émojis dans un contexte professionnel. » Une recommandation qui me permet de passer la semaine.

Lisa Hör, Matthieu Maurer,
*ADN* n°22, mars-mai 2020.

# UNITÉ 12

**1. Lisez le titre du DOCUMENT 1.** Repérez le jeu de mots et expliquez-le.

**2. Lisez l'article. Dites si ces affirmations sont vraies ou fausses. Justifiez votre réponse en reformulant les idées du texte.**
   a. Lisa a décidé de ne plus utiliser d'émojis seulement dans ses conversations professionnelles.
   b. Lisa a peur que ces messages ne soient pas bien interprétés quand elle n'utilise pas d'émojis.
   c. Les émojis permettent de mieux exprimer nos idées dans les conversations écrites.
   d. Les conversations écrites de notre époque sont proches de la façon dont on parle.
   e. Il est recommandé d'utiliser les émojis dans les communications professionnelles.

**3. Échangez.** Et vous, dans quel contexte utilisez-vous des émojis ? Quels sont ceux que vous utilisez le plus souvent ? Pourquoi ?

**DOCUMENT 2**

QUEL LIVRE SE CACHE DERRIÈRE CES ÉMOJIS ?

**4. PAUSE**
Observez le DOCUMENT 2. Pouvez-vous retrouver le titre du livre ? Créez votre propre devinette émojis à partir d'un titre de livre ou de série et défiez votre voisin(e).

**DOCUMENT 3**

Moteur de recherche

**Comment vivre sans les réseaux sociaux ?**

**5.** ▶153 **Écoutez le DOCUMENT 3 et répondez aux questions avec vos propres mots.**
   a. Quel est le thème de l'émission ? Pourquoi les personnes interrogées ont-elles été invitées à y participer ?
   b. Quelles réactions Lison reçoit-elle quand elle annonce qu'elle n'est pas connectée ?
   c. Selon l'animateur, que font certaines personnes qui travaillent pour la Silicon Valley ou dans de grandes entreprises ?
   d. Pourquoi Lison précise-t-elle qu'elle ne veut pas porter de jugement ?
   e. Quel commentaire l'animateur fait-il au sujet du choix de Lison ?

**6. Repérez dans les documents :**
   a. des paroles au **discours direct** que vous transformez au discours indirect et inversement.
   b. des mots en lien avec le **numérique**.
   c. un verbe synonyme de **disperser**, *répandre*.
   d. ▶154 l'**accent québécois** : la dernière syllabe est-elle plutôt très longue ? très courte ?

**7. J'agis !**
Traduisez une partie du texte dans votre langue, à partir de « En commençant cette expérience » (l. 15) jusqu'à « qu'on veut rompre un peu brutalement une conversation » (l. 43).

**8. On coopère !**
Vous participez à un café-débat organisé autour de la question « Un jour, le smartphone va disparaître comme les machines à fax. »
En groupes, réfléchissez aux conséquences de la disparition du smartphone. Imaginez les outils de communication et d'information de demain.

Avant les émojis, nous terminions nos SMS par des smileys. Le premier **smiley** a été inventé par le Français Franklin Loufrani. En quelle année l'a-t-il créé ?

# LA FABRIQUE

## DE LA GRAMMAIRE | Le discours indirect au passé

### 👁 Observez.
**a.** Keith Broni a expliqué qu'on avait tendance à utiliser plus d'émojis quand on voulait transmettre des émotions positives.
**b.** Xavier Niel lui avait répondu qu'il répondait toujours à tous ses messages justement parce qu'il ne donnait pas de rendez-vous.
**c.** Ses amis lui ont dit qu'elle ne voulait pas s'adapter aux nouvelles technologies.

### ⚙ Réfléchissez.
**a.** Quels sont les verbes introducteurs du discours ? À quels temps sont-ils conjugués ?
**b.** Mettez le verbe introducteur de la phrase **a** au présent et celui de la phrase **c** au futur : à quels temps conjuguez-vous les autres verbes ?
**c.** Passez la phrase **a** à la forme interrogative : quels sont les changements à effectuer ?

### ✎ Appliquez.
**1.** ▶155 | Écoutez. Retrouvez les paroles rapportées et écrivez-les au discours direct.

**2.** Transformez les phrases suivantes au discours indirect au passé.
**a.** Ils ont affirmé : « Nous sommes pour la déconnexion ».
**b.** Elle a répliqué : « Je préfère ne pas avoir mon téléphone greffé à moi toute la journée ».
**c.** Elles lui ont répondu : « Nous commencerons une désintox des réseaux sociaux demain ».
**d.** Il a demandé : « Est-ce que le téléphone est un outil essentiel pour vous ? »
**e.** Elle a dit : « Je n'ai pas encore testé cette expérience ».

**3.** Posez trois questions à votre voisin(e) au sujet de son utilisation des réseaux sociaux. Rapportez ses réponses à la classe au discours indirect au passé.

## DES MOTS

### C'est un piège !

Et pour **convenir de** l'efficacité de cet usage, Malene Rydahl prend pour exemple un échange qu'elle a eu.

Il est important de trouver une date qui puisse **convenir** à tout le monde.

**ⓐ** Dans quelle phrase le mot « convenir » a-t-il le sens de « reconnaître, admettre que qqch est vrai » ?
**ⓑ** Quel est le sens de « convenir » dans l'autre phrase ?

### C'est du québécois !

Moi j'ai pas envie qu'on me joigne quand je **fais mon épicerie**.

**ⓐ** Expliquez la signification de l'expression « faire son épicerie ».
**ⓑ** Trouvez la signification des expressions québécoises suivantes.
avoir du fun | c'est plate | avoir de la misère | être tanné

## DES VERBES

**Parsemer** signifie « disperser », « répandre ».

**ⓐ** Retrouvez la préposition et le verbe qui le forment.
**ⓑ** Trouvez deux autres verbes avec le même préfixe.

## DES SONS

### L'accent québécois : les voyelles allongées

**ⓐ** ▶156 | Écoutez à nouveau cet extrait. Devant quelle consonne se trouve la voyelle très longue ?
**ⓑ** ▶157 | Écoutez. Quelles voyelles sont très longues ?

# L'EXTRAIT

Elle a deux vies, Pénélope. Le jour – on l'a vu –, elle écrit des lignes de code pour des entreprises du monde entier, décompose mentalement des actions informatiques jusqu'à l'unité minimale. Le soir, elle travaille au rééquilibrage du monde en défaisant ce qu'elle a contribué à faire. Elle visite les forums spécialisés auxquels elle participe régulièrement, apprend la découverte de failles dans tel matériel ou programme, lit les débats autour de piratages récents ou à venir. Pénélope, elle défait la nuit ce que les normes du jour l'ont forcée à faire pour gagner sa vie. Elle hacke des logiciels qu'elle a utilisés, fournit des accès pour voler des données qu'elle a compilées [...]

On pourrait croire que ça l'ennuie, d'agir pour deux partis adverses. Elle s'en est rendu compte en essayant d'expliquer ses activités à sa grand-mère de 93 ans, qui maîtrise pourtant parfaitement tablettes et smartphones. Le terme « piratage » l'avait fait tiquer, le terme « éthique » avait suspendu son jugement et soulevé sa curiosité.

– C'est une manière de se battre, grand-maman.
– Mais se battre contre quoi ?
– Contre l'obsolescence programmée, contre les licences abusives, contre le manque de reconnaissance des informaticiens, contre la surveillance numérique, contre l'opacité autour de l'utilisation de nos données, pour un Internet comme outil, pas comme business... Tu sais, les gens qui ont développé Internet dans les années 1980 ? Ils avaient une vision civilisatrice de ce qu'ils étaient en train de faire. La plupart sont ultra déprimés de voir le tournant que ça a pris. Mais maintenant, on est plus nombreux à comprendre comment ça marche et à pouvoir agir. Je fais ce que je peux [...]

Pénélope avale une bouchée de lasagnes entre deux lectures, clique et fait défiler, ouvre des onglets et des applications, petite entité numérique agile qui ricoche à la surface du web. Sans qu'elle sache comment – sait-on jamais retracer le chemin de quoi que ce soit sur Internet – elle tombe sur un site qu'elle ne connaissait pas et dont elle s'étonne qu'il soit encore en ligne. Le site a tout simplement pour thème principal le fait d'éteindre Internet [...]

Plus Pénélope avance sur le mystérieux site, plus ce qu'elle avait de la peine à déterminer – le sérieux de cette revendication – semble se préciser. Elle passe le reste de la nuit à commenter le site, distillant son savoir informatique comme autant de traces de son identité, revient à ses autres onglets, corrige des exercices effectués par des débutants sur des sites qui enseignent les bases du hacking. Ses paupières s'alourdissent, mais elle les sent à peine, grisée par la découverte du site, par la blancheur de l'écran et par la noirceur de la nuit, posée sur la ville comme une chape de silence. Elle s'apprête à aller se coucher lorsqu'un utilisateur inconnu la contacte par IRC, sur le tchat qu'elle a laissé ouvert toute la nuit pour communiquer avec quelques amis connectés.

Salut !
Je vois que tu t'intéresses aux pannes d'Internet. J'aurais un projet à te proposer.

Aude Seigne (écrivaine suisse), *Une Toile large comme le monde*, Les Éditions Zoé, 2017.

## 1. DÉCOUVERTE
a. Que fait dans la vie le personnage principal ?
b. Comment justifie-t-elle ses activités ?
c. Que se passe-t-il à la fin de l'extrait ?

## 2. EXPLORATION
a. Dans l'extrait, repérez : le paragraphe qui décrit Pénélope ; le moment présent ; un souvenir.
b. Qu'est-ce que le souvenir nous permet de comprendre ?
c. À la fin de l'extrait, quels sont les éléments qui permettent de créer du suspense ?

## 3. EXPRESSION
a. En groupes, partagez votre ressenti sur cet extrait. Pensez-vous qu'il réussit à bien créer le suspense ? Avez-vous envie de lire la suite ?
b. En suivant la structure de cet extrait, **écrivez le début d'un roman** (250 mots) avec une partie de narration qui présente le personnage, une partie de dialogue qui révèle des informations sur ce personnage, puis terminez votre texte avec un effet de suspense.

# L'opinion

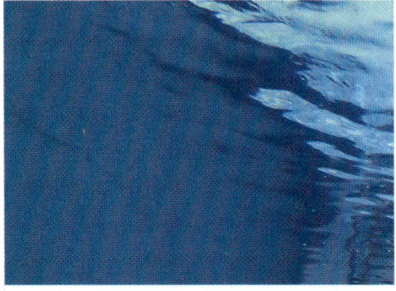

##  SUJET

**Faut-il un droit à l'attention ?**

### INVITÉS 2'15
Florent **Souillot**, cofondateur du collectif Lève les Yeux

Célia **Zolynski**, professeure de droit et auteure d'un *Plaidoyer pour un droit à la protection de l'attention*

### 1. ▶159 | ON ÉCOUTE

**Quelles opinions entendez-vous ?**
**a.** Il serait nécessaire d'instaurer un droit à l'attention pour protéger les personnes les plus fragiles.
**b.** Il s'agit d'obliger ces personnes à se déconnecter.
**c.** On peut parfois être confrontés à des contenus qui ne sont pas appropriés.
**d.** Notre attention intéresse beaucoup les industriels.
**e.** Le droit à l'attention est déjà inscrit dans la Constitution.

### 2. ON RÉAGIT

**Échangez avec votre voisin(e).**
Pensez-vous qu'il pourrait être nécessaire d'obliger les gens à se déconnecter ? Défendez votre point de vue.

### 3. ON DISCUTE • 10 min. | En groupes

**UN sujet**
Faut-il un droit à l'attention ?

**UN animateur**
- donne la parole
- relance la discussion
- demande des précisions

**DES invités**
- **deux groupes :** des représentants des industriels, qui défendent leurs intérêts et des personnes favorables à une protection du droit à l'attention
- **Un objectif :** défendre son point de vue en insistant
- **3 arguments** par invités

---

**Insister**

Si ! Si ! Je vous assure !
Mais si !
Puisque je vous dis que…
J'insiste sur le fait que…
Non seulement… mais encore…
D'autant plus que…

# UNITÉ 12

*Ces opinions qui nous font réagir.*

## SUJET

**Faut-il intégrer la culture populaire aux programmes scolaires ?**

Certains disent que la culture populaire n'a pas sa place dans les programmes scolaires. Des enseignants pensent que cette culture permet d'aborder des questions philosophiques ou des moments de l'Histoire. En définitive, il semblerait que ce ne soit pas qu'un passe-temps amusant. Faut-il intégrer la culture populaire aux programmes scolaires ?

Vous exprimez votre opinion personnelle (250 mots) dans un blog sur les nouvelles manières d'apprendre.

### 1. ON COMPREND

Lisez le sujet.

*Stratégie*

Repérez dans le texte du sujet :
- 2 idées contradictoires
- 1 articulateur
- LA question

### 2. ON RÉAGIT

**En groupes, stimulez vos neurones.**
- Quelle différence fait-on entre culture sérieuse et culture populaire ? Donnez des exemples.
- Listez les œuvres de culture populaire que vous connaissez qui pourraient être utiles dans un programme scolaire. Listez les connaissances développées.

*Stratégie*

Il est parfois utile de confronter deux idées contradictoires pour ensuite apporter une réponse plus nuancée ou proposer une solution.

« Je trouve les programmes scolaires trop élitistes, et en plus ils ne parviennent pas à capter l'attention des élèves. Pour résumer, je pense qu'on devrait y intégrer la culture des jeunes. »

### 3. ON ARTICULE

**Repérez les articulateurs dans les opinions ci-contre.** Comparez-les avec celui du sujet :
- Lequel permet de récapituler une information ?
- Lequel signifie qu'on change d'opinion après avoir réfléchi ?
- Lequels permettent de faire le bilan de quelque chose ?

#### ARTICULATEURS

- somme toute / en définitive : bilan d'une réflexion
- tout compte fait : changement d'avis
- pour résumer : synthèse rapide

« Je pensais qu'il ne fallait pas dissocier culture populaire et culture sérieuse. Tout compte fait, les élèves n'ont pas besoin de l'école pour connaître la culture populaire. »

#### Convaincre

Bien que..., vous verrez que...
Nous savons tous que...
C'est la raison pour laquelle...
Vous êtes sûrement d'accord pour dire que...
Le fait est que...

### 4. ON RÉDIGE • 15 min. | Par deux

- Relisez le sujet.
- **Rédigez quelques arguments pour convaincre de votre opinion sur le sujet.**
- Choisissez des formules et articulateurs pertinents pour convaincre vos lecteurs.

cent soixante-dix-neuf **179**

➡ Outils de la classe p. 189   ➡ Cahier d'activités p. 162-175

## Stratégie

Après avoir lu le mémo, choisissez 10 mots et mimez-les à votre voisin(e).

### Les séries

**Une œuvre de fiction**
un divertissement
l'intrigue
un personnage
un(e) téléspectateur(trice)
une saison

**Enseigner avec les séries**
avoir des vertus éducatives
avoir quelque chose de formateur
se prêter à une analyse
se servir d'un outil pédagogique
trouver un langage commun

**Comprendre par les séries**
élargir son expérience
enrichir son univers
s'intéresser à des figures différentes de soi
se plonger dans la réalité
s'éveiller au monde

### Le numérique

**Être connecté(e)**
être joignable = être disponible
être relié
être présent(e) sur les réseaux
faire des recherches sur Internet
participer à des conversations écrites instantanées

**Participer**
créer des contenus
lancer un programme
publier sur une plateforme
s'adresser aux utilisateurs
soutenir une communauté en ligne

**Déconnecter**
être injoignable
moins consulter son smartphone
ne pas être géolocalisé(e)
préserver son attention
supprimer les notifications

### Éclairant(e)

**C'est être…**
…enrichissant(e)
…formateur(trice)
…illuminant(e)
…informatif(ive)
…instructif(ive)

**Exprimer un objectif**
accepter un défi
avoir pour objectif de > l'objectif est de
faire en sorte que
se donner pour mission de
viser

**La philosophie**
un discernement
une doctrine
un philosophe > philosopher
la philosophie politique et morale
les valeurs éthiques

---

**1.** Comment utilisez-vous votre smartphone ? **Décrivez votre utilisation quotidienne à votre voisin(e).**

**2.** Pensez à la chose la plus éclairante que vous ayez apprise. **Décrivez en quelques lignes ce que cela vous a apporté en utilisant cinq mots du mémo.**

## LE GRAND ORAL

En groupes, vous avez cinq minutes pour comparer les séries et le numérique : qu'est-ce qui est le plus éclairant pour vous ?

**Les contraintes :**
1. Vous devez insister pour défendre vos idées.
2. Vous devez utiliser « somme toute » et « tout compte fait »

### ANTISÈCHE 1
somme toute / en définitive : bilan d'une réflexion
tout compte fait : changement d'avis
pour résumer : synthèse rapide

### ANTISÈCHE 2
On peut utiliser les réseaux sociaux de manière à rassembler les idées…
J'aime discuter avec les autres utilisateurs de manière à ce qu'on puisse…

# UNITÉ 12

## Le but • Le discours indirect au passé

> J'ai appris plein de choses sur la France et la langue française en regardant des séries comme *Dix pour Cent*, *Engrenages* et *Les Revenants*. On m'a toujours affirmé que les séries n'étaient pas assez sérieuses pour vraiment apprendre, mais en fait, j'ai compris qu'on pouvait les regarder en faisant en sorte d'analyser les représentations culturelles. Afin de rendre mes heures de visionnage utiles, j'ai décidé de regarder les séries en prenant des notes. Mes amis m'ont dit que j'étais folle! Certains m'ont demandé si j'arrivais vraiment à apprendre des choses. Eh oui, ça fonctionne!

**1.** Lisez cette anecdote et retrouvez:
- les expressions du but.
- les paroles rapportées au passé.

**2.** Complétez les phrases avec une expression du but. Variez-les.

a. La plateforme a rendu ses vidéos éducatives accessibles … ses utilisateurs puissent en bénéficier.

b. Les créateurs de contenus partagent leur expertise … intéresser les jeunes à des sujets utiles.

c. Les scénaristes de séries créent des personnages complexes … les téléspectateurs se posent des questions morales.

d. Ils ont arrêté d'utiliser des émojis … étudier leur impact sur notre façon de communiquer à l'écrit.

e. Créer un droit à l'attention permettrait de nous donner plus de contrôle, … on puisse se déconnecter quand on le souhaite.

**3.** Transformez ce texte pour le mettre au discours indirect au passé.

Il explique: « J'ai créé cette application l'année dernière pour aider les utilisateurs à mieux gérer leur temps en ligne. Je rencontre encore beaucoup de personnes qui ont du mal à déconnecter, qui passent beaucoup de temps à ne rien faire sur les réseaux sociaux. Je pense que l'appli pourra les aider à reprendre le contrôle. Moi, ça a changé ma vie! ».

**4.** Par deux, créez une anecdote sur l'utilité de l'application Instagram en utilisant les deux points grammaticaux de l'unité.

---

### Le but

➡ **Pour exprimer un but souhaité:** *afin de / que; dans l'intention de; en vue de; faire en sorte de / que; pour; de manière à / à ce que…*

➡ **Pour exprimer un but non souhaité:** *de crainte de / que, de peur de / que…*

➡ Quand le sujet des deux verbes est le même, on utilise l'**infinitif** après l'expression du but.
*__Afin de__ soutenir sa communauté, la plateforme a investi beaucoup d'argent.*
*Ils ont réalisé ces vidéos __en vue de__ partager leur expertise sur le sujet.*

➡ Quand il y a deux sujets différents, on utilise le **subjonctif** après l'expression du but.
*Elle a préféré rester sur les réseaux sociaux, __de crainte que__ ses amis aient des réactions négatives.*
*Il a fait __en sorte que__ les téléspectatrices puissent s'identifier à l'héroïne.*

### Le discours indirect au passé

sert à rapporter les propos de quelqu'un au passé.

➡ On ajoute un **verbe introducteur** conjugué au passé: *dire, affirmer, expliquer, demander,* etc.

➡ On fait les **modifications nécessaires**:
*Il dit: « Je me déconnecte demain »* ➡ *Il __a dit qu'il__ se déconnectait __le lendemain__.*
*Ils ont demandé: « Est-ce que tu as acheté un smartphone hier? »* ➡ *Ils __ont demandé si elle avait acheté__ un smartphone __la veille__.*

➡ On transforme les **temps**:
- **présent ➡ imparfait**
*« Je me __déconnecte__ demain. »* ➡ *Il a dit qu'il se __déconnectait__ le lendemain.*
- **passé composé ➡ plus-que-parfait**
*« Est-ce que tu __as acheté__ un smartphone hier? »* ➡ *Ils ont demandé si elle __avait acheté__ un smartphone la veille.*
- **futur ➡ conditionnel**
*« Qu'est-ce que vous __ferez__ sur les réseaux sociaux? »* ➡ *Il a demandé ce qu'elles __feraient__ sur les réseaux sociaux.*

# #LaMinuteCulturelle

## Philosopher avec les comédies romantiques

▶ **Vous avez 2 minutes ?**

▶ 160 | Écoutez. Pourquoi aimons-nous regarder des comédies romantiques ?

▶ **Vous avez 5 minutes ?**

Pourquoi regardez-vous des films ? Qu'est-ce que cela vous apporte ?

▶ **Vous avez 15 minutes ?**

Présentez, sous forme de podcast de 2 min., votre petite philosophie quotidienne sur le thème de « Pourquoi aime-t-on regarder des films ? ».

## Mission

### Déconnecté(e), éclairé(e) !

> « Je passe toujours beaucoup trop de temps sur Internet et sur les réseaux sociaux, et j'aimerais que ça change. Je ne veux pas pour autant me déconnecter complètement, parce que je pense que ça peut être utile parfois. Je ne sais pas comment m'organiser. »

**Éclairez cette personne !**

 **Par deux**, choisissez si vous êtes pro-réseaux ou bien pro-déconnexion. Listez des arguments pour défendre cette prise de position.

 **En classe**, organisez un débat entre les pro-réseaux et les pro-déconnexion. Un médiateur répartit la parole afin de faciliter la communication et de dépasser les désaccords, dans le but de proposer des solutions.

 **Individuellement**, notez les idées intéressantes de ce débat, puis organisez-les de manière à **produire un compte-rendu** écrit du débat, qui doit proposer des solutions concrètes.
Astuce : Utilisez plusieurs expressions du but.

### Objectifs

- Faciliter la communication dans des désaccords.
- Organiser des idées de manière claire et cohérente.
- Rédiger un compte-rendu.
- Utiliser l'expression du but.
- Convaincre.

# ÉPREUVE du DELF B2

## Compréhension de l'oral    25 points

Pour répondre aux questions, cochez ☑ la bonne réponse.

### Exercice 1   9 points

Vous allez écouter deux fois un document. Vous écoutez une émission à la radio. Lisez les questions, écoutez le document puis répondez.

1. Xavier Debontride a choisi le thème du journalisme de solutions car…   **1 point**
   - A. ☐ il est spécialiste de ce sujet.
   - B. ☐ c'est un sujet dont on parle beaucoup.
   - C. ☐ une conférence sur ce sujet va être organisée.

2. Selon Xavier Debontride, le principal objectif du journalisme de solutions est de…   **1.5 point**
   - A. ☐ donner des idées d'actions concrètes.
   - B. ☐ financer des projets solidaires et durables.
   - C. ☐ combattre le pessimisme de notre époque.

3. Le journalisme de solutions s'intéresse surtout aux questions…   **1 point**
   - A. ☐ politiques.
   - B. ☐ écologiques.
   - C. ☐ économiques.

4. Qu'est-ce qui a particulièrement attiré l'attention de Xavier Debontride lors des rencontres où il s'est rendu à Paris ?   **1.5 point**
   - A. ☐ La grande variété…
   - B. ☐ L'énergie puissante…   …des projets présentés.
   - C. ☐ Les aspects techniques…

5. Selon Xavier Debontride, quelle relation ont certains médias traditionnels avec le journalisme de solutions ?   **1.5 point**
   - A. ☐ Ils sont méfiants par rapport au…
   - B. ☐ Ils connaissent mal les principes du…   …journalisme de solutions.
   - C. ☐ Ils publient de plus en plus d'articles de…

6. Qu'a fait Mortaza Behboudi, le journaliste dont parle Xavier Debontride ?   **1.5 point**
   - A. ☐ Il a créé un média avec des journalistes réfugiés.
   - B. ☐ Il a écrit des articles positifs dans les médias classiques.
   - C. ☐ Il a suivi des études qui intègrent le journalisme de solutions.

7. Xavier Debontride est plutôt…   **1 point**
   - A. ☐ indifférent…
   - B. ☐ pessimiste…   …au sujet du journalisme de solutions.
   - C. ☐ enthousiaste…

### Exercice 2   9 points

Vous allez écouter deux fois un document. Vous écoutez une émission à la radio. Lisez les questions, écoutez le document puis répondez.

1. Cette émission a pour sujet le métier d'expert en développement durable…   **1.5 point**
   - A. ☐ à la suite d'un débat sur l'environnement dans l'émission.
   - B. ☐ car le développement durable est le thème de la semaine.
   - C. ☐ parce que les auditeurs ont posé des questions à ce sujet.

## ÉPREUVE COLLECTIVE

**2.** Selon Lucie, actuellement, les experts en développement durable sont… **1 point**

A. ☐ peu présents…
B. ☐ indispensables… …dans les entreprises.
C. ☐ bien rémunérés…

**3.** Selon Sylvain Lambert, à l'origine, le métier d'expert en développement durable était… **1.5 point**

A. ☐ très méconnu.
B. ☐ source de moquerie.
C. ☐ valorisant pour les jeunes.

**4.** Qui est Sylvain Lambert ? **1.5 point**

A. ☐ Un journaliste spécialiste du…
B. ☐ L'un des premiers experts en… …développement durable.
C. ☐ Un chef d'entreprise qui recrute dans le…

**5.** Sylvain Lambert considère que l'une des causes du développement de l'expertise en développement durable est que… **1 point**

A. ☐ les entreprises veulent avoir une image plus écologique.
B. ☐ les jeunes souhaitent exercer un métier utile pour la société.
C. ☐ les gouvernements ont durci la législation sur l'environnement.

**6.** D'après Sylvain Lambert, l'une des catégories d'experts en développement durable est celle de… **1 point**

A. ☐ chercheur.
B. ☐ formateur.
C. ☐ conseiller.

**7.** Par rapport au futur de la profession d'expert en développement durable, Sylvain Lambert est plutôt… **1.5 point**

A. ☐ réservé.
B. ☐ optimiste.
C. ☐ pessimiste.

### Exercice 3    7 points

**Vous allez écouter une fois trois documents.**

#### Document 1

**1.** Selon Yves, quelle opinion a-t-on le plus souvent au sujet des classes multi-niveaux ? **1 point**

A. ☐ Elles sont présentes principalement à la campagne.
B. ☐ Elles sont souvent créées à l'initiative des parents d'élèves.
C. ☐ Elles sont mises en place quand il n'y a pas d'autre solution.

**2.** Quel avantage peut avoir la classe multi-niveaux selon Yves ? **1.5 point**

A. ☐ Les élèves les plus âgés aident les élèves en difficulté.
B. ☐ Les professeurs doivent adapter leur méthode à chaque élève.
C. ☐ Les parents mettent des frères et sœurs dans la même classe.

#### Document 2

**3.** D'après Claire, pour bien dormir, … **1 point**

A. ☐ chaque repas de la journée est important.
B. ☐ on doit prendre un petit déjeuner léger.
C. ☐ il faut éviter de manger avant de se coucher.

**4.** Pour Claire, ce qui perturbe le sommeil, c'est la consommation des… **1 point**

A. ☐ plats cuisinés.
B. ☐ produits laitiers.
C. ☐ aliments sucrés.

#### Document 3

**5.** Selon une étude, qu'est-ce qui fait que certains jeux vidéo incitent à des comportements violents ? **1.5 point**

A. ☐ La difficulté du jeu.
B. ☐ Le temps passé devant l'écran.
C. ☐ La présence d'images violentes.

**6.** Pour de nombreux psychiatres, la dépendance aux jeux vidéo… **1 point**

A. ☐ doit être mieux surveillée par les parents.
B. ☐ touche seulement une minorité de joueurs.
C. ☐ cause des problèmes d'attention chez les plus jeunes.

# ÉPREUVE DU DELF B2

# Compréhension des écrits — 25 points

## Exercice 1 — 9 points

### Le bénévolat, une bonne action aussi pour soi

Quelque part en banlieue parisienne, Catherine, une retraitée de 72 ans, assure gratuitement, tous les mercredis après-midi, un cours de soutien scolaire auprès d'une fillette dont les parents ne parlent pas bien français. Une manière pour cette ancienne enseignante de continuer à transmettre son savoir et de garder le contact avec la jeunesse. « Vu mon âge, je ne vois pas très bien où je pourrais trouver des cours rémunérés, et puis c'est toujours une joie de voir mon élève faire des progrès. » [...]

« Aider les autres, c'est aussi en tirer des bénéfices », confirme Tanguy Châtel. Ce sociologue, qui a mené plusieurs études sur le sujet, est bénévole dans une unité de soins palliatifs et une association culturelle [...] En période de crise, si les dons diminuent [...], le bénévolat, aussi bien caritatif que culturel ou sportif, décolle. « Les gens gardent leur épargne pour protéger leurs arrières, mais trouvent refuge dans des groupes sécurisants », analyse Tanguy Châtel. Qu'ils donnent des petits cours, rendent visite à des malades ou distribuent des repas chauds, les volontaires bénéficient le plus souvent d'un cadre associatif qui leur permet de se réunir pendant les formations, à la veille de Noël ou autour d'une galette des Rois.

Si, comme Catherine, la majorité des 20 millions de bénévoles français ont atteint l'âge de la retraite [...], les moins de 35 ans se porteraient de plus en plus candidats [...] Pour des étudiants principalement, mais aussi des actifs en reconversion, le travail gracieux est aussi l'occasion d'acquérir des compétences pour muscler un CV. « Les recruteurs s'intéressent de plus en plus aux profils et peut-être un peu moins aux diplômes », note Tanguy Châtel [...]

De fait, les sites des associations n'hésitent pas à rappeler que « faire du bénévolat fait du bien aux autres, mais aussi à soi-même », avec la promesse de « vivre une aventure humaine hors du commun » (France Alzheimer). Aussi, la majorité des bénévoles veulent palper les fruits de leurs efforts. « Il y a beaucoup plus de personnes qui travaillent sur le terrain que de candidats à la trésorerie ou à la présidence ou au secrétariat », constate Tanguy Châtel [...]

29 % des bénévoles en association s'investissent « à une période précise de l'année ou à l'occasion d'un événement, quelques heures ou quelques jours par an, et pas tout au long de l'année » [...] Parmi ceux qui ont abandonné, un sur quatre reconnaît un sentiment de déception par rapport aux résultats obtenus. Pas de quoi désespérer pour autant : seuls 15% d'entre eux n'envisagent plus du tout de donner du temps à une association.

Maroussia Dubreuil, *Le Monde*, 25/02/2020.

**Pour répondre aux questions, cochez la bonne réponse.**

1. Pour Catherine, donner des cours de soutien est... **1 point**
   A. ☐ une activité pour lutter contre l'ennui.
   B. ☐ une source de revenus complémentaires.
   C. ☐ une façon de rencontrer les nouvelles générations.

2. Catherine est heureuse quand son élève... **1.5 point**
   A. ☐ s'amuse.  B. ☐ s'améliore.  C. ☐ la remercie.

3. Selon Tanguy Châtel, le bénévolat est... **1.5 point**
   A. ☐ indispensable pour l'État.
   B. ☐ positif pour les bénévoles.
   C. ☐ utile pour les personnes en difficulté.

4. En cas de crise, les citoyens... **1.5 point**
   A. ☐ donnent plus d'argent aux associations.
   B. ☐ créent souvent leurs propres associations.
   C. ☐ s'engagent davantage dans les associations.

5. D'après Tanguy Châtel, pour beaucoup de personnes, faire du bénévolat dans une association en temps de crise est... **1 point**
   A. ☐ instructif.  B. ☐ rassurant.  C. ☐ stimulant.

6. Le bénévolat est avantageux sur le plan professionnel car on peut... **1 point**
   A. ☐ éviter de faire des stages.
   B. ☐ enrichir son réseau relationnel.
   C. ☐ développer de nouvelles aptitudes.

7. Pour Tanguy Châtel, la plupart des bénévoles préfèrent... **1.5 point**
   A. ☐ s'engager dans plusieurs structures.
   B. ☐ s'investir dans la gestion de leur association.
   C. ☐ voir les résultats concrets de leurs actions.

**Exercice 2** — 9 points

### Vers la fin des réunions ?

Quelle que soit l'entreprise, difficile de croiser quelqu'un qui ne trouvera pas à redire sur les réunions : fréquence excessive, organisation qui pourrait être améliorée, apport discutable sur les projets et la productivité de chacun [...]

Je ne vais pas parler ici du contenu des réunions, ni des problèmes spécifiquement logistiques dans les startups dont le nombre de collaborateurs augmente trop vite pour le nombre de salles disponibles dans leurs locaux. Mais je pars du constat indéniable que les entreprises sont dans un mouvement visant à limiter le volume de temps qu'elles occupent [...]

Indépendamment de la légitimité de leur contenu, les réunions ont la mauvaise réputation de « casser » les journées des collaborateurs. C'est particulièrement marquant pour les métiers nécessitant la préservation de longues périodes de concentration, comme le développement logiciel ou la création graphique par exemple.

Nombreux sont les collaborateurs qui essayent de protéger des morceaux de leur semaine en créant des meetings avec eux-mêmes dans leurs agendas partagés, bloquant ainsi leur disponibilité sur ces périodes. D'autres utilisent l'option du télétravail et restent ponctuellement chez eux pour pouvoir se concentrer sur leurs tâches sans être interrompus. Même si cela n'empêche pas d'être parfois convoqué dans des réunions en (visio)conférence, c'est généralement efficace, et seulement limité par la nature du poste et la permissivité de l'entreprise sur ce mode de fonctionnement.

Au niveau collectif, certaines entreprises décident ainsi de limiter la durée des réunions et les périodes pouvant les accueillir [...] Tenir une réunion où les participants restent debout peut aussi contribuer à ce qu'ils n'aient pas envie de s'y éterniser inutilement [...] Des entreprises choisissent de sanctuariser une demi-journée, ou une journée complète dans la semaine. Ce jour-là, il n'est pas possible de faire des réunions et chacun peut compter sur ce moment de la semaine pour avoir une période conséquente sans interruption [...]

Je n'ai pas d'avis tranché quant à l'intérêt réel de la suppression totale des réunions dans une organisation, n'ayant pas expérimenté cette approche moi-même ni discuté directement avec une entreprise ayant fait ce choix [...] Je pense que toute entreprise devrait à minima utiliser tout ce qui est à sa portée pour éviter aux collaborateurs et collaboratrices d'être interrompu(e)s par des échanges dont le timing est imposé. Le choix par défaut pour échanger devrait être un échange asynchrone* au travers d'un outil adéquat, et non plus une réunion traditionnelle. Pour le bien-être des collaborateurs autant que pour une meilleure productivité dans l'entreprise, il est bon de laisser à chacun la plus grande maîtrise possible de son temps et de son attention.

*échange d'informations en différé

Yannick Lacastaigneratte,
nous-sommes-tous-des-entrepreneurs.fr.

---

1. Selon l'auteur, les réunions sont critiquées dans... **1.5 point**
   - A. ☐ certaines entreprises.
   - B. ☐ toutes les entreprises.
   - C. ☐ très peu d'entreprises.

2. L'auteur décrit la tendance des entreprises à... **1.5 point**
   - A. ☐ varier les sujets de leurs réunions.
   - B. ☐ imposer aux employés des réunions.
   - C. ☐ réduire le temps consacré aux réunions.

3. Quel reproche fait-on souvent aux réunions ? **1 point**
   - A. ☐ Elles coûtent très cher à la direction.
   - B. ☐ Elles augmentent les conflits entre collègues.
   - C. ☐ Elles empêchent les employés de se concentrer sur leurs tâches.

4. Que font certains salariés pour éviter les réunions ? **1 point**
   - A. ☐ Ils disent qu'ils sont malades.
   - B. ☐ Ils inventent des réunions.
   - C. ☐ Ils prennent des rendez-vous hors de l'entreprise.

5. Pour faire des réunions plus courtes, certaines entreprises demandent aux employés...
   - A. ☐ de parler peu. **1.5 point**
   - B. ☐ de rester debout.
   - C. ☐ d'arriver à l'heure.

# ÉPREUVE DU DELF B2

**6.** Afin de faire moins de réunions, certains employeurs… **1 point**
- **A.** ☐ envoient les informations par mail.
- **B.** ☐ proposent des journées hebdomadaires sans réunion.
- **C.** ☐ demandent l'aide de spécialistes des ressources humaines.

**7.** En ce qui concerne l'organisation du temps de travail, l'auteur estime que les entreprises devraient… **1.5 point**
- **A.** ☐ respecter la liberté des salariés.
- **B.** ☐ imposer des journées de télétravail.
- **C.** ☐ appliquer la législation en la matière.

## Exercice 3 — 7 points

**Vous lisez des avis sur un site internet sur le thème : « Pour ou contre la vie sans plastique ? ».**

### 66 Nina

C'est vrai que le plastique est omniprésent dans notre quotidien, et que dans bien des domaines (je pense notamment à la médecine), on ne peut pas s'en passer. Mais on peut l'éviter, j'en suis convaincue. Il ne faut pas considérer la vie sans plastique comme une punition, mais plutôt comme quelque chose de joyeux, de positif. Arrêtons de culpabiliser les consommateurs, ce n'est pas la bonne façon de leur faire comprendre l'importance de l'écologie. Il me semble que la vie est aussi plus belle sans plastique, pas seulement plus écologique. On retrouve des matières belles, de qualité, naturelles, comme le coton, le lin, le bois… C'est quand même plus sympa de manger dans des assiettes en céramique, même quand on fait un pique-nique, non ? 99

### 66 Martin

Dans la vie quotidienne, oui, c'est possible d'utiliser moins de plastique. Par contre, il faut commencer par de petits gestes… On ne peut pas prétendre que les consommateurs changent leurs habitudes du jour au lendemain. C'est facile, par exemple, d'acheter du savon solide et pas liquide. Pour d'autres produits, selon moi, ça peut devenir compliqué de trouver des alternatives. Surtout, quand on travaille 40 heures par semaine, on n'a pas forcément le temps de fabriquer ses propres produits ménagers. Et puis, les produits écolos coûtent souvent beaucoup plus cher, même s'il y a moins d'emballage ! Je trouve que c'est pas logique, et injuste pour ceux qui n'ont pas les moyens de les acheter. 99

### 66 Nathalie

Pour ou contre le plastique ? Je ne sais pas si c'est la bonne question à se poser. Il faudrait plutôt se demander quel type de plastique on utilise. Si les produits sont durables et conçus dans le respect de la santé des consommateurs, pourquoi ne pas les acheter ? Ce n'est pas parce qu'un produit est fabriqué avec des matières naturelles qu'il est obligatoirement meilleur pour l'environnement. Il suffit de penser aux problèmes de déforestation. Je trouve que les industriels du plastique n'investissent pas assez dans l'écologie, dans la recherche. Ou s'ils le font, ils devraient communiquer davantage sur ces plastiques plus écologiques. L'environnement est aussi devenu un argument de vente à l'heure actuelle. 99

**À quelle personne associez-vous chaque point de vue ? Pour chaque affirmation, cochez la bonne réponse.**

**1.** Il faut insister sur l'aspect esthétique des produits sans plastique. **1 point**
- **A.** ☐ Nina.
- **B.** ☐ Martin.
- **C.** ☐ Nathalie.

**2.** Modifier sa consommation de plastique doit se faire progressivement. **1.5 point**
- **A.** ☐ Nina.
- **B.** ☐ Martin.
- **C.** ☐ Nathalie.

**3.** Il est difficile de respecter l'environnement si on a de faibles revenus. **1 point**
- **A.** ☐ Nina.
- **B.** ☐ Martin.
- **C.** ☐ Nathalie.

**4.** Les produits issus de matières naturelles peuvent aussi être polluants. **1.5 point**
- **A.** ☐ Nina.
- **B.** ☐ Martin.
- **C.** ☐ Nathalie.

**5.** Les producteurs de plastique devraient faire plus d'effort sur la qualité de leurs produits. **1 point**
- **A.** ☐ Nina.
- **B.** ☐ Martin.
- **C.** ☐ Nathalie.

**6.** Dans certains secteurs, le plastique est indispensable. **1 point**
- **A.** ☐ Nina.
- **B.** ☐ Martin.
- **C.** ☐ Nathalie.

# Production écrite

**25 points**

Vous habitez dans une ville française. Vous n'êtes pas satisfait(e) de l'offre de votre commune en matière d'activités sportives. Vous écrivez une lettre au Responsable du service des sports de votre mairie pour décrire les problèmes et demander l'amélioration de l'offre d'activités sportives. Vous argumentez en faveur d'activités plus variées dans un environnement de qualité. Vous proposez des solutions concrètes (250 mots minimum).

# Production orale

**25 points**

**La durée de passation de l'épreuve est de 20 minutes et vous disposez de 30 minutes pour la préparer.**

Vous tirez au sort deux sujets et vous en choisissez un. Vous dégagerez le problème soulevé par le document que vous avez choisi. Vous présenterez votre opinion sur le sujet de manière claire et argumentée et, si nécessaire, vous la défendrez au cours du débat avec l'examinateur.

### La gratuité des transports : une bonne idée ?

**Sujet 1**

Le Luxembourg va être le premier pays à offrir la gratuité totale de ses transports publics […] Y aura-t-il un effet boule de neige ? *20 Minutes* en discute avec le politologue Maxime Huré.

**Pourquoi la gratuité des transports a-t-elle le vent en poupe ?**

Trois grands arguments sont mis en avant par ses partisans. C'est d'abord une mesure sociale. Le pari est de permettre un retour à la mobilité des personnes isolées […] C'est aussi une mesure économique. Des centres-villes de communes moyennes sont en grandes difficultés aujourd'hui. La gratuité des transports vise à les redynamiser […] Depuis quelques années, l'argument est aussi écologique, l'espoir étant que cette incitation pousse des automobilistes à laisser leur voiture au garage […] Mais il faut avoir conscience des difficultés techniques que pose le passage à la gratuité. C'est par exemple compliqué de le faire dans les villes qui ont des transports saturés aux heures de pointe. La gratuité peut alors être contre-productive en saturant un peu plus les transports et en dégradant ainsi l'offre.

20minutes.fr.

### En 2028, devrons-nous tous savoir coder* ?

**Sujet 2**

Devons-nous tous apprendre à coder ? Pour 75 % des Français, il est indispensable de s'y mettre, car cette compétence nous permettra de mieux appréhender les métiers de demain. Vrai ou faux ? Pour les professionnels du secteur, « se former à un langage de programmation informatique est un bon moyen de booster son employabilité », assure Alan McCullagh, ambassadeur de la Code Week France, une semaine consacrée à l'apprentissage de la programmation pour tous. Avant de rappeler que « les développeurs sont aussi très recherchés sur le marché de l'emploi ».

Le rapport du Conseil d'orientation pour l'emploi évoque même une « situation de pénurie concernant les compétences tech au global ». Pour répondre au problème, le gouvernement a annoncé le financement de 10 000 formations aux métiers du numérique.

Les initiatives en faveur de l'apprentissage du code ne font cependant pas l'unanimité. « Les plans de formation massifs de développeurs informatiques conduiront à beaucoup de désillusions », met en garde Laurent Alexandre, auteur de la *Guerre des intelligences*. D'après lui, « le code informatique bas de gamme sera entièrement automatisé » au cours des prochaines années.

* écrire en langage informatique pour créer un programme

Fabiola Dor, *Les Echos*, 11/06/2018.

# Grammaire

## 1. LA FABRIQUE DE LA PHRASE

### Exprimer une mise en relief ▶ Unité 2
**Pour insister sur un élément de la phrase :**

| | | |
|---|---|---|
| le sujet | **c'est... qui** | *C'est elle qui chante.* |
| le COD* | **c'est... que** | *Ce que je déteste, c'est le rouge.* |
| le COI** (verbe + « de ») | **c'est... dont** | *Ce dont je rêve, c'est de partir en vacances.* |
| le COI (verbe + « à ») | **c'est... à quoi** | *Ce à quoi je pense, je ne peux pas te le dire !* |

\* COD = complément d'objet direct  \*\* COI = complément d'objet indirect

### Interroger différemment ▶ Unité 5
**Pour varier le questionnement.**

| forme classique | (pronom) + **est-ce que** + sujet + verbe… ? | *Qu'est-ce que tu fais ?* |
|---|---|---|
| pronom à la fin | sujet + verbe + **pronom** ? | *Tu fais quoi ?* |
| inversion du sujet et du verbe | **verbe + sujet**… ? | *Que fais-tu ?* |
| intonation montante ↗ | **sujet + verbe**… ? | *Tu as fait tes devoirs ?* |
| discours indirect | est-ce que = **si**<br>qu'est-ce que = **ce que** | *Je me demande si tu fais tes devoirs.*<br>*Je me demande ce que tu fais.* |

### Utiliser la négation et la restriction ▶ Unité 6

• **Pour s'adapter à la question posée qui porte sur :**

| | | |
|---|---|---|
| un élément | **ne… pas** | *Je n'aime pas la grammaire.* |
| deux éléments | **ni… ni** | *Je n'aime ni la grammaire ni la conjugaison.* |
| quelque chose | **ne… rien** | *Tu fais quelque chose ce soir ? Non, je ne fais rien.* |
| quelqu'un | **ne… personne** | *Tu vois quelqu'un ce soir ? Non, je ne vois personne.* |
| la continuité | **ne… plus** | *Tu aimes toujours aller au ski ? Non, je n'aime plus ça.* |
| la fréquence | **ne… jamais** | *Tu vas souvent au ski ? Non, je n'y vais jamais.* |
| un événement non-réalisé | **ne… pas encore** | *Tu es déjà allé au ski ? Je n'y suis pas encore allé.* |
| un lieu | **ne… nulle part** | *Tu vas quelque part cet été ? Non, nulle part !* |

• ***Pour exprimer une restriction.*** **ne… que** — *Je n'ai que 2 euros ! (= seulement 2 euros)*

### Comparer ▶ Unité 6
**Pour indiquer une supériorité (+), une infériorité (-), une similarité (=).**

| | (+) | (-) | (=) | Exemples |
|---|---|---|---|---|
| avec un adjectif | **plus… que** | **moins… que** | **aussi… que** | *C'est lui le plus grand mais c'est elle la moins bavarde.* |
| (superlatif) | **le/la plus…** | **le/la moins…** | | *Ils sont aussi sympas l'un que l'autre.* |
| avec un nom | **plus de… que** | **moins de… que** | **autant de… que** | *L'été, c'est la saison où il y a le plus de soleil mais le moins de pluie !* |
| (superlatif) | **le/la plus de…** | **le/la moins de…** | | *En automne, il y a autant de belles couleurs qu'au printemps.* |
| avec un verbe | **plus… que** | **moins… que** | **autant… que** | *L'hiver, c'est la saison pendant laquelle on skie le plus.* |
| (superlatif) | **le/la plus…** | **le/la moins…** | | *Je mange autant en hiver qu'en été !* |

**Cas particuliers :** • bon → meilleur(e) → le/la meilleur(e) • mauvais → pire → le/la pire • bien → mieux → le/la mieux

• **Pour exprimer une similitude (=) :**
 – être comme, semblable (à), identique (à), similaire (à), pareil (à), égal (à), comparable (à), le / la / les même(s)… que
 – se ressembler, ressembler (à)

• **Pour exprimer une différence (≠) :**
 – être différent (de), inégal, inférieur (à), supérieur (à), incomparable (à)
 – se différencier (de), surpasser qqn / qqch
 – autrement, plutôt

• **Pour exprimer une progression (↗ ↘) :** – de *plus en plus*, de *moins en moins*

# Grammaire

## Ajouter une information  ▶ Unité 10

- **À l'aide de pronoms relatifs simples.**

| | | |
|---|---|---|
| un sujet | **qui*** | *C'est une paire de chaussures **qui** coûte cher.* |
| un COD | **que** | *C'est une paire de chaussures **que** j'adore !* |
| un lieu | **où** | *C'est un magasin **où** l'on vend ces chaussures.* |
| un complément (+ « de ») | **dont** | *C'est un magasin **dont** je suis fan.* |

* Le participe présent peut aussi remplacer « qui ».

- **À l'aide de pronoms relatifs composés*.**

| | | |
|---|---|---|
| à, grâce à | **auquel, à laquelle, auxquels, auxquelles** | *Ce sont des chaussures **auxquelles** je tiens.* |
| à cause de, à côté de, le long de, près de… | **duquel, de laquelle, desquels, desquelles** | *Le magasin **près duquel** j'habite vend des chaussures.* |
| avec, sous, pour, par, sur, dans, sans, pendant, derrière… | **lequel, laquelle, lesquels, lesquelles** | *Le magasin **dans lequel** elle travaille est un magasin de chaussures.* |

* Quand le nom remplacé désigne une personne, on utilise plutôt « qui » (à qui, de qui, pour qui…).

- **À l'aide d'une préposition pour indiquer :**

| | | |
|---|---|---|
| la manière<br>l'usage<br>la composition | **à** | *Il parle **à** voix basse, **à** reculons…*<br>*C'est une brosse **à** cheveux.*<br>*Je mange un chou **au** chocolat.* |
| la possession<br>la cause<br>la quantité | **de** | *C'est le chien **de** ma sœur.*<br>*C'est à mourir **de** rire.*<br>*Il y a une centaine **de** personnes.* |
| la matière dont un objet est fait<br>la façon de s'habiller, de s'exprimer<br>un état physique | **en** | *Un vase **en** verre, **en** or, **en** porcelaine.*<br>*Je me mets **en** jupe. Je m'exprime **en** chinois.*<br>*Il est **en** larmes, **en** colère, **en** forme…* |
| le manque, le vide | **sans** | *Il part en voyage **sans** moi.* |

- **À l'aide d'un adjectif.** Rappel (B1)

Un participe passé peut servir d'adjectif. → *Le travail aussitôt **terminé**, il quitta le bureau.*
Quand on place l'adjectif avant le nom, c'est pour insister. → *C'est un **superbe** témoignage !*
Quand on place l'adjectif en apposition, c'est-à-dire séparé à l'écrit par une virgule et déplaçable dans la phrase, c'est pour valoriser l'adjectif. → ***Nerveux**, le candidat commence son examen.* = *Le candidat, **nerveux**, commence son examen.*

## Indiquer le temps  ▶ Unité 9

| | | |
|---|---|---|
| une date | **en** | *En **2020**, j'ai obtenu mon master.* |
| le temps écoulé | **il y a / il y a… que**<br>**cela / ça fait… que**<br>**voilà… que** | ***Il y a** 10 ans, j'ai commencé à travailler.*<br>***Il y a** 10 ans **que** j'ai commencé à travailler.*<br>***Ça fait** 10 ans **que** j'ai commencé à travailler.* |
| le début d'une action | **depuis / depuis que** (passé)<br>**dans** (idée future) | ***Depuis qu'**il est parti, je me sens revivre !*<br>***Dans** deux ans, je pars au Japon.* |
| la durée d'une action | **depuis / depuis que**<br>**pendant** | *Je travaille dans cette entreprise **depuis** 10 ans.*<br>*J'ai travaillé **pendant** 10 ans.* |
| la date de fin d'une action | **jusqu'à ce que** + subjonctif<br>**jusqu'à** + nom | *J'ai travaillé **jusqu'à ce que** mon mari soit muté dans une autre ville.* |
| la simultanéité | **quand, lorsque, tandis que**<br>**en même temps** | *Je commençais à travailler **lorsque** mon mari a été muté.* |
| l'antériorité | **avant que** + subjonctif<br>**avant de** + infinitif présent<br>**déjà, plus tôt, avant** | *J'ai commencé à travailler **avant que** mon mari soit muté.*<br>***Avant de** travailler, j'ai étudié le français.* |
| la postériorité | **après que** + indicatif<br>**après** + infinitif passé | *J'ai commencé à travailler **après que** tu es parti.*<br>***Après** avoir travaillé, je me suis reposé.* |

# OUTILS DE LA CLASSE

## 2. LA FABRIQUE DU DISCOURS

### Éviter les répétitions

- **À l'aide d'une reprise nominale.** ▶ Unité 1
– un synonyme ou équivalent
→ *La Terre = la boule, la planète, la bille, la sphère…*
– un autre déterminant défini (*un, une, des*), un démonstratif (*ce, cet, ces…*), un possessif (*son, sa, ses…*)
→ *La Terre = une terre, sa terre, cette terre…*

- **À l'aide d'une reprise pronominale.** ▶ Unité 1
– un pronom personnel (*je, tu, il, elle, on, nous, vous, ils, elles, eux, soi-même…*)
– un pronom indéfini (*chacun, tout, plusieurs, aucun, un autre, certains…*)
– un pronom possessif (*le mien, la mienne, le sien, le nôtre, les vôtres, le leur…*)
– un pronom démonstratif (*celui-ci/là, celle-ci/là, ceux-ci/là, celles-ci/là, ceci/cela, ce/c'…*)
→ *Dans la classe, les étudiants portent des lunettes. **Certaines** sont originales. **Celles** de Marie sont noires et roses. **Elle les** a achetées hier. **Les miennes** sont rouges et or. **Ce** sont mes couleurs préférées. Et **les vôtres**, elles sont comment ?*

- **À l'aide du pronom neutre « le ».** ▶ Unité 3
Il peut remplacer :
– des attributs (adjectif, groupe nominal). → *Êtes-vous sérieux ? Mais oui, nous **le** sommes !*
– des phrases et des verbes à l'infinitif. → *Parler français n'est pas simple, et nous **le** savions !*

- **À l'aide du pronom « en ».** ▶ Unité 3
Il peut remplacer :
– une quantité → *De l'argent ? J'aimerais **en** gagner plus !*
– un complément + « de » → *Devenir avocat, il **en** rêve depuis toujours !*

- **À l'aide du pronom « y ».** ▶ Unité 3
Il peut remplacer :
– un lieu → *Bruxelles ? J'**y** vais assez souvent !*
– un complément + « à » → *Me reconvertir ? Non, je n'**y** pense pas vraiment.*

- **À l'aide d'un pronom personnel complément ou d'un double pronom.** ▶ Unité 11

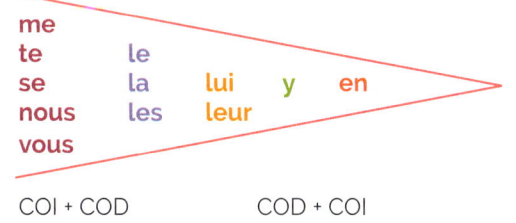

COI + COD     COD + COI

Bien respecter l'ordre des pronoms !
→ *Ces chaussures, je **me les** achète dès demain !*
*Et celles-ci, je **les lui** offre pour son anniversaire.*
*À Paris ? Elle **nous y** emmène dès demain ! Elle **nous en** parle depuis tellement longtemps.*

### Ajouter des articulateurs

- **La cause** ▶ Unité 4
– *en effet* (idée générale introduite précédemment, en début de phrase)
– *car* (cause connue), *d'autant plus que* (renforce une raison déjà évoquée)
– *comme / puisque* (dans une phrase où figurent cause et conséquence)
– *étant donné que, sous prétexte que, du fait que* (causes formelles, langue écrite)
– *vu que* (à l'oral)

- **La conséquence** ▶ Unité 4
– *par conséquent* (après une pause forte, langue soutenue)
– *alors, du coup* (conséquence inattendue, à l'oral)
– *donc* (à l'oral, en début de phrase / à l'écrit, à la place de l'adverbe)
– *c'est pourquoi, c'est la raison pour laquelle* (conséquence connue, langue soutenue)
– *si bien que* (conséquence simple sans effet d'insistance)
– *au point que, à tel point que* (effet d'intensité)

On peut aussi utiliser des verbes (cf. unité 4).

- **L'opposition (≠)** ▶ Unité 8
– *alors que* (à l'oral), *tandis que* (opposition générale suivie de l'indicatif)
– *contrairement à, au contraire de* (s'opposer à l'opinion de qqn ou s'opposer à qqn)
– *au contraire* (renforce une négation dans la phrase précédente)
– *à l'inverse de* + nom / pronom, *inversement* (situations éloignées)
– *en fait, en réalité* (par opposition à ce qui est imaginé)
– *or* (en début de phrase), *mais* (en milieu de phrase)
– *en revanche* (langue soutenue), *par contre* (à l'oral)
– *(et) pourtant* (s'emploie pour renforcer un paradoxe), *malgré* + nom

# Grammaire

- **La concession (une nuance)** ▶ Unité 8
- *bien que, quoi que* (fait avéré qui ne donne pas le résultat attendu)
- *même si* (nuance hypothétique), *quand bien même* (le résultat n'est pas celui attendu)
- *mais… quand même* (pour renforcer une autre expression de concession)
- *toutefois, cependant, or* (précédé d'une idée positive et suivi d'une idée négative)
- *néanmoins* (nuance les propos précédents, limite les conséquences)

- **La condition** ▶ Unité 8
- *au cas où / dans le cas où* + conditionnel (= *si jamais*)
- *même si* + indicatif (condition d'opposition)
- *en supposant que / en admettant que* + subjonctif (hypothèse choisie par le locuteur)
- *à condition que / pourvu que* + subjonctif (condition nécessaire)
- *à moins que* + subjonctif (= *sauf si*, restriction)
- *avec / sans* + nom (= *si / si ne pas*)

On peut aussi utiliser l'hypothèse (cf. *L'atelier B1*).

- **Le but** ▶ Unité 12
- *pour que / afin que* (but général suivi du subjonctif)
- *pour / afin de, dans le but de, en vue de* (but général suivi de l'infinitif)
- *de peur que, de crainte que, dans l'espoir que* (but avec sentiment)
- *de manière (à ce) que, de façon (à ce) que* (manière d'atteindre un résultat)

- **Le temps**
- *toutes les fois que, à chaque fois que* (idée de répétition)
- *à cette époque, en ce temps-là, à ce moment-là* (date précise)
- *tout de suite, sur le champ, immédiatement* (idée d'immédiateté)

- **La chronologie**
- *pour commencer, au début, (tout) d'abord*
- *ensuite, puis, après*
- *enfin, bref, finalement* (indique aussi un résultat)
- *premièrement, deuxièmement, troisièmement* (pour énoncer un plan)

- **Compléter ou ajouter une idée**
- *en plus* (complète l'idée précédente)
- *au fait* (pour ajouter une idée de façon inattendue à l'oral)
- *de plus* (à l'oral), *par ailleurs* (en début de phrase, ajoute une idée nouvelle)
- *d'ailleurs* (renforce l'idée de départ)
- *également, aussi* (après le verbe)
- *en outre, du reste, sans compter que, de surcroît, qui plus est* (langue soutenue)

- **Préciser sa pensée**
- *en effet* (pour illustrer sa pensée)
- *de fait, en réalité* (pour aller plus loin dans l'explication)
- *autrement dit, en d'autres termes, c'est-à-dire* (pour expliquer différemment)

- **Introduire deux idées**
- *d'une part… d'autre part*
- *d'un côté… d'un autre côté*

- **Conclure**
- *somme toute, en définitive, tout compte fait* (pour énoncer une synthèse + changement ou renforcement de position)
- *dans l'ensemble, en bref, en gros* (pour donner un résultat global)
- *pour terminer, pour finir, en résumé, bref, en conclusion* (pour conclure)

## Exprimer une probabilité ▶ Unité 12

- **un adverbe**: *probablement, potentiellement, sans doute, peut-être…*
- **une tournure impersonnelle** (renforcée ou non par un adverbe): *il y a des chances que, il est (fort / très) probable que, il paraît que, il semble que…*
- à l'aide du temps choisi:

| le futur simple | Il est probable qu'il **viendra**. |
|---|---|
| le futur antérieur | Bien que convoqué, Paul n'est pas venu. Il **se sera** probablement **trompé** de jour. |
| le conditionnel présent | Il y **aurait** dix blessés dans cet accident d'avion. |

# OUTILS DE LA CLASSE

## Exprimer le doute et la certitude ▶ Unité 11

● **Le doute**
– **un verbe** : *douter que, ne pas croire que, ne pas être sûr(e) que, se demander si* + indicatif, *ignorer si* + indicatif…
– **une tournure impersonnelle** qui peut être renforcée par un adverbe : *il y a peu de chances que, il est (tout à fait / vraiment) improbable que, il est possible que, il se peut que…*
– à l'aide du **subjonctif**. → *Il est peu probable qu'il* **vienne** (= *je doute qu'il vienne*).

● **La certitude**
– **une tournure impersonnelle** qui peut être renforcée par un adverbe : *il y a fort à parier que ; il est (absolument / parfaitement / incontestablement) certain que… ; Il est (évident / incontestable / indéniable / indubitable / clair…) que ; Il / Cela va de soi que ; Il / Cela va sans dire que.*
– **une expression** : *à coup sûr, de toute évidence, sans le moindre doute, sans nul doute…*
– à l'aide de **l'indicatif**. → *Il est fort probable qu'il* **viendra** (= *je suis sûr qu'il viendra*).
– peut être nuancée avec un adverbe : *absolument, tout à fait, complètement, parfaitement, pas du tout…*

## Rapporter des propos ▶ Unité 12

| | |
|---|---|
| **Ajouter un verbe introducteur** | « Les enfants ont mangé. » → Il **dit que** les enfants ont mangé.<br>« Est-ce que tu es heureux ? » → Elle **me demande si** je suis heureux.<br>« Qu'est-ce que tu as fait hier ? » → Elle **demande ce que** j'ai fait hier.<br>« Sors ! » → Elle **me demande de** sortir. |
| **Changer la ponctuation** | Suppression des apostrophes, des points d'interrogation et des points d'exclamation.<br>« Sors **!** » → Elle me demande de sortir**.** |
| **Transformer les pronoms personnels** | « Comment vont **tes** sœurs ? »<br>→ Il m'a demandé comment allaient **mes** sœurs. |
| **Changer les indicateurs temporels** | hier → la veille          demain → le lendemain<br>aujourd'hui → ce jour-là    l'année dernière → l'année passée |
| **Changer de temps si le verbe introducteur est au passé** | **Présent ▶ imparfait**<br>« Je **chante**. » → Il a dit qu'il **chantait**.<br>« Je **vais** chanter. » → Il a dit qu'il **allait** chanter.<br>**Passé composé ▶ plus-que-parfait**<br>« J'ai chanté. » → Il a dit qu'il **avait chanté**.<br>**Futur ▶ conditionnel**<br>« Je chanterai. » → Il a dit qu'il **chanterait**. |

**Les verbes introducteurs** peuvent introduire :

– **une déclaration** : *affirmer, annoncer, assurer, avouer, certifier, constater, déclarer, expliquer, préciser, promettre, souligner que…*

– **une interrogation** : *(se) demander si, (s') interroger, (se) questionner, (se) demander, chercher à savoir, ignorer…*

– **un ordre** : *ordonner, exiger, (re)commander, supplier…*

– **une réponse** : *répondre, répéter, rétorquer, ajouter, riposter, répliquer, objecter…*

– **un ton** : *crier, hurler, murmurer, bredouiller, bougonner, gémir, ronchonner…*

cent quatre-vingt-treize **193**

# Grammaire

## 3. LA FABRIQUE DES FORMES VERBALES

### Les temps et les modes

**Le subjonctif présent et passé** ▶ Unité 1, 5 & 9

| subjonctif présent | • une obligation, un ordre<br>• un souhait<br>• un doute… | *que* + radical de la 3ᵉ personne du pluriel au présent<br>+ *-e, -es, -e, -ions, -iez, -ent* |
|---|---|---|
| subjonctif passé | • un fait antérieur à celui exprimé par le verbe introducteur | *que* + *avoir* ou *être* au subjonctif présent + participe passé |

**On utilise le subjonctif après…**

| un verbe + **que** qui exprime : | |
|---|---|
| – un sentiment<br>– une volonté<br>– une nécessité<br>– un jugement<br>– une opinion*<br>– une possibilité<br>– un désir<br>– une obligation<br>– un ordre<br>– un doute | *J'ai peur que ma fille **ait oublié** de faire ses devoirs.*<br>*Je veux qu'elle **fasse** ses devoirs.*<br>*Il faut qu'elle **fasse** ses devoirs.*<br>*C'est étonnant qu'elle **ait fait** ses devoirs.*<br>*Je ne trouve pas que ce **soit** important.*<br>*Il est possible qu'elle les **ait faits**.*<br>*J'aimerais qu'elle les **fasse** ce soir.*<br>*Il est indispensable qu'elle les **ait faits**.*<br>*J'exige qu'elle les **fasse** !*<br>*Je ne crois pas qu'elle les **ait faits**.* |
| certaines **conjonctions** :<br>– de temps<br>– de but<br>– de condition<br>– de concession | *avant que, jusqu'à ce que, en attendant que…*<br>*de peur que, pour que, de crainte que, afin que…*<br>*à condition que, pourvu que…*<br>*bien que, à moins que, sans que, où que, quoi que, quoique…* |
| une **relative** quand on doute de l'existence d'une chose ou d'une personne. | *J'aimerais avoir un président qui **puisse** parler toutes les langues du monde.*<br>*Je cherche une maison qui ne **soit** pas trop grande.* |
| un superlatif qui exprime une **rareté**. | *Tu es le seul homme que je n'**aie** jamais **aimé** !*<br>*C'est le plus étourdi des enfants que je **connaisse**.* |

* Les verbes d'opinion *(croire, estimer, supposer, considérer, penser, trouver, avoir l'impression que…)* sont suivis de l'indicatif à la forme affirmative, sauf si le verbe est complété par un adjectif. ➜ *Je trouve cela **étonnant** que ce type d'art **soit** accepté.*
À la forme négative, ils peuvent être suivis du subjonctif pour indiquer un doute. ➜ *Je ne pense pas que tu **sois** sincère.*
À la forme interrogative avec inversion du sujet, ils sont généralement suivis du subjonctif. ➜ *Penses-tu qu'ils **soient** déjà **arrivés** ?*

# OUTILS DE LA CLASSE

## Le participe présent, le gérondif, l'adjectif verbal ▶ Unité 2

| **le participe présent** (invariable) | • la cause<br>• la simultanéité<br>• remplace « qui » | radical du présent (nous) + -ant | Je cherche un artiste **peignant** des œuvres abstraites. |
|---|---|---|---|
| **le gérondif** (invariable) | • la manière<br>• la cause<br>• la condition<br>• la simultanéité<br>• l'hypothèse | en + participe présent | Il est arrivé **en courant**. |
| **l'adjectif verbal** (variable) | caractérise un nom | participe présent ou idem avec orthographe différente* | J'habite avec des gens **charmants** dans une résidence assez **bruyante**. |

*Exceptions :

| **participe présent** : différant, convainquant, fatiguant, négligeant, communiquant, intriguant, naviguant, provoquant, suffoquant, équivalant, adhérant… | -ant → -ent<br><br>-quant → -cant | **adjectif verbal** : différent, convaincant, fatigant, négligent, communicant, intrigant, navigant, provocant, suffocant, équivalent, adhérent… |
|---|---|---|

## Les temps du passé ▶ Unité 3

| **le passé composé** | • une action ponctuelle (qui peut être répétée)<br>• une action limitée dans le temps<br>• une succession d'actions | être ou avoir au présent + participe passé |
|---|---|---|
| **l'imparfait** | • une action passée qui continue de se dérouler<br>• une description<br>• une habitude dans le passé<br>• le cadre d'une action ponctuelle (exprimée au passé composé) | radical de la 1re personne du pluriel au présent + -ais, -ais, -ait, -ions, -iez, -aient |
| **le plus-que-parfait** | • une action antérieure à une action passée | être ou avoir à l'imparfait + participe passé |
| **le passé simple** | • des actions, à l'écrit principalement (dans les récits historiques, contes, romans…) | -ai,-as,-a,-âmes,-âtes,-èrent<br>-is,-is,-it,-îmes,-îtes,-irent<br>-us,-us,-ut,-ûmes,-ûtes,-urent |

## Les temps du futur ▶ Unité 4

| **futur simple** | • une action située dans un avenir lointain<br>• un fait précis et programmé | verbe à l'infinitif + -ai,-as,-a, -ons, -ez, -ont |
|---|---|---|
| **futur proche** | • une action située dans un avenir immédiat<br>• une action qui a de fortes chances de se réaliser | aller au présent + infinitif |
| **futur antérieur** | • une action future antérieure à une autre action future<br>• une action programmée | être ou avoir au futur simple + participe passé |

# Grammaire

## Le conditionnel présent et passé ▶ Unité 7

| conditionnel présent | • une demande polie<br>• un souhait, un désir<br>• un conseil | • une hypothèse irréelle au présent<br>• un reproche<br>• un événement non confirmé | verbe à l'infinitif<br>+ -ais, -ais, -ait, -ions, -iez, -aient |
|---|---|---|---|
| conditionnel passé | • un regret<br>• un reproche<br>• une hypothèse irréelle dans le passé<br>• un événement non confirmé | | *être* ou *avoir* au conditionnel présent + participe passé |

## Le participe passé ▶ Unité 3

• Le participe passé sert à former les temps composés.

| 1ᵉʳ groupe | 2ᵉ groupe | 3ᵉ groupe |
|---|---|---|
| terminaison *-é* | terminaison *-i* | formes irrégulières |
| *mangé, chanté, parlé…* | *fini, réussi, agi…* | *mis, vu, ouvert parti, peint…* |

• Il est employé avec *avoir* ou *être*.

| *être* | – ces verbes + leurs dérivés :<br>*naître, mourir, descendre, monter, sortir, entrer, tomber, arriver, partir, rester, retourner, rentrer, venir, aller…*<br>– les verbes pronominaux | *Je suis née un 16 août par un jour de grande chaleur.*<br>*Paul est passé voir ta mère qui s'est réveillée à son arrivée.*<br>*Ils se sont vus la semaine dernière.* |
|---|---|---|
| *avoir* | tous les autres verbes | *Paul a passé l'aspirateur et a fait les courses.* |

• L'accord du participe passé.

| avec *être* | accord avec le sujet | *Marie est sortie.* |
|---|---|---|
| avec *avoir* | accord avec le COD s'il est placé avant | *La pomme que Marie a mangée est verte.* |

• Le participe passé des verbes pronominaux.

| verbes toujours pronominaux<br>(toujours employés avec *se*) | accord avec le sujet | *Elle s'est réveillée.* |
|---|---|---|
| verbes parfois pronominaux<br>(peuvent être employés sans *se*)<br>*(se) laver, (s') appeler, (se) téléphoner…* | **construction directe :**<br>accord avec le sujet ou le COD placé avant<br>**construction indirecte :**<br>pas d'accord | *Nous nous sommes appelés hier (appeler qqn).*<br>*Nous nous sommes lavé les mains et nous nous les sommes essuyées.*<br>*Nous nous sommes téléphoné (téléphoner à qqn).* |

## La voix passive ▶ Unité 7

Pour mettre en valeur le complément d'objet du verbe à la forme active.

| voix active | sujet + verbe + complément | *Le chat mange la souris.* |
|---|---|---|
| voix passive | • inversion du sujet et du complément<br>• *être* (au temps du verbe) + participe passé<br>• complément introduit par « de »* ou « par » | *La souris est mangée par le chat.* |
| | *se faire* + infinitif (responsabilité du sujet)<br>*se laisser* + infinitif (passivité du sujet)<br>*se voir* + infinitif (suivi d'un adjectif) | *La souris se fait manger.*<br>*La souris s'est laissé manger.*<br>*Je me suis vu mourir.* |

* avec les verbes : *aimer, détester, haïr, adorer, estimer, respecter, admirer, connaître, oublier, ignorer, orner, décorer, remplir, couvrir, composer,* etc.

# LA LETTRE

> p. 21, 101

La **lettre formelle** est utilisée pour s'adresser à une personne qui a souvent avec **une fonction officielle** (maire du village, personnalité politique, un responsable dans une entreprise, etc.).

## A. La forme

La lettre formelle respecte un **format** type.

## B. Le fond

La lettre formelle respecte des **formules** types.

### 1. Formule d'appel :

Madame, / Monsieur,

Madame (+ statut), Monsieur (+ statut),

*Exemple : Madame le Maire, Monsieur le Directeur,*

### 2. Corps de la lettre :

- **L'INTRODUCTION**

▶ amène l'objectif / le sujet rapidement.

*Exemple : Pour faire suite à..., j'aimerais...*

*En réponse à votre lettre du..., nous avons le plaisir de... C'est avec grand plaisir que...*

- **LE DÉVELOPPEMENT**

▶ expose le message dans un ordre logique (du général au particulier ; des difficultés aux solutions...).

- **LA CONCLUSION**

▶ incite le destinataire à passer à l'action.

### 3. Formule de politesse

| | | |
|---|---|---|
| • Nous vous prions d'agréer, | Madame, / Monsieur, | • nos salutations distinguées. |
| • Je vous prie d'agréer, | | • l'expression de mes sentiments les meilleurs. |
| • Veuillez recevoir, | | • l'expression de ma considération distinguée. |

### Exemple de lettre :

Laurent Picard
10, avenue Emile Zola
75015 PARIS
01.02.03.04.05
← *Coordonnées de l'expéditeur*

Madame Martin
Directrice des ressources humaines
5, rue d'Austerlitz
69004 LYON
*Coordonnées du destinataire* →

Paris, le 18 octobre 2020
*Lieu et date d'expédition*

Objet : lettre de candidature
← *Objet de la lettre*

*Formule d'appel*
Madame, ←

*Introduction*
*Corps de la lettre*

Nam quibusdam, quos audio sapientes habitos in Graecia, placuisse opinor mirabilia quaedam (sed nihil est quod illi non persequantur argutiis): vel remittas; caput enim esse ad beate vivendum securitatem, qua frui non possit animus, si tamquam parturiat unus pro pluribus.

Inter quos Paulus eminebat notarius ortus in Hispania, glabro quidam sub vultu latens, odorandi vias periculorum occultas perquam unde admissum est facinus impium, quod Constanti tempus nota inusserat sempiterna.

Excitavit hic ardor milites per municipia plurima, quae isdem conterminant, dispositos et castella, sed quisque serpentes latius pro viribus repellere moliens, nunc globis confertos, aliquotiens et dispersos multitudine superabatur ingenti, quae nata et educata inter editos recurvosque ambitus montium eos ut loca plana persultat et mollia, missilibus obvios eminus lacessens et ululatu truci perterrens.

En espérant que ma candidature retiendra votre attention, veuillez agréer, Madame, ma considération distinguée.

*Formule de politesse*

Laurent Picard
*Signature*

## ☼ Astuce

« Bien cordialement / Cordialement » sont pour des lettres moins formelles.

## C. Quelques conseils

- Soigner le développement.
- Prendre le temps de se relire.
- Plier la lettre en trois et la mettre dans une enveloppe avec une adresse lisible.

Monsieur Daniel Delhoume
Résidence Les Camélias
3 rue Victor Hugo
92120 MONTROUGE

> Pour aller plus loin :
Cahier, p. 15, 99

# L'ARGUMENTAIRE

> p. 31, 116

L'**argumentaire** ou essai argumentatif présente une opinion de façon organisée, logique et cohérente.

## A. La forme

L'argumentaire respecte **une forme** particulière.

## B. Le fond

### 1. L'introduction

▸ amène le sujet en contexte.

*Exemple : Depuis une vingtaine d'années, la gastronomie...*

▸ annonce le sujet ou transforme le sujet en problématique.

*Exemple : Sujet : Les réseaux sociaux nuisent à l'amitié.*
→ *Transformation : Peut-on dire que les réseaux sociaux sont nocifs pour l'amitié ?*

▸ expose rapidement le plan.

*Pour répondre à cette question, il sera nécessaire de définir... pour finalement nous pencher sur...*

*Nous débuterons cette réflexion par... pour ensuite démontrer que... Enfin, nous aborderons la question du...*

### 2. Le développement

▸ peut se faire en deux ou trois parties.

| Partie 1 | Partie 2 | Partie 3 |
|---|---|---|
| Pour | Contre | |
| Causes | Conséquences | |
| Points communs | Différences | 3ᵉ thèse |
| Thème 1 | Thème 2 | Thème 3 |

▸ Chaque partie = un paragraphe.
▸ Un connecteur relie chaque partie et chaque argument.
▸ Un exemple illustre chaque argument.

*Introduction* ........

*Développement*

Partie 1 : Idée essentielle
**connecteur** Argument 1 + explication ........ + exemple ........
**connecteur** Argument 2 + explication ........ + exemple ........
Partie 2 : ........

*Conclusion* ........

### 💡 Astuce

Les exemples sont issus de l'environnement sociétal, culturel ou de votre vie personnelle.

### 3. La conclusion

▸ synthétise les éléments essentiels.
▸ affirme l'opinion.

*Selon moi, ... / D'après moi, ... / À mon avis, ... / Personnellement, je pense que...*

▸ propose une ouverture.

## C. Quelques conseils

- Lire plusieurs fois le sujet pour bien le comprendre.
- Préparer un plan avant de rédiger.
- Trouver des contre-arguments aide à approfondir.

> Pour aller plus loin :
> Cahier, p. 29, 113

# LE RÉSUMÉ

> p. 46, 133

Le **résumé** invite à reformuler les idées essentielles d'un document tout en respectant l'ordre des idées et l'opinion de l'auteur, dans un nombre de mots limité.

## A. La forme

Le résumé est un texte réduit
(= 1/4 du texte d'origine environ).

### Texte d'origine

connecteur *Idée 1* ...................
connecteur ................... connecteur
idées secondaires ...................

connecteur *Idée 2* ...................
connecteur ................... connecteur
idées secondaires ...................

connecteur *Idée 3* ...................
connecteur ................... connecteur
idées secondaires ...................

## B. Le fond

### 1. Les idées principales

▶ Les repérer dans le texte d'origine en s'aidant des paragraphes, des connecteurs et des champs lexicaux.

▶ Les reformuler. Veiller à isoler les mots-clés qui ne peuvent pas être remplacés.

*Exemple : démocratie, politique, télévision, culture, etc.*

▶ Les ordonner comme dans le texte d'origine.

### 2. Les connecteurs

▶ Les repérer dans le texte d'origine pour comprendre l'enchaînement des idées.

▶ Conserver ceux qui apportent une logique de discours.

▶ Leur trouver un synonyme.

### 3. Les exemples et les citations

▶ Les repérer dans le texte d'origine.

▶ Intégrer les exemples dans le résumé si ce sont des arguments.

▶ Intégrer la citation si elle est essentielle. Pour la réduire, passer au style indirect (sans guillemets).

**Reformuler, c'est utiliser :**
- **une expression** (*c'est-à-dire, en d'autres termes, disons, autrement dit, plus précisément, donc, etc.*)
- **un synonyme**
- **la reprise nominale et pronominale**
- **une nominalisation** (verbe → nom)
- **la forme active** au lieu de la forme passive (ou réciproque)
- **le discours indirect** au lieu du direct

## C. Quelques conseils

- Éviter les répétitions.
- Respecter le niveau de langue du texte d'origine.
- Ne jamais donner son opinion.

> Pour aller plus loin :
> Cahier, p. 43, 127

# L'EXPOSÉ

> p. 59, 147

L'**exposé** est une présentation orale structurée sur un thème particulier en un temps limité.

## A. La forme

L'exposé peut être informatif, explicatif ou argumentatif.

Il peut être accompagné d'un support visuel (clair, lisible, pertinent).

## B. Le fond

### 1. L'introduction

▶ annonce le sujet.

*Exemple : Bonjour, aujourd'hui, je voudrais vous parler de...*

▶ fait référence à un élément en commun avec le public.

*Exemple : Ce thème fait partie... / fait penser à... / se situe dans un contexte... / est comparable à... / est du même ordre que...*

▶ présente le plan.

*Exemple : D'abord / Ensuite / Enfin... je vais aborder la question de...*

### 2. Le développement

▶ est bien préparé.

 Astuce

Attention à ne pas trop lire ses notes et à reformuler.

▶ est riche en sources d'informations (statistiques, dates, anecdotes, citations, etc.) variées, lisibles et pertinentes.

*Exemple : Les chiffres montrent que... / Comme dirait X, ... / On peut voir que...*

▶ est bien structuré.

*Exemple : Je reprends... / Continuons avec la 2e partie... / J'ajouterai que... / Pour revenir à...*

▶ est dynamique.

 Astuce

Je pense à moduler ma voix, poser des questions et accentuer les termes-clés.

### 3. La conclusion

▶ confirmer l'objectif de l'exposé.

*Exemple : Lors de cet exposé, j'ai souhaité.... En choisissant ce sujet, je voulais...*

▶ annonce la fin.

*Exemple : Je terminerai par... Pour terminer / résumer...*

▶ s'adresse aux auditeurs.

*Exemple : Vous avez des questions ? Je vous remercie de votre attention.*

## C. Quelques conseils

- Avant l'exposé : expirer, sourire et regarder le public.
- Pendant l'exposé : utiliser l'humour, raconter des anecdotes et regarder le public de temps en temps.
- À la fin de l'exposé : écouter les questions, les reformuler et y répondre de façon concise.

> Pour aller plus loin :
> Cahier, p. 57, 141

# LE COMMENTAIRE DE DONNÉES

> p. 77, 157

Le commentaire est un repérage, une explication et une analyse des données chiffrées d'un ou plusieurs documents, en un temps et un nombre de mots ou de temps limités.

## A. La forme

Le commentaire est un **discours descriptif et explicatif**, à l'oral ou à l'écrit.

## B. Le fond

### 1. L'introduction

▶ présente le ou les document(s) chiffré(s) (titre, source, date, etc.).

*Exemple : Le graphique tiré du* Bilan démographique *publié par l'INSEE en 2021 présente...*

▶ annonce le sujet.

*Exemple : ...présente l'évolution de l'espérance de vie des hommes et des femmes, en France, de 1990 à 2020.*

### 2. Le développement

▶ présente les données de manière statique (= à un instant T) ou dynamique (= écart entre deux dates / valeurs), en allant du général vers le particulier.

*Exemple : En 1990, l'espérance de vie à la naissance... Nous pouvons noter que l'espérance de vie...*

*Exemple : Nous pouvons relever qu'entre 1990 et 2020, l'évolution de l'espérance de vie est croissante.*

▶ explique ces données, en émettant des hypothèses.

*Exemple : Nous pouvons avancer plusieurs raisons pour expliquer cet écart...*

**Décrire**, c'est utiliser :

- **des mots** (*un tableau, un graphique, une courbe, un histogramme, une colonne...*)
- **des verbes** (*faire apparaître, relever, indiquer, noter, remarquer, observer...*)
- **des données** (*la moitié, le quart, le tiers...*)
- **des comparaisons** (*plus de ≠ moins de, davantage de, autant de = cela équivaut à, supérieur à ≠ inférieur à*)

**Expliquer**, c'est exprimer :

- **des évolutions** (*la hausse : augmenter, s'élever, progresser, s'accroître...* **ou la baisse :** *diminuer, décroître, décliner, baisser...*)
- **des hypothèses** (*cela pourrait s'expliquer par..., on peut l'interpréter comme..., cela est probablement dû à..., on peut trouver plusieurs explications à ce phénomène...*)

### 3. La conclusion

▶ rappelle le phénomène observé.

*Exemple : Depuis 1990, l'idée de vieillesse a été totalement bouleversée...*

▶ évoque les limites des statistiques ou du tableau.

▶ propose une ouverture (nouveau sujet).

*Exemple : Cette évolution ne va pas sans causer des problèmes, notamment en ce qui concerne la prise en charge des personnes âgées et le paiement des retraites.*

## C. Quelques conseils

- Lire et analyser le document pour en comprendre le fonctionnement.
- Être exact(e), fin(e) et précis(e).
- Citer le document pour appuyer ce que l'on décrit.

> Pour aller plus loin : Cahier, p. 71, 155

# LE COMPTE-RENDU

> p. 88, 172

Un **compte-rendu** est la restitution, avec ses propres mots, des idées essentielles véhiculées dans un seul document.

## A. La forme

Le compte-rendu est un texte réduit (= 1/3 du document d'origine environ).

Il peut se faire à partir d'un article, d'un audio ou d'une réunion.

## B. Le fond

### 1. L'introduction

▶ nomme l'auteur et la source du document.

*Exemple : Dans un article de janvier 2021 extrait de la revue L'Obs, Pierre Richard, journaliste, détaille…*

▶ annonce la nature / le ton du document.

*Exemple : …Pierre Richard, journaliste, détaille, avec humour, les recommandations proposées…*

▶ expose le thème général.

*Exemple : …les recommandations proposées par le gouvernement destinées à renforcer la sécurité sanitaire de la France.*

### 2. Le développement

▶ met l'accent sur le thème général à l'aide de mots-clés.

▶ reprend, de façon aléatoire, chaque idée essentielle en la situant dans un contexte.

*Exemple : Parmi les recommandations sur la sécurité sanitaire, le gouvernement préconise le port du masque dans tous les lieux publics.*

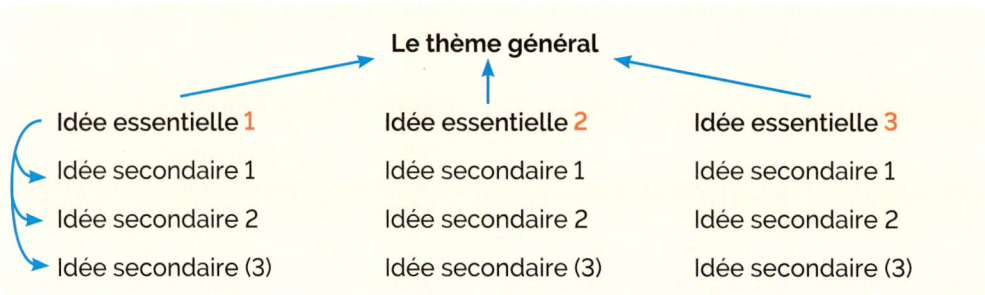

▶ reformule la pensée de l'auteur pour développer l'argumentation via des idées secondaires articulées les unes aux autres.

*Exemple : L'auteur estime que… / Selon l'auteur… / L'auteur affirme que…*

## C. Quelques conseils

- Ne jamais recopier de phrases.
- Veiller à équilibrer chaque partie (= un paragraphe).
- Articuler les paragraphes avec des connecteurs.

> Pour aller plus loin :
> Cahier, p. 85, 169

# Transcriptions

## ON AGIT

### 2 Activité 2 .................. p. 12

a. Vous avez déjà mangé un pain au chocolat.
b. Vous avez un compte Instagram.
c. Vous passez plus de trois heures par jour sur votre téléphone.
d. Vous avez déjà cuisiné des crêpes.
e. Vous portez un prénom sans la lettre « E ».
f. Vous êtes amoureux ou amoureuse.

### 3 Activité 1 .................. p. 13

a. Allez chercher… un stylo bleu !
b. Allez chercher… un téléphone portable !
c. Allez chercher… une clé de voiture !
d. Allez chercher… une bague !
e. Allez chercher… un rouge à lèvres !

### 4 Activité 2 .................. p. 14

a. Trois tortues trottent sur trois toits gris.
b. Je veux et j'exige d'exquises excuses.
c. Les chaussettes de l'archiduchesse sont-elles sèches ou archi-sèches ?
d. Natacha n'attacha pas son chat Pacha qui s'échappa. Cela fâcha Sacha qui chassa Natacha.
e. Tonton, ton thé t'a-t-il ôté ta toux ?

### 5 Activité 4 .................. p. 14

Hier, j'ai eu la mauvaise idée d'acheter des croissants à votre boulangerie. Je dis « mauvaise idée » parce que vos croissants sont vraiment mauvais. Courageusement, le lendemain, je suis venu vous le dire. Vous m'avez répondu sèchement : « Vous êtes le premier à me le dire ». Sachez qu'il faut toujours un premier.

Jean-Louis Fournier (écrivain français), *Ça m'agace !*, Éditions Anne Carrière, 2012.

### 6 Activité 5 .................. p. 14

Je suis le premier mais peut-être pas le dernier. Vous devriez me remercier. Si j'étais commerçant, je souhaiterais avoir l'avis de mes clients. Les autres […] iront acheter leurs croissants ailleurs. Moi, je reviens. Je ne me fous pas de vos croissants : ils me sont chers, très chers, ils sont plus chers qu'ailleurs.

Jean-Louis Fournier (écrivain français), *Ça m'agace !*, Éditions Anne Carrière, 2012.

## Unité 1

### 7 Document 2 .................. p. 17

– Et c'est l'heure Philippe, du portrait inattendu, d'Hélène Mannarino.
– Romain Duris, je vous présente Hélène Mannarino qui a plein de choses à dire sur vous, quoique…
– Doucement, doucement.
– Quoique…
– On se calme !
– C'est un portrait pas comme les autres, Hélène, si j'ai bien compris.
– Bonjour, Romain Duris. Alors, Romain Duris, je ne suis pas certaine que vous connaissiez le portrait inattendu. Donc, je vais vous expliquer ce qui est censé se passer ce matin.
– C'est sensé !
– Cense se passer – On est touchants, voilà ! J'ai la mission d'appeler tous les proches de l'invité que l'on reçoit pour obtenir des informations que personne ne connaît, donc, sur l'invité du jour afin de surprendre un peu tout le monde et je le fais tous les jours. J'ai compté : j'en ai fait 57, donc, vous êtes le 58ᵉ portrait. Il fallait bien que ça arrive. Romain Duris, vous êtes extrêmement protégé par vos proches… peut-être que je vous l'apprends mais vous avez une garde rapprochée haut-de-gamme qui respecte en tous points votre discrétion et votre pudeur, ce qui a donné lieu à une véritable aventure ! […]
Nous avons tout fait, travaillé main dans la main, tous ensemble, pour tenter d'obtenir la moindre information secrète sur vous : famille, amis, amis d'enfance. Ça a commencé par ça ; nous avons envoyé des messages twitter ; Facebook à votre entourage, sans réponse ; nous avons contacté l'entreprise de votre frère pour pouvoir lui parler ; nous avons, au total, envoyé plusieurs dizaines de textos ; nous avons appelé 15 fois votre attachée de presse ces derniers jours alors qu'elle était tout le temps avec vous : elle devait donc parler tout bas ; nous avons retrouvé votre sœur par le biais d'un directeur d'un conservatoire où elle a donné des cours, votre sœur qui devait me rappeler et pendant des heures, des heures, j'ai attendu son appel et il a fallu attendre que je descende mes poubelles en laissant mon téléphone chez moi pour que cet appel arrive… Elle n'a plus jamais rappelé.
– La sœur vexée !
– Bref, Romain Duris, le challenge était de taille mais il était hors de question, ce main, que je ne fasse pas ce 58ᵉ portrait… Alors, oui, Romain, j'ai des dossiers sur vous, soyez indulgent ! Si vous êtes autant secret et protégé, c'est parce qu'on peut le dire, vous êtes quelqu'un d'angoissé […] Un angoissé, bon, pas vraiment, c'est surtout l'histoire d'un homme passionné. Il y a des choses qui vous détendent, notamment votre amour pour les arbres. Vous adorez regarder vos arbres en Corse ou vous en occuper dès que vous êtes sur place. Vous êtes également capable de leur parler. Nager, aussi, l'été, pendant des heures. Vous prenez le large en toute discrétion sans rien demander à personne. Les belles voitures aussi vous amusent mais Romain Duris, vous avez surtout le rythme dans la peau, surtout le hip-hop style.
– C'est qui ça Romain ?
– C'est Q-Tip, « A Tribe Called Quest ».
– Et vous dansez très très bien. Ce rythme que vous avez vient surement de votre talent de batteur parce que vous jouez parfaitement de la batterie. Finalement, homme multi-talents mais ça ne s'arrête pas là et là, Romain Duris, vous allez jouer votre partition dans ce portrait. Vous savez faire du beatbox, pour rire, certes.
– C'est vrai ?
– Waouh…pas mal !

Europe 1

### 8 Activité 4.c .................. p. 17

– Donc, je vais vous expliquer ce qui est censé se passer ce matin.
– C'est sensé !
– Censé se passer – On est touchants, voilà !

### 9 La fabrique de la grammaire, Appliquez .................. p. 19

a. Il est nécessaire que nous écoutions attentivement pour repérer les verbes au subjonctif.
b. C'est dommage que vous n'ayez pas pu aller à cette exposition !
c. Nous faisons le nécessaire pour que vous ne soyez pas obligés d'attendre.
d. C'est bien que Claudia Andujar soit partie au Brésil et qu'elle partage son travail.
e. Parfois, il vaut mieux que nos amis restent discrets pour ne pas révéler trop d'informations sur notre vie.

### 10 La fabrique des sons .................. p. 19

– Donc, je vais vous expliquer ce qui est censé se passer ce matin.
– C'est sensé !

### 11 Document 3 .................. p. 21

– En dépit de ce que dit la science depuis plus de 2000 ans, la Terre est plate aux yeux de millions d'êtres humains autour du globe. Selon des sondages récents, 9 % des Français, 7 % des Brésiliens et près de 12 millions d'Américains croient en la possibilité d'une Terre absolument plate qui ressemblerait à ceci : un disque plat, bordé par l'Antarctique, transformé en infranchissable mur de glace. Cette Terre plate est recouverte d'un dôme qui maintient l'atmosphère en place et autour duquel tournent le soleil, les autres planètes et le reste de l'univers. Et les astronautes dans tout ça ? Des acteurs au cœur d'un vaste complot, selon les platistes […]
– Quel regard portent les scientifiques sur les platistes ?
– Monsieur Chastenay, on se retrouve entourés de globes terrestres pour parler de ces fameuses théories platistes qui connaissent une résurgence. Des théories qui ont été façonnées au fil du temps mais qui constamment, depuis des lunes (sans jeu de mot) ont été confrontées à de la vraie science.
– Ouais, tout à fait ! Ben, en fait, ce qu'il faut dire, c'est que l'idée que la Terre est plate est une idée qui est très ancienne, en fait. Les premiers humains considéraient que la Terre était plate, jusqu'à, je vous dirai, l'époque des penseurs grecs. Donc, des philosophes, par exemple, Eratosthène a mesuré le diamètre de la Terre. Il est arrivé avec une valeur très très précise à plus ou moins 10 %, avec simplement des bâtons plantés dans le sol, en mesurant la longueur des ombres. On parle du 3ᵉ siècle avant notre ère, donc c'est vraiment quelque chose d'assez extraordinaire et puis, je vous dirai que, après ça, quand Galilée, Copernic, Kepler et les autres sont arrivés au 15ᵉ, au 16ᵉ siècle, l'idée que la Terre était ronde était bien établie, était bien comprise par tous, était acceptée par tous. Et puis, là, effectivement, on voit cette résurgence sur Internet, des théories voulant que la Terre est plate, ce qui ne tient absolument pas debout, bien sûr, mais il y a quand même des congrès qui se tiennent. Puis, il y a quand même de plus en plus de gens qui sont intéressés par ces idées-là. C'est assez troublant, en fait !
– Alors déjà des démonstrations. Vous en avez évoqué quelques-unes d'entre elles, tout au moins, qui prouvent ce fait indéniable mais il y en a une kyrielle !
– Ah mon Dieu, on peut faire plein d'observations qui démontrent que Terre est ronde. Par exemple, vous êtes sur le bord de l'eau, vous voyez un bateau arriver. Si vous prenez des jumelles, vous allez voir le sommet des mâts avant que la coque apparaisse parce que le bateau est en partie sous l'horizon. Un truc super le fun que vous pouvez faire, c'est observer un coucher de soleil au pied d'un édifice en hauteur avec un ascenseur et puis, dès que vous voyez que le soleil se couche à l'horizon, sautez dans l'ascenseur, vous montez le plus rapidement possible au dernier étage, et vous retournez à la fenêtre et vous allez voir le soleil à nouveau.
– Faut faire ça vite !
– Faut faire ça vite parce que le soleil se couche quand même assez rapidement mais si vous le faites suffisamment rapidement, vous allez être capable de constater que, au moment où vous étiez au sol, le soleil a disparu sous l'horizon mais puisque la Terre est ronde, en vous élevant suffisamment rapidement, vous êtes capable de le voir à nouveau. Alors, il y a plein plein d'observations qui démontrent que la Terre est ronde […]
– Monsieur Saint-Jacques, vous êtes un des rares êtres humains à avoir vu notre planète, la Terre, de là-bas… à quoi elle ressemble ?

deux cent trois **203**

– La Terre vue de l'espace, c'est touchant comment c'est beau. Écoutez, imaginez-vous la scène : on est dans le vide mortel de l'espace, puis, là, il y a la Terre, ronde, la Terre, une boule ronde qui flotte dans le vide. Et c'est notre vaisseau spatial : nous sommes tous des astronautes sur cette bille qui flotte dans le vide et faut, on a vraiment la responsabilité d'en prendre soin, c'est une image indélébile.
– Merci infiniment.

Radio Canada

▶ **12 Activité 5.e** .................. p. 21

Et puis, je vous dirai que, après ça, quand Galilée, Copernic, Kepler, et les autres sont arrivés.

▶ **13 La fabrique des sons, a** .......... p. 22

Et puis, je vous dirai que, après ça, quand Galilée, Copernic, Kepler, et les autres sont arrivés.

▶ **14 La fabrique des sons, b** .......... p. 22

**a.** Vous allez voir le sommet des mâts.
**b.** Vous sautez dans l'ascenseur.

▶ **16 Au quotidien** .................. p. 24

– Tiens, il y a encore un nouveau couple qui vient de s'installer dans l'ancien appartement de Josette.
– Qu'est-ce tu dis ?
– J'dis qu'il y a encore un nouveau couple qui vient de s'installer…
– …chez Josette.
– Comment le sais-tu ?
– Je te l'ai dit l'autre jour !
– Ça m'étonnerait…
– Puisque je te le dis !
– Mmm…
– Mais au fait, elle est partie où Josette ?
– Il paraît qu'elle est partie vivre en Guadeloupe.
– Hein ?
– En GUA-DE-LOUPE !
– J'te crois pas. Qu'est-ce qu'elle serait partie faire là-bas ?
– Bah, elle est partie rejoindre Maurice.
– Qui c'est qui t'a dit ça ?
– La concierge !
– Oh, méfie-toi de la concierge ! C'est une langue de vipère ! Elle raconte des salades à longueur de journée ! Et puis, d'abord, c'est qui Maurice ?
– C'est le marathonien, 65 ans, les yeux bleus, couleur océan, …toujours à se balader dans son short orange un peu moulant. Il vend des bâtons de cannelle à Saint-Anne. Josette m'a dit qu'il est venu voir ses trois petites-filles, Ginette, Gertrude et Gisèle, pour les fêtes de fin d'année. Il a même rapporté de la cannelle pour faire du vin chaud. Il est en fait très riche.…Ils se sont rencontrés sur Tinder.
– Kinder ? Le chocolat ?
– Mais non… Tinder, le site de rencontres…
– Tu connais ça, toi ?
– Bah oui… ça passe à la télé. D'ailleurs, tu voudrais pas un peu l'éteindre.

▶ **17 Activité 1.f** .................. p. 24

– Je te l'ai dit l'autre jour !
– Ça m'étonnerait…
– Puisque je te le dis !
– Mmm…
– Mais au fait, elle est partie où Josette ?
– Il paraît qu'elle est partie vivre en Guadeloupe.
– Hein ?
– En GUA-DE-LOUPE !

▶ **18 L'intonation du doute** .......... p. 24

**a.** – Ça y est, je me marie demain !
– Mais oui bien sûr…
**b.** – On vient de prouver que la Terre est plate !
– Mmm…
**c.** – J'ai eu 20/20 au bac !
– Mouais…

## Unité 2

▶ **19 Document 2** .................. p. 31

– On parlait de tourisme. Bah, tiens, qui arrive ? Voici Philippe Lefebvre pour parler de tourisme et voyage.
– Bonjour Philippe !
– Bonjour Éric, bonjour à tous !
– Avec vous, on parle tourisme à cette heure-ci et vous vous êtes intéressé ce matin, aux répercussions d'une émission de télévision, une émission célèbre, ses répercussions sur le tourisme et cette émission, c'est : *Voyage en terre inconnue*.
– Eh oui, partir sans connaître sa destination finale et ensuite, prendre son temps pour faire connaissance et partager le quotidien des habitants d'un village perdu, avouez Éric, que ça vous fait rêver, hein ? Eh bien, c'est désormais possible car des agences de voyages et des *tour operator* se sont lancés dans ce type de produits touristiques. Alors, bien entendu, vous n'arriverez pas à l'aéroport les yeux bandés, comme dans l'émission, mais ensuite, eh bien, vous allez partager le quotidien des habitants, en très petits groupes ou en voyages individuels, des voyages qui ne sont pas préparés depuis la France mais qui sont préparés par ce qu'on appelle, des agents réceptifs, en clair, des agences de voyage locales du pays où vous avez décidé de vous rendre et tout cela, autour d'un concept très simple, détaillé par Charly Verchere de l'agence nimoise Goamigo.
– Rencontrer les populations locales, découvrir la culture, apprendre, apprendre vraiment les coutumes du pays, comme le propose nos sites par exemple où l'on apprend à cuisiner avec des populations locales, on n'observe plus, on devient vraiment des acteurs du voyage. Par exemple, en Mongolie, on part avec la coopérative des éleveurs de yaks créée en 2010. Cette fédération, elle a pour but de mettre en place un tourisme durable, en partenariat avec les derniers nomades de la planète, donc, il y a vraiment un retour où eux, ça les aide aussi à développer et à continuer à prospérer dans leurs coutumes qui existent depuis des années.
– Philippe, les candidats à ces voyages inconnus, est-ce qu'ils sont nombreux à choisir cette formule ?
– Bah, il faut bien reconnaître que c'est encore un marché de niche parce que, souvent, l'hébergement est un peu spartiate et c'est un petit peu physique, ces voyages, mais la formule se développe et pour certaines agences de voyages, qui ont d'ailleurs travaillé avec les équipes de *Voyage en terre inconnue*, proposent désormais des voyages pour aller à la rencontre des populations présentées dans l'émission. C'est le cas, par exemple, en Colombie et à Madagascar, ben, on n'en est pas encore là mais ce que propose Sami Bailli d'Evaneos y ressemble beaucoup.
– À Madagascar, il y a 18 ethnies différentes et on a, par exemple, un programme qui permet d'aller à la rencontre de deux d'entre elles, les Mern qui habitent les hauts-plateaux et les Sakalaves qui habitent au bord de l'océan du côté du canal du Mozambique. On en a discuté avec notre agent local malgache qui a identifié les endroits qu'il estimait les mieux préservés mais qui étaient également prêts à accueillir des voyageurs, alors, vous imaginez, on n'y va pas tout le temps, on essaye d'y aller une fois, deux fois par mois maximum pour limiter aussi l'impact que pourrait avoir le tourisme sur ces endroits et sur ces personnes. Alors, avec les Sakalaves, on va partir pêcher parce que c'est un peuple, une ethnie de pêcheurs. Alors, vous imaginez : ils ont des pirogues à balancier. Et on va prendre le temps de partir une demi-journée entière, avec eux, pêcher au filet, euh, c'est une technique particulière à laquelle on initie les voyageurs. Dans un concept comme celui-ci, nous, chez Evaneos, on estime à 70 % le taux de redistribution en local de la valeur du voyage.
– Et ces formules de voyages inconnus, en moyenne, ça coûte cher ?
– Alors, par exemple, pour Madagascar, pour les séjours entre 8 et 15 jours, les prix varient entre 900 et 1700 euros par personne, la plupart du temps en demi-pension, prix auquel il faut ajouter autour de 750 euros de billet d'avion aller-retour au départ de Paris… ça reste tout de même un investissement ! Mais à ce prix-là, il y a un gros avantage, Éric, c'est qu'il y a fort peu de chances que vous croisiez des autocars de touristes !
– Et bien c'est presque tant mieux. Les voyages en terre inconnue, donc toutes les infos sont sur l'appli France inter à l'onglet tourisme. Merci Philippe.

France inter

▶ **20 Activité 4.c** .................. p. 31

Rencontrer les populations locales, découvrir la culture, apprendre, apprendre vraiment les coutumes du pays.

▶ **21 La fabrique de la grammaire, Appliquez** .................. p. 33

**a.** À l'aéroport, le personnel d'une compagnie aérienne s'est fait remarquer en empêchant une femme portant une tenue vestimentaire provocante de voyager.
**b.** En posant cette question intéressant agents de voyage et voyageurs, vous proposez une conférence vraiment convaincante.
**c.** En bref, un voyage fatigant proposant à chaque explorateur de dépasser ses limites tout en respectant son rythme.

▶ **22 La fabrique des sons, a** .......... p. 33

Apprendre, apprendre vraiment les coutumes du pays.

▶ **23 La fabrique des sons, b** .......... p. 33

**a.** On devient vraiment des acteurs du voyage.
**b.** Ça les aide aussi à développer et à continuer à prospérer dans leurs coutumes.

▶ **24 Document 3** .................. p. 35

– En levant les yeux, on aperçoit le dos de six livres. On dirait qu'ils sont classés sur toute l'épaisseur du bâtiment. Les titres, en dorure, mettent en lumière six œuvres majeures de la littérature québécoise. Comme pour la murale qui se trouve juste au-dessous, elle a été réalisée par les hommes de lettres. La murale s'intitule « Hommage à Nelligan ». D'ailleurs, sur le premier livre, on lit « Le Vaisseau d'or », son sonnet écrit en 1899. En levant les yeux, on aperçoit plusieurs détails : les briques du mur donnent une texture aux livres ; le nerf et l'entre-nerf de chaque livre sont mis en relief en trompe l'œil ; de gauche à droite, en lettres dorées, on peut lire des noms importants de la poésie québécoise qui ont fait de Montréal, leur muse. Emile Nelligan et Gaston Miron font partie des nombreux écrivains qui ont résidé en bordure du carré Saint-Louis, pas très loin d'ici, juste au nord du quartier latin. Il faut savoir qu'à la fin du 19e siècle, le quartier latin constitue le principal foyer intellectuel de l'Amérique française : on y trouve l'école littéraire de Montréal, qui regroupe des hommes de lettres et le jeune poète, Emile Nelligan. Le jeune Nelligan, avec ses yeux noirs, ses allures échevelées, tranche sur le conservatisme littéraire de l'époque. Son sonnet, « Le Vaisseau d'or », est aujourd'hui, l'un des poèmes les plus célèbres de la littérature québécoise. Dany Laferrière, écrivain québécois, a bien connu certains des poètes mentionnés sur la murale.
Il partage avec nous ses impressions.
– C'est vrai qu'il y a des gens comme ça dont on entend le nom très rapidement. Très rapide-

# OUTILS DE LA CLASSE

ment, en arrivant à Montréal, j'ai entendu le nom Nelligan et les gens en parlaient. Et c'est toute une émotion particulière d'entendre, pour la première fois, le nom d'un grand poète dans sa ville. Ah oui, c'est un très joli bouquet ! Les femmes sont plus jeunes, je crois. Miron, Miron, j'ai arpenté la ville avec Miron. Miron, le magnifique ! Miron que je voyais traverser le carré Saint-Louis et qui donnait l'impression d'être devenu une métaphore du Québec. Miron qui parlait aux oiseaux québécois, aux arbres québécois, aux écureuils québécois. Miron, le mégaphone. C'est extraordinaire, cet homme ! On l'associe toujours au pays mais l'homme, il ne faut pas oublier ce grand poème d'amour pour les femmes.
– Le recueil de poésie, *L'homme rapaillé*, est publié pour la première fois en 1970. Écoutons à nouveau Dany Laferrière.
– Ah bah, ce que j'aime dans cette murale, d'abord, c'est les couleurs. C'est cet or, ce rouge, cet ocre ; c'est le tracé rigoureux qu'il y a et ces couleurs, aussi, qui chantent et qui… C'est des couleurs, bon, c'est vrai, il y a un côté laurier, on voit bien qu'ils ont réussi, les poètes-là. Ils s'imposent dans l'or. C'était un grand vaisseau taillé dans l'or massif. C'est tout à fait la couleur de Nelligan qui domine mais il y a aussi le sang qu'on trouve dans la poésie de Marie Uguay, de Josée Yvon, dans la poésie d'Hélène Monette aussi : le sang des femmes, quoi !

Portraitsonore.org

▶ **25 Activité 6.d** .................. p. 35
La murale s'intitule « Hommage à Nelligan ».

▶ **26 La fabrique des sons, a** .......... p. 36
La murale s'intitule « Hommage à Nelligan ».

▶ **27 La fabrique des sons, b** .......... p. 36
**a.** Elle a été réalisée par les hommes de lettres.
**b.** Les briques du mur donnent une texture aux livres.
**c.** On y trouve l'école littéraire de Montréal.

▶ **29 L'opinion** .................. p. 38
– Bah on sent bien que quelque chose est en train de se passer, par exemple, la remise en cause aujourd'hui des voyages en avion, le fait qu'on nous incite à redécouvrir des choses qui nous impressionnent juste à côté de chez nous. Et je dirais que le voyage est une joie mais c'est aussi une addiction pour les grands voyageurs. Alors, peut-être qu'il faut aujourd'hui re-questionner cette addiction, voir quel sens aussi on redonne à tout cela parce que je crois que le voyage n'échappe pas à cette quête de sens qui touche beaucoup de pans de la société aujourd'hui.
– Ismaël Khelifa, pourquoi voyagez-vous ? Votre quête, c'est plutôt de faire les plus belles rencontres humaines possibles plutôt que de parcourir les plus beaux voyages ? Euh, les plus beaux paysages, pardon.
– Ben, moi, surtout, ce qui… les plus beaux paysages, oui… ben, il y a un peu des deux mais je dirais que surtout, moi ce qui m'a toujours poussé à voyager, c'est que j'ai toujours eu envie de voir par moi-même parce que je crois que c'est une très grande vertu du voyage et il faut pas oublier, à cette époque où on remet en cause, donc, ces voyages aux longs cours, c'est qu'il n'y a pas mieux, donc, que d'aller voir par soi-même pour dépasser des idées, des préjugés, pour se rendre compte que le monde n'est pas forcément l'image qu'en donnent les petites lorgnettes des réseaux sociaux ou des journaux télévisés, etc. Et cette expérience du monde, elle est quand même essentielle pour vivre bien avec les autres, je trouve.
– Alexandra Alévêque, pourquoi voyagez-vous ?
– Alors, je voyage pour rendre compte, depuis quelques années, ce qui me semble assez important parce que je pense que le voyage rend heureux et plus il rend heureux, parce qu'on en ressort moins con. Et quand on est un peu plus intelligent, on est un peu plus heureux, me semble-t-il. Moi, je voyage vraiment, effectivement, pour rendre compte et pour que les gens aient, par mon média, aient cette sensation de gagner en savoir. J'essaie de leur faire passer même les sensations physiques que je peux ressentir. Alors, c'est les rencontres effectivement, l'humanité, la sociabilité avec les gens mais c'est aussi… c'est physique, le voyage ! C'est vraiment physique. Les sensations et les sens sont mis à l'épreuve, sans cesse, je pense.
– Cédric Gras ?
– Oui, ben moi on m'a fait expérimenter la réalité virtuelle en matière de voyage et c'est assez extraordinaire parce que, bien sûr, c'est pas encore ce que vous décrivez. On n'est pas encore à l'étranger, on n'a pas encore tous les sens comme on peut les avoir ouverts à une atmosphère tropicale et lointaine mais il y a quelque chose de bluffant et je pense que ça va… on va aller vers des choses comme ça. Moi, ça m'a à la fois terrifié et à la fois enthousiasmé parce qu'on m'a fait visiter des grandes villes qui sont aujourd'hui submergées par le tourisme de masse et j'étais tout seul dans les rues, c'était fantastique.
– Julien Blanc Gras, pourquoi voyagez-vous ?
– Euh, je suis d'accord avec ce qui a été dit précédemment, évidemment. Je crois que le principe de base, c'est la curiosité : aller voir ailleurs comment les gens vivent pour comprendre le monde et aussi, pour se construire au contact de l'altérité. C'est un peu tarte à la crème mais je crois que c'est vraiment ça. Et je crois qu'on a tous un voyage initial ou un voyage initiatique. Moi, c'est… j'avais 24 ans, la fin de mes études ; j'avais un emploi de journaliste dans ma ville, dans ma bonne ville de Gap et je me suis vu, j'étais installé, je me suis vu 30 ans plus tard avec 30 kilos de plus sur le même bureau. Et je me suis dit « Il faut que je me casse » et donc, j'ai démissionné, j'ai pris un billet d'avion pour le Mexique, un billet simple et puis, je pensais rester quelques semaines et finalement, je suis resté un an parce que là-bas, j'ai découvert ce principe tout simple mais assez important, de la liberté, et, en fait, de vouloir aller où l'on veut quand on veut sans personne pour nous dire ce que l'on a à faire et cela a donné naissance à mon premier livre.

France inter

▶ **30 La minute culturelle** .......... p. 42
J'ai donc décidé de vous faire part de ma petite liste de choses dont on pense qu'on peut les faire parce que c'est les vacances mais, en fait, non…
Alors, les buffets. Les buffets, il faut arrêter. Quand tu es à un buffet, ton masque de la civilisation tombe. Tu découvres vraiment les gens que tu croyais connaître, que tu respectais, pour lesquels tu ressentais de l'amour, et, là, tu vois cette personne revenir à table avec une assiette, genre pancakes, crevettes, burritos, vol-au-vent, sot-l'y-laisse, raie aux câpres, fraisiers : c'est trop les buffets pour nos petits cerveaux. Parce que tout est possible, donc, tu deviens fou, t'es tellement grisé par les possibilités… tu vois, tu vis toutes les vies que tu t'es interdites à la maison. C'est beau ! Mais c'est pas parce que c'est les vacances que ton système va supporter. Tu vas regretter dans trois heures, c'est un fait, donc les buffets, il faut arrêter.
Euh, deuxième truc qu'il faut arrêter, le jet-ski. C'est quand même un comble, toute l'année de trimer pour essayer, pendant une semaine, d'échapper aux embouteillages, aux transports bondés, aux autoroutes, aux voisins qui font des travaux pour se retrouver chevauchant un truc qui fait le bruit de 1000 tondeuses. Et tu mélanges ça aux gens qui écoutent leur musique à fond, sans écouteurs, sur la plage alors que t'as rien demandé et tu te dis : mais pourquoi sommes-nous partis ? On essaie très clairement de recréer les conditions du RER A à l'heure de pointe. On était très bien à la maison. Enfin, je veux dire, pourquoi aller sur une plage pour faire ça ! […] Euh, dernier truc, les aptitudes photographiques, les aptitudes photographiques. Alors, a priori, je ne veux pas gâcher la fête, hein, mais a priori, il existe déjà une plus belle photo de la Sagrada Familia que celle que vous vous apprêtez à faire. Lâchez cet appareil ! Il sera toujours temps après d'aller chercher un truc chouette que quelqu'un d'autre a fait, a posté mais le truc flou, de côté, avec un pouce devant… Quand on parle de monuments qui attirent genre 32 milliards de visiteurs par jour, c'est pas urgent que tu l'archives. Disons que je pense qu'il y a des traces ailleurs de l'existence de ce bâtiment. Et une bonne jauge, je pense, c'est si ce que vous vous apprêtez à photographier on en a déjà fait des tee-shirts, a priori, c'est pas la peine de le prendre en photo !
D'ailleurs, en parlant de tee-shirt, la dernière chose que je voulais dire, il y a deux choses par rapport aux vêtements en vacances qui sont problématiques : la 1re, c'est qu'on ne va pas mettre la moitié de ce qu'on a pris ; c'est une certitude et dans l'autre sens, ce que tu achètes sur place, c'est fort probable que tu ne le remettes jamais plus.

France Inter

## Unité 3

▶ **31 Document 2** .................. p. 45
– Aujourd'hui je reçois sur le podcast Alexandra Recchia, et vous pourrez la suivre sur Instagram, en particulier, où elle est très active (@alexandrarecchiaofficiel). Avocate en droit du travail de jour, Alexandra est aussi cinq fois championne du monde de karaté dans la catégorie des moins de 50 kilos. Alors oui, je vous garantis que vous allez passer un super moment…. Alexandra naît à Lyon, dans une famille plutôt humble, et rien ne la prédestine à devenir multiple championne du monde d'un sport de combat, d'autant qu'elle est plutôt d'un petit gabarit puisqu'elle ne mesure qu'un mètre cinquante-quatre, et pour une fois, sur la photo, on était à peu près à la même taille avec mon invitée, je suis obligée de le dire, Alexandra, c'est tellement rare, que ça devait être noté. Mais ça c'est la carapace extérieure d'Alexandra. À l'intérieur, c'est une vraie lionne, une battante, elle bouillonne. Ultra-compétitive dès le plus jeune âge, Alexandra veut toujours faire plus. Elle supporte la douleur, le travail, ou l'effort sans fin d'une répétition de gestes refaite mille fois. Alexandra m'a parlé de la naissance de sa vocation pour le karaté, son sport, de ses débuts, à l'âge de 6 ans, à la consécration lors des championnats du monde de Bercy, en 2012. Mais la particularité de cette athlète est qu'elle décide très jeune, d'allier sport et études. Entraînement de karaté le matin, cours à la fac de droit dans la journée. Elle finit par passer son barreau, et se spécialise en droit du travail. Les deux vies se mêlent, et Alexandra jongle entre le tatami, et la plaidoirie […]
– En 2014, je préparais et le concours d'entrée, donc le barreau, et, enfin pas le barreau, du coup, le concours d'entrée à l'école, et les championnats du Monde. Donc ça a été un été mais infernal pour moi, vraiment c'était extrêmement épuisant, éreintant. Je sortais des entraînements, je pleurais tellement j'étais fatiguée, que j'avais plus d'énergie. Fallait aller réviser, fallait faire les notes de synthèses. Et je me souviens que mon staff de l'époque était assez à l'écoute, et du coup, en fait, par exemple, sur un stage d'une semaine, où on avait entraînement le matin et l'après-midi, ben on avait aménagé, je m'entraînais un jour sur deux, soit

deux cent cinq **205**

# Transcriptions

juste le matin, soit juste l'après-midi. Comme ça je pouvais faire mes notes de synthèse. Et du coup, j'ai toujours été obligée de *switcher* vite, du karaté aux études. Et j'ai entretenu ça sur plusieurs années. Donc c'est devenu un acquis pour moi maintenant de *switcher* rapidement. Mais à un moment donné quand on n'a pas le choix, on se trouve des ressources, et je considère que l'être humain et le corps humain a des ressources inépuisables, et que à un moment donné il faut faire des choix dans sa vie. Et que quand on a des réels objectifs qui nous tiennent à cœur, ben en fait, peu importe qui on est, peu importe d'où on vient, en fait on peut y arriver, c'est juste une question de volonté. Donc je pense que c'est vrai pendant toutes ces années d'études et de sport, j'avais juste une volonté à toute épreuve, quoi. Mais après je considère pas être plus forte que quelqu'un d'autre, ou plus intelligente, mais par contre j'ai travaillé… comme une tarée.

le-gratin.fr

▶ **32 Activité 4.c** ............................... p. 45

**a.** En 2014, je préparais le concours d'entrée.
**b.** Je m'entraînais un jour sur deux.

▶ **33 La fabrique de la grammaire, Appliquez** .......................... p. 47

**a.** Alors à l'époque j'avais un petit job : je préparais et je vendais des sandwichs dans un camion, au bord de la route. J'aimais bien discuter avec les clients.
**b.** L'année dernière j'avais ce collègue trop sympa, Sylvain, mais il a trouvé un nouveau boulot et du coup il est retourné vivre dans sa région.
**c.** Qu'est-ce qu'on a rigolé au bureau aujourd'hui ! C'était l'anniversaire du patron, et on lui a préparé un apéro-surprise. Il ne s'y attendait pas du tout !
**d.** Donc après vos études de langue, vous avez travaillé cinq ans en tant que guide touristique, puis vous avez décidé de vous reconvertir dans la création d'accessoires de mode. Pourquoi ce changement ?
**e.** Justine a vraiment bossé dur pour avoir son concours, mais ça valait le coup. Elle a déjà reçu plusieurs offres d'emploi !

▶ **34 La fabrique des sons, a** ............ p. 47

**a.** En 2014, je préparais le concours d'entrée.
**b.** Je m'entraînais un jour sur deux.

▶ **35 Document 3** ............................... p. 49

– Maître Serge Money manie les mots, le minimum pour un avocat.
– Serge, fils d'immigré qui s'est construit tout seul au milieu des averses et de l'adversité.
– Plus rare, un avocat qui utilise la rhétorique en rap.
– Les jeunes avancent trop vite, les vieux stressent. Le vice traîne sous forme de shlass, dans les poches de Lévi Strauss […]
– Il fait sensation à ce concours d'éloquence où seuls les avocats, la crème de la crème du barreau de Paris, participent. Il y a quelques années, il était bien loin de plaider à la barre. C'était plutôt le quotidien des barres d'immeubles, qu'il racontait en chanson. Voici Serge Money, avec son groupe Mafia trece, 20 ans plus tôt.
*Tous ont compris que la gloire est à ce prix. Les gens s'aident au temple. Le totem est parti, mais qui l'a pris ?*
– Serge Money a grandi dans une cité d'Ivry-sur-Seine. 1990, il connaît le succès : 100 000 albums vendus. Puis le groupe se délite. Mais lui, rebondit. À 30 ans, il reprend ses études de droit, déterminé à passer de rappeur à avocat.
*On se plaît dans la rue, on se paye dans la rue, on plaide pour la rue.*
– Il y a l'injustice autour de vous, et on se dit que la meilleure manière de combattre l'injustice, c'est de parler tout haut de la justice. Alors on en parle tout haut à travers des textes, on est rappeur. Mais on en parle tout haut à travers aussi les mots et les lois, et là on devient avocat.
– Les Champs-Élysées, c'est le quartier qu'il a choisi pour installer son cabinet. Ses clients, des jeunes de quartiers dont il se sent proche.
– Si j'avais pas à un moment donné, un père qui mettait un point d'honneur à ce qu'on réussisse nos études, peut-être que j'aurais pu avoir un autre destin. De sorte que les gens que je défends aujourd'hui, je les comprends, et parfois je me dis que c'est le reflet de celui que j'ai été à un moment donné de ma vie.
– La consécration de Serge Money, c'était l'année dernière. L'admission d'un ex-rappeur à la très sélecte conférence des avocats. Et en 200 ans d'existence de ce club prestigieux, le seul noir.

Cnews

▶ **36 Activité 6.c** ............................... p. 49

– Serge, fils d'immigré qui s'est construit tout seul au milieu des averses et de l'adversité.
– On se plaît dans la rue, on se paye dans la rue, on plaide pour la rue.

▶ **37 La fabrique de la grammaire, Appliquez** .......................... p. 50

**a.** Je suis désolé, mais l'avocat de la défense a insisté : il le faut vraiment !
**b.** Léa le sera le jour du procès, c'est certain. C'est une vraie pro !
**c.** Mon frère m'y accompagnera pour que je témoigne.
**d.** On peut en parler après l'audience, d'accord ? Là je n'ai pas le temps.
**e.** Vous pouvez vous en occuper, Maître Caplanne ? Ce serait un vrai soulagement pour nous.
**f.** Tu vas y réfléchir ? On doit prendre une décision rapidement.

▶ **38 La fabrique des mots, c'est imagé ! a** .......................... p. 50

Alors la crème, c'est la partie la plus grasse, la plus riche du lait. Elle remonte naturellement au-dessus du lait, à la surface. C'est un produit de qualité supérieure.

▶ **39 La fabrique des sons** ............... p. 50

**a.** On attend l'heure et on entend le réveil.
**b.** J'ai mal au cœur et mon corps est fatigué.
**c.** On chante en chœur encore une fois ?
**d.** Je suis d'humeur à faire de l'humour.

▶ **41 Au quotidien** ............................. p. 52

– Attends, une seconde, je mets mes écouteurs, voilà… Salut Mélanie ! Tu m'entends ?
– Oui, oui, c'est nickel ! Alors, comment ça va ? Le télétravail, les enfants ?
– Ben écoute, là ça va mieux, mais au départ, j'ai eu du mal à gérer ! En fait c'est moi qui ai demandé à passer en télétravail, tu sais… J'en avais marre de la routine « métro-boulot-dodo », je voulais passer à autre chose. Mais en fait je pensais pas que ça allait être aussi lourd avec les enfants qui sont aussi à la maison. Je me disais, ils sont presque ados, ça va aller… Ben du tout ! Tu sais que j'ai dû mettre une pancarte sur la porte pour qu'ils ne rentrent pas pendant mes réunions ! Oui, quoi ?
– Papa ? Tu travailles ?
– Non, Lilou, mais j'aimerais bien être tranquille, là, je parle avec Mélanie… Qu'est-ce que tu veux ?
– Ben… j'ai faim ! Quand est-ce qu'on mange ?
– Pfff… Je suis pas, après mon appel… Tu vois, pas une seconde de répit ! Et toi, ton boulot ?
– Ben moi ça fait longtemps que je bosse à la maison ! Maintenant, j'aime trop ça le télétravail, ce serait difficile de retourner au bureau comme avant.
– Dis-moi alors, comment tu fais ? J'avoue que je suis encore souvent débordé !
– Ton histoire de pancarte, c'est pas mal au fond ! Il faut définir un espace de travail, et aussi des créneaux horaires. Sinon, tu vas te faire bouffer par les tâches ménagères, les appels, les questions des gosses, le chat qui passe devant l'écran… Non, non, c'est clair, si tu veux réussir à avancer en travaillant efficacement, tu dois mettre des limites.
– C'est vrai que j'ai du mal à me concentrer, ça m'énerve, j'ai l'impression de ne jamais arriver à finir un truc.
– En fait moi j'aime bien me donner des petits objectifs, avec des petites récompenses aussi… par exemple, quand j'aurais fini de relire ce dossier, je pourrais me préparer un petit café, ou faire un tour dans le jardin… Ça me permet d'avancer à petits pas, et comme ça je respecte toujours mes délais.
– T'es une pro du télétravail ! Ça me fait plaisir, parce que quelquefois je me sens découragé, même si j'ai déjà vu pas mal de bons côtés aussi. Faire une présentation à mon équipe en pyjama, c'est top !
– Ben oui, et pense à cet été, quand tu pourras partir en week-end un jour avant, et te connecter depuis la plage ou la campagne !
– Ça c'est cool, j'y avais pas pensé !

▶ **42 Activité 1.e** ............................... p. 52

**a.** Oui, oui, c'est nickel !
**b.** Faire une présentation à mon équipe en pyjama, c'est top !
**c.** Ça c'est cool, j'y avais pas pensé !

▶ **43 L'intonation de l'enthousiasme** ............................... p. 52

**a.** Ton spectacle, il est génial !
**b.** Ta présentation, elle était formidable !
**c.** Ce film, il est hallucinant !

▶ **44 Mémo, Activité 2** ..................... p. 55

**a.** Soulagée, l'épouse du prévenu a quitté la salle d'audience.
**b.** Ses études de droits ? Il ne les a jamais achevées.
**c.** Le documentaire que nous avons vu hier parle d'une juge incroyable !
**d.** Combien de procès Jules et ses associés ont-ils gagnés ?
**e.** Certains prénoms sont refusés alors qu'ils sont plutôt jolis.
**f.** Les détenus se sont préparé un café, puis ils se sont tranquillement évadés avec l'aide du gardien.

## Unité 4

▶ **45 Document 2** ............................. p. 59

– C'est l'heure maintenant du Social Lab, avec vous, Valère Corréard. Bonjour Valère.
– Bonjour Éric. Il est question, ce matin, d'éco-acoustique, quésaco ?
– Ouais, Éric, on est le 15 décembre 2014 en Guyane et il est 02 h 15 du matin. Ce matin, Éric, on va ouvrir grand nos oreilles parce que la nature est sur écoute. Alors, sur écoute, rien de négatif, je vous rassure. Ce sont des scientifiques qui captent les sons du vivant et ses écosystèmes pour mieux le comprendre. Ces chercheurs, en fait, installent leur matériel qui va capter les sons de la nature pendant des semaines, des mois et même des années. Dans des lieux reculés ou pas, juste entre trois et quatre heures du matin, si c'est intéressant. Tout est possible et tous les moyens sont bons pour décrypter la vie, près des lacs, dans les forêts, la savane, un récif corallien, sans déranger personne, en mode incognito. C'est la magie du son et ça, on connaît avec la radio !
– Et ouais. Et quels sont donc les objectifs de l'éco-acoustique ?
– Alors, c'est observer la nature sur un temps long, sans présence humaine, étudier les inte-

ractions aussi entre les espèces, leurs comportements, les impacts du changement climatique, évidemment, l'activité humaine. C'est une nouvelle discipline scientifique, en fait, qui traite des questions d'écologie et de suivi de la biodiversité mais par le son. Les enregistrements sont, en fait, globaux. Tous les sons sont captés, charge après aux scientifiques d'en tirer des informations, hein, avec l'aide, notamment et heureusement, de la reconnaissance sonore automatique qui permet d'identifier les espèces présentes ou encore le nombre d'espèces présentes.
– Et c'est donc une technique utilisée en France ?
– Ouais, ouais, notamment au Muséum national d'histoire naturelle de Paris. Il y a carrément une équipe de recherche, en fait, depuis une dizaine d'années, qui mène des projets, notamment dans le Haut-Jura, dans une forêt soumise aux aléas climatiques mais aussi, en forêt tropicale en Guyane. L'objectif, c'est de suivre les modifications du paysage sonore mais sur le long court, hein, 15 ans : c'est beaucoup 15 ans en sciences, hein, c'est vraiment un temps long d'études. Et puis, c'est aussi, au passage, l'occasion d'étudier des sons rares. Jérôme Sueur est enseignant-chercheur : il travaille au sein de l'équipe de recherche en éco-acoustique du Muséum national d'histoire naturelle.
– On essaye aussi de rechercher, on est en train aussi de rechercher les sons rares qui sont des sons, donc, qui sont dûs à des animaux qui sont de passage, qui sont très discrets. Donc, ça va être typiquement, le lynx, le loup ou, là, dans le Haut-Jura, on va essayer de détecter le grand tétra qui est un oiseau emblématique, qui est difficile à observer, que l'on ne doit pas déranger et donc, grâce à ces magnétophones et aux techniques de reconnaissance automatique. On espère pouvoir suivre les populations de grands tétras. Voilà, des sons que tout le monde n'entend pas et que là, on a la possibilité d'espionner, si vous voulez, avec ces micros.
– Alors, on en apprend des choses avec le son ! Par exemple, Éric, non, votre ordinateur n'a pas buggé. Ça, c'est une plante qui respire !
– Ça ressemble, hein !
– Voilà, et ce travail de recherche, d'ailleurs vous pouvez le retrouver des bribes sur sonotheque. mnhn.fr, me rappelle que la nature nous parle quand on la côtoie, qu'on a cette chance. Il suffit presque de fermer les yeux, même si l'Homme n'arrange rien, comme trop souvent.
– Dans le Haut-Jura, on a fait une analyse sur un an. Sur les 140 000 fichiers que l'on a obtenus, il y en avait 75 % avec des bruits d'avion. Donc, tous ces bruits impactent le comportement des animaux. Ils impactent le paysage sonore. Et puis, ils nous impactent aussi. Évidemment, tous ces environnements naturels, c'est des refuges pour les humains. On va dans la nature pour s'éloigner des villes et s'éloigner également des bruits de la ville et malheureusement, ces espaces naturels même protégés sont impactés par les bruits d'origine humaine, notamment par le trafic aérien.

France Inter

▶ **46 Activité 4.c** .................................. **p. 59**
**a.** – Il est question, ce matin, d'éco-acoustique, quésaco ?
– Ouais, Éric, on est le 15 décembre 2014 en Guyane et il est 02 h 15 du matin.
**b.** – C'est la magie du son et ça, on connaît avec la radio !
**c.** – Et c'est donc une technique utilisée en France ?
– Ouais, ouais, notamment au Muséum national d'histoire naturelle de Paris.

▶ **47 La fabrique de la grammaire, Appliquez** ...................................... **p. 61**
**a.** Quand tu auras fini ton travail, tu pourras regarder la série *Baron noir*.
**b.** Je vais faire une sieste et après, j'écouterai le podcast que tu me recommandes sur l'éco-acoustique.
**c.** Nos enfants trouveront dépassées les actions écologiques qui auront bouleversé notre quotidien.
**d.** Quand il aura achevé le tournage de la série, il présentera les concepts de sa nouvelle série à la presse.
**e.** Nous allons vous informer des changements concernant le tri des déchets dès que nous aurons reçu l'accord de la direction.

▶ **48 La fabrique des sons** .............. **p. 61**
**a.** Oui, c'est inutile !
**b.** Ouais, ça sert à rien…
**c.** Non, c'est trop énergivore.
**d.** Nan, je crois pas…

▶ **49 Document 4** .................................. **p. 63**
– Les sangsues au service de la médecine : ça, c'est votre esprit d'initiative, Emmanuel Moreau. Et il y a même un laboratoire qui en fournit des milliers aux hôpitaux chaque année.
– Et oui, l'information peut surprendre Mathilde mais la sangsue qui est repoussante pour les uns et fascinante pour les autres à des propriétés reconnues pour sa capacité de stimuler la circulation sanguine. Elle est particulièrement réclamée par les hôpitaux dans le cas de greffes complexes. Quatre laboratoires dans le monde en font élevage. L'un en Russie, les trois autres en Europe, en Angleterre, en Allemagne et en France dans la région bordelaise. Rien qu'à lui seul l'élevage français, dirigé par Brigitte Latrille, livre entre 10 000 et 20 000 de ces petites bêtes à nos hôpitaux.
– Et à quel moment la sangsue peut-elle être utilisée ?
– Eh bien, les chirurgiens l'utilisent surtout pour la chirurgie réparatrice. Sarah Tournayre, interne en pharmacie, veille à la bonne santé des sangsues du CHU de Montpellier. Elle sait qu'à tout moment elles pourront être sorties du frigo comme par exemple à l'occasion d'une greffe de doigt qui prend mal ou de greffe de lambeaux de peau pour les grands brûlés. Ce qui s'explique parce que lorsque la sangsue est appliquée sur la greffe, elle va mordre pour se nourrir de sang, Mathilde. À cet instant, elle va transmettre des substances anticoagulantes et cicatrisantes qui vont favoriser le processus de greffe. La salive de la sangsue va servir à consolider ainsi l'acte chirurgical. Et rassurez-vous Mathilde, une fois que la sangsue est rassasiée, elle lâche sa prise, elle se décroche et l'application de sangsues doit être renouvelée ainsi pendant trois à quatre jours.
– Et tous les hôpitaux en utilisent ?
– Presque tous, comme le précise Océane Herrero, journaliste au *Figaro demain* qui a enquêté.
– La plupart des CHU qui disposent d'un service de chirurgie réparatrice en gardent des spécimens dans leurs frigos. Une sangsue peut rester un an dans une eau réfrigérée et sans s'alimenter car son métabolisme tourne au ralenti. En revanche, elle ne peut pomper le sang d'un patient qu'une seule fois avant d'être impropre à un nouveau traitement. C'est pour cette raison que l'élevage de Brigitte Latrille en livre plusieurs milliers par colis-poste aux CHU français chaque année.
– Et nos sangsues françaises traversent même, Mathilde, l'Atlantique pour soigner des patients des hôpitaux américains.
– Comment sont élevées ces sangsues ?
– Le laboratoire Ricarimpex a un réservoir permanent d'environ 500 000 créatures. Elles sont d'abord élevées dans un bassin naturel. Puis, pour être garantes de toute infection, elles sont ensuite transférées dans des environnements de plus en plus stériles afin de ne transmettre aucune maladie aux patients. Les pouvoirs de la sangsue sont reconnus, bien sûr, depuis longtemps. Et pourtant sa popularité, Mathilde, ne cesse de s'accroître. Brigitte Latrille annonce qu'elle a de plus en plus de demandes de particuliers qui veulent se détourner des solutions médicamenteuses traditionnelles.
– Les sangsues dans « L'esprit d'initiative » d'Emmanuel Moreau une chronique à retrouver sur Franceinter.fr.

France inter

▶ **50 Activité 6.d** .................................. **p. 63**
**a.** Quatre laboratoires dans le monde en font élevage.
**b.** L'application de sangsues doit être renouvelée ainsi pendant trois à quatre jours.

▶ **51 La fabrique de la grammaire, Appliquez** ...................................... **p. 64**
**a.** Les activistes écologiques incitent de plus en plus les gouvernements à se mettre au vert.
**b.** Cette conférence nous a permis de mieux comprendre l'importance de la sangsue en milieu hospitalier.
**c.** L'émission esprit d'initiative amène à s'interroger sur des astuces faciles à mettre en place au quotidien.
**d.** La pollution sonore résulte de l'augmentation du trafic aérien.
**e.** La hausse de la demande de sangsues s'explique par une augmentation de cicatrisations réussies.

▶ **52 La fabrique des sons** .............. **p. 64**
**a.** On va se mett' au vert !
**b.** Il faut peut-êt' réduire le plastique.
**c.** J'ai pris quatre traitements différents.
**d.** Il faut accroître les bonnes pratiques.

▶ **54 L'opinion** ...................................... **p. 66**
– Bonjour Agnès Guillot et bonjour, Jean-Arcady Meyer.
– Bonjour Camille !
– Bonjour !
– Docteure en psychophysiologie et biomathématiques pour vous Madame et ingénieur et docteur ès science naturelles, pour vous, Monsieur et auteurs, donc, à quatre mains, de ce livre intitulé *L'or vert, quand les plantes inspirent l'innovation*, aux éditions du CNRS. Vous aviez vraiment envie de les distinguer les plantes des animaux et de ce que l'on appelle le bio-mimétisme qu'on leur associe à ces animaux ? Pourquoi ?
– Eh bien, en fait, bon, une légère rectification, en fait si vous voulez, le bio-mimétisme, nous, nous préférons dans l'ensemble, animaux ou végétaux, le terme de bio-inspiration parce que, en fait, nous ne pouvons jamais imiter la nature, c'est impossible, dans ses petits détails. Et nous espérons, simplement nous nous en inspirons. C'est-à-dire que nous récupérons toutes les astuces que tous les systèmes vivants ont récupéré pour résoudre leurs problèmes au quotidien.
– Et alors, pourquoi les plantes en particulier, Jean-Arcady Meyer ?
– Ben, parce que c'est nouveau… tout le monde se focalise sur les animaux. Nous avons écrit un livre et demi sur le sujet. Les animaux, tout le monde sait ce que c'est, les plantes, on est moins familiarisé et il y a plein d'innovations récentes tirées du royaume des plantes.
– Vous écrivez que les plantes n'ont ni cerveau ni muscles, ça on le sait, et qu'elles sont sensibles, pourtant, et qu'elles survivent surtout depuis un milliard d'années, sur Terre.
– Exactement ! Elles sont plus anciennes que les animaux. Et donc, elles ont quand même une particularité, c'est qu'elles ne peuvent pas se déplacer, à part effectivement le fait de disséminer les graines bien évidemment, mais un végétal ne peut pas se déplacer si bien qu'elles ont vraiment des capacités adaptatives bien plus importantes que les animaux pour pouvoir justement survivre. Et, en fait, la personne qui a

# Transcriptions

innové dans le comportement des plantes, dans les recherches sur les plantes, c'est un Italien qui s'appelle Stefano Mancuso, il y a quelques années, qui a pensé étudier les plantes, euh le comportement des plantes exactement comme le comportement des animaux.
– Et donc, là, il y a eu des découvertes ?
– Et là, il y a eu des découvertes absolument essentielles, c'est-à-dire qu'elles ont la capacité, une mémorisation possible et une anticipation bien plus forte que celle des animaux, parce que, comme il dit, les animaux ne résolvent pas les problèmes, ils les fuient. Nous fuyons les problèmes parce que nous pouvons nous déplacer. Quand nous n'avons pas de nourriture quelque part, ben, on va ailleurs alors que les plantes sont obligées de faire avec ce qu'elles ont [...]
– Agnès Guillot, on parlait aussi de s'accrocher, il y a... ça vous le connaissez par cœur mais, un...
– Vous allez me parler du Velcro, j'imagine ? Aïe, aïe, aïe, aïe, aïe, j'ai peur.
– Le Velcro, mais oui, mais qui est inspiré des plantes.
– Mais bien sûr.
– Pourquoi ça vous agace qu'on...
– Mais non, mais il est tellement classique...
– Mais moi, je ne savais pas, alors...
– ...alors que dans notre livre, il y a tellement de... non, mais voilà, en fait, c'est vrai que...
- Il vient des Alpes ?
– Oui, il vient des Alpes. C'est un ingénieur suisse, au début du siècle, qui promenait son chien dans les montagnes et quand il revenait chez lui, son chien était bourré de petits fruits qui s'appelaient des fleurs de bardane avec des petits crochets. Il avait du mal à les enlever. Donc, il s'est dit « tiens, mais finalement, c'est peut-être un substitut à ces fameux lacets qu'on n'arrive jamais à lacer tranquillement » si bien qu'il a inventé une matière qui d'un côté a des petits crochets et de l'autre, c'est un genre de velours auquel peut s'accrocher les crochets.
– Le scratch, quoi !
– Donc « vel, velours ; cro, crochet » si bien qu'il a breveté ça. Tout le monde a été vraiment très sarcastique à son égard. Il n'a pas eu de sponsor. Enfin, vraiment, il a eu des tas de misères. Il a persisté et il en a vendu des kilomètres. Et maintenant, c'est vraiment une matière qui est très importante, par exemple, pour les habits des spationautes.
– Et c'était en 1955, le brevet du velcro !

*France inter*

▶ **55 Mémo, activité 2** .................. p. 69

**a.** Qu'est-ce que vous allez manger ce soir ?
**b.** Qu'est-ce que vous allez faire ce week-end ?
**c.** Que ferez-vous pendant vos prochaines vacances ?
**d.** Que ferez-vous une fois que vous aurez terminé votre apprentissage du français ?
**e.** Quel âge aurez-vous dans 10 ans ? Qu'est-ce que vous aurez déjà fait à cet âge-là ?

▶ **56 La minute culturelle** .................. p. 70

– 6 h 18. Emmanuel Moreau, c'est à vous pour « L'esprit d'initiative ». Alors, on en parle rarement mais les chiens, aussi, peuvent donner leur sang. C'est un geste méconnu de la plupart des maîtres.
– Norbet, un beau boxer, a sa carte de donneur. Quand, Blanche, sa maîtresse étudiante vétérinaire à Angers, voit passer sur Facebook un appel pour un don du sang, elle n'hésite pas une seconde, Mathilde, à mettre à contribution Norbert pour qu'il donne ses globules rouges.
– Tous les chiens peuvent être donneurs ?
– Ben, ce sont les plus gros qui sont mis à contribution. Pour faire acte de solidarité, il faut que le chien ait entre 1 et 8 ans et qu'il soit robuste. Et peser au minimum 25 kilos quand même. Les chats peuvent aussi contribuer, pour eux l'âge requis est de 1 à 6 ans et peser au moins 4,5 kilos. Ces dons de sang servent en majeure partie pour les transfusions sanguines suite à un accident. C'est le cas, par exemple, quand un chien a mangé un produit contre les rats et les souris. Les raticides étant à base d'anticoagulant, si l'animal n'est pas rapidement transfusé, et bien l'issue est fatale. « Quand il y a demande urgente de sang, des appels sont lancés sur les groupes des campus vétérinaires » explique Blanche.
– Donc, ces demandes urgentes sont ponctuelles ?
– Oui, et elles répondent à un besoin précis. Mais certaines cliniques vétérinaires essaient d'organiser des collectes régulières. Elles en font la promotion sur leur site. On dénombre quatre banques de sang sur le territoire : l'école vétérinaire de Maisons-Alfort, celle de Nantes, le centre hospitalier vétérinaire Massilia à Marseille et la clinique Alliance à Bordeaux. Car, comme le souligne Françoise Roux, maître de conférences en urgences et en soins intensifs à l'école de Nantes, « la banque de sang est la seule réponse pertinente pour faire face à des situations de pénurie de produits sanguins ».
– Il y a combien de groupes sanguins pour les chiens ?
– Eh bien, ils sont au nombre de 7, Mathilde. Une prise de sang suffit pour déterminer le groupe. Et comme pour nous, les animaux peuvent ressortir fatigués après leur don. Mais il y a des compensations, des récompenses. Norbert, le chien de Blanche, est reparti, par exemple, la dernière fois, avec un sac de 10 kilos de croquettes, d'autres cliniques offrent un steak.
– Et malgré ce cadeau, peu de chiens donnent leur sang ?
– C'est effectivement ce qu'a pu constater Océane Herrero du *Figaro demain* qui a enquêté sur le sujet : « Bien connues sur les campus vétérinaires, les transfusions sanguines sont assez peu évoquées avec les propriétaires d'animaux. Les données manquent en la matière. La seule étude disponible a été réalisée par des chercheurs du Royal Veterinary College de l'université de Londres. Selon ce sondage, 70 % des propriétaires ne savaient pas que leur animal pouvait donner son sang. Et pourtant, 89 % ont affirmé qu'ils seraient prêts à lui faire faire une carte de donneur ».
– Pour Solenn, propriétaire de plusieurs chiens, après l'opération de l'un d'entre eux qui a eu besoin d'urgence de sang, il n'y a eu aucune hésitation. C'est un de ses compagnons de jeu, une labrador, qui a tendu la patte.
– Emmanuel Moreau, c'était « L'esprit d'initiative ».

*France inter*

## Unité 5

▶ **57 Document 2** .................. p. 73

– Aujourd'hui, la masterclass d'Arthur H, avec Julie Gacon.
– Bonsoir et bienvenu Arthur H.
– Bonsoir.
– Bienvenu dans le hall du centre Pompidou à Paris pour une masterclass. Le principe de cette collection c'est de savoir comment un artiste construit son œuvre, comment il travaille, quel est le processus d'élaboration de son art, comment à vous, Arthur H, viennent vos mots, comment vous les attrapez au vol, ce qui se passe au bout de vos doigts quand il s'agit de composer, comment vous avez laissé votre voix se libérer au fil de vos albums depuis votre premier en 1990 jusqu'à ce double album, *amour chien fou*, sorti au mois de janvier, c'était votre dixième album en studio [...] Arthur H, vous nous racontiez les sensations que vous avez eues la première fois que vous avez touché un piano, et la première fois que vous avez chanté, en tout cas quand vous avez commencé à chanter, vous entendiez quoi ?
– Je suis je pense la preuve vivante que tout le monde peut chanter, parce que je chantais quand même très très mal, mais j'étais amoureux de la voix de Jim Morrison, qui lui chantait très très bien, donc Jim Morrison, comme tout le monde le sait, c'est un grand chanteur des Doors des années 1960, psychédélique, fou, chaotique, mais aussi amoureux de Franck Sinatra quoi, de ce genre de style de voix de crooner, qui est une voix extrêmement relax, très américaine, sans effort. Jim Morrison avait ça quoi. Et moi en écoutant Jim Morrison, je me projetais dans lui, dans cet amour de la poésie, de l'ivresse, de la transe, des mots, du mystère, tout ça, et je me suis identifié à lui comme, c'est pas très original, comme des millions de jeunes gens, et du coup j'ai projeté dans le futur, très très loin, ce type de voix quoi, donc moi j'étais plutôt dans le registre du croassement, mais je savais qu'à l'intérieur il y avait cette voix pure qui un jour pourrait émerger. C'est une étoile, c'est vrai que je pense pas qu'on puisse réaliser quelque chose dans la vie, quoique ce soit, si on n'a pas... si on projette pas une étoile très loin, qui nous appelle, qui nous attire, qui nous guide, et voilà moi c'était une étoile qui m'a permis de supporter ma voix pendant longtemps parce qu'elle était justement collée à une voix imaginaire [...]
– Dans vos chansons, votre voix est toujours au-dessus de la musique, elle n'est jamais noyée dans la musique, c'est un choix esthétique, l'importance du texte, chaque mot est pesé, chaque mot compte, chaque mot existe ?
– Bah je trouve que les mots c'est de la musique, quand on parle là c'est de la musique aussi, y a un brouhaha autour c'est de la musique que j'écoute aussi, tout a des ondes, des fréquences, après c'est vrai que dans la chanson en particulier j'aime évidement la musique des mots, donc c'est vrai que, je trouve que comme chaque mot a sa propre splendeur, sa propre lumière, sa personnalité, son aura, son mystère donc, euh, c'est vrai que j'ai envie ouais de respecter chaque mot, après y'a d'autres musiques où c'est moins important, ou tu es plus dans un flux, tout ça, dans la musique c'est bien aussi, mais c'est pas ma recherche.

*France culture*

▶ **58 Activité 4.c** .................. p. 73

Jim Morrison, comme tout le monde le sait, c'est un grand chanteur des Doors des années 1960, psychédélique, fou, chaotique.

▶ **59 La fabrique de la grammaire, Appliquez** .................. p. 75

**a.** Je constate qu'aujourd'hui l'art contemporain est un peu déconnecté du grand public.
**b.** Croyez-vous que ce soit utile de créer des œuvres d'art qui dérangent ?
**c.** Je doute que ce soit l'artiste le plus prometteur.
**d.** Je ne suis pas sûr que tu puisses exposer dans cette galerie.
**e.** J'estime que les gens doivent aller plus souvent dans les musées.

▶ **60 La fabrique des sons, a** .................. p. 75

Jim Morrison, comme tout le monde le sait, c'est un grand chanteur des Doors des années 1960, psychédélique, fou, chaotique.

▶ **61 La fabrique des sons, b** .................. p. 75

**a.** Je me projetais dans lui, dans cet amour de la poésie, de l'ivresse, de la transe, des mots, du mystère.
**b.** Si on projette pas une étoile très loin, qui nous appelle, qui nous attire, qui nous guide.
**c.** Chaque mot a sa propre splendeur, sa propre lumière, sa personnalité, son aura, son mystère.

▶ **62 Document 3** .................. p. 77

*Notre maison brûle et nous regardons ailleurs.*

# OUTILS DE LA CLASSE

– Bienvenue dans *Présages* le podcast qui questionne l'état de notre monde, les risques d'effondrement de notre civilisation industrielle et les façons de se préparer à vivre différemment.
– Je suis Alexia Soyeux et aujourd'hui on va parler de la jeunesse. Depuis plusieurs mois une mobilisation des jeunes sur les sujets environnementaux émerge en France rejoignant ainsi le mouvement mondial. Les lycéens, les étudiants voient le futur se dérober sous leurs yeux. Ils choisissent de faire grève, de s'organiser en collectif, d'écrire des tribunes. Ils occupent l'espace public pour que l'inaction cesse face à la destruction du vivant, au dérèglement climatique et à la montée des inégalités […]
– Le mot décroissance, on nous a souvent renvoyé le fait que c'était très idéologique et du coup ça montre qu'il y a peut-être un manque de réflexivité par rapport à ce qui nous est enseigné et qui est aussi idéologique […]
– Vous dites dans le manifeste être convaincus que ce sombre tableau n'est pas une fatalité où est-ce que vous voyez l'espoir du changement ?
– En gros il y a différents degrés et ça peut être plus ou moins pire déjà, déjà on peut le rendre moins pire c'est quand même infiniment plus motivant de se dire que c'est pas une fatalité, une transition de phase, ça se fait très très vite quoi.
– Et je pense qu'il y a aussi le fait que… on parle de… je pense qu'à ce moment-là dans le texte on parle beaucoup de systèmes économiques, de surconsommation sans doute, je pense qu'il y a aussi l'idée que on grandit, bah dans ce système économique enfin on a grandi dedans et on a l'impression que c'est la seule la seule hypothèse viable enfin en tout cas c'est un peu ce qu'on nous vend et que ça s'étend dans le monde entier et, en fait, l'idée c'était de dire que on peut construire autre chose si on en a envie, je pense que… enfin l'idée n'est pas de dire on va éviter le réchauffement climatique si on commence à changer la manière dont on agit parce que non le réchauffement climatique a déjà commencé, on va pas revenir en arrière mais par contre l'idée c'était surtout dire que on peut, on peut construire autre chose.
– Et est-ce que vous diriez que vous aspirez à une forme de décroissance ou de ralentissement ?
– Bah, c'est difficile de répondre pour tout le monde enfin à titre personnel moi oui. Voilà l'idée que c'est pas une fatalité et que cependant on va pas revenir en arrière c'est vraiment ça, c'est de dire, euh, on est conscient que voilà tout le système économique actuel a aussi apporté beaucoup d'améliorations et l'idée c'est pas de cracher là-dessus, c'est de dire on a un recul sur ce qui s'est passé, une compréhension de ce qui s'est passé pour être capable de dire ben qu'est-ce qu'on veut en garder et qu'est-ce qu'on… sur quoi on est prêt à faire une croix et donc du coup c'est ça pour moi la question du ralentissement c'est dire ben on a acquis beaucoup de choses, les infrastructures de notre pays sont construites enfin plein de choses comme ça, on a acquis une sécurité alimentaire et du coup pourquoi vouloir toujours aller plus loin, euh, pourquoi vouloir s'acharner à créer des activités qui sont finalement délétères pour les ressources naturelles et qui nous apportent pas plus de bien-être voilà pourquoi vouloir travailler dix heures par jour pour faire quelque chose finalement qui n'est pas forcément très utile.
– Ce qu'on dit exactement dans le texte c'est la société que nous voulons n'est pas une société plus dure, plus triste, de privations subies, c'est une société plus sereine, plus agréable, de ralentissement choisi. En effet, le ralentissement des destructions causées par notre modèle économique n'est pas incompatible avec le bien-être humain, au contraire, donc on préfère utiliser le mot ralentissement que décroissance et ralentissement des destructions causées par notre modèle. Ensuite à voir ce que ça veut dire en termes de PIB, finalement, enfin en tout cas pour moi, peu importe.
– Quand vous avez lancé le manifeste donc qui a été initié plutôt par des grandes écoles est-ce que vous avez eu l'impression qu'il y avait des réfractaires, des gens, des étudiants, qui n'avaient, qui étaient pas sensibles à ces sujets qui pour, enfin qui avaient d'autres priorités ?
– Alors il y a toujours quand même quelques étudiants qui ne sont pas trop sensibles à ça. Ils restent assez marginaux. Le point un peu plus clivant par contre c'était le degré d'engagement. Ça, ça fait pas mal l'objet de débats de savoir à quel point on devrait s'opposer au système et au modèle actuel et à quel point on devait, euh, faire des concessions là-dessus, le modifier, sans s'y opposer totalement en fait.

Podcast Présages #19

▶ **63 Activité 6.d** .................................. p. 77
**a.** Le mot décroissance on nous a souvent renvoyé le fait que c'était très idéologique.
**b.** Une transition de phase, ça se fait très très vite quoi.
**c.** Et, en fait, l'idée c'était aussi de dire que on peut construire autre chose si on en a envie.

▶ **64 La fabrique de la grammaire, Appliquez** ......................................... p. 78
**a.** Il veut savoir ce que tu fais en tant que militant.
**b.** Je ne sais pas qui contacter.
**c.** Je ne me rappelle plus quand Alexia a fait cette interview.
**d.** J'ai oublié s'il vient ou pas à la manifestation.
**e.** Je me demande sur quoi il travaille en ce moment.
**f.** La question c'est qui veut s'engager vraiment.

▶ **65 La fabrique des sons, a** .......... p. 78
**a.** Le mot décroissance on nous a souvent renvoyé le fait que c'était très idéologique.
**b.** Une transition de phase, ça se fait très très vite quoi.
**c.** Et, en fait, l'idée c'était aussi de dire que on peut construire autre chose si on en a envie.

▶ **66 La fabrique des sons, b** .......... p. 78
**a.** Nous aspirons de fait à une forme de décroissance.
**b.** En fait, la question environnementale est tout à fait actuelle.
**c.** Tout compte fait, il faudrait revoir nos modes de consommation.

▶ **68 Au quotidien** ............................. p. 80
– Tu sais, je pense qu'on devrait accorder plus d'importance à l'art dans la société. Parce que…
– L'art ? mais pour quoi faire ?! Étant donné qu'on n'a déjà pas assez de temps pour le boulot, les tâches de la vie quotidienne, à part pour ceux qui ont le temps à perdre, je n'y vois vraiment pas l'intérêt moi.
– Oh mais arrête, qu'est ce que tu dis ! Par exemple, même toi tu considères l'art comme quelque chose d'important. L'autre jour je t'ai encore vu regarder sur Internet les photos de ton ami photographe.
– Mais c'est pas pareil, c'est de la photo, ça me touche, j'y comprends quelque chose quand je regarde. Si je prends le cas de l'art contemporain par exemple, c'est fait pour qui ? Simplement pour ceux qui ont de l'argent pour en acheter ! L'autre jour j'ai vu le cas d'une banane vendue 250 000 euros ! C'est ridicule !
– Ah mais là, tu cites l'exemple de l'art contemporain, pas de l'art en général, et puis tu n'est pas comme ça, là tu cites l'exception qui confirme la règle. Les gens ont besoin de l'art justement, c'est pour ça que certains en profitent.
– Ben oui, mais voilà, si je me mets à jeter mes clés dans un pot de peinture et qu'ensuite je les lance sur une toile, ça fait de l'art ? Si je coupe un arbre au milieu d'une forêt, c'en est aussi ? Bah…
– C'est une idée ça ! Tu sais, l'important c'est le message dans l'art contemporain.
– Comme tu l'indiques très bien, il faut un message, toujours un message, moi je veux en profiter par les sens de l'art, pas en réfléchissant à tout ça !
– Enfin, même les tableaux de Picasso témoignent de l'importance du message. Si tu enlèves les titres des toiles, c'est quand même plus difficile de les apprécier non ? Et pourtant tu aimes bien ce peintre. Et puis, parfois, il y a des messages qui passent mieux illustrés par l'art, je me souviens d'un arbre arraché ou d'une baleine reconstituée avec des morceaux de plastique.
– Oui… En tout cas ça prouve qu'en ce moment ça va trop loin. D'ailleurs, tout est comme ça, on ne peut plus profiter des choses simplement, il faut toujours que quelqu'un se sente obligé de nous écrire un roman pour nous expliquer sa démarche.
– Bon allez, c'est pas grave, et en même temps je suis d'accord avec toi, j'ai pas dit d'acheter des choux-fleurs à coller sur une voiture, ou d'une chaise recouverte de goudron ! Mais ça n'empêche, à mon avis ça reste tout de même une des plus belles manières de se sortir de son quotidien. Je vous invite au cinéma ce soir ?

▶ **69 Activité 1.f** ................................ p. 80
**a.** Ah mais là, tu cites l'exemple de l'art contemporain, pas de l'art en général.
**b.** Tu sais, l'important c'est le message dans l'art contemporain.

▶ **70 L'intonation de la mise en relief** ................................................... p. 80
**a.** L'essentiel, ici, c'est la portée politique de l'œuvre.
**b.** Ce n'est pas l'œuvre d'un artiste, mais d'un artisan.
**c.** Ce n'est pas un message de liberté mais un message de bonheur.

## Unité 6

▶ **71 Document 2** ............................. p. 87
Radio Notre-Dame, *La vie prend un sens*.
En quête de sens, Marie-Ange de Montesquieu.
– « Les performances individuelles, ce n'est pas le plus important. On gagne et on perd en équipe. » Cette phrase est signée Zinédine Zidane. Ah l'esprit d'équipe. À l'heure du chacun pour soi et du rien pour tous, certains prétendent que jouer collectif n'a pas vraiment bonne presse en France. Et pourtant, en football comme dans une entreprise, il semblerait que c'est lorsqu'ils sont animés d'une même passion, d'un même objectif que les Hommes parviennent à déplacer des montagnes… mais est-ce aussi simple ? Et au fond, qu'est-ce que cela apporte vraiment comme bénéfices humains et peut-être économiques ? Eh bien, tentatives de réponses, en tout cas de réflexion, dans cette émission ! […]
– Et bien je vous propose d'entamer cette émission, si je puis dire, avec une petite touche footballistique signée Blaise Matuidi qui, un tweet 3 juillet 19… euh, 1918… 2018, justement, traitait, parlait de la force de l'esprit d'équipe.
– C'est une grande force de pouvoir se battre les uns pour les autres mais ça c'est dû aussi, comme je l'ai dit tout à l'heure, à l'ambiance, à l'ambiance qui règne dans le groupe. On vit tellement bien, on est capables de passer des heures et des heures ensemble et c'est ce qui fait que, sur le terrain, voilà, on arrive à se battre les uns pour les autres et on arrive à vouloir faire l'effort pour que, pour que l'autre, voilà, soit fier de nous. Et ce qui nous a amenés justement à jouer une finale d'une Coupe du monde aujourd'hui. On a 23 guerriers. On voit, à

deux cent neuf **209**

# Transcriptions

chaque but, même ceux qui jouent moins. Voilà, on les voit sauter de joie. Voilà on voit que ce groupe, il vit vraiment bien. Et on voit que ceux qui sont amenés à rentrer, ils donnent le maximum. Voilà ceux qui jouent, les attaquants, c'est les premiers à rallier les troupes, donc, ça c'est un état d'esprit, c'est un état d'esprit d'une famille, d'une famille qui est née et justement, elle se doit de finir par ce trophée. En tout cas, on fera le maximum [...]
– Au fond, qui crée l'esprit collectif ? Est-ce que c'est l'équipe ? On imagine que c'est le manager ou l'entraîneur. Aurélie Pennel ?
– Euh, moi, j'ai cette conviction que c'est surtout pas que l'entraîneur ou que le manager. On voit des équipes dans les entreprises où finalement, ça se passe pas si bien que ça avec le manager et tout le monde se serre les coudes et finalement, on s'en sort. Donc, c'est vraiment la responsabilité de tout le monde, du manager mais aussi des gens qui composent l'équipe et ça, pour moi, c'est très important.
– Tu as l'exemple parfait, on parlait de l'équipe d'Aimé Jacquet de 98. Donc l'équipe est restée la même pour la coupe d'Europe et dans la foulée, l'entraîneur a changé mais c'est juste la manière dont les gens étaient ensemble qui fait que ça a marché. Moi, j'ai eu la chance dans le cadre du DEPF (diplôme d'entraîneur professionnel du football) que j'ai animé dans la partie communication-management d'équipe, j'avais Laurent Blanc, j'avais Didier Deschamps dans les stagiaires et je me souviens très bien de Didier avec qui je discutais qui me disait « Tu sais, on aurait pu avoir n'importe quel type d'entraîneur, n'importe qui, on était tellement bien ensemble que quoi qu'il arrive, ça fonctionnait ». Mais c'est vrai que, dès le départ, je pense et c'est pas que je pense, c'est que Aimée a mis tous les ingrédients. Les ingrédients, c'est simple : il assurait la sécurité, pas la sécurité physique, on est bien d'accord mais la sécurité donc par le cadre, avec des règles qui étaient établies et surtout, respectées ; il répondait aux besoins essentiels des joueurs, besoins essentiels de reconnaissance, d'estime d'eux-mêmes ; il créait des relations et il faisait en sorte que les gens soient en relation de manière très proche, avec des, comme le disait Blaise quoi « on est un pote, on est une famille, on est ensemble » « jusqu'au bout de la nuit », jusqu'au bout de la nuit, etc. Il créait des modes de fonctionnement qui permettaient de faire du co-développement et de la créativité. Et puis, dernier point essentiel, le cinquième : ils étaient dans le plaisir et l'enthousiasme. Et ces cinq points-là, ces cinq points que moi, j'appelle le « management contenant » qui est inspiré de Maria Montessori, de la contenance de Maria Montessori qui fonctionne très bien avec les enfants
– Dans les écoles, ouais.
– Dans les écoles Montessori, et qui font qu'un enfant est élevé au vrai sens du terme, pas éduqué, mais élevé, c'est-à-dire qu'il prend de la hauteur. Et ces cinq points, vous pouvez les mettre en place et ça fonctionne et ça crée et ça renforce la notion d'esprit d'équipe.

Radionotredame

▶ **72 Activité 4.c** .................................. p. 87

**a.** Les performances individuelles, ce n'est pas le plus important.
**b.** On voit des équipes dans les entreprises où finalement, ça se passe pas si bien que ça avec le manager.

▶ **73 La fabrique de la grammaire, Appliquez** .................................. p. 89

**a.** Tu veux quelque chose ?
**b.** Tu vas quelque part ?
**c.** Tu veux du fromage et du dessert ?
**d.** Tu as toujours ton vieux manteau ?

**e.** Tu es parti avec ton frère ?
**f.** Je ne suis pas marié. Et ta sœur ?
**g.** Il vient te voir le samedi mais est-ce qu'il vient te voir le dimanche aussi ?

▶ **74 La fabrique des sons, a** .................................. p. 89

On voit des équipes dans les entreprises où finalement, ça se passe pas si bien que ça avec le manager.

▶ **75 La fabrique des sons, b** .................................. p. 89

**a.** C'est pas primordial.
**b.** Il sait pas travailler en équipe.
**c.** Ils se battent pas les uns pour les autres.
**d.** Elle compte que sur ses performances individuelles.

▶ **76 Document 3** .................................. p. 91

– Accueillons notre invité, ce matin, c'est Manu Houdart qui est avec nous.
– Bonjour Manu !
– Salut !
– Bonjour Cyrille, bonjour à toute l'équipe !
– Je ne vous cache pas que c'est très agréable de vous recevoir mais alors, la thématique de votre spectacle, ce sont les maths. Autour de la table, on a fait un petit tour tout à l'heure, Sarah, c'est pas votre passion ? Vous n'avez pas une grande passion pour les maths.
– Et dire que j'ai fait Maths Fort mais c'était il y a très longtemps.
– C'est vrai ?
– Oui, oui, d'ailleurs, j'ai adoré ma prof de maths qui a vraiment poussé tout le monde mais bon, on a tout oublié parce qu'on ne va pas se mentir : dans nos métiers, on n'utilise pas beaucoup les maths, quoi !
– A + B² ?
– Euh C² ou C ?
– A + B², euh ?
– Manu, est-ce que c'est bon ?
– Je comprends pourquoi je suis venu aujourd'hui !
– Alors, le spectacle s'appelle *Very maths trip*. Sincèrement, on peut passer un bon moment avec des maths ?
– Ah oui, tout à fait, effectivement, d'ailleurs, le nom est prometteur. C'est une virée déjantée au pays des mathématiques. Moi, je suis convaincu que tout le monde aime les mathématiques. La seule chose, c'est que vous ne le savez pas encore ! [...]
– On va apprendre dans votre spectacle que les maths sont partout. On regarde un match de foot.
– Partout !
– Non mais ça c'est vrai.
– On regarde un match de foot, il y a des maths.
– Tout à fait ! Par exemple, On peut le faire, par exemple, simplement en se baladant le long de la ligne de touche ou en se demandant, tiens, si dans cette liste... par exemple, quand vous avez, justement... euh, des joueurs sur le terrain, ils sont combien ?
– Bah, 22.
– 22, exactement.
– Eh bien si on rajoute l'arbitre, donc, ça fait 23.
– C'est bien que vous ayez répondu parce que Bruno ne pouvait pas répondre à cette question.
– Oui, alors, je me dis : 11 d'un côté, donc fois deux, 11 x 2, 22.
– Non, mais c'est ça, mais n'oubliez pas qu'avant l'émission, vous m'avez demandé de vous poser des questions dont vous connaissez les réponses, hein !
– On voit le niveau, ouais.
– Voilà, tout à fait ! Eh bien, par exemple, on peut se demander : tiens, est-ce que vous parieriez en prenant comme ça les dates d'anniversaire des joueurs qui sont sur le terrain, donc, ça fait 23 personnes : est-ce qu'à votre avis, deux personnes pourraient avoir la même date d'anniversaire ?
– C'est possible !

– Ah c'est possible !
– C'est possible mais c'est peu probable !
– Ah si vous deviez parier 10 euros, Sarah, est-ce que vous les pariez ou pas ?
– Euh, non ! Non, parce qu'on ne sait jamais.
– Oui, enfin, la probabilité est infime.
– Infime.
– M'enfin, il y a 23 personnes et 365 jours !
– Excellent !
– De quoi ?
– Excellent !
– Moi, je n'ai déjà pas compris l'énoncé du problème... est-ce qu'on peut revenir à la base ?
– Non, mais Bruno, 22 joueurs + l'arbitre, y-a-t-il une probabilité pour que...
– 23 !
– Ah mais alors, je vous mets 20 euros ! Est-ce qu'il y en a deux qui peuvent avoir la même date de naissance ?
– Bah, euh, ça doit être rare.
– On parle de l'année aussi ?
– Non, non, non... on parle juste du jour et mois, bien entendu, hein ! Donc, 5 avril...
– Et c'est quoi la réponse ?
– Eh bien, à votre avis, donc ça doit être rare. Vous avez vu que...
– C'est vous qui devez répondre.
– Eh bien moi j'étais prêt à...
– ...Attendez, parce qu'on se connecte avec Bruno, on essaie. Bruno, vous pensez que c'est possible ou pas ?
– Non, je ne pense pas.
– D'accord, donc, il garde ses 10 euros.
– C'est possible ! D'accord, mais vous ne pariez pas les 10 euros ?
– Non !
– Non !
– Eh bien, figurez-vous qu'avec 23 personnes, vous avez plus qu'une chance sur deux de remporter votre pari.
– Ah bon ?
– Mais oui, c'est incroyable ! Avec 30 personnes, vous avez septante pourcents de chance et avec, 50 personnes, vous avez nonante-neuf pourcents de chances...
– Et dire qu'avant, il y avait des gens qui pariaient sur les résultats du match.
– C'est terrible, hein ? J'adore voir votre visage perplexe.
– Expliquez-nous... enfin, pourquoi...
– Il y a quand même 23 joueurs et 365 jours, donc...
– C'est une probabilité et ça se calcule, évidemment.
– Ouais, c'est une probabilité et ce que vous avez fait, c'est de diviser 365 par deux. J'ai vu que vous calculiez. Donc ça veut dire... La plupart des personnes...
– Pas du tout... Il est juste fatigué !
– Mais c'est un biais dans le raisonnement, effectivement, alors que ça se montre facilement, c'est ce que j'explique. Et, tout au long du spectacle, ce que je donne... On ne fait pas de démonstration parce que ça, c'est pas...
– Parce que ça c'est un peu pompant, non ?
– C'est pas le plus amusant. Oui, tout à fait ! Non, moi, j'adore, c'est donner l'intuition, donner l'intuition et de vous montrer mais tiens, d'où vient... et juste après, après les explications, vous faites « Ah ouais... ah si simplement on m'avait dit ça, si simplement on m'avait montré ça ! » Voilà à quoi peuvent servir les probabilités mais faites le test la prochaine fois quand vous allez ou quand vous rassemblez 30 personnes chez vous...

RTBF

▶ **77 Activité 6.d** .................................. p. 91

**a.** Est-ce qu'à votre avis, deux personnes pourraient avoir la même date d'anniversaire ?
**b.** Avec 30 personnes, vous avez septante pourcents de chance et avec, 50 personnes, vous avez nonante-neuf pourcents de chances...

# OUTILS DE LA CLASSE

▶ **78 La fabrique de la grammaire, Appliquez** .................. p. 92

L'été dernier, j'ai fait un trail de 55 kilomètres. J'ai surpassé mon score ! La première fois, j'avais mis 11 heures et 46 minutes. Mais cette fois-ci, il ne m'a fallu que 10 heures et 55 minutes. Il faut dire que je me suis beaucoup mieux entraîné et que j'étais bien mieux équipé. Il y avait autant de participants que l'année dernière mais nous étions plus nombreux à l'arrivée. C'est un peu normal : il faisait moins chaud et donc, il y a eu moins de problèmes d'hydratation. Même si j'ai eu plus de difficultés à récupérer cette année (ben oui, je vieillis !), je suis fier de mon résultat et comme l'année dernière, j'ai le même discours : je recommence l'été prochain !

▶ **79 La fabrique des sons** .................. p. 92

a. La thématique de votre spectacle, ce sont les maths.
b. Je comprends pourquoi je suis venu aujourd'hui !
c. Alors, je me dis : 11 d'un côté, donc fois deux, 11 × 2, 22.

▶ **81 L'opinion** .................. p. 94

– Dans la vie, ils sont avocats, profs, comptables, employés de bureau et le dimanche, ils sont des héros. Ils courent le marathon, participent à un triathlon ou pratiquent des sports encore plus extrêmes, qu'est-ce qui pousse Monsieur et Madame Toutlemonde à subir ces épreuves, ces entraînements, ces sacrifices ? C'est notre question du jour… […]
– Et nous sommes toujours avec le professeur de physiologie, Jean-François Toussaint, Stéphanie Gicquel qui pratique l'ultra-trail et qui a mené cette expédition avec son mari Jérémy à travers l'Antarctique, et le philosophe et marathonien, Guillaume Leblanc. Jean-François Toussaint, on entendait une dame, là, dans le reportage de Stéphane Cosme dire qu'elle avait vaincu la dépression en se mettant à courir, qu'elle avait une dépression, qu'elle s'était mise à courir et que, voilà, ça l'aidait sacrément.
– Oui, c'est une vraie… on retrouve un équilibre extrêmement important sur l'ensemble des capacités physiques et mentales. Et donc, on a des gains très mesurables, vraiment, sur l'ensemble des orientations métaboliques du corps, sur les maladies cardio-vasculaires, sur les cancers, etc. mais surtout, sur la santé mentale. Et sur cette thérapeutique qui devient, et qui est entraînée, hein, on a la mesure aussi de la sérotonine, de la dopamine, des endorphines qui sont sécrétées pendant la course et après la course et donc, cette habituation, ces cycles que l'on retrouve participent aussi de ce que sont ces notions que l'on ressent : le partage de l'effort, le travail dans le groupe et c'est ce que décrivaient ces personnes à l'entraînement, ce partage de l'effort dans le déplacement et puis, on a pendant la compétition, ce déplacement de masse, on vit la nuée…
– On vit la nuée, c'est-à-dire ?
– C'est quelque chose qui est extraordinaire, dans lequel, on va, tous ensemble, par milliers, à un moment donné, créer un geste identique, créer un mouvement identique et créer le propre cycle de cette foule qui devient quelque chose dans lequel ce partage est tellement unique qu'il devient aussi porteur lui-même de ce que l'on a envie de retrouver à l'épreuve suivante.
– Ça, manifestement, ça vous parle, Guillaume Leblanc ?
– Oui, oui, tout à fait, c'est exactement ce que l'on ressent quand on court des marathons, etc. Au fond, on participe à une création collective, dans l'espace et dans le temps. On occupe un moment d'espace, un bout d'espace et un bout de temps, et c'est une occupation pacifique qu'on sent effectivement complètement.

On se sent lié aux autres. J'ai l'habitude de dire que les individualités se réinventent par la tête de course forcément, et par la queue de course où on a, à chaque fois, des individus qui émergent ou des individus qui s'arrêtent et, au milieu, il y a comme une espèce de groupe en fusion, au fond, et cette expérience de la fusion alors même qu'on est seul dans son effort, est quelque chose de propre à la course, en nuée, effectivement, à la notion de meute.
– Alors, vous me dites ça et en même temps hors-micro, vous me disiez : à la limite, le plaisir le plus grand, c'est l'entraînement avant. Je pourrais à la rigueur me passer du marathon mais le plaisir, c'est dans l'entraînement.
– Oui, oui, parce qu'en ce qui me concerne, je ne cours pas pour faire un exploit, etc. C'est une dimension existentielle, au fond, c'est une philosophie de l'existence que j'essaie de pratiquer.
– Et c'est-à-dire, c'est-à-dire une philosophie de l'existence ?
– Ba, une philosophie de l'existence, c'est-à-dire, une philosophie dans laquelle je peux, mobile, quand je cours, je peux tester un peu, ma liberté, ma volonté… je me pose des questions, j'invente des idées de livres en courant, et je suis au fond, c'est une espèce de rapport à moi-même, de souci de soi. Les Grecs avaient inventé cette idée philosophique du souci de soi : prendre soin de soi. En prenant soin de moi, je peux me rapporter effectivement, réellement, à mon monde intérieur, et savoir ce qu'il en est et au fond, c'est un des rares moments, c'est pour cela que j'aime bien… euh, moi, je plaide pour qu'on courre complètement débranché, c'est-à-dire en dehors de tout instrument, etc.
– Y compris rien dans les oreilles ?
– Oui, rien dans les oreilles. On s'ouvre au monde, on est, au fond, en espèce de déplacement entre soi et le monde. On découvre des visions, on a des odeurs, le toucher du sol n'est pas le même selon que l'on court sur du gravier ou selon que l'on court sur un peu de sable fin ou sur du bitume. On a des sensations de toucher : on renaît au monde en renaissant à son propre paysage intérieur et je crois que ça, c'est vraiment une expérience d'aujourd'hui, c'est-à-dire, qu'aujourd'hui nous savons nous connecter par Internet, etc. à l'autre bout du monde, nous sommes dans l'immatériel, dans l'illimité, et renaître à la liberté du limité, de ce qu'est un corps, de ce que peut un corps, eh bien, il est question de Spinoza « nul ne sait ce que peut un corps », c'est, je crois, l'une des questions philosophiques majeures d'aujourd'hui, c'est-à-dire, au fond, qui sommes-nous ? Testons-nous ! Et je crois que la course, c'est une formidable machine philosophique à tester son soi-même, son rapport au monde, aux autres…

*France inter*

▶ **82 La minute culturelle** .................. p. 98

Il n'est jamais trop tard pour se plonger dans la magie des mathématiques. Dans notre vie quotidienne, que nous le voulions ou non, nous sommes tous immergés dans un monde mathématique… Quand nous nous promenons dans la nature, quand nous regardons un tableau de Leonardo da Vinci, Leonard de Vinci au Musée du Louvre, quand nous passons des bilans sanguins, quand nous écoutons un concerto de Mozart, quand nous calculons notre taux d'emprunt immobilier, quand nous commandons sur Internet, quand nous déclamons un alexandrin ou quand nous préparons un quatre-quarts ou quand nous bricolons. Et puis les maths permettent également de penser autrement dans n'importe quelle situation de la vie de tous les jours. Faut-il, par exemple, marcher ou courir quand il pleut ? Pourquoi les bus arrivent-ils par deux ou par trois après une longue attente ? Comment couper un gâteau en sept parts égales ? Pourquoi avons-nous moins d'amis que nos amis sur les réseaux sociaux ? Ou encore, pourquoi dans une classe de CP ou de 4e, il existe une chance sur deux pour que deux élèves soient nés le même jour ? Et puis nous verrons que les maths permettent d'aller à rebours de certaines intuitions : vous découvrirez, par exemple, la mystérieuse loi des supermarchés ! […] Alors, dans votre livre, le *Théorème du parapluie*, vous nous aidez à remettre en question de nombreuses intuitions qui peuvent nous faire penser mal. Exemple : en se promenant dans les allées d'un supermarché, on peut découvrir une passionnante pépite mathématique, qui peut, ça peut rendre amusant les courses du quotidien. Il suffit de noter des prix très divers sur un carnet ou sur un smartphone : 2,30 € ; 1,08 € ; 12,49 € ; 22,99 €… des nombres qui semblent aléatoires quand on les lit rapidement et puis, et puis…
– Pas tant que ça ! Ça, ça fait vraiment partie des choses qu'on a sous les yeux tous les jours et on peut ne pas s'en rendre compte et le jour où l'on s'en rend compte, mais ça devient intrigant. Si vous regardez le premier chiffre de chaque prix. Donc, par exemple, si vous avez quelque chose qui coûte 23 euros, vous regardez juste le « 2 », le premier chiffre, eh bien, vous regardez toutes les étagères du supermarché, et vous les alignez les uns derrière les autres, et vous vous rendez compte qu'il y a beaucoup plus de prix qui consomment par un « 1 » et un peu moins. Alors, c'est environ 30 % des prix qui commencent par un « 1 », en général, et puis après, il y en a environ 25 % qui commencent par un « 2 » et puis, un petit moins qui commencent par un « 3 », etc. Et il n'y en a quasiment pas qui commencent par un « 8 » ou par un « 9 ». Alors, quand on voit ça, on se demande « mais pourquoi ? », « qu'est-ce qui se passe ? », « c'est quoi, le phénomène ? », « est-ce qu'il y a une raison commerciale, derrière ? », « est-ce que c'est une volonté d'avoir des petits prix dans les supermarchés ? » […] Alors, comment ça se fait ? Comment ça se fait qu'il y a cette préférence ? On peut se dire, en général, les mathématiques, justement, c'est une science qui est neutre. Il ne devrait pas y avoir de chouchou parmi les chiffres. Et en fait, c'est là qu'on se dit, c'est là quand on commence à réfléchir qu'on se dit que c'est pas la nature qui est biaisée, c'est nous. C'est nous qui comprenons mal, c'est nous qui avons une mauvaise intuition des nombres parce qu'on s'est, on s'est… conditionnés à penser d'une certaine manière. Et en fait, la nature nous dit que ce qu'il faut regarder, c'est pas des intervalles d'un point de vue additif mais d'un point de vue plus multiplicatif, c'est-à-dire que quand on regarde les prix qui sont entre 10 euros et 20 euros, donc qui commencent par un « 1 » (entre 10 et 19,99), il y a un intervalle qui va du simple au double. Donc, on a une gamme assez importante de produits là-dedans. Alors que, quand on regarde entre 80 euros et 90 euros, donc ceux qui commencent par un « 8 », eh bien, finalement, ça va pas du simple au double, il y a à peine 12 % d'écart entre les deux. Et donc, d'un point de vue relatif, comme ceci, l'intervalle entre 10 et 20 est plus grand que l'intervalle entre 80 et 90. Et donc, c'est normal qu'il y ait plus de prix entre 10 et 20 qu'entre 80 et 90. Et quand on a compris ça, il y a plein d'exemples qui permettent de le voir, eh bien, ça permet de jeter un regard nouveau sur plein d'autres phénomènes du quotidien et de se dire « ah, on pensait mal les nombres et maintenant qu'on a appris à penser un peu différemment, eh bien, on comprend mieux plein de choses ».

*France inter*

## Unité 7

▶ **83 Document 2** .................. p. 101

Tous les jours que Dieu fait je vis au quotidien le regret de ne pas avoir été à l'école. Oui, ma

# Transcriptions

vie est faite de regrets. Pour remplir un dossier, ça me remonte, c'est le regret. Si j'avais su lire et écrire, je ne serais pas partie voir untel pour me le remplir. Pour faire les devoirs des gosses, c'est pareil ! Et tout ça, ça me rappelle, moi, mon passé.
Je m'appelle Francisca Diby, j'ai 42 ans, je vis en concubinage, j'ai 4 enfants, je travaille. J'ai pas fait d'études parce que je suis née en Côte d'Ivoire et j'ai grandi en Côte d'Ivoire. J'ai grandi sans avoir fait d'études et puis, Dieu merci, je me suis retrouvée en France, et j'ai trouvé du travail à la maison de la radio qui m'a épaulée comme une mère épaule ses enfants. Et j'ai appris à lire et écrire. Et à la radio, depuis 2004, je fais des cours de français. En venant là, je ne savais pas lire. Aujourd'hui, je sais lire. Je peux écrire des lettres d'amour, je peux lire mes mails alors qu'avant je ne savais même pas lire mon propre nom, alors, c'est pas… Je suis venue là comme femme de ménage et aujourd'hui, je suis au courrier, au service courrier. Je sais lire les adresses qui sont écrit(es) en imprimé. Ça, j'arrive à lire facilement, mais c'est… des fois, quand il y a des écritures à la main, j'arrive pas à déchiffrer. Donc, euh, ce que je n'arrive pas à déchiffrer, je retourne dans mon service pour demander à mes chefs ou à mes collègues pour dire « là, j'ai pas bien réussi à déchiffrer… ». Donc, comme moi, je parle à peu près à tout le monde sur ma copine à la radio, je vais voir une copine « ah mais, … », « ah d'accord ! ». Je le fais proprement et puis, voilà ! Et ça, ça me gêne, chaque fois, d'aller voir quelqu'un, lui raconter ma vie pour qu'il me fasse une lettre. Chaque fois, c'est comme ça ! Parfois, je prends les feuilles, j'y vais, je dis « bon, je vais aller voir untel » mais quand j'arrive devant le bureau, je vois du monde, je fais demi-tour. Je ne vais pas passer tout mon temps à raconter ma vie. Des fois même je me disais « est-ce que j'ai une vie privée ? » Non, je n'en ai pas, tout ce que je fais, tout le monde est au courant ! Je dois remplir un papier, ben, je suis obligée d'aller vers quelqu'un pour demander. Tout le monde, tout le monde connaît ma vie. Ça me bouffe ! Il y a des trucs : t'as pas envie que les gens, ils sachent. Mais est-ce que j'ai le choix ? Non, le choix, je n'en ai pas. Ça, ça me renvoie toujours, non seulement, ça me renvoie à mon enfance, mais ça me renvoie toujours… la vie que j'ai jamais eue. Celle que peut-être que j'aurais voulu avoir. Être un enfant normal, comme tout le monde. Des parents, adoptifs, qui sont là pour toi, tu fais des études, tu rentres. Et puis, voilà, c'est ça… ma vie, elle est faite de regrets.

*France culture*

## ▶ 84 Activité 4.c .................. p. 101

Tous les jours que Dieu fait je vis au quotidien le regret de ne pas avoir été à l'école.

## ▶ 85 La fabrique de la grammaire, Appliquez .................. p. 103

**a.** Je regrette de ne pas avoir travaillé davantage à l'école.
**b.** Si j'avais su, j'aurais changé d'orientation immédiatement après ma première année à l'université.
**c.** Quel dommage que vous ne soyez pas venus à l'inauguration de ce nouvel établissement !
**d.** Vous pourriez me dire où se trouve la salle des professeurs, s'il vous plaît ?
**e.** Au cas où vous ne seriez pas disponible, je vous remercie de m'envoyer un message.

## ▶ 86 La fabrique des sons, a .................. p. 103

Tous les jours que Dieu fait je vis au quotidien le regret de ne pas avoir été à l'école.

## ▶ 87 La fabrique des sons, b .................. p. 103

Si j'avais su lire et écrire, je ne serais pas partie voir untel pour me le remplir.

## ▶ 88 Document 3 .................. p. 105

*Historiquement vôtre. Le récit.*
– Dessine-moi un mouton !
– Là, tout de suite, Stéphane ? Vous êtes quand même un type bizarre, hein !
– Non, Mathieu, « Dessine-moi un mouton » ce sont ces quelques mots qui font penser immédiatement au célèbre *Petit Prince* d'Antoine de Saint-Exupéry. Ce conte philosophique publié en 1943, soit un an à peine avant la mort de son auteur, et qui est, aujourd'hui encore, le livre le plus traduit au monde juste après la Bible.
– Juste après les « Pourquoi de l'Histoire ? », je crois Stéphane aussi.
– Non, non, la Bible.
– Ah bon d'accord !
– Illustre pilote, écrivain rêveur, grand voyageur, et journaliste engagé, l'auteur du *Petit Prince*, a allié toute sa vie, sa passion du vol à son amour de l'écriture. Mais le mythe d'Antoine de Saint-Exupéry est, en partie, bâti, sur l'énigme de sa disparition, un matin de juillet 1944. Antoine de Saint-Exupéry naît à Lyon, le 29 juin 1900. De son enfance, il garde le souvenir d'une période magique qui l'inspire toute sa vie. Élève bruyant, il est un jeune garçon fantaisiste et rêveur. Très tôt, il aspire à toucher le ciel et les nuages. Son imagination est sans limite. Et un jour qu'il veut s'envoler comme un oiseau, Antoine de Saint-Exupéry, qui a une âme d'inventeur, s'empare de draps pour construire des ailes à sa bicyclette.
– Ça, ça sent la connerie, Stéphane ! Il n'y a que ET qui a réussi ça !
*Téléphone maison*
– Vous aviez quel âge quand ET est sorti, Stéphane ?
– Oh, j'étais déjà grand !
– Antoine de Saint-Exupéry est un adolescent fasciné par les avions. Il se rend très souvent au petit aérodrome situé près du château de l'Ain, où sa famille passe ses vacances, Saint-Maurice-de-Remens. Je donne l'adresse exacte. C'est là qu'à l'été de ses 12 ans et alors que sa mère le lui a formellement interdit, le jeune Antoine réalise son baptême de l'air. Pour la première fois, il quitte la terre ferme et s'envole pour une escapade aérienne dont il ressort émerveillé. Le jeune garçon n'aspire plus qu'à un rêve : celui de devenir pilote. En juillet 1921, son rêve devient réalité […] Il intègre l'Aéropostale, mythique compagnie d'aviation, rendue célèbre par des pilotes légendaires comme Jean Mermoz et Henri Guillaumet. La passion de l'aviation nourrit son besoin d'écriture et Saint-Exupéry publie ses premiers romans : *Courrier Sud, Vol de nuit*. Encensé par le public et la critique, l'écrivain embrasse une carrière de journaliste avant de rejoindre l'armée de l'air au déclenchement de la seconde guerre mondiale. Son destin prend alors un tournant tragique.
– Oh, non, Stéphane.
– Le 31 juillet 1944 à 8 h 45, le commandant Antoine de Saint-Exupéry s'envole aux commandes d'un avion, *Lightning P38*. Parti de Corse, il doit effectuer une mission de reconnaissance au-dessus d'Annecy et de Grenoble. Son avion décolle avec une réserve de carburant pour 4 heures de vol mais à 14 h 30, les autorités militaires sont toujours sans nouvelle du pilote-écrivain. Saint-Exupéry est porté disparu et bientôt présumé mort. Car les recherches menées pour retrouver sa trace sont vaines : ni la carcasse de l'avion, ni le corps du célèbre pilote ne sont retrouvés. Des années durant, les spéculations vont bon train car le mystère est entier. Ce n'est qu'un demi-siècle plus tard, Mathieu, que les premiers indices sont mis à jour. Et c'est le fruit d'un miraculeux hasard que je vous révélerai dans un instant.
*Europe 1. Historiquement vôtre.*
– Ah, pas dans un instant, on veut savoir, et maintenant !
– Non.
– Bah pourquoi ?
– Parce que c'est pas demandé poliment.
*Europe 1*

## ▶ 89 Activité 6.d .................. p. 105

Antoine de Saint-Exupéry naît à Lyon, le 29 juin 1900. De son enfance, il garde le souvenir d'une période magique qui l'inspire toute sa vie. Élève bruyant, il est un jeune garçon fantaisiste et rêveur.

## ▶ 90 La fabrique de la grammaire, Appliquez .................. p. 106

**a.** Pendant le tournage, les youtubeurs ont été accompagnés par des spécialistes de l'Histoire.
**b.** Antoine de Saint-Exupéry s'est fait engager par la compagnie Aéropostale.
**c.** L'écrivain a été victime d'un accident le 31 juillet 1944.
**d.** *Le Petit Prince* est apprécié de tous.
**e.** Il s'est laissé influencer par ces collègues youtubeurs.

## ▶ 91 La fabrique des sons, a .................. p. 106

Antoine de Saint-Exupéry naît à Lyon, le 29 juin 1900. De son enfance, il garde le souvenir d'une période magique qui l'inspire toute sa vie. Élève bruyant, il est un jeune garçon fantaisiste et rêveur.

## ▶ 92 La fabrique des sons, b .................. p. 106

**a.** Alors que sa mère le lui a formellement interdit, le jeune Antoine réalise son baptême de l'air.
**b.** Son destin prend alors un tournant tragique.
**c.** Les premiers indices sont mis à jour.

## ▶ 94 Au quotidien .................. p. 108

– Bonjour Monsieur Durand. Je vous remercie d'être venu. Comme indiqué dans mon message, je vous ai convoqué aujourd'hui pour discuter avec vous de plusieurs éléments. Voilà. Tout d'abord, votre fille arrive régulièrement en retard en classe et cela gêne le bon déroulement du cours, comme vous pouvez l'imaginer.
– Ah bah, parce que vous n'êtes jamais en retard vous peut-être ?
– Pardon ?
– Et vous, ça vous arrive jamais d'être en retard ?
– Si, bien sûr, cela « m'arrive »… Et cela reste très occasionnel. Dans tous les cas, il ne s'agit pas de moi. Il est question de votre fille qui est en retard presque 3 jours par semaine, ce qui fait beaucoup.
– Et vous n'auriez pas pu le lui dire ?
– Nous le lui répétons à chaque fois.
– Vous auriez sans doute dû la punir.
– Nous l'avons fait également… Par ailleurs, une fois qu'elle arrive, elle ne prend pas la peine de s'excuser, ni même le soin de s'installer à son bureau discrètement. Et, selon ses professeurs, elle parle en classe, sans lever la main.
– Ouf ! Déjà, elle s'intéresse. C'est une bonne chose.
– C'est sûr. Mais pour le bon fonctionnement de tous, il serait bon que votre fille prenne l'habitude de lever la main. Par ailleurs, conformément au règlement de l'établissement, il faut qu'elle arrive à l'heure en classe. Vous pouvez certainement nous y aider, n'est-ce pas ?
– Ben… je sais pas trop… Elle vient à pied. Je vais voir avec elle. Il y a autre chose ?
– Oui. Elle ne fait jamais ses devoirs. Elle nous a dit que vous lui demandiez de vous aider à la maison.
– Oh là là…non. Je lui demande rien. Elle passe ses soirées devant la télé, jusqu'à pas d'heure.
– Dans ce cas, je propose que vous lui interdisiez de regarder la télévision. Il faut à tout prix qu'elle fasse ses devoirs car ses résultats sont assez faibles.
– Si je comprends bien vous n'aimez pas ma fille, c'est ça ?
– Écoutez Monsieur Durand, vous devriez m'écouter !

# OUTILS DE LA CLASSE

▶ **95 Activité 1.f** .................... p. 108
**a.** Et vous, ça ne vous arrive jamais d'être en retard ?
**b.** Et vous n'auriez pas pu le lui dire ?

▶ **96 L'intonation du reproche** .... p. 108
**a.** Tu ne viens pas à mon anniversaire ?
**b.** Tu n'as pas fait tes devoirs ?
**c.** Tu regrettes de m'avoir laissé seul ?
**d.** Tu lui as offert une robe ?

## Unité 8

▶ **97 Document 2** ..................... p. 115
– Ses vannes bousculent les codes de l'humour français et cartonnent sur Internet, Haroun est l'invité de ce nouveau numéro de « À l'affiche ». Bienvenue à tous et bonjour Haroun.
– Bonjour !
– Merci beaucoup d'être là pour parler donc de ce spectacle que vous jouez en ce moment au théâtre Édouard VII avant de partir en tournée dans toute la France. Un spectacle baptisé *Haroun*, tout simplement, ça a changé un peu de nom mais… voilà, c'est un peu une sorte de présentation. Et justement, moi quand je préparais l'interview, on vous présente souvent comme sniper de l'humour. Est-ce que ça vous va comme description ?
– Euh oui euh la comparaison avec un sniper c'est pas vraiment… c'est pas vraiment sympa mais oui, oui enfin, ça me va, tout me va en fait. Ça donne l'impression que je suis assez efficace dans les blagues, donc c'est plutôt positif.
– Et c'est le cas, moi je suis, je suis venue vous voir hier soir, c'est vrai que vous êtes un peu entre ce qu'on voit souvent chez les comiques, ceux qui se servent de leur vie privée pour parler beaucoup de la vie quotidienne et à l'inverse du spectre très politique et vraiment très cynique. Vous avez trouvé vraiment ce ton qui est propre vraiment à vous, ce ton entre-deux. Est-ce que c'est comme ça que vous décririez votre style ?
– Oui, euh… alors, oui j'oscille entre les sujets politiques et les sujets quotidiens en fait euh… le quotidien me permet de toucher des sujets sociétaux et l'inverse. Et j'aime bien osciller entre les deux et… en fait je parle beaucoup de nos hypocrisies, donc de ce qu'on ressent vraiment et ce à quoi on essaie de ressembler socialement et, euh, ça donne en effet tous ces allers-retours, oui.
– D'ailleurs, vous dites euh… « y'a pas mieux qu'un bon cliché pour rassembler, rassembler le public » […] Alors, « Je suis humoriste parce que je suis faible », c'est intéressant, vous en faites une blague, mais est-ce que vous vous souvenez justement quand est-ce que vous avez décidé de faire de l'humour votre métier, pourquoi vous avez choisi le stand-up comme moyen d'expression ?
– Oh euh, c'était l'humour, après le stand-up c'est venu plus tard. C'est en voyant des humoristes qui disaient des choses qui me semblaient interdites ou qui me semblaient un peu tabouées. En voyant Coluche, qui fait des sketchs sur le racisme, ou sur la violence, ou sur la politique. Y'avait pas de sujets de prédilection mais c'était tous les sujets qui pouvaient être violents quand on en parle sérieusement et que lui arrivait à amener en rigolant, et puis après plus tard c'était Desproges et puis y avait Les Inconnus aussi donc tout ça, ça m'a montré que ça nous permet de parler de choses dont on n'ose pas parler forcément avec sérieux. Et en plus quand on est marrant en fait on est amis avec les… au collège par exemple, on est ami avec ceux qui terrorisent la cour, parce qu'on est marrant et eux aussi ils ont peur qu'on les vanne quoi, donc ça remet un peu tout le monde à égalité en fait l'humour […]
– Et vous trouvez que l'époque elle est de moins en moins ou peut-être de plus en plus encline à accepter qu'on fasse des blagues sur ces sujets ? Comment est-ce que vous vous percevez les choses ? On a plutôt l'impression qu'il y a de plus en plus de… de tabous.
– Moi je pense pas, je pense que les tabous ce sont des, des… enfin c'est des tabous qui sont fixés par certaines personnes et on a l'impression que ça met la pression à tout le monde. Mais en vrai, dans la sphère privée, les gens s'autorisent vraiment beaucoup de choses, beaucoup plus même que ce que je peux faire sur scène. Et je pense pas vraiment qu'il y ait de… je pense pas qu'il y ait de vrais tabous internes mais y a des tabous sociaux.
– Et vous ne vous autocensurez jamais ?
– Non, non. Pas dans le fond, dans la forme. En fait, je me pose toujours la question, est-ce que la personne dont je me moque va rigoler avec moi là-dessus. Ça c'est vraiment le principe de base que je me fixe mais euh… on a l'impression que les tabous augmentent alors que je pense que c'est quelques personnes qui considèrent ça, qui mettent la pression aux autres et… Mais je pense que dans la sphère privée ou dans le réel on est capable de rire de beaucoup de choses.

France 24

▶ **98 Activité 4.c** .................... p. 115
**a.** D'ailleurs, vous dites euh… « y'a pas mieux qu'un bon cliché pour rassembler, rassembler le public ».
**b.** Y'avait pas de sujets de prédilection mais c'était tous les sujets qui pouvaient être violents.
**c.** Je pense pas qu'il y ait de vrais tabous internes mais y a des tabous sociaux.

▶ **99 La fabrique de la grammaire, Appliquez** ............................. p. 117
Contrairement à ce que beaucoup de personnes pensent, j'estime que l'humour peut être un très bon moyen de défendre des causes sociétales. Bien que ce soit une forme de divertissement, je pense qu'il n'a pas à être neutre politiquement. Toutefois, il est important d'être attentif à la sensibilité du public : l'humour doit faire rire sans blesser. Les humoristes sont parfois critiqués pour leur engagement pour une cause alors qu'il est évident que leur travail consiste aussi à faire avancer les idées.

▶ **100 Document 3** .................... p. 119
– Dans ce 21e épisode, on parlera de warriors et de bricolage. Qu'on soit professionnelle ou amatrice, on le sait, dès qu'on s'approche d'un pneu ou d'une vis, ça crée un court-circuit dans pas mal de cerveaux. On a déjà pas mal parlé des rôles genrés qu'on retrouve dans notre société : traditionnellement, on attend par exemple des hommes de savoir bricoler, réparer, vidanger, bâtir, construire, et les femmes, on attend d'elles qu'elles sachent bah, se coiffer, pour faire court.
– Ou tricoter, à la limite.
– Éventuellement. De fait, quand on se retrouve de près ou de loin dans une situation qui concerne un rôle dit «masculin», ben ça part en spatule. Mais, heureusement, l'outil favori de nos warriors, c'est la pince coupante. Elles ont rembarré leur patron, elles ont déjoué la tentative d'anarque du garagiste, elles ont changé de vie, elles ont fait leurs preuves, elles ont l'art de la débrouille… Bref, nos warriors vont vous redonner sourire et confiance, et vous allez les adorer.
– Ouais !
– Et sans plus tarder, Marga, tu nous présentes Stéphanie.
– Eh oui, c'est la warrior que vous allez entendre maintenant, avec un super accent, qui nous vient du Canada, je suis trop contente, c'est la première warrior du Canada de l'histoire de Yesss.
– On est en train de conquérir le monde, là.
– Voilà, c'est ça ! On passe de l'autre côté de l'Atlantique. Euh, c'est un témoignage qui m'a, euh, qui m'a énormément touchée. Donc Stéphanie, elle a 51 ans et elle élève toute seule ses deux filles. Et donc, c'est un peu le récit d'une vie, à travers le bricolage, qu'elle, euh, qu'elle nous partage. Je n'en dis pas plus, on l'écoute.
– Quand mon père est décédé quand j'avais à peu près 11 ans, j'ai appris à faire des choses quand même dans la maison, simples, pour aider ma mère qui, elle, évidemment, savait rien faire. Donc, faire du papier peint, monter des petits trucs, réparer des objets. J'étais assez débrouillarde, puis j'aimais vraiment rendre service, donc euh… C'était intéressant parce que ma mère elle s'est mise en relation avec un homme qui, euh, sa grande insulte, c'était de me dire que j'étais une féministe, comme si c'était une mauvaise chose. Quand je me suis mariée, j'ai mal choisi, puis j'ai un petit peu reproduit le même schéma. J'ai… J'ai épousé un homme plus vieux et il y avait une sorte de codépendance établie du biais de son instabilité, en fait […] Il était assez bricoleur, donc euh, mais chaque fois que je voulais faire quelque chose, fallait que ce soit à sa convenance ou que ce soit à lui de le faire. Fallait qu'il soit la personne en charge. Moi, je recommençais à repeindre des meubles ou des murs, il aimait pas la couleur, j'avais besoin de monter un truc, il était toujours occupé, etc. Professionnellement, j'ai sacrifié ma carrière à la sienne. Il était cadre, moi j'avais des petits boulots à mi-temps, de merde, qui payaient pas, qui m'emmenaient nulle part euh, et puis évidemment, 90 % au moins de la charge familiale. À un moment j'ai travaillé dans un refuge de femmes, qui quittaient la violence familiale. Ça, ça a été le déclic, elles, euh… ces femmes-là elles partaient avec leurs enfants sous le bras, elles rebâtissaient leur vie à partir de rien. J'ai trouvé ça vraiment inspirant. Et puis, pour me prendre en charge, j'ai repris les études, pendant que je travaillais. J'ai trouvé un bon emploi. Donc, le divorce était il y a trois ans. Il y a deux ans à peu près, j'ai acheté une maison. J'ai deux boulots pour payer les factures mais, on vraiment bien avec mes filles. J'ai deux filles de 14 et 17 ans. La maison, il y a eu beaucoup de problèmes, les deux dernières années… parce qu'on l'a depuis deux ans et demi […] À un moment j'ai acheté une perceuse, et puis là ça a été vraiment absolument épique. Je me suis mise à percer comme une forcenée. Surtout j'ai appris à mes filles à monter des étagères. C'était vraiment important pour moi qu'elles sachent se débrouiller. Alors, il y a deux mois, mon ado de 14 ans elle a monté son petit meuble toute seule IKEA. J'ai eu un moment de triomphe vraiment interne. Je montre à leurs copines ou aux filles de mes amies comment utiliser la perceuse, planter des clous, etc. Je trouve ça super important d'être un modèle pour ces jeunes femmes. J'ai eu des moments de frustration assez pure, parce que je me disais « Je vais pas y arriver ». Puis en fait c'est que mon ex m'a dit « Tu vas jamais réussir toute seule » quand je lui ai dit que j'allais le quitter. La liste est longue, j'ai pas mal trouvé que… j'ai pas mal accompli, assez pour le contredire. Mais il y a eu un moment, j'essayais de réparer l'évier de la cuisine. J'avais dévissé le mauvais joint. C'était bête ! C'était vraiment rien. Mais je savais pas, parce que c'est des choses que j'aurais faites des dizaines de fois si j'avais été élevée comme un garçon et ça c'est des trucs que j'aurais appris à l'âge de 12 ans, quoi.

Yesss podcast

▶ **101 Activité 6.d** .................. p. 119
**a.** On passe de l'autre côté de l'Atlantique.
**b.** Euh, c'est un témoignage qui m'a, euh, qui m'a énormément touchée.

# Transcriptions

## ▶ 102 La fabrique des sons, a .... p. 120

Euh, c'est un témoignage qui m'a euh qui m'a énormément touchée.

## ▶ 103 La fabrique des sons, b .... p. 120

**a.** C'est un peu le récit d'une vie, à travers le bricolage, qu'elle euh, qu'elle nous partage.
**b.** J'ai appris à faire des choses quand même dans la maison, simples, pour aider ma mère qui, qui elle, évidemment, savait rien faire.
**c.** J'ai… J'ai épousé un homme plus vieux et il y avait une sorte de codépendance établie du biais de son instabilité, en fait.

## ▶ 105 L'opinion ................... p. 122

– Est-ce que vous pensez que l'humour ça peut changer le monde ?
– Oui !
– Ah bah oui !
– Non mais c'est même : peut-on faire autrement en fait ? On a essayé en fait de faire autrement au cours de l'Histoire de l'humanité et ça c'est quasiment voire systématiquement super mal fini à chaque fois. On a essayé de plein de manières avec le marketing, la politique, avec l'armée, avec la religion… avec plein de choses, plein de gens ont eu des visions comment dire globalistes et compagnie. Une chose qu'on a jamais vraiment tentée, pour le coup, c'est un vrai bon coup d'autodérision généralisée, quoi.
– Juste parce que ça permet de prendre du recul, c'est en fait c'est un moyen, pour moi c'est un moyen de protection au moment où tu prends du recul sur toi et tu dis « Ok, où j'en suis ? », et si t'as pas l'humour, en fait tu peux te le prendre au travers de la tronche et pas te relever en fait. Donc c'est vraiment un outil qui te permet d'avancer sans saigner du nez de trop quoi.
– Puis de passer des messages durs aussi, sans que ce soit en fait flinguant, plombant, euh, destructeur. Alors, on a vu avec *Charlie Hebdo* par exemple que parfois c'est difficile parce qu'on n'a pas tous la même manière de rire, pas tous les mêmes frontières. Cela dit, quand même, on a un cadre existant autour de la question de l'humour, dans lequel on peut je pense aménager un espace dans lequel on peut dire des trucs compliqués, urgents, voire dramatiques, et sans que ce soit en fait ni accusateur, ni plombant, ni enfermant, quoi.
– C'est l'idée d'autodérision, faut se moquer de soi.
– Ben oui, à chaque fois ton personnage, il est inclus dedans.
– Et je pense que c'est pas tant l'humour en général, pour moi, c'est l'autodérision. Tu vois ? Parce que c'est, c'est un peu plus précis parce qu'il y a des formes d'humour qui ne fonctionnent pas, je pense. Vraiment pour moi l'humour qu'on peut avoir sur soi.
– Et attention, l'autodérision et pas auto-humiliation parce que la… la limite entre les deux est souvent très très mince, en fait. Il y a beaucoup de monastères de moines bouddhistes en fait qui prennent en compte dans leur formation le fait d'apprendre en fait l'humour aux moines, et surtout d'apprendre dans l'humour la capacité à rire de soi, avec bienveillance. Rire de soi avec bienveillance. Ce qui va leur permettre quoi ? Ce qui leur va permettre en fait d'accepter les parties négatives d'eux-mêmes. Par exemple, si moi je suis énervé, je peux arriver un matin à la prod énervé, claquer la porte, être agressif avec tout le monde. Ou arriver en claquant la porte en disant… « Oh, je suis vraiment très très énervé », en m'auto-imitant, ce qui fait que ça va faire rire tout le monde, ça va me faire rire aussi et ça va me calmer, en fait, vous voyez ?

En 2 heures

## ▶ 106 La minute culturelle ............ p. 126

*RTL 7h12. Isabelle Saporta. C'est comme ça.*
– Et donc re-bonjour Isabelle.
– Bonjour.
– Alors comme ça les poches de votre jean seraient trop petites, c'est quoi cette nouvelle histoire ?
– Si vous croyez que je n'entends pas votre sourire moqueur tapi dans votre voix de velours, Yves. Eh bien, oui, ne vous déplaise, cette affaire est très sérieuse. Et d'ailleurs, elle a été révélée par *The Pudding*, un média américain qui a pour objectif de fournir à ses lecteurs des données fiables afin qu'ils se fassent leur opinion sur de grands enjeux de société, oui. C'est pour cela d'ailleurs qu'il s'appelle *The Pudding*, parce qu'en anglais le proverbe dit « La preuve est dans le pudding ».
– Ah bah Voilà.
– Bah voilà, vous savez tout. Bref, ces journalistes se sont attelés à mesurer les poches de 80 jeans, 40 pour femmes, autant pour hommes. La moitié de forme skinny – collante quoi – l'autre droite. Et là, patatras. Les poches des jeans des femmes sont moitié moins grandes que celles des jeans des hommes. Pire : seules 40 % des poches avant des jeans féminins permettent d'y ranger un smartphone et moins de la moitié un porte-monnaie. Et je vous épargne le fait que dans 90 % de nos jeans, nous ne pouvons pas même glisser nos jolies petites mains, contrairement à vous messieurs malgré vos grosses paluches ! Alors j'entends la question qui vous brûle les lèvres, Yves : l'injustice s'arrête-t-elle aux poches avant ? Ou en est-il de même pour les poches arrière ? Rassurez-vous, l'écart est bien moindre sur les poches arrière féminines. Je ne sais pas vous, Yves, mais moi là, ça va tout de suite beaucoup beaucoup mieux.
– Bah en tout cas la question que moi je me pose et à mon avis tous ceux qui nous écoutent c'est pourquoi une telle différence ?
– Eh bien, ça remonte au XVIIIe siècle, où l'on a décrété que les femmes déjà dotées de quatre protubérances – deux seins et deux hanches – n'avaient pas besoin d'en avoir une de plus ! Exit…
– Ah bon ?
– Et oui ! Exit la poche-besace dont elles étaient dotées depuis le Moyen Âge. Et c'est ainsi que l'on a commencé à les cantonner à des micro-poches. Mais derrière tout cela, Yves, il y a une autre idée beaucoup plus insidieuse : pas de poche, pas de chocolat. En fait, on nous empêchait d'avoir « en poche » tout ce qui nous permettait de déambuler seule dehors. Bref, en réduisant la taille de nos poches, on a réduit également notre indépendance. D'ailleurs, le styliste Christian Dior a dit : « Les hommes ont des poches pour garder les choses, les femmes pour la décoration ». Et bim. Merci Christian.
Aussi ce matin, Yves, j'ai envie de vous dire quelque chose, à vous, les hommes. Gardez-les vos poches trop grandes et disgracieuses ! On s'en fiche, on a des sacs à mains, on a des sacs à dos, et on n'a plus besoin de vous pour garder notre argent.
Et puisqu'on parle d'argent, ce serait pas mal qu'on réduise l'écart entre ce qui rentre dans votre grosse poche d'homme. Je rappelle que le salaire moyen d'un homme est de 2 438 euros et nos toutes petites poches de femmes qui, elles, ne reçoivent que 1 986 euros net par mois. Alors Chiche ? Dorénavant, on fait comme ça.
– Isabelle Saporta.

RTL

### Unité 9

## ▶ 107 Document 2 ................ p. 129

– La ville de demain, à quoi elle ressemblerait ? Grande question ! Ben, je dirais : une ville sans pollution, euh, beaucoup de moyens de locomotion électriques du coup. Et une ville propre surtout.
– Euh… Ben ces immeubles haussmanniens que j'aime beaucoup, les rues de Paris que j'aime beaucoup, pavées mais sans voiture. C'est pas tant l'architecture, c'est plutôt la circulation que je remettrais en question.
– Une ville dans une carrière, dans une mine à ciel ouvert. Dans la mine en elle-même. C'est un projet qui existe : c'est une ville de Sibérie où il y a une immense mine à ciel ouvert qui fait, je sais plus, un kilomètre, je crois, de circonférence et 500 mètres de profondeur. Et y a un projet de ville à l'intérieur de ce trou, de cette fosse.
– Moins de béton et plus de verdure.
– Des bâtiments vitrés, énergie solaire, et plus d'arbres, plus de verdure, plus de parcs.
– Des grandes maisons partout, plus de bâtiments, de l'herbe partout, des arbres partout.
– D'abord, elle aurait des espaces verts, ça, c'est sûr. Y aurait moins de bruit, moins de pollution, et pas des immeubles trop hauts.
– Une ville où on respire, une ville verte, une ville avec beaucoup d'espace, une ville connectée, évidemment.
– En 1966, j'ai participé à un séminaire d'architecte sur la ville de l'an 2000. Alors, je vais vous dire, quand même. Alors, les immeubles sont pyramidaux inversés parce que, en haut, il faut la plateforme d'atterrissage de l'hélicoptère individuel. Voilà. Alors, ça se passait en 66, on est en 2019. J'espère que le projet se réalisera […]
– Je trouve le reportage très intéressant parce que ça montre que le monde bascule, et que les gens ont une envie de cadre de vie qui s'oriente indéniablement. La ville à la campagne, la campagne à la ville, euh, la mobilité urbaine. Les gens ne rejettent pas la technologie, bien au contraire, si elle est bien employée dans cet… environnement, dans ces cadres, nouveaux cadres de vie. Mais on est dans un monde qui bascule, et l'architecture, à l'heure actuelle, grâce à la transversalité, aux réseaux sociaux entre autres, on est connectés dans le monde entier, et à travers l'informatique, eh bien, l'architecture bascule, les cadres de vie basculent, les jeunes ont envie de vivre autrement ces cadres de vie. Et ça devient passionnant !

Batiradio

## ▶ 108 Activité 4.d ................ p. 129

**a.** C'est une ville de Sibérie où il y a une immense mine à ciel ouvert qui fait, je sais plus, un kilomètre, je crois de circonférence.
**b.** Des bâtiments vitrés, énergie solaire, et plus d'arbres, plus de verdure, plus de parcs.
**c.** Des grandes maisons partout, plus de bâtiments, de l'herbe partout, des arbres partout.

## ▶ 109 La fabrique de la grammaire, Appliquez ................ p. 131

**a.** Je connais un architecte qui propose un projet de ville sur l'eau.
**b.** Je ne connais aucun architecte qui ait réalisé un projet de ville dans l'espace.
**c.** Les jeunes veulent vivre dans des villes qui soient adaptées à leur mode de vie.
**d.** Les jeunes vivent dans des villes qui ne prennent pas en compte les changements de la société.

## ▶ 110 La fabrique des sons, a ...... p. 131

**a.** C'est une ville de Sibérie où il y a une immense mine à ciel ouvert qui fait, je sais plus, un kilomètre, je crois de circonférence.
**b.** Des bâtiments vitrés, énergie solaire, et plus d'arbres, plus de verdure, plus de parcs.
**c.** Des grandes maisons partout, plus de bâtiments, de l'herbe partout, des arbres partout.

## ▶ 111 La fabrique des sons, b ...... p. 131

**a.** Je n'ai plus d'idées pour transformer notre habitat.
**b.** Il faudrait plus de moyens de transport.

# OUTILS DE LA CLASSE

**c.** Je voudrais qu'il n'y ait plus de gratte-ciel.
**d.** Les villes deviennent de plus en plus vertes.

▶ **112 Document 3** .................. p. 133

– Alors, être *game designer*, c'est être un petit peu comme un écrivain des mécaniques de jeu. Florent Guillaume, *game designer* sur le jeu Vampire du studio Dontnod.
– Le *game design*, ça a commencé avant le jeu vidéo, ça a commencé déjà sur les jeux papier, les jeux plateau, les jeux de cartes. Et, du coup, comme on pourrait designer un jeu de cartes, avec ses propres mécaniques, on designe un jeu vidéo avec d'autres mécaniques en fait qui vont attendre du joueur, ben, de remplir un objectif. Nous, en *game design*, on va essayer de mettre le joueur dans l'état d'esprit du personnage. Donc, on va lui donner des possibilités. Ben, le joueur peut marcher, peut courir, il peut sauter, il peut tirer, il peut faire plein de choses. Et après, y'a beaucoup d'autres facettes. Un jeu vidéo, c'est aussi une histoire, donc on doit développer l'histoire, à travers des niveaux, à travers des chapitres, si je dois faire l'analogie avec un livre. Donc, on va créer des environnements dans lesquels il va se passer des événements. On va dire à ce moment-là, il va y avoir des ennemis qui vont arriver, on va devoir battre les ennemis. Après, on va rencontrer un personnage, on va parler à ce personnage. Donc, c'est réellement comme d'autres types de récit mais avec des mécaniques, avec un langage, un vocabulaire qui est adapté au jeu vidéo, en sachant que chaque jeu vidéo va recréer son propre vocabulaire. C'est ça qui est intéressant parce que tous les jeux sont différents. On a beaucoup été habitués, pendant longtemps dans le jeu vidéo, avec des jeux challengeants, des jeux difficiles, des jeux de combat, souvent, qui véhiculent en fait cette notion d'objectif, cette notion de surmonter un objectif. Le jeu vidéo évolue vers aussi une maturité, une maturité de sujets, une maturité de publics qui nous permet justement de raconter des histoires à d'autres gens, à d'autres publics, à des histoires plus profondes, des histoires plus engageantes aussi. Et je pense c'est ça, en tout cas qui m'intéresse à l'avenir, c'est de raconter, voilà, c'est de raconter de nouvelles choses […]
– Johanne Rousseau, vous êtes présidente du studio de création de jeu vidéo Spiders. Vous êtes aussi scénariste de jeu vidéo. Qu'est-ce que ça veut dire scénariste de jeu vidéo ? Qu'est-ce qu'on fait concrètement ?
– On écrit plein d'histoires, en fait. On n'en écrit pas qu'une d'ailleurs et on conçoit l'univers. Donc, la première étape, d'ailleurs, c'est celle-là, c'est de concevoir l'univers des jeux parce que, alors, à moins de faire un jeu qui va être effectivement très très inspiré de la réalité voire qui se passe dans la réalité, ben, la plupart du temps, quand on a des univers fantastiques, que ce soit de la science-fiction, que ce soit de la *fantasy*, que ce soient des fées ou peu importe, au final. Ben, il faut effectivement concevoir cet univers, définir ce qui s'y passe, sa géographie, son histoire, son économie, et éventuellement sa spiritualité ou ses spiritualités et ainsi de suite. Ça, c'est la première étape, et puis après, il se trouve que donc on en fait du jeu de rôle. Donc, on va donner, effectivement, c'est une aventure, hein, que le joueur va suivre. Par exemple, notre dernier jeu, c'est à peu près 45 heures de jeu. Donc, 45 heures de jeu, c'est 2 heures de film. Ça veut dire qu'il faut, ben, un peu comme dans une série, prévoir des rebondissements, prévoir… L'histoire va vraiment se dérouler de plusieurs manières. Et en plus, souvent, on prévoit des histoires, je vais dire, latérales, on appelle ça *side quests*, c'est à dire que c'est des quêtes secondaires en fait qu'on donne aux joueurs, qu'il n'est pas obligé de faire, mais qui vont augmenter son expérience, la rallonger bien sûr, d'une part, mais c'est pas seulement l'intérêt. L'intérêt, c'est souvent aussi de lui permettre d'en apprendre plus justement sur cet univers-là et aussi, en tout cas, nous, c'est ce qu'on essaye de faire dans nos jeux, qui vont lui donner des moyens de mieux comprendre ce qui se passe dans son aventure principale et éventuellement d'avoir des moyens différents justement d'influer sur cette aventure principale, de telle sorte que, le fait qu'il ait fait ou pas ces quêtes secondaires modifie complètement son expérience et qu'il s'en retrouve avec une aventure spécifique qui soit vraiment la sienne, au final.
– Comment, concrètement, on écrit ce type d'histoire qui forcément n'est pas linéaire ? C'est pas comme un livre où on a un début, on a une fin. Là, il y a un début mais il peut y avoir plein d'aboutissements différents en fonction du joueur.
– Alors, effectivement, ça s'écrit pas ni comme un livre ni comme un film. On est obligé de penser en arborescence. C'est un travail différent parce que le cinéma en fait a tendance à, le cinéma ou le film, a tendance à imposer une vision d'auteur.

France culture

▶ **113 Activité 6.d** .................. p. 133

Florent Guillaume, *game designer* sur le jeu Vampire du studio Dontnod.

▶ **114 La fabrique de la grammaire, Appliquez** .................. p. 134

**a.** Depuis que je joue, je suis moins stressée !
**b.** Ça fait quinze ans que je joue aux jeux vidéo.
**c.** Ado, je jouais jusqu'à ce que le matin se lève.
**d.** Avant que les jeux vidéo ne m'intéressent, j'ai passé des soirées à jouer à des jeux de plateau.
**e.** Un scénariste commence à écrire après que le pitch a été validé.

▶ **115 La fabrique des sons, a** .................. p. 134

Laurent Guillaume, *game designer* sur le jeu Vampire du studio Dontnod.

▶ **116 La fabrique des sons, b** .................. p. 134

**a.** Johanne Rousseau, vous êtes présidente du studio de création de jeu vidéo Spiders.
**b.** Johanne Rousseau, vous êtes présidente du studio de création de jeu vidéo Spiders.

▶ **118 Au quotidien** .................. p. 136

– Je peux entrer ?
– Euh, oui, c'est bon papa…
– Mais tu joues encore ?!
– Ben oui… Mais c'est le week-end…
– Quand même… Tu pourrais faire autre chose, voir tes copains, prendre un bouquin, aller à une expo, je sais pas, moi… Bref, les jeux vidéo, c'est pas bon pour la santé !
– Ben si, justement ! Je viens de lire un article et…
– Lire un article ! Wow, je suis impressionné !
– Ben oui, tu vois, je suis pas toujours collé derrière mon écran !
– Au temps pour moi… Et donc, cet article, il parle de quoi ?
– Il dit que les jeux vidéo, c'est super utile pour améliorer la mémoire spatiale et la concentration.
– Ah bon ?!
– Eh oui ! Tu vois, tu devrais jouer avec moi, t'aurais moins de mal à retrouver ta voiture quand tu te gares ! Et puis, c'est un super moyen pour arrêter de stresser.
– Tu rigoles ! Avec tes jeux de combat, je suis sûr que tu es encore plus stressée.
– Alors, déjà, je ne joue pas aux jeux de combat. Mais tiens, écoute : « Le jeu vidéo est un outil formidable pour gérer son stress, il diminue l'anxiété chez l'adulte et évite son développement chez l'enfant ».
– Ah, je savais pas ! J'aurais parié le contraire !
– Tu sais, papa, aujourd'hui, y a même certains profs qui utilisent les jeux vidéo pour enseigner l'Histoire. En somme, c'est un super outil éducatif !
– Sans blague !
– Oui, c'est vrai. Regarde par exemple Assassin's Creed : ils ont fait un vrai travail de recherche et de reconstitution historique. On dit même que le jeu pourrait servir à reconstruire Notre-Dame de Paris.
– Non, j'y crois pas !
– Si, ils ont reconstitué la cathédrale en 3D au pixel près.
– Bon, c'est bien alors. Mais quand même, tu pourrais passer plus de temps avec tes copains, avec nous… En un mot, sortir un peu de ta bulle, quoi !
– Oui, mais mes copains, je les vois souvent, et on joue en ligne ensemble aussi. Ça nous rapproche. Et puis, pour nous, ben… ça te dit pas d'essayer ? Tiens, toi qui aimes la boxe, on peut se faire un petit combat avec ce jeu-là.
– Ah oui ?! Ben, ok, pourquoi pas ! C'est parti, alors !

▶ **119 Activité 1, d** .................. p. 136

**a.** – Il dit que les jeux vidéo, c'est super utile pour améliorer la mémoire spatiale et la concentration.
– Ah bon ?!
**b.** – Et puis, c'est un super moyen pour arrêter de stresser.
– Tu rigoles !
**c.** – Tu sais, papa, aujourd'hui, y a même certains profs qui utilisent les jeux vidéo pour enseigner l'Histoire. En somme, c'est un super outil éducatif !
– Sans blague !
**d.** – On dit même que le jeu pourrait servir à reconstruire Notre-Dame de Paris.
– Non, j'y crois pas !

▶ **120 L'intonation de la surprise** ... p. 136

**a.** – Mon prof nous a fait jouer pendant tout l'après-midi.
– Sans blague !
**b.** – Je me suis filmé en train de jouer et 5000 personnes m'ont suivie.
– Ah bon ?!
**c.** – Mélanie a gagné la compétition d'e sport !
– Tu rigoles !

## Unité 10

▶ **121 Document 2** .................. p. 143

– Le week-end dernier, je suis allée dîner avec mon ami Quentin chez « Double Dragon », l'un de mes restaurants préférés à Paris. C'est juste à côté de chez moi, dans le 11e arrondissement. Ce que je trouve cool, là-bas, c'est qu'il y a toujours plein de gens que je connais et que je sais qu'on peut y manger jusqu'à super tard. Les cuisines sont ouvertes sur le reste de la salle et les chefs préparent des plats mais du futur : entre l'Orient, l'Asie et l'Occident, genre « Bao frit au comté », « Épinards aux œufs crus battus en mousse », « Huitres fraiches aux cinq poivres ». Chaque fois qu'un plat débarque sur la table, on se frotte les yeux, les mains, on salive d'avance. Rien qu'à la vue de toute cette bonne nourriture.
– Oh, ça c'est beau, le bao frit au comté qui vient d'arriver, c'est… euh… la façon dont s'est présenté, c'est juste *beautiful* !
– Pour avoir déjà goûté l'intégralité de la carte, c'est un endroit où tout est bon mais aussi où tout est beau. Quand je vais là-bas, je ne peux absolument pas m'empêcher de tout prendre en photo et même de faire des vidéos de ce que je vais manger pour les mettre en story sur Instagram. Autour de moi, je vois aussi des clients qui soulèvent carrément l'assiette pour la porter au niveau de leurs yeux, et observer de plus près une couleur, une texture, avant de

deux cent quinze **215**

# Transcriptions

se jeter dessus et de tout dévorer. Du coup, j'ai demandé au serveur qui s'occupait de nous si l'esthétique des plats était quelque chose d'important pour eux et si les clients du restaurant avaient l'habitude de prendre leurs plats en photo.
– Dès que ça arrive sur table, ils prennent en photo et ils font « Waouh, c'est joli ! C'est appétissant ! » Donc, ils prennent en photo et on a des plats qui sont assez travaillés mais c'est très important que la présentation, justement et le côté visuel soient bien travaillés pour qu'ensuite, on retrouve ça sur les réseaux sociaux.
– Pour moi, quand c'est simplement présenté et joliment fait, sans en faire trop, c'est là où on sait que le produit va être super bon !
– Du coup, j'ai la bouche pleine..
– Pour ce 9e épisode de « Manger », je me suis donc intéressée à la question du « beau » dans nos assiettes. Pourquoi accordons-nous tant d'importance à la façon dont est présentée la nourriture que l'on va manger ? Comment le marketing et la publicité sont-ils parvenus à rendre le beau aussi important que le bon ? Et pourquoi avons-nous tendance à partager sur les réseaux de jolies photos de ce que l'on mange ? Je m'appelle Laurianne Melierre, je suis journaliste, j'adore manger mais surtout, j'adore vous en parler.
Pour mieux comprendre comment on en était arrivé là, je suis allée à la rencontre d'une personne dont le métier est justement d'embellir la nourriture. Elle s'appelle Marlène Dispoto et elle est styliste culinaire, ça veut dire qu'elle invente ou exécute des recettes, choisit ses ingrédients, puis les met en scène. Elle collabore avec d'autres corps de métiers qui, eux, vont immortaliser son travail : un réalisateur, un photographe, un retoucheur […]
Pourquoi est-ce que l'esthétique est si importante dans ce que l'on va manger ? Pourquoi on accorde tellement d'importance à la présentation, au visuel des aliments qu'on va manger, qu'on va consommer ?
– La première réflexion que l'on peut faire, c'est que, ben, c'est l'œil qui achète. Il faut pas se mentir. Moi, la plupart du temps, j'essaie de convaincre les personnes : soit essayer une recette, leur donner envie de la reproduire, soit d'acheter un produit qui est dans la recette, soit je dois leur vendre une image d'inspiration, d'une vie qu'ils aimeraient bien avoir. On est ce qu'on bouffe… donc, euh… et aussi, il y a beaucoup de projections là-dessus, par rapport à ce concept. Donc, c'est normal que ça passe à travers les yeux, c'est le premier sens qui essaie de décortiquer ce que l'on va peut-être, potentiellement manger ou ce que l'on va potentiellement cuisiner. Et ça doit être clair pour les yeux, ça doit être tout de suite compréhensible. Les yeux, ils sont capables de s'attendre à quelque chose de… d'une texture, parce que les textures sont aussi visuelles, elles ne sont pas que dans la bouche, donc à la fois il faut un tout petit peu raconter une petite histoire de ce qu'il y a dans l'assiette et aussi, enfin, il y a un but et descriptif et d'inspiration. J'ai énormément de clients qui, en gros, me demandent : « Je veux bouffer l'écran ».

Louiemedia

▶ **122 Activité 4.d** ........................... p. 143
**a.** Du coup, j'ai demandé au serveur qui s'occupait de nous si l'esthétique des plats était quelque chose d'important pour eux.
**b.** Et ça doit être clair pour les yeux, ça doit être tout de suite compréhensible.

▶ **123 La fabrique de la grammaire, Appliquez, 1** ........................... p. 145
**a.** Il se peut que l'on soit obligé d'attendre quelques minutes : le restaurant est plein à craquer !
**b.** Manger des insectes en 2049 ? Il y a des chances que l'on y échappe mais on verra bien !
**c.** D'ici quelques années, les chefs vont probablement réduire le nombre de plats d'origine animale sur leur carte.
**d.** On va sans doute tous devenir flexitarien un jour ou l'autre !
**e.** Il est fort probable que la cuisine de Kei Kobayashi inspire de grandes marques alimentaires, comme Picard !

▶ **124 La fabrique de la grammaire, Appliquez, 3** ........................... p. 145
Enquête 5057 – Entreprise « Open meals » – start-up japonaise – fabrication de sushis 3D à base de petits cubes = sorte de pixels de nourriture – gastronomie digitale – téléportation de sushis en 2023 – 2040 : installation du robot cuisinier dans chaque foyer – coût très élevé.

▶ **125 La fabrique des sons, a** ...... p. 145
**a.** Du coup, j'ai demandé au serveur qui s'occupait de nous si l'esthétique des plats était quelque chose d'important pour eux.
**b.** Et ça doit être clair pour les yeux, ça doit être tout de suite compréhensible.

▶ **126 La fabrique des sons, b** ...... p. 145
**a.** C'est un endroit où tout est bon mais aussi où tout est beau.
**b.** Quand je vais là-bas, je ne peux absolument pas m'empêcher de tout prendre en photo.

▶ **127 Document 3** ........................... p. 147
– Quand j'ai dit donc oui à une exposition là-bas, je me suis rendu compte que je le veuille ou que je ne le veuille pas, si c'était dans cet endroit, ça allait parler de moi, pas que de mes souliers, mais ça allait parler, j'allais me mettre à parler de mon enfance, de ma famille, etc. Donc, c'est s'exhiber. Et en plus, au moment de chercher un titre, exposition, moi, je voulais que le titre ait, soit facile en anglais. Donc, exposition, ça se dit *exhibition*, et je trouvais, donc, c'est exactement la même chose mais c'est plus fort et en fait, s'exhiber, c'est un peu se mettre à nu […]
– Pourquoi, d'ailleurs, fait-il, fait-il, ses souliers, font-ils pardon, leur entrée au musée au Palais de la Porte Dorée et pas au musée des Arts décoratifs ? Je précise d'ailleurs que le commissaire de l'exposition est l'un des directeurs du musée des Arts décoratifs, Olivier Gabet, qui a pensé cette exposition avec vous. Pourquoi pas non plus au Palais Galliera, musée de la mode à Paris. Comment expliquer leur présence dans ce lieu-là, qui a aussi une histoire ?
– Parce qu'à nouveau, c'est un lieu qui a à voir avec mon enfance et qu'en plus, moi, je suis, comment dire, presque un peu tombé par hasard dans le milieu de la mode. À la base, très tôt, vers l'âge de 10 ans, j'ai commencé à dessiner des souliers. À 16 ans, j'ai compris que ça pouvait être un métier et un joli métier et donc, à partir de 16 ans, j'ai commencé à dessiner les souliers mais j'ai juste changé la position, j'ai commencé à les faire de profil, de 10 à 16 ans, et ensuite, j'ai commencé à les faire de profil et de trois quarts face. Mais, mes premières amours, ça n'a jamais été la mode. Mes premières amours, ça a été, et les premières personnes pour qui j'ai voulu dessiner des souliers, c'étaient les danseuses, les danseuses de music-hall, le cabaret, euh, les gens sur scène. Donc, dans le fond, la mode, Galliera ou le musée des Arts de la mode, enfin le Musée des Arts décoratifs sont vraiment des endroits de mode. Donc dans le fond, pour moi, ça aurait été réducteur parce que, numéro 1, j'ai un travail qui plaît à beaucoup de gens et pas qu'aux fashionistas et aux gens de la mode mais je vois, je voyage beaucoup, je vois que le, le, le, – le spectre, on dit ? – le spectre des gens qui aiment mon travail est beaucoup plus large. Donc, moi, je voulais de toute manière, surtout à Paris, je voulais une exposition populaire de qualité. Et évidemment qu'on peut faire des choses de qualité à Galliera ou au Louvre-là, aux Arts décoratifs mais ça n'est pas vraiment populaire, ce n'est pas comme je l'imaginais dans le fond, ça, c'est sûr ! Et je trouve que c'est important. C'est un très beau musée, il est à l'est de Paris et je trouvais que c'était assez normal de rendre à César ce qui a un peu commencé à César puisque moi, mon premier dessin de soulier, c'était une espèce de poster, comme ça, c'était une signalétique et il était dans ce musée, donc, la première fois que j'ai vu un dessin, c'était dans ce musée. Donc, vraiment, beaucoup de choses ont commencé dans ce lieu.
– De soulier ?
– Oui.
– C'est ça, c'est ce que, c'est d'ailleurs ce même panneau signalétique avec un talon barré rouge en l'espèce qui se retrouve dès le début de votre exposition pour recréer cette image qui vous a poursuivie et que vous aviez vue, perçue quand vous étiez enfant, il faut dire peut-être pourquoi à l'époque. Simplement, les talons risquaient de rayer le parquet du musée, hein, c'est ça ?
– Exactement […]
– Quelle part de vous dans la création ? Est-ce que vous cherchez toujours, souvent à faire des collections qui d'abord, vous ressemblent ?
– À partir du moment où je les dessine, elles me ressemblent. Alors, de temps en temps, je ne me reconnais pas particulièrement, c'est-à-dire qu'elles me surprennent mais dès que l'on se met à dessiner, c'est, forcément, c'est de soi à soi… Surtout que, quand je dessine, bon, numéro un, je m'isole, ça c'est la première chose, et la seconde chose, c'est que tout ce que j'ai dans la tête est dans ma tête, c'est-à-dire que je dessine avec ma mémoire. Je ne dessine pas avec des documents, à part des choses qui sont assez précises. De temps en temps, il y a l'inspiration qui est très nette. Par exemple, la semelle rouge, elle est née d'un soulier et j'avais vraiment une peinture dans la tête : j'avais une peinture d'Andy Warhol mais je ne l'avais pas à côté de moi. Et c'est très important. Parce que quand les choses passent par le filtre de la mémoire, n'importe quelle influence doit passer, pour moi, par le filtre de la mémoire, des souvenirs et ensuite, donc… Ce sont des choses qu'on ingère et ensuite, qu'on digère et à ce moment-là, le dessin arrive. Donc, ça parle de soi mais, de temps en temps, c'est curieux, on s'étonne soi-même.
– C'est un voyage imaginaire, d'abord ?
– C'est un voyage imaginaire, oui. Mais qui commence avec de longues racines. Avant de dessiner, il y a déjà beaucoup de choses qui se sont passées, en fait.

France culture

▶ **128 Activité 6.d** ........................... p. 147
**a.** Simplement, les talons risquaient de rayer le parquet du musée, hein ?
**b.** Surtout que, quand je dessine, bon, numéro un, je m'isole, ça c'est la première chose.
**c.** N'importe quelle influence doit passer, pour moi, par le filtre de la mémoire, des souvenirs et ensuite, donc… Ce sont des choses qu'on ingère.

▶ **129 La fabrique de la grammaire, Appliquez** ........................... p. 148
Invitée à l'occasion de l'ouverture de l'exposition, intitulée « L'exhibitionniste », au Palais de la Porte Dorée, j'entre dans le foyer du musée où un orchestre symphonique joue la musique de *La Boum*. Les invitées ont changé de souliers dans le taxi qui les a menées jusqu'au musée – pas question d'y aller à pied ! – ou sur le petit banc qui se trouve à gauche de l'entrée. Les souliers en cuir à semelle rouge sont enfin de sortie ! D'autres invitées arrivent : les stars en Louboutin du dîner qui suit parmi lesquels Monica Bellucci ou Dita Von Teese…

# OUTILS DE LA CLASSE

▶ **130 La fabrique des sons** .......... p. 148

**a.** Simplement, les talons risquaient de rayer le parquet du musée, hein?
**b.** Surtout que, quand je dessine, bon, numéro un, je m'isole, ça c'est la première chose.
**c.** N'importe quelle influence doit passer, pour moi, par le filtre de la mémoire, des souvenirs et ensuite, donc… Ce sont des choses qu'on ingère.

▶ **132 L'opinion** .................. p. 150

– De cause à effet, le magazine de l'environnement.
– En cette fin de semaine de la mode, rythmée par les défilés de Haute Couture, et dans le cadre de notre rendez-vous mensuel #SauverLePrésent qui réunit, je le rappelle, *France Culture*, *Le Parisien*, *Konbini News* et *Usbek & Rica*, c'est l'univers de la mode que nous avons choisi de scruter. Un monde dont le bilan écologique est sans appel! En effet, la mode est responsable de 10% des émissions de CO2 dans le monde, de 20% des rejets d'eaux usées et de 22,5% de l'utilisation de pesticides. Un impact social et environnemental non-négligeable. Et selon les projections d'analystes, la génération des Millennials n'entend pas cautionner cette dégradation de la planète. Les acteurs du monde de la mode l'ont bien analysé, y compris dans le secteur du luxe qui fait sa révolution verte, avec le soutien, on l'aura remarqué, d'ambassadeurs emblématiques comme Stella McCartney ou Vivienne Westwood. Des jeunes créateurs aux Maisons phares, comment le monde de la mode fait-il sa révolution? Quels en sont les mobiles et les motivations? […] Clément Maulavé, donc avec votre compère, on peut dire, hein, Mathieu Couacault, vous avez lancé l'aventure de Hopaal en 2016. Concrètement, qu'est-ce qui vous a poussé vers ce concept-là? Je rappelle que vous êtes donc à la tête de cette entreprise Hopaal qui propose des vêtements, on peut dire « du futur », donc conçus comment?
– Hopaal, on l'a lancé en 2016. Ça venait d'un constat que toute l'entreprise de la mode polluait énormément. Avec Mathieu, on avait une grande sensibilité environnementale, on avait envie d'entreprendre. Et du coup, en mixant un petit peu les deux, ça a donné une marque de vêtements qui se voulait la plus *clean* possible. Donc pour être la plus *clean* possible, on a étudié toute la chaîne d'approvisionnement d'un vêtement et à chaque étape, en fait, on sélectionne les alternatives les plus saines possibles, les plus durables possibles. Et ça passe aussi par cette volonté de croissance. Et vous disiez tout à l'heure, il y a un signe de décroissance qui est inquiétant mais en fait, pour nous, il n'est pas inquiétant du tout, puisqu'en fait, c'est une prise de conscience. Et quand avec Hopaal, on s'approche du moment final, donc l'achat du consommateur, en fait, on essaye, notre obsession, c'est de répondre à un besoin. Donc, on préfère ne pas produire un vêtement qui ne servira à rien, qui finira au fond d'un placard, qui aura été produit pour rien. On préfère du coup travailler avec nos clients pour s'assurer que, eux, ont un réel besoin et nous, de notre côté, notre métier, c'est de répondre à ce besoin-là. Donc, oui, on fait des vêtements recyclés, oui, on fabrique en France mais, notre grosse différence, c'est qu'on ne va pas produire des vêtements et on va tout faire pour les vendre, on va demander aux clients ce dont ils ont besoin et puis, on va produire les vêtements. Donc, on fonctionne beaucoup en précommande, en cocréation avec les clients, etc.
– En précisant, donc, que ces vêtements sont fabriqués à partir de chutes de coton bio, de bouteilles en plastique, et on peut préciser aussi, puisqu'on a donné des chiffres en début d'émission: un pull classique en coton, sans être donc écoresponsable nécessite, vous me dites si je me trompe, 2700 litres d'eau?
– Ça, c'est pour un tee-shirt.
– 320 grammes d'engrais chimiques et 14 grammes de pesticides, c'est ce que j'ai relevé dans des études.
– Ouais.
– Et un tee-shirt du futur, ce serait seulement 50 litres d'eau, c'est ça?
– En fait, oui… […]
– Donc, Majdouline Sbaï, une évolution, on peut dire, y compris dans ces pays-là, en écoutant Damien Maulavé, Clément Pellé, on peut se dire: est-ce que changer la mode c'est une ambition de plus en plus partagée ou on est encore à la marge?
– C'est difficile de mesurer parce que le vrai indicateur qui serait, je dirais, le plus intéressant, c'est de savoir précisément le volume de l'offre en prêt-à-porter, en habillement qui peut être considéré comme éco-responsable. Et comme il n'existe pas un label unique ou une nomenclature unique pour dire ce qui est responsable et ce qui ne l'est pas, c'est un peu compliqué. On estime, euh, l'Institut français de la mode, l'an dernier estimait que ça représentait, à peu près, 8% de l'offre. Donc, on reste vraiment un peu, si on regarde le volume du marché, un peu à la marge. Maintenant, ce qui est important dans ce qui a été dit, c'est, que la première chose, il y a un souci de mesurer, parce que jusqu'à il y a une période récente, finalement, on a des données macro que l'on a citées sur les pollutions mondiales, on a quelques données par-ci, par-là mais pour chaque entreprise, pour chaque marque de pouvoir mesurer, effectivement, l'impact de ses produits, c'est déterminant pour progresser. La deuxième chose, c'est que, de plus en plus, en rapprochant le lieu de fabrication du lieu de production, on facilite aussi l'accès à l'information pour le consommateur et y compris pour le producteur […]
– Ce qui émerge et qui ne doit pas être regardé comme un sous-marché mais maintenant un vrai marché, c'est la seconde main. Alors, sur 150 milliards de chiffre d'affaires du secteur de l'habillement en France, on en était à un milliard il y a un an, il faudrait que je regarde les derniers chiffres, mais, en plus, il y a tout le secteur informel de la seconde main, donc, c'est considérable et de plus en plus, les Français ont adopté cette norme d'acheter moins de vêtements neufs (ça a été dit) mais plus de vêtements aussi, de seconde main. Et ça, c'est une vraie évolution structurante dans la façon dont on s'habille. Je pense qu'il y a d'autres modèles aussi qui vont se développer, comme la location, etc. de vêtements et qui vont finalement. Parce que l'enjeu, c'est pas simplement de produire très bien (ça a été dit également), c'est de produire moins mais mieux. Et donc, c'est produire à la demande mais aussi, en volume, réduire le gaspillage.

France culture

▶ **133 La minute culturelle** .......... p. 154

My Little Paris présente « J'ai faim », un *foodcast* qui met l'eau à la bouche, chroniqué par François Simon.
– Qui va payer l'addition? Qui va se cogner la douloureuse? Voici la bonne question! Bien souvent, entre amis, il est de règle de partager plaisamment, sans esbroufe, ni radinerie et de s'en tenir là.
– Oui. Pardon Myriam, ça t'ennuie qu'on partage? T'as pris qu'une salade, toi? Et ben, tu vas la payer à part ta petite salade, hein, et puis, nous, on divise le reste… on préfère!
– Mais dans d'autres situations où les règles ne sont pas encore bien définies, où le flou n'est même pas artistique, il n'est pas question de s'emmêler les pinceaux et de casser un climat. Prendre l'addition, c'est parfois prendre un ascendant.
– Je suis vierge ascendant lion.
– Marquer des points…
– Ça vous fera 4 points et 150 euros.
– Accaparer le plaisir de l'autre, l'imposer…
– Non, non, j'y tiens, ça me fait plaisir.
– Puisque vous y tenez.
– Ça me fait plaisir.
– Alors, pour cela, mieux vaut être d'une extrême douceur car rien n'est plus embarrassant que ces fausses empoignades de fin de repas lorsque le Côtes-du-Rhône est de la partie.
– Bon, François, c'est moi qui t'invite, hein, ce soir.
– Hop, hop, hop, hop, hop, c'est pour moi…
– François…
– Non-non, non-non, non-non. Non, c'est bon. C'est pour moi.
– Bon, vous pouvez vous décider là?
– Les serveurs ont autre chose à faire que de jouer les arbitres de catch. De surcroît, j'ai connu des sensibilités chiffonnées pour avoir été délestées de la douloureuse.
– Ok, ben, paie! Paye!
– Très bien.
– C'est parfait!
– Ma recommandation est simple: lorsque vous convenez d'un dîner ou d'un déjeuner, annoncez délicatement les règles par un gentil SMS.
– Tu seras mon invitée.
– Avec grand plaisir!
– Et si l'autre parti ne moufte pas, c'est gagné! Le moment de l'addition ne doit jamais être vécu comme une prise de pouvoir. Surtout, ne laissez jamais perdre la face à votre invité. Ouvrez-lui un champ du possible, un dernier verre, une expo, un café ailleurs, une autre fois.
– Oh là là, c'est un bazar là-dedans.
– Ne faites pas mine non plus de fouiller laborieusement dans votre sac.
– Où est mon portefeuille?
– Ne jouez jamais les pingres.
– Bah, mince alors.
– Cela se retourne toujours contre vous.
– Laisse tomber, je connais la chanson.
– Et si cette échéance, celle de la note fatale vous embarrasse au plus au haut point, proposez alors un dîner chez vous, mais ça, c'est une autre paire de manches et surtout, un autre rendez-vous avec vous!

My Little Paris

## Unité 11

▶ **134 Document 2** .......... p. 157

– Les animaux et les plantes semblent souvent accomplir des prouesses. Parler de stratégie, de mémoire, de défense ou d'association n'est pas surfait. Pour cette nouvelle série d'été, j'ai envie de vous faire découvrir le génie du monde qui nous entoure. C'est ce que j'ai appelé de manière peut-être un peu caricaturale « l'intelligence du vivant ». Il sera question des arbres et des plantes, des oiseaux, des poulpes et des mammifères, des microbes et des virus entre autres. Et on commence aujourd'hui avec les champignons. Les champignons sont partout, dans la terre, les océans et les déserts, ils vivent d'incroyables épopées sous nos pieds. Ils ont beaucoup de pouvoirs et en particulier celui de la vie, car sans eux, nous ne sommes rien.
Marc-André Selosse est professeur au Muséum National d'histoire naturelle. Il est auteur entre autres de *Jamais seul, ces microbes qui construisent les plantes, les animaux et les civilisations*, paru chez Actes Sud. Et il propose un voyage sous terre, dans le monde invisible des bactéries et des champignons. Les champignons sont les rois de la vie associative et des couples qui durent. Les véritables héros du royaume du vivant. Vous croyez bien connaître le monde des champignons? Vous allez découvrir un univers insoupçonné, plus proche du monde animal que du monde végétal […]

# Transcriptions

– Un champignon, c'est ni un végétal, ni un animal. Effectivement, c'est vrai que c'est immobile comme les végétaux, mais d'un autre côté, tout comme les animaux, c'est incapable de faire sa propre matière organique, ça n'a pas de photosynthèse, donc c'est ni l'un, ni l'autre. C'est un autre groupe du monde vivant. Mais par contre, d'un point de vue évolutif, c'est assez proche des animaux, c'est-à-dire qu'on a un ancêtre commun, il y a, bon, il y a un bon milliard d'années quand même, et donc ce sont nos plus proches parents à nous animaux dans l'évolution.
– Donc c'est vrai que le champignon est plus proche des Hommes que de l'herbe, par exemple ?
– Absolument, absolument. Alors, cela dit, évidemment, pendant ce milliard d'années d'évolution qui s'est passé depuis l'ancêtre commun, nous, les animaux, et notamment l'Homme, sommes devenus très très différents de ce que sont les champignons, et il n'y a plus vraiment de ressemblance. À un détail près : c'est que beaucoup des fongicides, beaucoup des molécules qu'on utilise pour tuer les champignons, sont dangereux pour l'Homme aussi. Et c'est beaucoup plus difficile de lutter contre les champignons que contre les bactéries, parce qu'ils nous ressemblent beaucoup plus, donc ce qui les affecte est aussi plus susceptible de nous affecter […]
– Il y a beaucoup de champignons, une variété incroyable, il y en a partout dans le monde entier… sur tous les sols ?
– Oui, ben, sur tous les sols, dans les organismes. Y en a qui parasitent les plantes. Y en a un petit peu partout, et d'ailleurs, la grande question est de savoir combien il y a d'espèces. Bon alors la réponse, c'est qu'on sait pas. On en a décrit à peu près 140 000 espèces, c'est déjà pas mal. Mais quand on fait des estimations du nombre de champignons, parce qu'on sait très bien qu'y en a qu'on ne connaît pas. Alors on fait ces estimations en disant, ben tiens, pour une espèce de plantes, combien de champignons on trouve à un endroit donné. Et puis on voit le rapport entre les 2. Ou alors on fait une grosse étude à un endroit donné, on se dit bon dans cet endroit j'en ai autant d'espèces, du coup au niveau du globe ça doit faire autant. Eh ben on obtient une fourchette de 1 à 30 millions d'espèces. Et on n'est toujours pas sûrs du nombre, mais vous voyez que comme on en connaît 140 000, ben, ça fait pas beaucoup,
– Ça fait du travail pour les mycologues.
– Oui, ça en fait beaucoup, pour le coup. Si vous comptez qu'il y en a en gros 6 millions d'espèces, comme en décrit 1 500 chaque année, ben il nous faudra 4 à 5 000 ans pour arriver à faire le total. Par contre, ce qu'on peut vous dire aussi, c'est la quantité en masse. Parce qu'ils ont beau être invisibles, il y a des filaments partout ! Dans un hectare de forêt, vous avez l'équivalent d'une vingtaine de vaches en masse, de champignons cachés dans les sols, cachés dans les plantes. Et on compte qu'au niveau du globe entier, la masse totale de champignons, c'est l'équivalent de 2 000 milliards d'humains. Donc il y en a vraiment beaucoup. Vous ne voyez pas les parties, mais la somme des parties, comme il y en a partout, eh bien c'est une masse énorme, que ce soit dans les sols, dans les organismes vivants.

France Inter

▶ **135 Activité 5.c** ............................. p. 157

On en a décrit à peu près 140 000 espèces, c'est déjà pas mal.

▶ **136 La fabrique de la grammaire, Appliquez** ............................. p. 159

**a.** 10 % de spécimens en moins chaque année : cette espèce est en voie de disparition, c'est incontestable.
**b.** On ne peut pas nier qu'il existe une complicité entre l'humain et l'animal.
**c.** Toute cette histoire me paraît complètement invraisemblable.
**d.** Les experts ont la conviction que la situation va s'améliorer.
**e.** Je me demande si cette espèce est en voie de disparition.

▶ **137 La fabrique des sons, a** ............................. p. 159

On en a décrit à peu près 140 000 espèces, c'est déjà pas mal.

▶ **138 La fabrique des sons, b** ............................. p. 159

**a.** T'en connais beaucoup, des espèces de plantes ?
**b.** C'est p't-être une maladie orpheline…
**c.** Tu veux aller déj'ner dehors ?

▶ **139 Document 3** ............................. p. 161

– Alors cet été on décortique les lieux et les objets qui composent nos villes. Aujourd'hui alors il nous a vraiment manqué, mais on l'a retrouvé avec bonheur : le café.
– Et oui et parmi tous ces objets, vous le disiez, qui composent nos villes, le café est assez paradoxal. Il est pas toujours très bien vu, il est souvent accusé de propager l'alcoolisme, de favoriser les réflexions comme on dit « de bas étage ». Mais pour qui s'intéresse à la fabrication de la cité, c'est au contraire un lieu précieux et un espace de rencontre assez unique dans la ville. Pour le sociologue Pierre Boisard, qui est spécialiste du sujet, la récente fermeture des cafés a d'ailleurs littéralement changé la physionomie de certains quartiers.
– Entre la fin stricte du confinement et puis la réouverture des bistrots, je traversais les rues, je me disais « il y a un problème, là ». Il manquait l'ambiance. Ce n'est pas seulement que je ne pouvais pas aller prendre mon café ou ma bière, mais il y avait une question d'ambiance, surtout dans cette rue, vous voyez, où il y a des terrasses un peu partout quoi.
– Nous sommes rue Daguerre dans le 14ᵉ arrondissement de Paris. Et c'est vrai que toutes ces terrasses, d'autant plus étendues d'ailleurs depuis la sortie du confinement, elles participent à créer une ambiance dans la ville.
– Le bistrot, le café, le bar, alors peu importe le titre, aurait donc un rôle d'animation de l'espace public, David ?
– Oui et à ce titre donc c'est un lieu absolument central. Mais bien au-delà de ça le café permet beaucoup de choses, parce que c'est aussi un lieu très flexible.
– C'est un endroit intermédiaire, justement, du point de vue de la ville. C'est ouvert, et aussi ça peut se fermer. On peut aller à l'intérieur, être tranquille, se créer une intimité. Et puis être dehors pour observer les belles personnes qui passent dans la rue. Enfin, on se fait l'endroit, le nid qu'on veut dans le bistrot.
– On peut voir le café comme l'extension de son logement d'ailleurs par exemple. On y déjeune, on y retrouve des amis. Mais aussi on peut faire d'un café un bureau. Et on n'a pas attendu pour ça les espaces de co-working.
– On rentre à l'intérieur ?
– Oui, oui, on… je passe devant. Les tables normalement, elles sont pas là. C'est pour interdire aussi l'accès au comptoir.
– C'est vrai que le protocole sanitaire de ces dernières semaines demande un écran de protection entre les clients et le personnel, ce qui amène effectivement comme ici la plupart des cafetiers à interdire l'accès au comptoir.
– Mais un bistrot sans comptoir, est-ce que ça reste un bistrot ?
– Ben oui c'est vrai, ça, le comptoir, le bar, le zin… le zinc pardon, c'est vraiment l'endroit majeur du bistrot. C'est ici que se retrouvent les habitués, que ça se joue, ce que Pierre Boisard qualifie de « pièce de théâtre, chaque jour différente ».

Dans son livre La vie de bistrot, édité aux Presses Universitaires de France, il revient sur pas mal d'histoires qui s'y déroulent, jusqu'à ne parler des bistrots non plus comme des débits de boisson, ni même comme des lieux physiques tangibles, mais presque uniquement à travers les relations humaines qui s'y nouent. Alors du coup on se demande pourquoi on se retrouve au bar, et pas tout simplement sur un banc public par exemple ?
– Mais, un banc public il va être isolé… Si vous avez cinquante bancs publics, qui sont installés en rond, et vous mettez une tente, une toile, un velum dessus, bon, ce sera presque un petit bistrot, en fait. Ça, c'est rien, c'est une table, des chaises, c'est tout. Donc c'est juste un endroit où on a un peu de confort pour s'asseoir, pour discuter, pour se retrouver entre soi, et à l'abri, parce qu'il peut pleuvoir.
– Et oui c'est tellement simple finalement un café. Et cette définition est valable, ici au Bouquet, dans le 14ᵉ arrondissement de Paris mais à quelques détails près, à peu près partout ailleurs aussi, depuis à peu près tout le temps, les premiers cafés en France datent du XVIIᵉ siècle et bien sûr pour à peu près tout le monde, ce qu'aime à rappeler Pierre Boisard à propos de son ancien QG, le Martignac, à Paris là encore.
– Dans ce bistrot de la rue de Grenelle, ce qui était formidable, c'est qu'il y avait à la fois la grande bourgeoisie du 7ᵉ arrondissement, et puis il y avait les ouvriers de la ville, qui venaient tôt le matin, les employés des ministères, des militaires parce que le ministère des Armées était tout près. Donc ça c'est le petit miracle qui se produit, mais presque à des lieu très précis. Donc il ne faut pas rêver non plus, c'est une mixité sociale à durée limitée.
– À durée limitée, certes, mais un vrai lieu de mixité sociale tout de même, et ça, dans une ville, c'est déjà bien assez rare.

France Inter

▶ **140 Activité 6.c** ............................. p. 161

**a.** Être dehors pour observer les belles personnes qui passent dans la rue.
**b.** C'est juste un endroit où on a un peu de confort pour s'asseoir.

▶ **141 La fabrique de la grammaire, Appliquez** ............................. p. 162

**a.** Vous avez parlé au maire du problème de la désertification du centre-ville ?
**b.** Tu vois souvent ces conseillers municipaux aux réunions ?
**c.** Camille t'a dit qu'elle allait ouvrir un bistrot bio ?
**d.** On va se retrouver au bar Saint-Charles pour l'apéro ?
**e.** Il faut annoncer aux habitants du quartier qu'il va y avoir des travaux ?

▶ **142 La fabrique des sons, a** ............................. p. 162

**a.** Être dehors pour observer les belles personnes qui passent dans la rue.
**b.** C'est juste un endroit où on a un peu de confort pour s'asseoir.

▶ **143 La fabrique des sons, b** ............................. p. 162

**a.** Je crois au transhumanisme.
**b.** C'est bon pour ton organisme.

▶ **145 Au quotidien** ............................. p. 164

– Alors, tu l'as fini le dernier bouquin de Damasio ? J'aimerais bien que tu me le prêtes, j'ai rien à lire pour ce week-end.
– Oui, oui, c'est bon ! 700 pages !!! Un pavé…
– Et tu me le conseilles ?
– Ben écoute, je sais pas trop quoi te dire, parce que je l'ai trouvé… flippant ! Au fond je crois que j'aime pas trop les romans d'anticipation. Souvent ça raconte des histoires angoissantes, parce que ça se passe dans un futur

tellement proche que t'as l'impression que tu vas les vivre.
– Et là, concrètement ?
– Ben il parle de villes qui ont été rachetées par des groupes privés, des marques. Les habitants sont tout le temps contrôlés, ils portent une bague qui enregistre toutes leurs activités. C'est l'horreur, t'as plus de vie privée. Et certains quartiers sont interdits si tu n'achètes pas de forfaits pour y accéder, ça crée comme des ghettos dans la ville. Les gens se réfugient dans des cocons numériques, la réalité virtuelle en fait, mais carrément plus puissante qu'aujourd'hui.
– Ah oui, en effet, c'est inquiétant… continue !
– En plus, les gens sont harcelés par des publicités personnalisées, un peu ce qu'on a sur Internet, sauf que là elles apparaissent partout dans la ville. Genre tu penses, tiens, je voudrais m'acheter des nouvelles sneakers, et 30 secondes plus tard, la photo apparaît sur un panneau publicitaire avec des baskets aux pieds, exactement celles que tu avais imaginées… Je te jure, ça m'a angoissé ce truc. J'en ai même fait des cauchemars.
– C'est vrai que ça ressemble déjà un peu à la réalité… Et quelle solution il propose ?
– Ah ben je vais pas te spoiler l'histoire !
– OK ! Bon… faut pas exagérer non plus. On n'est pas encore des machines quand même.
– Ah oui ? Hier j'ai vu un reportage sur une puce qu'on nous implanterait dans le cerveau, et qui enregistrerait nos souvenirs… ça fait trop peur ça !
– Mais non, ne t'en fais pas ! On reste toujours des humains bien vivants, en chair et en os ! Et puis c'est pas vrai que les villes sont des prisons. Y a pleins d'espaces où on peut se rencontrer, parler, vivre de nouvelles expériences. Regarde, la semaine dernière, la mairie a ouvert un jardin partagé juste en bas de chez moi !
– Ah bon ? Et tu vas y aller ? Tu n'as pas trop la main verte, même ton cactus est mort…
– Ben justement, c'est sans doute l'occasion d'apprendre à ne plus tuer mes pauvres plantes vertes, et même à en faire pousser de nouvelles.

▶ **146 Activité 1.e** .......................... p. 164
a. Je l'ai trouvé… flippant !
b. Ah oui, en effet, c'est inquiétant…
c. Je te jure, ça m'a angoissé ce truc.

▶ **147 L'intonation de la peur** ........ p. 164
a. Oh la la ! Qu'est-ce que j'ai eu peur !
b. Wow ! Ton histoire, ça fait flipper !
c. Ah, non, ça me fait trop peur !

## Unité 12

▶ **148 Document 2** .......................... p. 171
– Marianne Chaillan, bonsoir.
– Bonsoir.
– Boris Cyrulnik, savez-vous que Marianne Chaillan, que vous voyez là, qui est en face de vous, est philosophe, professeure au lycée Saint-Joseph de la Madeleine, c'est ça, à Marseille, à l'Université d'Aix-Marseille, donc c'est… extrêmement sérieux, hein. Prof de philo, mais aussi téléspectatrice de la série la plus regardée au monde, Game of Thrones. Game of Thrones, Le Trône de Fer, c'est devenu, depuis le lancement de la série il y a cinq ans, un phénomène planétaire […] Expliquez-nous, Marianne Chaillan, en quoi Le Trône de Fer est, pour reprendre vos termes, un laboratoire de philosophie morale et politique ?
– Alors c'est vrai qu'a priori quand on regarde la série, quand on la découvre, on n'a pas l'impression de tenir un objet qui se prête à une analyse philosophique. Euh, vous ne l'avez pas encore découverte, mais, peut-être, vous en avez entendu parler, et ce qu'on en sait, c'est qu'au fond, il y a énormément de violence et énormément de sexualité. Qu'est-ce qu'il peut y avoir de philosophique là-dedans ? En fait ce sont mes élèves, moi, qui ont attiré mon attention sur cet objet-là, et j'étais curieuse de trouver un langage commun avec eux. Qu'est-ce qu'il y a de philosophique ? « Trône de fer »… on sent tout de suite qu'il y a de la philosophie politique là-dessous, puisque la série débute par la mort d'un roi, et on va voir apparaître un certain nombre de prétendants, dont au fond les dispositions à être le roi légitime vont être mises à l'épreuve tout au long des saisons. Mais ce qui m'a surpris et qui a vraiment suscité mon intérêt, c'est que… elle ne se contente pas d'être une série de philosophie politique, c'est aussi une série de philosophie morale. Et ça c'est plus surprenant, d'autant plus que, euh, on a plutôt l'impression a priori que c'est le règne de l'immoralité dans cette série.
– À première vue !
– À première vue !
– Mais pas du tout, racontez-vous.
– Pas du tout, et alors j'ai essayé de montrer que, justement, même dans la première saison, c'était un laboratoire de philosophie morale. Euh, et puis j'ai vu aussi des questions de métaphysique, plus… voilà, plus classiques. La question de l'âme, la question de la liberté, la question de l'existence de Dieu, toutes ces thématiques-là sont posées dans une série, ce qui est au fond une très bonne nouvelle puisque nos étudiants, nos élèves et même un certain nombre d'adultes…
– Même nous…
– Même nous, nous aimons cette série et c'est merveilleux de découvrir que nous ne nous livrons pas à un divertissement stupide, nous faisons de la philosophie en regardant cette série […]
– Est-ce que Game of Thrones, Marianne Chaillan, est un bon moyen de réviser son bac de philo ?
– Eh bien… euh, en lisant mon livre à côté. Oui, je crois que vraiment il y a là-dedans, réellement, une matière philosophique.
– Non mais ça a l'air, je vous pose la question en plaisantant, mais derrière, y a quand même quelque chose qui, je crois, nous touche tous et qui est… euh, militant. Est-ce qu'il ne faudrait pas justement, accepter aujourd'hui d'intégrer une part de culture populaire, les séries, notamment, pour amener vers la philosophie ?
– Alors, sur ce point, j'ai une position peut-être ambigüe. Je m'en sers énormément comme outil pédagogique, je mesure à quel point c'est nécessaire d'aller chercher le public qui est le mien, mes élèves, mes étudiants, en me servant des objets qui sont les leurs… et c'est pas simplement pédagogique, il y a de la matière philosophique dans ces objets-là. Pour autant, je déconseille à mes propres élèves d'utiliser ces objets-là dans leur dissertation philosophique. Je suis extrêmement classique, au moment du résultat. C'est-à-dire que…
– Donc ça nous sert pour comprendre et puis ensuite on réécrit, c'est ce que disait Boris tout à l'heure, on réécrit complètement…
– C'est une médiation, en fait, et ça amène les élèves à une philosophie. Ils ne pensent pas spontanément que la philosophie c'est fait pour eux. Ils ne pensent même pas avoir le désir de philosophie, au début de l'année. Et puis quand on va les chercher sur leur terrain, quand on leur montre que la philosophie se trouve y compris dans les objets qui sont les leurs, on amorce un mouvement de désir, qui doit les mener à terme, de la métaphysique des meurtres à la métaphysique des mœurs, c'est mon objectif.
– Pas mal, bien vu.

France 5

▶ **149 Activité 4.c** .......................... p. 171
J'étais curieuse de trouver un langage commun avec eux.

▶ **150 La fabrique de la grammaire, Appliquez** ............................... p. 173
a. Ils ont publié ces contenus éducatifs, dans l'espoir que les utilisateurs puissent apprendre grâce à eux.
b. Elle utilise les séries télévisées, dans l'intention de susciter l'intérêt de ses élèves.
c. Nous avons dû faire des vidéos de courte durée, de peur que les plus jeunes ne parviennent pas à rester concentrés.
d. Je regarde beaucoup de séries en français, dans le but d'améliorer mes compétences.
e. Ils ont lancé une nouvelle plateforme, de crainte de voir leur réputation se dégrader.

▶ **151 La fabrique des sons, a** ...... p. 173
J'étais curieuse de trouver un langage commun avec eux.

▶ **152 La fabrique des sons, b** ...... p. 173
a. C'est merveilleux de découvrir que nous ne nous livrons pas à un divertissement stupide.
b. Les dispositions à être le roi légitime vont être mises à l'épreuve tout au long de leurs saisons.
c. Quand on va les chercher sur leur terrain.

▶ **153 Document 3** .......................... p. 175
– Comment vous vivez cette espèce de dichotomie, parce que vous avez décidé d'avoir une partie de votre vie en ligne mais en même temps pas sur les réseaux sociaux, pourquoi ça ?
– Ben, parce que le côté en ligne, je me suis posée les questions : Est-ce que j'en ai besoin ? Est-ce que ça va ajouter une valeur à ma vie ? La réponse était oui. J'aime d'aller sur Google, j'aime d'aller faire de la recherche, j'aime d'aller voir la météo… Il y a des choses qui me parlent. Mais, quand ça venait à me promener avec un téléphone greffé sur moi, puis de toujours être dans l'attente de quelque chose, puis d'être surtout joignable partout. Moi j'ai pas envie qu'on me joigne quand je fais mon épicerie, euh, non c'est ça, il y a des choses qui répondent à un besoin puis qui ajoutent de la valeur à ma vie alors que d'autres non […]
– Comment on réagit au fait que vous n'êtes pas connectée, par exemple Lison ? Vous avez un milieu de travail, vous êtes, justement, dans des communications internes dans un grand ministère, la plupart de vos amis sont connectés, quand ça vient sur le sujet, comment les gens réagissent autour de vous ?
– Malaise…
– Ah oui. Ah oui ? Du malaise ?
– Du malaise, parce que souvent les gens vont se justifier. Ils vont me dire « Ah ben moi je suis sur tels et tels réseaux sociaux parce que… », puis ils se sentent comme s'ils me doivent une réponse ou ils essaient de me convaincre. Alors j'ai toutes sortes de réactions…
– Par exemple ?
– « Oh tu veux pas t'adapter aux nouvelles technologies ! » ou « Oh à un moment donné, t'auras pas le choix, tu pourras pas continuer comme ça », ou ben « Oh t'es donc ben old school ! ». Mais ma préférée c'est « Wouah, t'es ben chanceuse ! »
– Ah oui, y a des gens même qui vous trouvent chanceuse […] Est-ce que vous pensez que, justement, on peut être éduqué et vivre bien en tout cas une relation avec des écrans, et que c'est ça qui va déterminer si on est, on a une bonne présence en… on a une bonne relation à l'écran ou pas ?
– Ben je pense qu'on n'a pas besoin des écrans pour être intelligent. Je sais pas si je comprends bien votre question ?
– Non mais c'est parce que… dans la Silicon Valley, les gens… donc y a bien des gens qui sont dans les grandes entreprises, qui disent : « Moi je vais éduquer les gens à utiliser bien les écrans, et c'est ça qui va faire en sorte qu'ils vont être capables de bien vivre leur relation avec ça ».

– Ouais, je pense que… dans le fond, on n'a pas encore appris je crois à bien les utiliser. Je pense qu'on a intérêt à apprendre à s'en servir correctement, mais ça c'est du… je veux pas porter de jugement, mais je pense qu'il y a rien de mal. Souvent, c'est ce que les gens pensent, c'est que je les juge parce que, eux, utilisent les écrans ou les réseaux sociaux mais, y'a pas rien de bien ou de mal. Mais lorsqu'on sait bien s'en servir, ça peut être un outil extraordinaire.
– Oui, mais en attendant, vous vivez très bien avec ça. Lison, pas de plan de vous acheter un téléphone bientôt, un téléphone cellulaire ?
– Non, pas du tout !
– Bon vous avez l'air très, en fait, très en paix aussi avec ça, faut le dire !

Radio Canada

▶ 154 **Activité 6.d** ............................. p. 175

Ça peut être un outil extraordinaire.

▶ 155 **La fabrique de la grammaire, Appliquez** ................................. p. 176

**a.** Il a dit qu'il allait quitter Instagram.
**b.** Ils ont expliqué qu'ils utilisaient beaucoup d'émojis et que l'expérience avait été difficile.
**c.** Il a demandé si elle avait pour projet d'acheter un téléphone portable.
**d.** Elles ont décidé de se déconnecter dès le lendemain.
**e.** Elle a rétorqué qu'elle n'avait jamais eu besoin d'être sur les réseaux sociaux.

▶ 156 **La fabrique des sons, a** ...... p. 176

Ça peut être un outil extraordinaire.

▶ 157 **La fabrique des sons, b** ...... p. 176

**a.** Être dans l'attente de quelque chose.
**b.** Pas de plan de vous acheter un téléphone bientôt, un téléphone cellulaire ?

▶ 159 **L'opinion** ................................. p. 178

– Est-il seulement de la responsabilité de chacun de moins consulter son smartphone, ses écrans et de préserver son attention ? Ou peut-on considérer qu'il faut la protéger ? Pour la juriste Célia Zolinski, la réponse est claire.
– On pourrait aujourd'hui discuter, proposer, la protection de l'attention en tant que telle, ou du moins un droit à l'attention.
– Célia Zolinksi est l'auteure avec deux collègues d'un plaidoyer pour le droit à la protection de l'attention. Elle nous explique en quoi celui-ci consisterait.
– On pourrait ici considérer que cette protection devrait être organisée si il y a des enjeux sanitaires majeurs, par exemple pour les plus jeunes ou pour les publics vulnérables [...] On pourrait également considérer que cette approche défensive ne doit pas être la seule et qu'il faudrait la compléter par la reconnaissance d'un nouveau droit à la maîtrise de son attention. Et on pourrait imaginer que l'individu soit en capacité de modifier ses paramètres pour dire « Voilà moi, je ne veux pas avoir accès à certains contenus, mais plutôt à d'autres ou à tels moments ». Donc, moduler, en réalité, les paramètres pour personnaliser ce qui va être exposé à son attention [...] Après tout, aujourd'hui, j'ai le droit de me déconnecter de mon smartphone, de le mettre dans une pochette et qu'il n'émette plus de données, qu'il ne me géolocalise plus, qu'il ne m'envoie plus des notifications, tout cela je suis déjà en capacité de le faire. Je suis absolument défavorable à ce que, euh, on soit empêché d'aller se connecter si tel est notre souhait [...]
– On doit être capable de reconnaître le caractère violent, addictif de tels contenus, et d'en protéger les personnes qui ne sont pas armées pour les affronter et se retrouver face à ça.
– Tout ça, ça constituerait un droit à l'attention, un droit à la protection de l'attention ?

– Ça constituerait, je pense aujourd'hui, les premières briques d'un vrai droit reconnu à la protection de l'attention et la reconnaissance de la notion d'attention comme étant aujourd'hui le sujet, c'est-à-dire, l'objet du désir d'une industrie et la richesse de ce qui fait notre humanité et la difficulté qu'on a, dans cette tension-là, à préserver notre humanité, tout en remettant en question une industrie capitaliste qui l'utilise et qui la cible, et qui l'exploite et la raffine quotidiennement.

Usbek & Rica Podcast

▶ 160 **La minute culturelle** ............ p. 182

– Thibaut de Saint-Maurice, dans votre petite philosophie de la vie quotidienne, les comédies romantiques vous ont beaucoup inspiré ?
– Bah oui parce qu'il y a nos histoires d'amour, celles que l'on vit, celles dont on parle ce matin, ou qu'on essaie en tout cas de vivre le mieux possible avec les hasards de la vie, et puis il y a celles des autres, vous savez, celles dont on est les spectateurs au cinéma, dans les séries ou même dans certains romans. Celles qu'on appelle les comédies romantiques et puis qui finissent toujours de la même manière. Alors, la question elle est assez simple, pourquoi est-ce qu'on regarde ces comédies romantiques ? Et je sais, Ali, que comme moi vous êtes aussi un grand amateur…
– On a failli en faire un livre…
– Voilà… pourquoi regardons-nous ces comédies romantiques alors que nous savons dès le début comment l'histoire va finir ? Quel est ce plaisir particulier que nous prenons à ces histoires, alors que le schéma est toujours le même ? Vous savez, vous prenez deux personnes apparemment que tout oppose mais une heure quarante-cinq plus tard, ils finiront ensemble, par s'embrasser dans le hall d'un aéroport, sur le quai d'une gare ou devant tous leurs amis.
– C'est peut-être parce qu'au fond nous aimons que les histoires finissent bien, ça nous donne de l'espoir.
– Oui, assurément, mais pas seulement. Il me semble que l'enjeu de la comédie romantique est bien plus profond que ça. Comme le dit le philosophe Alain Badiou dans son livre intitulé *Éloge de l'amour*, « si nous aimons aimer, c'est parce que nous aimons la vérité ». Et les histoires d'amour sont des spectacles de vérité, parce que dans ces histoires nous assistons au passage du pur hasard de la rencontre. Le coup de foudre, par exemple, à Notting Hill ou ailleurs hein… et à la nécessité du destin. Quand on dit ils étaient faits l'un pour l'autre, malgré tout ce qui, apparemment les opposait. Du hasard, à la nécessité du destin, voilà l'enjeu. Le baiser final de la comédie romantique dit la vérité de l'amour. Ce qui n'était qu'une possibilité devient la seule vérité qu'il y a à vivre. On ne peut plus faire autrement, on ne peut plus éviter cet amour naissant, de manière aussi absolue que deux plus deux font quatre. Voilà pourquoi nous regardons des comédies romantiques, voilà pourquoi nous lisons des romans d'amour. Ce qui compte, ce n'est pas comment ça va se terminer, ça on le sait, mais comment on y arrive. Parce que ce passage du pur hasard de la rencontre à la nécessité d'histoire d'amour à vivre, bah ça se fait pas tout seul. Il dépend de nous, de notre liberté. Il dépend de chacun des amoureux, de sa capacité à surmonter ses peurs, à faire entrer le facteur, à lâcher prise et à se laisser transformer par l'autre. Ça pourrait très bien ne pas marcher, et d'ailleurs, Ali, vous le savez dans une bonne comédie romantique, huit, dix minutes avant la fin, y'a un rebondissement qui fait vaciller toute l'histoire et qui la rend tout à coup impossible. Et ben c'est ça, précisément, le moment de vérité. Le moment où la vérité de l'amour doit se vivre au grand jour. Et comme le dit Badiou, la déclaration d'amour est le passage du hasard au destin, et c'est pourquoi elle est si périlleuse, si chargée d'une sorte de trac effrayant. Alors il est important de regarder des comédies romantiques, pour apprendre à construire la vérité de nos existences et se libérer de nos peurs.

France Inter

## ÉPREUVE DU DELF

▶ 161 **Exercice 1** ............................. p. 183

Vous allez écouter 2 fois un document.
Vous écoutez une émission à la radio.
Lisez les questions. Écoutez le document puis répondez.

– Bonjour, Xavier Debontride.
– Bonjour, Xavier, bonjour à tous.
– Vous souhaitez nous parler cette semaine de journalisme de solutions. Alors qu'est-ce que c'est et pourquoi ce choix ?
– Et bien oui effectivement la semaine dernière sur cette antenne mon confrère Baptiste Cessieu vous expliquait ce qu'était le métier de journaliste. J'aimerais cette fois-ci vous parler d'une catégorie dont il est de plus en plus question : le journalisme de solutions, avec un « S » à la fin. Alors de quoi s'agit-il ? Et bien encore appelé « journalisme d'impact », il se traduit par des reportages, des enquêtes, des émissions positives, en ce sens qu'il propose du partage d'expériences susceptibles d'être source d'inspiration pour l'action. Le social, l'environnement, le changement climatique, font bien sûr partie des sujets de prédilection du journalisme de solutions. Mais quand on y réfléchit, tous les thèmes d'actualité s'y prêtent.
– Alors n'y a-t-il pas un risque de faire de la com', Xavier Debontride, une sorte de journalisme béat au pays des Bisounours ?
– Vous êtes sévère, mais c'est vrai que c'est souvent un reproche adressé à ses promoteurs. Alors il ne faut évidemment pas être naïf. Mais sans nier la noirceur du monde et les difficultés du temps, reconnaissons qu'il existe partout des initiatives porteuses de sens, solidaires, innovantes, qui visent à améliorer la marche du monde. C'est cela le journalisme de solutions. Allez voir ce qui fonctionne, plutôt que les trains qui n'arrivent pas à l'heure. S'intéresser à la force du collectif, aux récits inspirants. Alors j'ai participé la semaine dernière à Paris aux universités d'été de l'économie de demain et au forum « Convergences », où il fut, dans les deux cas, beaucoup question d'initiatives concrètes, pour inventer un nouveau modèle de société. Et ce qui m'a frappé à chaque fois, c'est la force des histoires qui en découlent, l'énergie des acteurs, les résultats concrets qu'on peut raconter à travers des reportages de terrain.
– Xavier Debontride, est-ce que vous avez des exemples ?
– Et bien oui, il y a des médias traditionnels qui accordent une place croissante à ces récits, notamment sous l'impulsion de Sparknews. Sparknews, c'est l'initiative, portée par Christian de Boisredon et ses équipes, pour valoriser auprès des rédactions nationales et internationales, ces initiatives porteuses de sens. Des médias nouveaux également s'emparent de cette approche, souvent sur un rythme assez long [...] Et puis permettez-moi de vous faire part d'une rencontre qui m'a beaucoup marqué, vendredi dernier, au forum « Convergence », avec Mortaza Behboudi
– Alors qui est-il ?
– Et bien Mortaza, c'est un jeune journaliste afghan, un photojournaliste de 25 ans, qui vit en France depuis 4 ans, et qui a cofondé le site d'informations Guiti News, « guiti » signifiant « univers », en persan. C'est un site qui associe, et c'est son originalité, des journalistes réfugiés et des journalistes français. Avec un objectif :

proposer un autre regard sur l'exil, et faire de l'éducation aux médias dans les écoles. Je suis convaincu que les médias français doivent saisir cette chance de s'ouvrir au monde avec ces talents venus d'ailleurs.

RCF

### ▶ 162 Exercice 2 .................................. p. 183

Vous allez écouter 2 fois un document.
Vous écoutez une émission à la radio.
Lisez les questions. Écoutez le document puis répondez.

– C'est mon boulot. Bonjour Philippe Duport.
– Bonjour Lucie, bonjour à tous.
– C'est le début aujourd'hui de la semaine européenne du développement durable. L'occasion de s'intéresser à un métier qui monte : expert ou consultant en développement durable. Plus aucune entreprise aujourd'hui ne peut s'en passer.
– Le responsable du développement durable, qu'il soit à l'intérieur de l'entreprise, c'est surtout vrai pour les sociétés du CAC 40, ou à l'extérieur, comme consultant, il est né il y a environ 25 ans. Et il a mis du temps à conquérir ses lettres de noblesse.
– C'est un métier qui a suivi trois étapes : il a été vaguement ridicule à une époque, il a pu être qualifié de dangereux et puis aujourd'hui c'est un métier qui est évident.
– Voilà, Sylvain Lambert. Il fait partie de ces pionniers. Il dirige aujourd'hui le département développement durable chez PWC. Il a suivi toute l'évolution de ce métier, qui aujourd'hui attire toujours davantage de jeunes diplômés. On en compte aujourd'hui environ 1 500 en France.
– C'est un métier qui est sorti de l'ombre pour être dans la lumière, à hauteur de la connaissance du sujet par le grand public, que ce soit des scandales, que ce soit en matière de droit de l'Homme, en matière environnementale. Bien sur la montée en puissance des débats sur le climat. Et puis je pense qu'en parallèle, il faut le mettre avec la volonté des jeunes générations de s'engager et, comme on dit aujourd'hui, de donner un sens à leur carrière.
– Les grandes écoles et les universités forment suffisamment de jeunes à ce métier d'expert en développement durable, qui a plusieurs facettes.
– Vous avez en gros trois catégories de profil : les gens qui ont un métier très technique, par exemple la pollution des sols, travailler sur l'évaluation des risques en matière de pollution des sols. Vous avez des gens qui ont un profil plutôt d'audit et de contrôle. Et enfin la troisième catégorie, qui sont des gens qui font du conseil en stratégie dans ce domaine-là. Et là, on est à un niveau Bac + 5, issus soit d'université, soit de grandes écoles de commerce ou d'ingénieur, et parfois de profils étrangers.
– Pas de pénuries donc pour ce métier, sauf pour les profils très expérimentés. À noter que de plus en plus de salariés, en milieu de carrière, se réorientent vers ce métier, pour donner du sens à leur vie. Sylvain Lambert lui prédit des jours roses.
– Un bon avenir, on est sur une pente extrêmement forte. On a une appétence très significative des jeunes générations, sur ces sujets. Tout le monde en parle. Sur au moins les 10 à 15 prochaines années, c'est vraiment un métier d'avenir, et un métier sur lequel il y a de plus en plus de demandes et de gens qui s'y intéressent.
– Signe de cette bonne santé, de plus en plus d'experts en développement durable sont rattachés au comité exécutif ou sont suivis par les plus hauts dirigeants des sociétés.

France TV info

### ▶ 163 Exercice 3 .................................. p. 184

Vous allez écouter 1 fois 3 documents.

**Document 1 :**
– Bonjour Yves.
– Bonjour !
– Alors cette semaine, vous remettez en question l'idée qu'une classe doit regrouper des élèves forcément du même âge.
– Effectivement, et c'est une question d'habitude, c'est seulement quand il n'est pas possible de faire autrement qu'on regroupe dans une même classe des élèves d'âges différents, mais on a en tête une classe idéale avec des enfants du même âge.
– Comme si les classes multi-niveaux étaient une solution par défaut.
– Exactement. Pourtant si on étudie les statistiques, on peut voir qu'au niveau élémentaire une classe sur trois est une classe multi-niveaux aussi bien dans les milieux urbains que ruraux.
– Et pouvez-vous nous dire quels sont les avantages de ces classes multi-niveaux ?
– Alors, ces classes obligent à tenir compte de la réalité des élèves qui sont tous différents, ce qui est d'ailleurs vrai aussi dans les classes à niveau unique. L'enseignant doit donc différencier les approches pédagogiques pour faire en sorte que chaque élève puisse avancer à son rythme et progresser. Il ne faut pas proposer des activités trop difficiles pour ne pas les décourager, mais elles ne doivent pas être trop faciles non plus pour stimuler les élèves et leur donner envie de se dépasser. Ça demande donc aux enseignants de travailler différemment, et permet aux enfants de développer des compétences d'autonomie et de coopération.

**Document 2 :**
– Bonjour Claire. Ce matin, vous allez nous parler des liens entre alimentation et sommeil.
– Bonjour Marc. Tout à fait, et vous allez peut-être être surpris, car je ne vais pas uniquement parler du dîner, le dernier repas de la journée, mais bien de tous les repas. En effet, si l'on veut avoir des nuits réparatrices, il faut y penser dès le petit déjeuner. Ce qui se passe tout au long de la journée a des conséquences sur le sommeil.
– Bon alors, autant le faire dans l'ordre, commencez donc par nous parler du premier repas de la journée.
– D'accord. Le petit déjeuner idéal est consistant et diversifié. Vous avez besoin de protéines, de fruits et de produits céréaliers. Même si le petit déjeuner a évolué ces dernières années, en France, on consomme encore beaucoup de sucres rapides le matin ; confiture, miel, céréales industriels sucrés qui font plaisir au réveil mais qui sont synonymes de coup de fatigue dans la matinée. Ensuite, le midi, on peut manger des protéines mais en quantité limitée. Et bien sûr, les légumes sont indispensables et là encore il faut éviter le sucre rapide, même si une pâtisserie en dessert est tentante, elle risque de nous faire somnoler l'après-midi et d'altérer notre sommeil de la nuit suivante.

**Document 3 :**
– Aujourd'hui, nous allons traiter un sujet sensible : les jeux vidéo. Alors Julien, la question du jour est : est-ce que les jeux vidéo sont dangereux ? et avec cette question, on sous-entend : Les jeux vidéo violents rendent-ils violents ?
– Et bien la réponse est plutôt claire selon l'organisation nationale de psychologie qui affirme qu'il n'y pas de lien de cause à effet entre violence et jeux vidéo. Il y a tout de même des études sérieuses qui ont prouvé que les jeux vidéo pouvaient augmenter l'agressivité, mais elles précisent que c'est juste après avoir arrêté de jouer. Et il est ajouté que ce n'est pas lié à la violence du jeu, mais plutôt au fait qu'il est difficile de dépasser les obstacles, de progresser dans le jeu. Il faut savoir que les jeux vidéo activent beaucoup le cerveau, et ça, ça peut provoquer quelques réactions agressives.
– Et la deuxième chose dont on parle souvent à propos des jeux vidéo, Julien, c'est la dépendance.
– C'est vrai ! Selon l'Organisation Mondiale de la Santé, il y a entre 1 et 2 % des joueurs qui sont dépendants aux jeux vidéo. Mais de nombreux psychiatres ne veulent pas comparer le jeu vidéo à une drogue car il ne comporte pas de substance qui entraînerait une dépendance. On peut être accro aux jeux vidéo comme on peut l'être au sport ou au shopping. Les parents ont tendance à être inquiets par rapport à leurs enfants qui jouent aux jeux vidéo et ils sont nombreux à en parler à leur médecin mais c'est surtout parce qu'ils ne connaissent pas bien ces jeux. C'est peut-être plus une question de génération.

# Transcriptions des vidéos

## Unité 1

Saint-Louis, c'est un bel endroit.
Bien, jeune.
C'est en expansion, c'est… il y a une dynamique.
On voit qu'il y a une dynamique.
On est heureux d'accueillir le plus de monde possible.
Les gens ont l'habitude de venir, ont l'habitude de bouger.
Il y a pas mal de gens de Suisse qui viennent se promener ici, même en temps… en temps normal.
Il y a vraiment plein de choses. Il y en a pour tous les goûts. C'est une ville sympa.
Rebondissante, en ce moment, dans la région !
C'est sympathique parce qu'elle est à taille humaine. Et, euh, finalement, il y a beaucoup de choses quand même à Saint-Louis.
Euh, c'est une jolie ville, je m'y plais, euh.
C'est une ville où il fait bon vivre et c'est une ville aussi qui est en plein essor.
Souvent, mon père, il m'emmenait à l'aéroport voir les avions quand j'étais tout petit.
On s'est installés dans cette nouvelle zone d'activités de Saint-Louis. Nous avons construit une toute nouvelle usine 4.0, donc une usine connectée, et actuellement, on emploie 150 salariés dans notre entreprise. La proximité avec l'aéroport, la gare et l'autoroute, c'est très facile d'accès.
L'ISL, c'est l'Institut franco-allemand de recherche de Saint-Louis. On a à peu près 400 personnes qui travaillent ici très qualifiées : c'est des chercheurs, des docteurs, des professeurs qui viennent ; les Allemands, par exemple, qui viennent de l'Allemagne tous les jours. On est vraiment ici un centre international. Ça veut dire qu'il y a des gens qui viennent de Chine, d'Australie, des États-Unis.
Je suis Suisse, de Bâle.
Angleterre, Londres.
Les gens sont sympas. Il y a tous les pays. On parle toutes les langues. Tout le monde a un sourire.
Bah je pense que c'est le charme d'une petite ville, ouais, en effet. Et le fait aussi qu'on ait l'Allemagne, on ait la Suisse juste à côté. Je pense que tout ça, bah ça fait un vrai mélange de cultures qui fait que les gens sont, prennent le temps, en fait.
Une belle mixité, diverses cultures. Bon bah moi, je veux dire, pour nous, c'est intéressant.
Ça bouge, c'est bien, il y a de l'ambiance.
Cette agitation de la ville, qui donne un petit peu envie de sortir.
Associations sportives, de loisirs culturels confondus, il y a plus de 100 associations.
J'aime bien la ville de Saint-Louis, si, si.
Il faut aller visiter !

Ville Saint-Louis

## Unité 3

– Ah, je suis désolé, mais je comprends pas bien le concept du CV là.
– Faut flasher.
– Faut… flasher? Oh là, moi ces trucs, je… Vous avez deux portables vous… D'accord.
(*C'est pas un CV ça !*) ok. Bon, moi ce que je comprends d'après votre CV, là, c'est que vous êtes très 360 degrés, bon, et nous c'est exactement ce qu'on recherche. Voilà, du transversal, de l'hybride. (« *Hybride* », une autre façon de dire trois postes en un payé au rabais.) On y est là.
Ouais, c'est ça, on est modernes, agiles, surtout en ce qui concerne les ressources humaines, on est bien sharp, on aime bien… dynamiter les codes de l'entretien d'embauche.
– Ah je vois ça ouais.
– (*C'est quoi ce truc ? C'est trop bien !*)
– Bon enfin la VR, c'était quand j'avais 15 ans.
– Ouais, c'est clair, c'est clair. Un café?
– Je veux bien.
– Non non, moi j'ai développé ma propre solution RH, hein, c'est-à-dire que c'est unique au monde. Voilà, ça vient pas des Scandinaves, c'est pas les Américains, c'est français. Les Français ont du talent. Est-ce que vous avez une petite idée de ce qu'on va faire?
– Du vélo !
– Oui, bah oui. Ça va, ça vous déstabilise pas trop, ça ?
– Non, non, je me déplace qu'en Fixie.
– En quoi ?
– Ah, c'est marrant, mon grand-père a exactement le même modèle !
– Votre père ?
– Non, mon grand-père.
– Non, votre père !
– Mon grand-père.
– Alors, ben nous y voilà. Alors, excusez-moi. Tac, c'est parti. Alors, votre parcours ? Racontez-moi !
– Je sais pas, c'est réglé sur Mont Ventouxe.
– Ah oui, non, Ventoux, Ventoux, on ne prononce pas le x. Non, je parle de votre parcours professionnel, mademoiselle.
– Ah… euh… j'ai un VLOG. J'ai créé une box.
– (*Non je comprends rien là.*) D'accord. (*Ça a l'air super, mais je comprends rien.*) Ok, vos compétences.
– Influenceuse, essentiellement. Du DIY aussi, je code, bien sûr. Et puis, ah oui, on a lancé un dentifrice 0 déchet qui parraine des migrants.
– (*Elle est vraiment cool en fait, si j'engage quelqu'un de cool, tout le monde va me trouver cool.*)
– Je passe des disques aussi.
– (*Le cool va ruisseler sur moi, faut que je l'engage.*) Au top tout ça ! T…O…P… Non, je pense qu'on est sur un bon match, en fait. On est clairement sur une génération qui bouge, c'est vraiment la boîte parfaite pour vous et moi, je pense. Que dire, sinon… Oui, alors ici, vous l'avez vu, c'est la culture de l'open space. T'arrives, enfin vous arrivez le matin, vous vous installez où vous voulez. Ça c'est, grande liberté.
– Ah mais parce qu'il faut venir ?
– Ben oui, oui, quand même, c'est le… le… travail, c'est aller au travail, oui.
– Ah non non, moi je préfère pas, je suis plus sur l'instant.
– (*Ue dis quoi là, non ? Ben non, non, si elle vient pas, personne saura que je suis cool.*) Euh, oui, non, on est souples, mais enfin, bon, parlons un petit peu du poste, déjà. (*Oh, putain, je galère.*) Pour la partie administrative. Les comptes, vous…
– Non mais ça, ça se gère.
– (*Non mais ça marche pas comme ça, la comptabilité.*) Mais je veux dire, concrètement, un devis, vous savez faire ça ? Eh oh, je vous parle là.
– Euh, devis, devis, ben voilà. Y'a une app pour ça.
– Une app? Non, écoutez, ça va pas le faire.
– Mais si ça va le faire !
– (*Ok, c'est l'enfer comme elle est nulle !*) Non, non, je suis désolé.
– Mais si ça va le faire ! On n'est pas à égalité là, aussi, vous êtes en mode senior.
– (*Non, je suis pas un senior moi !*) Je suis pas du tout un senior.
– Allez, allez, allez !
– Non, mais ça n'a rien à voir. Vous êtes très bonne en vélo, moi aussi. Simplement voilà, pour ce travail, ça le fait pas, voilà, je suis désolé.
– Écoutez, j'en peux plus de vivre chez mes parents, j'en peux plus d'être payée en paire de basket, en place de concert, j'ai besoin d'un vrai boulot !

Canal+

## Unité 5

Adepte du métro et de ses moments de grâce, Natacha est candidate à la mairie de Paris. Comme vous le savez un maire est élu au suffrage universel indirect, les Français votent pour élire les conseillers municipaux qui eux-mêmes vont élire le maire. Sauf que pour Natacha, comme pour les candidats à la mairie de Lyon et de Marseille, le parcours est un peu différent. L'élection ne se fait pas au niveau de la ville mais au niveau des arrondissements. Explications.
Les habitants de Paris votent d'abord pour leurs conseillers d'arrondissement. Comme pour n'importe quelle ville de plus de 1000 habitants il s'agit ici de scrutin proportionnel, de liste, à deux tours. Contrairement aux villes de moins de 1000 habitants le mode de scrutin n'est pas ici majoritaire mais proportionnel.
Voilà comment ça se passe : si une liste obtient la majorité absolue au premier tour, elle rafle d'office la moitié des sièges, les places restantes sont ensuite réparties entre toutes les listes ayant obtenu plus de 5 % des suffrages exprimés. La bataille des municipales faisant rage à Paris il y a cependant peu de chance pour que tout soit réglé dès le premier tour. Au second, seules les listes ayant obtenu plus de 10 % des suffrages exprimés peuvent continuer l'aventure, et pour les autres : « Tu es le maillon faible ! Au revoir. ».
À noter tout de même que les listes qui ont récolté entre 5 et 10 % des votes ont cependant la possibilité de fusionner avec une liste ayant obtenu plus de 10 %. La répartition des sièges se fait alors comme au premier tour, la moitié est attribuée à la liste qui a obtenu le plus grand nombre de voix, le reste est réparti à la proportionnelle entre les listes ayant recueilli au moins 5 % des suffrages exprimés. Précisons que les sièges sont attribués aux candidats dans l'ordre de présentation sur chaque liste.
Ça, c'était pour les conseillers d'arrondissement. Une fois élus ces derniers sélectionnent parmi eux le maire de chaque arrondissement. En plus des conseillers d'arrondissement, en fonction de leur position sur la liste, sont désignés 163 conseillers de Paris qui siègeront à la fois dans la mairie de leur propre arrondissement et à la mairie de Paris. Et ce sont ces derniers, les conseillers de Paris, qui vont choisir parmi eux le maire de la capitale. Le vote se fait à la majorité absolue mais si après deux tours personne n'a pu être désigné alors le maire est élu à la majorité relative. Voilà donc comment les choses vont se dérouler dans le cas de Natacha ainsi que pour les autres candidats dans les villes de Lyon et Marseille.

Le Monde

## Unité 7

– C'est vrai que, parfois, quand tu passes devant un tableau, dans un musée ou une galerie, tu te dis « Ben, j'aimerais bien l'avoir chez moi celui-là ».
– Ouais, enfin, faut pouvoir quand même.
– Ben, après, c'est pas tant le prix qui me gêne !
– C'est quoi ?
– Ben, c'est plutôt l'écart entre le prix et mon porte-monnaie.
– Ah ouais… donc, pour l'avoir chez toi, le seul moyen, c'est de le voler !
– Après, tous les vols n'ont pas ce but.
– Comment ça ? Si tu voles pas le tableau pour l'avoir chez toi, tu le voles pourquoi ?
– Pour venger ton pays !
– Oh ?
– Oui, et c'est arrivé à un tableau très très célèbre.
– On a volé la Joconde, rien que ça ?
– Et ça a fait grand bruit ! La Joconde, ça dépasse le stade de simple tableau. C'est une partie du patrimoine, une icône. Et du coup, voler la Joconde, c'est un peu comme voler un trésor national, un symbole.
– Ah ouais, c'est fort quand même !

# OUTILS DE LA CLASSE

– C'est fort et à l'époque, ça a fait couler beaucoup d'encre.
– C'est le mardi 22 août 1911 que l'on s'aperçut de la disparition de la Joconde. Elle avait été volée dès la veille mais les gardiens croyaient que la belle Mona Lisa se trouvait chez le photographe Braun et ils ne s'inquiétaient pas. Le lendemain, la nouvelle fut répandue dans Paris, causant une stupéfaction profonde mais l'hypothèse du vol rencontrait nombre de sceptiques.
– Les sceptiques ont crû à une blague.
– Elle est un peu pourrie, la blague.
– Ouais mais le vol, il aurait pu être commis, tu vois, pour dénoncer les conditions de sécurité insuffisantes autour des œuvres mais il a rapidement fallu se rendre à l'évidence.
« La Joconde a disparu du Louvre. »
Et la question se pose : « Avez-vous vu la Joconde ? » Pour bien comprendre l'impact que ça a eu, il faut bien analyser les mots. La plupart des journalistes utilisent le mot « vol » alors que d'autres se lâchent mais complètement. « L'enlèvement de la Joconde ». Ouais, enlevée, c'est même plus un cadre avec de la peinture dessus. C'est Mona Lisa qu'on a enlevée.
– Ouais, mais j'imagine que tout le monde s'est mis à la chercher ?
– Tout le monde ! 60 inspecteurs sont dépêchés sur place. On a même soupçonné Picasso ou Apollinaire. Et puis, un jour, pouf ! Elle réapparaît !
– Comment ça : « pouf ! elle réapparaît », comme ça, au Louvre, directement, clac ?
– Non, c'est un Anglais, c'est Aaron Rasbold qui pense qu'on lui a remis la Joconde et qui l'amène à l'Ambassade d'Angleterre mais « On refuse de reconnaître le sourire de la Joconde ». C'était pas elle. On se retrouve juste avec « Une fausse Joconde à l'Ambassade d'Angleterre » parce que dans la série des tableaux les plus copiés au monde, la Joconde, elle a une bonne place quand même !
– Hum... mais alors, comment on l'a retrouvée ?
– L'alerte est donnée le 10 décembre 1913 par un antiquaire florentin à qui le voleur voulait vendre la Joconde.
– Mais il s'est fait coffrer comme ça ?
– Eh ouais ! Le voleur, c'était l'italien Vincenzo Peruggia, un vitrier qui avait participé aux travaux de mise sous verre de certains tableaux du Louvre et pendant deux ans, il a conservé la Joconde dans sa chambre sous son lit.
– Même pas accrochée au mur ? Mais il est dingue, lui ?
– Ben, il l'a pas volée pour en profiter.
– Il a volé la Joconde pour venger l'Italie des pillages de ses musées par Napoléon Ier ? Bah c'est même pas Napoléon qui a amené la Joconde en France !
– Absolument pas ! Mais lui, il y croyait dur comme fer. Pendant son procès, il dira avoir volé le tableau par patriotisme. Du coup, elle revient en bon état. La Joconde n'est pas endommagée. Elle a seulement une légère écorchure sur la joue gauche, une petite égratignure sur l'épaule gauche. Et finalement, « La Joconde sourit aux Parisiens. » Bon, après aujourd'hui, tu vois, la Joconde, elle est protégée par une vitre blindée ; il y a plusieurs détecteurs de proximité ; elle est sous la surveillance de caméras. Accroche-toi si tu veux la voler !
– Non, mais je ne comptais pas tenter le coup pour la Joconde mais euh...mais si y'a un tableau que tu aimes vraiment vraiment beaucoup et qu'il est coincé dans un musée, qu'est-ce que tu fais ?
– Ben, je sais pas. Tu retournes au musée pour le voir, tu achètes un poster, tu le mets en fond d'écran sur ton téléphone.
– Hum, mais quand même, si tu l'aimes vraiment vraiment beaucoup !
– Bon ok, tu veux voler quel tableau ?
Mais il fait 4 mètres de long !
– Oui, mais je l'aime vraiment beaucoup !
– Non...

Retronews

## Unité 9

– L'architecture reconnue comme le premier art majeur fait partie intégrante du jeu vidéo. Ce dernier étant lui-même considéré comme le dixième art en France depuis sa reconnaissance en tant que tel par le ministère de la Culture en 2006. L'architecture, c'est l'art que l'on voit partout autour de nous, qui nous accompagne tous les jours dans la forme des ruelles, les silhouettes des bâtiments, les sommets des tours. Dans les jeux vidéo, les architectes des mondes virtuels s'appellent les *level designers*. Ce sont ceux qui conçoivent les univers dans lesquels les joueurs vont évoluer. Ces univers peuvent être imaginaires, sans contrainte du réel, des rêves de demain ou encore des espaces de fantaisie totale. Ils peuvent aussi être inspirés par le monde d'aujourd'hui, des imitations de villes ou de lieux existants, voire même des reconstitutions historiques de monuments aujourd'hui disparus. Les reconstitutions de différents lieux et d'époques de la série Assassin's Creed en sont un bon exemple. Elles sont si abouties que les jeux sont même utilisés dans des universités et des écoles en guise de livres d'Histoire. Mais de tous les épisodes de la licence, c'est peut-être la reconstitution de Paris dans Assassin's Creed Unity qui a été la plus remarquable.
– La reconstitution historique de Paris, elle est extrêmement fidèle, euh, on a fait appel à des historiens, en fait, pour valider beaucoup d'éléments sur notre narratif mais aussi des éléments sur... par rapport à l'architecture au *layout* de Paris. On est... en fait, on est convaincus que le Paris de Unity est probablement la reconstitution de Paris du XVIIIe siècle la plus proche de la réalité qui ait jamais été faite.
– Alors qu'il a fallu cent quatre-vingt deux ans pour construire Notre-Dame en 1163, en 2014, cela a pris deux ans pour *level designer* Caroline Muse de modéliser entièrement l'extérieur et l'intérieur de la cathédrale dans le jeu. Un travail de reproduction minutieux et ambitieux qui fait référence en la matière chez les architectes virtuels.

Sell

## Unité 11

– On est ici à Saint-Vincent-de-Paul sur une durée courte. On a la volonté de créer une dynamique collective qui soit clairement orientée vers une logique sociale, de rendre l'autonomie aux personnes qu'on héberge.
– Ce qui m'attendait, c'était la rue. Et heureusement qu'en France il y a un système solidaire, social, auquel je me suis adressé.
– On est quasiment plus de mille sur site. Ça fait beaucoup de rencontres en un an.
– On a de quoi faire pousser des tomates et des salades, on a des poules pour pondre des œufs. Concrètement on peut vivre. On devrait essayer, j'te jure...
– On est là juste pour deux ans, on teste des trucs, vous inquiétez pas, on s'en va après.
– Faire de l'alphabétisation, donner des cours de langue, des cours gratuits.
– Ça marche, mec ?
– Ça marche.
– On ne veut pas d'instrumentalisation, on veut ouvrir un espace de débat, c'est déjà une bonne base.
– Des fois, moi, j'en ai marre, mais y'a toujours une nouvelle rencontre, un nouveau musicien, un nouveau cours qui commence, qui recrée une dynamique, une motivation.
– Ça c'est une autre sorte de bâtiment, l'Horizon.
– On travaille avec des gens qui sont exclus toute leur vie. Et pour nous, travailleurs sociaux, de réexclure les gens, c'est ce qu'on essaie d'éviter, absolument.
– Je croyais que j'allais arriver en Europe, j'allais retrouver des billets d'euros, pendus sur les arbres.
– On est venus parce que le projet il était beau, et parce qu'une partie des gens qui sont ici, c'est des rêveurs.
– Franchement, t'as un sentiment d'espoir, plus d'espoir.
– C'est le village que j'appelais de mes vœux.
*Je rêvais d'un autre monde... et la vie serait féconde.*
– Ici quand même il se passe des miracles.

25e Heure Productions

deux cent vingt-trois **223**

## Références iconographiques

La fabrique : nlshop1 - 123rf • Opinion, Agis, Coopère, Mission : Enis Aksoy - iStockphoto **12** mm Portrait de Lison Daniel par Victoria Roblin **12, 13, 14** h Bernhard Lang/GettyImages **15** t.womeows/GettyImages **16** hg Christophe Simon/AFP **16** bd Marcel Pepeira/Agefotostok **17** « Eiffel », 2021, réalisateur : Martin Bourboulon, avec Romain Duris et Emma Mackey. Collection ChristopheL © Pathé/VVZ Production **18** h Légende: « Susi Korihana thëri, film infrarouge, Catrimani, Roraima », Brésil, 1972-1974. Collection de l'artiste. Crédits Photographie : © Claudia Andujar Photo © Luc Boegly **18** md © Claudia Andujar **20** ESA/NASA **21** hd « Décrypteurs : les platistes gagnent du terrain », 20/01/2020 ©Radio Canada **23** bd rprongjai - stock.adobe.com **23** hm NanaStockk/iStockphoto **24** hm Masson - stock.adobe.com **24** hd bernardbodo - stock.adobe.com **24** bg Cheryl Ramalho/GettyImages **25** mm cintascotch/GettyImages **25** bd mixetto/iStockphoto **25** hg Michael Runkel/Sirius/robertharding/Photononstop **25** mga Siberian Photographer/iStockphoto **25** mgbd, mgad lushik/iStockphoto **25** mgcd matsabe/iStockphoto **25** mgbg fonikum/iStockphoto **25** mgcg justinroque/iStockphoto **28** mm Andrew Rich/GettyImages **28** hg martin-dun/iStockphoto **29** Huber & Starke/GettyImages **30** horstgerlach/iStockphhoto **31** Xavier Gorce **32** Graphisme : Alix d'Anselme, Cahier tendances **34** © Timothy Hannem **35** Renault Philippe/Alamy/hemis.fr **37** bd Zoonar/Don Mammoser/Agefotostock **37** hm Pierre Turtaut/GettyImages **38** hd3dsh - stock.adobe.com **39** md Gilberto Mesquita/Alamy/hemis.fr **39** bd Casarsa/iStockphoto **42** md RichVintage/iStockphoto **42** hg zphoto83 - stock.adobe.com **43** Huber & Starke/GettyImages **44** Thomas Decamps, Welcome to the Jungle **45** Deligne-Iconovox **46** piranka/iStockphoto **48** photo de Lilas Louise Maréchaud par Etienne Buraud. **49** Étude menée en 2019 par le site www.nouvelleviepro.fr **51** © Éditions Grasset & Fasquelle, 2017 **51** bd Grigoriy Lukyanov - stock.adobe.com **52** hg Dean Mitchell/iStockphoto **52** hm simarik/iStockphoto **52** hd Orbon Alija/iStockphoto **52** Recréation par Damien Gires et sa compagne Karine, confinés à Paris 11e, des « Raboteurs de parquet » de Gustave Caillebotte. DAMIEN GIRES **53** md Valery Hache/AFP **53** bg cintascotch/GettyImages **53** mm « 9 mois ferme », 2013, réalisation : Albert Dupontel avec Sandrine Kiberlain, Collection Christophel © ADCB Films/Wild Bunch **53** mbm « La tête haute », 2015, réalisation : Emmanuelle Bercot, avec Catherine Deneuve, photo : Luc Roux, Collection Christophel © France 2 Cinema/Les Films du Kiosque **53** mhm « Livresse du pouvoir », 2006, réalisation : Claude Chabrol, avec Isabelle Huppert, photo : Moune Jamet, Collection Christophel © Alicéléo/France 2 Cinéma **56** md Lunatictm - stock.adobe.com **56** hg Rainer Berg/Agefotostock **57** Jorg Greuel/GettyImages **58** New Africa - stock.adobe.com **59** Marc Dubuisson **60** Africa Studio - stock.adobe.com **62** mg © Étienne Boulter et Chloé C. Féral **62** hd Reuters/Kai Pfaffenbach **63** Campagne publicitaire - Série "Imagine", par Asawin Tejasakulsin ©LEGO **65** hm Thomas M. Barwick INC/GettyImages **65** bd chictype/iStockphoto **66** Constantine Johnny/GettyImages **67** md Aspi13 - stock.adobe.com **67** hg PeopleImages/iStockphoto **70** Rawpixel.com **70** md Wayhome Studio - stock.adobe.com **71** Huber & Starke/GettyImages **72** syolacan/iStockphoto **73** Sempé, « Sentiments distingués » © Éditions Denoël, 2007 **74** Samir, migrateur photographe - 30e festival des rencontres Cinéma-Nature à Dompierre Sur Besbres (2019), Parvati © Adagp, Paris, 2020 **76** Crédit Anna Wanda Gogusey pour Le Monde, première publication dans Le Monde le 11/03/2020 **77** « Reconnaître, valoriser, encourager l'engagement des jeunes » réalisée par France Stratégie **79** bd BillionPhotos.com - stock.adobe.com **79** hm naphtalina/Istockphoto **80** hd Tarik Kizilkaya/iStockphoto **80** hm lambada/iStockphoto **80** hg pixelfit/iStockphoto **84** hd Lionel Bonaventure/AFP **81** hg vpanteon - stock.adobe.com **84** hg syolacan/iStockphoto **84** md bizoo_n - stock.adobe.com **84** md LuisPortugal/iStockphoto **85** Huber & Starke/GettyImages **86** lzf/iStockphoto **87** Yoan Lureault **88** DimaP - stock.adobe.com **90** Claudio Schwarz | @purzlbaum **91** Colcanopa (20/11/2019, Le Monde) **93** hd Kenishirotie **93** hm playb/iStockphoto **94** baona/iStockphoto **95** bd Leonardo - stock.adobe.com **95** md alice_photo - stock.adobe.com **98** hg Yury Kisialiou - stock.adobe.com **98** md Leo Lintang - stock.adobe.com **99** akinbostanci/GettyImages **100** New Africa - stock.adobe.com **101** Xavier Gorce **102** Eugenio Marongiu/GettyImages **104** selimaksan/iStockphoto **105** Le Petit Prince® Antoine de Saint Exupéry® © POMASE 2020 – Succession Saint Exupéry – d'Agay. Tous droit de reproduction réservés. **107** md Brad Pict - stock.adobe.com **107** hm Hugh Sitton/GettyImages **108** hg deagreez - stock.adobe.com **108** hm Hraun/iStockphoto **108** hd JulNichols/iStockphoto **109** hm, hg, hd akg-images **109** bg Vertigo Productions - Les Films de la Baleine - SND - France 2 Cinéma - France 3 Cinéma - Les Productions du Renard. **109** © Collection Christophel **109** mm cintascotch/GettyImages **112** Mg Gari Wyn Williams/Alamy **112** md MissTuni/iStockphoto **113** Huber & Starke/GettyImages **114** Sophie Douce **115** Micheline Pelletier/GettyImages **116** Laurent Sciamma **118** Joël Robine/AFP **119** « Culottées » de Pénélope Bagieu **121** Hm RenataAphotography/GettyImages **121** md urfinguss/iStockphoto **122** SolStock/GettyImages **123** md chinnarach - stock.adobe.com **123** bd stockstudioX/iStock **126** md Jacob Lund - stock.adobe.com **126** hg Bacho Foto - stock.adobe.com **127** Huber & Starke/GettyImages **128** Malte Muller/GettyImages **129** Illustration : Philippe Quéguiner, phil.queguiner@gmail.com **130** Westend61/GettyImages **132** Karwai Tang/GettyImages **133** Infographie - « Le phénomène e-sport en dix graphiques » - MariannePasquier, Romain Imbach et Maxime Mainguet - 08 novembre 2019 -Article Le Monde **135** hd, hg mustafagull/iStockphoto **135** md sergign - stock.adobe.com **136** hm militarart - stock.adobe.com **136** hg Anastassiya - stock.adobe.com **136** hd Tempura/GettyImages **137** bg justhaveALook/GettyImages **137** bm Luc Thibault/EyeEm/GettyImages **137** bd Pascal Gueret/iStockphoto **137** hg Iordache Laurentin/500 px/GettyImages **137** mg Ron Galella/GettyImages **137** md Serrano Anne/hemis.fr **140** hg Daniel - stock.adobe.com **140** md piranka/iStockphoto **141** Huber & Starke/GettyImages **142** Franck Fife/AFP **143** Guillaume Long, « A boire et à manger » © Éditions Gallimard Jeunesse - www.gallimard-jeunesse.fr **144** Maurice Rougemont/Alamy/hemis.fr **146** Jens Kalaene/dpa-Zentralbild/Agefotostock **147** Victor Boyko/Getty Images For Christian Louboutin/AFP **149** Maylis de Kerangal, « Un chemin de tables » (Collection « Folio ») © Gallimard **149** mm magdal3na - stock.adobe.com **150** besjunior - stock.adobe.com **151** md fotoduets - stock.adobe.com **151** bd skynesher/iStockphoto **154** hg, md PeopleImages/GettyImages **155** Huber & Starke/GettyImages **156** Giuseppe Manfra/GettyImages **158** Ministère de la Transition écologique **158** Gerry Ellis/Minden Pictures/Biosphoto **160** Chut ! **161** Bruno de Hogues/OnlyFrance.fr **163** md Roc Canals/GettyImages **163** hm MicroStockHub/iStockphoto **164** Gpointstudio/Agefotostock **164** hd @by Feldman_1/GettyImages **164** hm marchmeena29/iStockphoto **165** hg Sebastien Ortola/Réa **165** bd De Agostini Picture Library/Agefotostock **165** mm wildpixel/iStockphoto **168** hg Gardel Bertrand/hemis.fr **168** md Pixel-Shot - stock.adobe.com **169** jayk7/GettyImages **170** DPA/Photononstop **171** Illustration Martin Vidberg **172** Ian Dugnall/Alamy **174** Javier Zayas Photography/GettyImages **175** Fidan - stock.adobe.com **177** hm deagreez - stock.adobe.com **177** d amtitus - stock.adobe.com **178** piola666/iStockphoto **179** md Roos Koole/GettyImages **179** bd urbazon/iStockphoto **182** hg DariaRen/iStockphoto **182** md satawa **197** picsfive - stock.adobe.com

## Références Textes

**12** « Le conseil de Lison Daniel de @les.caracteres : « Détendez-vous ! », Béatrice Sutter, 12/05/2020 © L'ADN **14** p5, p6, 203 « Ça m'agace ! », Jean-Louis Fournier © S.N. Editions Anne Carrière, Paris, 2012 **16** Lilian Thuram © Géo Magazine, n°492, février 2020 **18** Texte: Thyago Nogueira our l'Instituto Moreira Salles (Brésil)/Fondation Cartier pour l'art contemporain pour la traduction **20** Alain Constant ©Le Monde, 10/03/2020 **23** © Editions Stock, 2019 **30** Pascale Krémer ©Le Monde, 26/02/2019 **32** Écriture article : Jake Haupert, Co-fondateur Transformational Travel Council et graphisme : Alix d'Anselme, Cahier tendances, n°4, 2020, https://welcomecitylab.parisandco.paris/Actualites/Cahier-tendances-2020 **34** Émeline Férard ©Géo, 20/09/2019 **37** Julien Blanc Gras © Éditions Au Diable Vauvert, 2011 **44** article rédigé par Philippine Sanders pour le magazine en ligne Welcome to the Jungle (www.welcometothejungle.co), publié avec l'aimable autorisation de M. Lochmann, **46** Baptiste Legrand, 29/02/2020 ©Le Nouvel Obs **48** Soazig Le Nevé ©Le Monde, 18/03/2020 **51** © Éditions Grasset & Fasquelle, 2017 **58** « Comment "Baron noir" s'est mis au vert », par Irène Verlaque sur telerama.fr le 21 février 2020 **60** Arnaud Gonzague 05/01/2020 © Le Nouvel Obs **62** h Margot Roig ©LesEclaireuses.com **62** b AFP **65** © Éditions Albin Michel, 2016 **72** Donatien Grau, artnewspaper.fr **76** Parvati et Quentin Gassiat / QG des artistes **76** Léa Iribarnegaray ©Le Monde, 10/03/2020 **79** Extrait de la pièce de théâtre de Michel Ribes, « Musée haut musée bas » ©Actes Sud **86** www.lucilewoodward.com, www.lequipe.fr, 17/04/2020 **88** Céline Deluzarche, Futura Sciences **90** « Enseignement des maths à l'école : et si finalement on s'y prenait mal ? » par Marion Rousset sur telerama.fr le 07/03/2020 **93** © JC Lattès, 2013 **100, 102** Causette **104** Fabrice Pouliquen/20 minutes **107** Fatou Diome, « Le ventre de l'Atlantique », p. 77-78-79-80 S.N. Editions Anne Carrière, Paris, 2003 **114** Sophie Douce ©Le Monde, 17/01/2020 **116** Morgane Giuliani ©Marie Claire, 04/03/2020 **118** « Claire Gibault, cheffe d'orchestre qui dénote », de Sophie Bourdais, culturebox. francetvinfo.fr, le 28/02/2020 **121** © Éditions Albin Michel, 2019 **128** Jean-Paul Fritz, 27/07/2020 ©Le Nouvel Obs **132** Isabelle Hennebelle © Le Monde, 5/06/2020 **135** Esther Granek, Synthèses, 2009 **142** Boris Manent, 6/02/2020 © Le Nouvel Obs **144** Clément Pouré **146** © Manon Le Roy Le Marrec/lefigaro.fr/21 février 2020 **149** « Un chemin de tables », Maylis de Kerangal, © Éditions Seuil-Raconter la vie, 2016 **158** Lila Megrahoua, usbeketrica.com, 06/01/2020 **160** Chut ! **163** Éditions Les Liens qui Libèrent, 2017 **170** © madmoizelle.com **172** « Pour les ados, "des séries comme Game of Thrones ou Friends ont quelque chose de formateur", Marion Rousset sur telerama.fr, 22/04/2020 **174** revue l'ADN n°22, mars-mai 2020 **177** © Éditions Zoé, 2017 **185** Maroussia Dubreuil © Le Monde, 25/02/2020 **186** blog Nous sommes tous des entrepreneurs, Yannick Lacastaignerate **188** h Clément Rodriguez/20 minutes **188** b © Les Echos

## Références Audio

**14** p5, p6, 203 Ça m'agace !, Jean-Louis Fournier © **17** p7, 203 © Europe1 **21** p11, 203 © Radio Canada, 20/01/2020 **23** p15 © Editions Stock, 2019 **31** p19, 204 Radio France/France Inter/Philippe Lefebvre **35** p24, 204 Capsule sonore 07 / Hommage à Émile Nelligan. Extrait de la balade-documentaire Le Quartier latin - 30 murales, disponible sur l'application Portrait Sonore ou via le site web https://portraitsonore.org/, Auteur : Sophie Mankowski / Concepteur sonore : Antoine Bédard © Portrait sonore **37** p28 Julien Blanc Gras © Éditions Au Diable Vauvert, 2011 **38** p29, 205 Radio France/France Inter/Ali Rebeihi **42** p30, 205 Radio France/France Inter/Marina Rollman **45** p31, 205 # 80 – Alexandra Recchia – Championne du monde de Karaté et avocate - « Dur c'est n'est pas assez » le 6 janvier 2020 par Pauline Laigneau – Podcast Le Gratin **49** p35, 206 « Avocat, Serge Money plaide et rappe », 29/05/2015 ©Cnews **51** p40 © Éditions Grasset & Fasquelle, 2017 **59** p45, 206 Radio France/France Inter/Valère Corréard **63** p49, 207 Radio France/France Inter/Emmanuel Moreau **65** p53 © (et (P) Audiolib, 2017, « lu par l'auteur » **66** p54, 207 Radio France/France Inter/Mathieu Vidard **70** p56, 208 Radio France/France Inter/Emmanuel Moreau **73** p57, 208 Radio France/France Inter/Ali Rebeihi **77** p62, 208 Etudiants Debout ! /Presages.fr **79** p67 Extrait de la pièce de théâtre de Michel Ribes, « Musée haut musée bas » ©Actes Sud **87** p71, 209 « En Quête de Sens » du 5 mars 2020 – radionotredame.com - Fréquence FM 100.7 **91** p76, 210 Manu Houdart offre un one math show aussi inédit qu'inoubliable dans Very Math Trip, 22 octobre 2019 - RTBF/Sonuma **93** p80 © JC Lattès, 2013 **94** p81, 211 Radio France/France Inter/Bruno Duvic **98** p82, 211 Radio France/France Inter/Ali Rebeihi **103** Radio France/France Culture/Sonia Kronlund **105** p88, 212 © Europe 1, 8 septembre 2020 **107** p93 Fatou Diome, « Le ventre de l'Atlantique », p. 77-78-79-80 S.N. Editions Anne Carrière, Paris, 2003 **115** p97, 213 Louise Dupont ©France 24, 10/01/2020 **119** p100, 213 yessspodcast.fr **121** p104 Lu par Audrey Sourdive © et (P) Audiolib, 2020 **122** p105, 214 Changer le monde en 2 heures, 23/08/2019 **126** p106, 214 « Pourquoi les poches des femmes sont-elles plus petites que celles des hommes ? », 6 septembre 2018 – Metropole Télévision (RTL) **129** p107, 214 « L'Utopie en architecture », animé par : Guillaume Loizeaud, Cendrine Dominguez, Vianney Furon, invité : Jacques Rougerie/Bâtiradio/Reed Expos **133** p112, 215 Radio France/France Culture/Perrine Kervran **135** p117 Esther Granek, Synthèses, 2009 **143** p121, 215 Louie Média, 13/02/2020 **147** p127, 216 Radio France/France Culture/Olivia Gesbert **149** p131 ©Editions Seuil-Raconter la vie, 2016 **150** p132, 217 Radio France/France Culture/Aurélie Luneau **154** p133, 217 Podcast « J'ai faim » de My Little Paris, en collaboration avec François Simon **157** p134, 217 Radio France/France Inter/Fabienne Chauvière **161** p129, 218 Radio France/France Inter/David Abittan **163** p143 Éditions Les Liens qui Libèrent, 2017 **171** p148, 219 Rosebud Prod **175** p153, 219 Matthieu Dugal © Radio Canada, 2020 **177** p156 © Éditions Zoé, 2017 **178** p159, 220 Annabelle Laurent © Usbek & Rica **182** p160, 220 Radio France/France Inter/Thibaut de Saint-Maurice **183** p162, 221 Radio France/France Info/Philippe Duport **183** p161, 220 © RCF Alpha, chronique de Xavier Debontrise, journaliste indépendant

## Références Vidéos

**28** v1 « Saint-Louis, Alsace, Racontée par ses habitants et visiteurs », 12/10/2018 © Ville de Saint-Louis **56** v2 « Un entretien - #RH du futur » du 11/05/2019. Réalisateur & auteur : Julien Patry/Canal Plus **84** v3 « Comment fonctionnent les élections municipales ? » d'Olivier Clairouin, dessins Martin Vidberg, 23/02/2020 ©Le Monde **114** v4 « L'histoire du vol de la Joconde », 20/05/2020 © La Générale de Production - BnF **140** v5 « Art et jeu vidéo », SELL / Crush Production **168** v6 « Les Grands voisins, la cité rêvée » de Bastien Simon, 2020 © 25e Heure Productions

**DR** : Malgré nos efforts, il nous a été impossible de joindre certains photographes ou leurs ayants droit, certains producteurs ou leurs ayants droit ainsi que les éditeurs ou leurs ayants droit pour certains documents, afin de solliciter l'autorisation de reproduction, mais nous avons naturellement réservé en notre comptabilité des droits usuels.